"十三五"国家重点出版物出版规划项目

法律科学文库
LAW SCIENCE LIBRARY

总主编 曾宪义

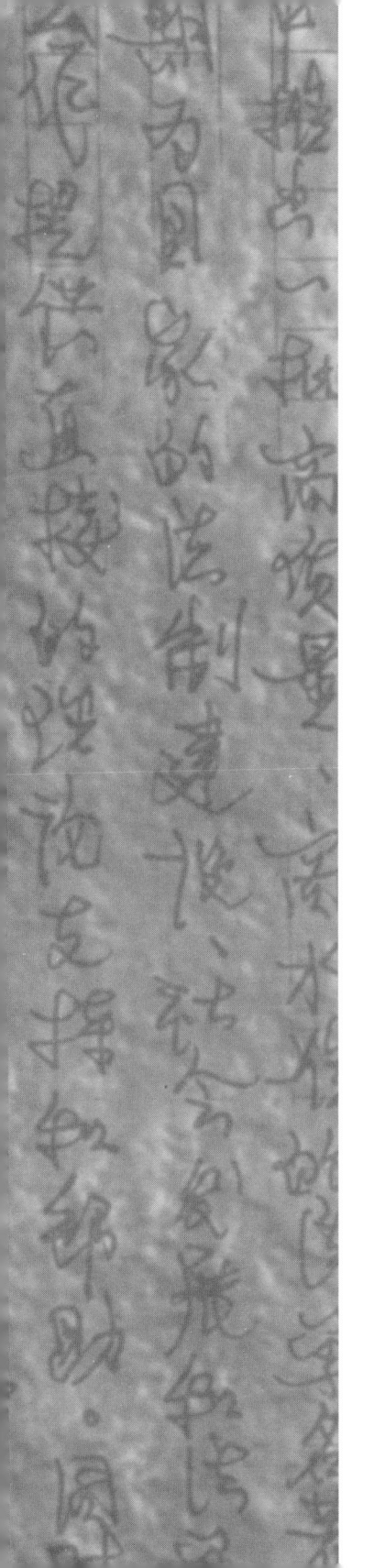

不动产财产权利价值论

李俊晔 著

Theory of Value of Immovable Property Rights

中国人民大学出版社
·北京·

法律科学文库
编委会

总主编
曾宪义

副总主编
赵秉志（常务）　王利明　史际春　刘　志

编　委
（以姓氏笔画为序）

王利明	史际春	吕世伦	孙国华	江　伟
刘文华	刘　志	刘春田	许崇德	杨大文
杨春洗	陈光中	陈松涛	何家弘	郑成思
赵中孚	赵秉志	高铭暄	郭燕红	曾宪义
程荣斌				

总　序

曾宪义

"健全的法律制度是现代社会文明的基石",这一论断不仅已为人类社会的历史发展所证明,而且也越来越成为人们的共识。在人类历史上,建立一套完善的法律体制,依靠法治而促进社会发展、推动文明进步的例证,可以说俯拾即是。而翻开古今中外东西各民族的历史,完全摒弃法律制度而能够保持国家昌隆、社会繁荣进步的例子,却是绝难寻觅。盖因在摆脱了原始和蒙昧以后,人类社会开始以一种"重力加速度"飞速发展,人的心智日渐开放,人们的利益和追求也日益多元化。面对日益纷纭复杂的社会,"秩序"的建立和维持就成为一种必然的结果。而在建立和维持一定秩序的各种可选择方案(暴力的、伦理的、宗教的和制度的)中,制定一套法律制度,并以国家的名义予以实施、推行,无疑是一种最为简洁明快,也是最为有效的方式。随着历史的演进、社会的发展和文明的进步,作为人类重要精神成果的法律制度，也在不断嬗变演进，不断提升自身的境界，逐渐成为维持一定社会秩序、支撑社会架构的重要支柱。17世纪以后，数次发生的工业革命和技术革命，特别是20世纪中叶发生的电子信息革命，给人类社会带来了天翻地覆的变化，不仅直接改变了信息交换的规模和速度，而且彻底改变了人们的生活方式和思维方式，使人类生活进入了更为复杂和多元的全新境界。在这种背景下，宗教、道德等维系社会人心的传统方式，在新的形势面前越来越显得力不从心。而理想和实际的选择，似乎是透过建立一套理性和完善的法律体制，给多元化社会中的人们提供一套合理而可行的共同的行为规则，在保障社会共同利益的前提下，给社会成员提供一定的发挥个性的自由空间。这样，既能维持社会整体的大原则、维持社会秩序的基本和谐和稳定，又能在此基础上充分保障个人的自由和个性，发挥每一个社会成员的创造力，促进社会文明的进步。唯有如此，方能达到稳定与发展、整体与个人、精神文明与物质进步皆能并行不悖的目的。正因为如此，近代以来的数百年间，在东西方各主要国家里，伴随着社会变革的大潮，法律改革的运动也一直呈方兴未艾之势。

中国是一个具有悠久历史和灿烂文化的国度。在数千年传承不辍的中国传统文化中，尚法、重法的精神也一直占有重要的位置。但由于古代社会法律文化的精神旨趣与现代社会有很大的不同，内容博大、义理精微的中国传统法律体系无法与近现代社会观念相融，故而在19世纪中叶，随着西方列强对中国的侵略，绵延了数千年的中国古代法律制度最终解体，中国的法制也由此开始了极其艰难的近现代化的过程。如果以20世纪初叶清代的变法修律为起点的话，中国近代以来的法制变革活动已经进行了近一个世纪。在这将近百年的时间里，中国社会一直充斥着各种矛盾和斗争，道路选择、主义争执、民族救亡以及路线斗争等等，使整个中国一直处于一种骚动和不安之中。从某种意义上说，社会变革在理论上会给法制的变革提供一定的机遇，但长期的社会骚动和过于频繁的政治剧变，在客观上确实曾给法制变革工作带来过很大的影响。所以，尽管曾经有过许多的机遇，无数的仁人志士也为此付出了无穷的心力，中国近百年的法制重建的历程仍是步履维艰。直至20世纪70年代末期，"文化大革命"的宣告结束，中国人开始用理性的目光重新审视自身和周围的世界，用更加冷静和理智的头脑去思考和选择自己的发展道路，中国由此进入了具有非凡历史意义的改革开放时期。这种由经济改革带动的全方位民族复兴运动，也给蹉跎了近一个世纪的中国法制变革带来了前所未有的机遇和无限的发展空间。

应该说，自1978年中国共产党第十一届三中全会以后的20年，是中国历史上社会变化最大、也最为深刻的20年。在过去20年中，中国人民高举邓小平理论伟大旗帜，摆脱了"左"的思想的束缚，在政治、经济、文化各个领域进行全方位的改革，并取得了令世人瞩目的成就，使中国成为世界上最有希望、最为生机勃勃的地区。中国新时期的民主法制建设，也在这一时期内取得了令人惊喜的成就。在改革开放的初期，长期以来给法制建设带来巨大危害的法律虚无主义即得到根除，"加强社会主义民主，健全社会主义法制"成为一个时期内国家政治生活的重要内容。经过近二十年的努力，到90年代中期，中国法制建设的总体面貌发生了根本性的变化。从立法上看，我们的立法意识、立法技术、立法水平和立法的规模都有了大幅度的提高。从司法上看，一套以保障公民基本权利、实现司法公正为中心的现代司法诉讼体制已经初步建立，并在不断完善之中。更为可喜的是，经过近二十年的潜移默化，中国民众的法律意识、法制观念已有了普遍的增强，党的十五大确定的"依法治国"、"建设社会主义法治国家"的治国方略，已经成为全民的普遍共识和共同要求。这种观念的转变，为中国当前法制建设进一步完善和依法治国目标的实现提供了最为有力的思想保证。

众所周知，法律的进步和法制的完善，一方面取决于社会的客观条件和客观需要，另一方面则取决于法学研究和法学教育的发展状况。法律是一门专业性、技术性很强，同时也极具复杂性的社会科学。法律整体水平的提升，有赖于法学研究水平的提高，有赖于一批法律专家，包括法学家、法律工作者的不断努力。而国家法制总体水平的提升，也有赖于法学教育和法学人才培养的规模和质量。总而言之，社会发展的客观需要、法学研究、法学教育等几个环节是相互关联、相互促进和相互影响的。在改革开放的20年中，随着国家和社会的进步，中国的法学研究和法学教育也有了巨大的发展。经过20年的努力，中国法学界基本上清除了"左"的思想的影响，迅速完成了法学学科的总体布局和各分支学科的学科基本建设，并适应国家建设和社会发展的需要，针对法制建设的具体问题进行深入的学术研究，为国家的立法和司法工作提供了许多理论支持和制度上的建议。同时，新时期的法学教育工作也成就斐然。通过不断深入的法学教育体制改革，当前我国法学人才培养的规模和质量都有了快速的提升。一大批用新思想、新体制培养出来的新型法学人才已经成为中国法制建设的中坚，这也为中国法制建设的进一步发展提供了充足和雄厚的人才准备。从某种意义上说，在过去20年中，法学界的努力，对于中国新时期法制建设的进步，贡献甚巨。其中，法学研究工作在全民法律观念的转变、立法水平和立法效率的提升、司法制度的进一步完善等方面所发挥的积极作用，也是非常明显的。

法律是建立在经济基础之上的上层建筑，以法律制度为研究对象的法学也就成为一个实践性和针对性极强的学科。社会的发展变化，势必要对法律提出新的要求，同时也将这种新的要求反映到法学研究中来。就中国而言，经过近二十年的奋斗，改革开放的第一阶段目标已顺利实现。但随着改革的逐步深入，国家和社会的一些深层次的问题也开始显现出来，如全民道德价值的更新和重建，市场经济秩序的真正建立，国有企业制度的改革，政治体制的完善等等。同以往改革中所遇到的问题相比，这些问题往往更为复杂，牵涉面更广，解决问题的难度也更大。而且，除了观念的更新和政策的确定外，这些复杂问题的解决，最终都归结到法律制度上来。因此，一些有识之士提出，当前中国面临的难题或是急务在于两个方面：其一，凝聚民族精神，建立符合新时代要求的民族道德价值，以为全社会提供一个基本价值标准和生活方向；其二，设计出一套符合中国国情和现代社会精神的"良法美制"，以为全社会提供一系列全面、具体、明确而且合理的行为规则，将各种社会行为纳入一个有序而且高效率的轨道。实际上，如果考虑到特殊的历史文化和现实情况，我们会认识到，在当前的中国，制度的建立，亦即一套"良法美制"的建立，更应该是当务之急。建立一套完善、合理的法律体制，当然是一项极为庞大的社会工程。而其中的基础性工作，即理论的论证、框架的设计和实施中的纠偏等，都有赖于法学研究的进一步深入。这就对我国法学研究、法学教育机构和广大法律理论工作者提出了更高的要求。

中国人民大学法学院建立于1950年，是新中国诞生以后创办的第一所正规高等法学教育机构。在其成立的近半个世纪的岁月里，中国人民大学法学院以其雄厚的学术力量、严谨求实的学风、高水平的教学质量以及极为丰硕的学术研究成果，在全国法学研究和法学教育领域中处于领先行列，并已跻身于世界著名法学院之林。长期以来，中国人民大学法学院的法学家们一直以国家法学的昌隆为己任,在自己的研究领域中辛勤耕耘,撰写出版了大量的法学论著,为各个时期的法学研究和法制建设作出了突出的贡献。

鉴于当前我国法学研究所面临的新的形势,为适应国家和社会发展对法学工作提出的新要求,中国人民大学法学院和中国人民大学出版社经过研究协商,决定由中国人民大学出版社出版这套"法律科学文库",陆续出版一大批能全面反映和代表中国人民大学法学院乃至全国法学领域高品位、高水平的学术著作。此套"法律科学文库"是一个开放型的、长期的学术出版计划,以中国人民大学法学院一批声望卓著的资深教授和著名中青年法学家为主体,并聘请其他法学研究、教学机构的著名法学家参加,组成一个严格的评审机构,每年挑选若干部具有国内高水平和有较高出版价值的法学专著,由中国人民大学出版社精心组织出版,以达到集中地出版法学精品著作、产生规模效益和名著效果的目的。

"法律科学文库"的编辑出版,是一件长期的工作。我们设想,借出版"文库"这一机会,集中推出一批高质量、高水准的法学名著,以期为国家的法制建设、社会发展和法学研究工作提供直接的理论支持和帮助。同时,我们也希望通过这种形式,给有志于法学研究的专家学者特别是中青年学者提供一个发表优秀作品的园地,从而培养出中国新时期一流的法学家。我们期望并相信,通过各方面的共同努力,力争经过若干年,"法律科学文库"能不间断地推出一流法学著作,成为中国法学研究领域中的权威性论坛和法学著作精品库。

1999 年 9 月

序

在当今的社会经济背景下,不动产是百姓日常生活中最重要的财产形式。伴随改革开放三十多年的历程,中国的民事案件类型经历了深刻的历史变迁。改革开放前及改革开放初期,民事案件主要是婚姻家庭纠纷,涉及的财产主要是家庭生活"四大件"等动产。进入21世纪以来,民事纠纷类型已经非常丰富了。在民事纠纷涉及的有形财产中,不动产占据重要的地位。由于中国特有的经济社会发展历史,中国的不动产法律问题非常复杂。城乡二元体制、公有制与私有制的区分、新中国成立后与"文化大革命"中的产权制度变迁等问题均深刻影响着不动产法律制度。以当今的房屋产权类型为例,有普通商品房、经济适用住房、按经济适用住房管理的房屋、两限房、回迁房、央产房、军产房、直管公房、自管公房等二三十种类型。不同类型的房屋产权又对应着不同的产权制度、交易规则与特殊政策。近十几年，国家与地方又进行了多轮的房地产调控，对社会经济和百姓生活产生了重要影响。可以说，有关不动产的法律问题，是老百姓当前最关心的法律问题，同样也是与百姓生活关系最密切的法律问题。

李俊晔博士从老百姓的视角切入，以价值问题为核心，对不动产法律问题进行了系统深入的研究。价值问题是最小的命题，也是最大的命题；既是下里巴人，又是阳春白雪。一方面，价值问题简单真实、亲切通俗，是老百姓听得懂的语言，是老百姓对财产切身的感受。我经过了法学本科、硕士、博士的专业训练，又从事了几十年的法学教育与研究工作，尚不敢自称精通法律，何况未经法律专业训练的老百姓。如果法律人把法律问题标榜为象牙塔中高贵的学问，那么这种自娱自乐的学问就是不接地气的空中楼阁。另一方面，价值问题深邃悠远、博大宽容，又是最为深刻的哲学问题。有时候，最土气的却是最高贵的，最简单的却是最深刻的。价值问题正是如此，在老百姓朴素的经济与法律观念中，有多大用、值多少钱，等等，是最简单不过的切身感受。然而细细观察，这些问题又会将人带入难以洞观通透的哲学隧道。

价值，是这部著作的灵魂。研究不动产财产权利的价值问题，上通哲理，下接地气。本著作从价值视角探讨了不动产财产价值的形态、转化、障碍、冲突、调解等问题。研究思路突出体现了实践性的问题意识。每一个研究命题都来源于司法实践，以真实的案例作为支撑。而现实中发生的案例又是社会经济生活的缩影。几十个典型案例正如几十扇窗，透过案例本身可以观察到案例背后的社会万象与人生百态，还可以从中捕捉到制度变迁与历史发展的蛛丝马迹。而且作者所举的案例鲜活有力，把握了社会发展的时代脉搏。作者在分析推理中，展现了案例选择、编排与提炼的敏锐眼光，同时也体现了鲜明的问题意识。从著作中感受到，作者的问题意识表现为三个层次。第一个层次是从具体的案例中提炼出具有研究价值的小命题；当以价值视角对这些小的命题进行深入剖析以后，就由感性认识上升到理性认识，来到了第二个层次。作者在问题的第二个层次中归纳了一些认识论意义上的"经验与逻辑"，揭示了法学问题中的社会经济规律。这些规律性的命题是作者的真知灼见，闪现出智慧的灵光和思辨的魅力。问题意识的第三个层次，是在这些命题基础上提出的解决现实问题的创见，具有哲学上的方法论意义，真正体现了研究成果对社会的贡献。

这样一种以实证分析为基础的学术研究路径符合马克思主义认识论的

规律，真实反映了研究命题的历史源流、现实基础及趋势预见。法律是社会上层建筑的一部分，法学又是社会科学中的一个分支。法学研究的资料来源于社会，法学研究的目的也应当立意于推进社会的发展。实证分析应当在法学研究当中处于基础性地位。同时，我们还应当认识到，法律作为社会上层建筑中的一部分，决定于社会经济基础，最终根源于作为社会存在的社会物质生活条件。因此，脱离了经济规律的研究，对法律现象的认识将成为空中楼阁。本书的作者李俊晔博士还曾精心翻译过美国大法官霍姆斯的著作。霍姆斯提出，法律的生命在于经验。纵然，法律是逻辑的，但逻辑只能解决规范本身的正当性，无法解释规范存在的合理性。赋予法律生命的社会经验中，有社会历史因素，有社会心理因素，有社会政治因素，更重要的还有社会经济因素。法律中的价值问题，是一个社会经济问题，其中又裹藏着社会历史因素、社会心理因素、社会政治因素。李俊晔博士透过传统民法的理论，抓住不动产财产权利的经济性本质，立足于物、债二元的传统民法体系，又超脱物权、债权的传统认识，以独到的经济视角分析不动产财产权利中的物权属性与债权属性，揭示不动产财产权利的价值本质。除了地道的经济学思维，作者将马克思主义政治经济学、西方产权经济学、历史学、心理学等观察视角与民法学问题妥当融合，抽象出不动产法律问题的普遍规律，对于不动产物权与合同的立法及相关司法实践具有重要的借鉴意义。

目前正值民法典编纂之际，该书立足于中国民法实践，兼具开阔视野，理论深刻、见解独到，让人耳目一新。研究成果丰富和创新了民法学理论，不仅对我国物权、合同立法和司法实践的指引具有重要的作用，也为民法典的编纂提供了真知灼见。李俊晔博士是一位专家型法官，他以扎实的审判实践为基础，开创了传统法学研究的新进路。这部著作既是凝结实践经验的法官之作，也是颇见理论功力的学者之作。

2016 年 10 月 1 日

目　录

绪　论 …………………………………… (1)
　第一节　研究的选题与视角………… (1)
　　一、研究背景与选题价值………… (1)
　　二、本书的研究视角……………… (3)
　第二节　基本范畴与基本理论……… (4)
　　一、选题研究范围………………… (4)
　　二、基本经济学范畴……………… (5)
　　三、基本经济学理论……………… (7)
　第三节　研究方法与论证方法……… (8)
　　一、研究方法……………………… (8)
　　二、论证方法……………………… (9)
　第四节　本书的创新 ………………… (10)
　第五节　理论框架结构 ……………… (11)
　　一、主要内容概述 ………………… (11)
　　二、理论体系脉络 ………………… (13)
　　三、内容图解概览 ………………… (14)

第一章　不动产财产权利与价值
　　　　基本问题 ……………………… (20)
　第一节　物、债二元框架下观察权利属性
　　　　　新范式 ………………………… (20)
　　一、传统大陆法系财产法物、债二元
　　　　框架理论 ……………………… (20)

二、大陆法系物、债二元框架体系之现实批判 …………… （22）
　　三、物、债二元框架下物债混合模式类型化分析 ………… （23）
 第二节　物、债二元框架下财产权利二维价值体系重构 ……… （27）
　　一、财产权利游走于物债属性坐标（横轴） ……………… （27）
　　二、财产权利衡量于价值水平坐标（纵轴） ……………… （28）
　　三、不动产财产权利价值表现于物、债二维体系 ………… （30）
　　四、财产权利二维价值体系的现实意义 …………………… （36）
　　五、财产权利二维价值体系原构与重构之比较 …………… （37）
 第三节　物、债二元框架下财产权利二维价值体系之灵魂 …… （37）
　　一、价值——法律围城的大门（不动产问题） …………… （37）
　　二、物、债二元框架下不动产财产权利之可分解性与可稀
　　　　释性 …………………………………………………… （38）
　　三、不动产财产权利可分解性与价值丰富性 ……………… （43）
 第四节　余按 ……………………………………………………… （44）

第二章　不动产财产权利价值形态论 ……………………………… （46）
 第一节　探寻不动产财产权利价值之源 ………………………… （46）
　　一、历史学维度：传统不动产价值观念的历史情结 ……… （46）
　　二、心理学维度：不动产多层次价值需求 ………………… （47）
　　三、伦理学维度：人性恶与理性人 ………………………… （50）
　　四、哲学价值论维度：主客观价值关系之实践统一，兼探源
　　　　小结 …………………………………………………… （52）
 第二节　不动产财产权利价值形态的经济基础 ………………… （53）
　　一、西方经济学基础：经济理性人与资源稀缺性两大假设 … （53）
　　二、马克思主义哲学、经济学基础：不动产财产权利价值的
　　　　三层含义 ……………………………………………… （55）
　　三、政治经济学基础：商品二因素映射不动产财产权利价值形态
　　　　二层次 ………………………………………………… （56）
 第三节　不动产财产权利价值形态之一：保有与利用 ………… （60）
　　一、不动产财产权利保有价值概说 ………………………… （60）
　　二、所有的价值：权能弹力回归之核心 …………………… （63）
　　三、占有的价值：控制，公示，担保，垄断 ……………… （65）
　　四、使用的价值：尴尬于法律与现实夹缝的居住权 ……… （69）

五、附加性、延伸性使用：地缘区位与相邻关系 …………… (76)
　　六、收益的价值：孳息 ……………………………………… (78)
　第四节　不动产财产权利价值形态之二：处分与交易 ………… (81)
　　一、不动产财产权利处分的基本效用：货币化 …………… (81)
　　二、不动产财产权利处分的附加效用：外部性 …………… (83)
　　三、处分之处分 ……………………………………………… (84)
　第五节　余按 ……………………………………………………… (84)

第三章　不动产财产权利价值转化论 …………………………………… (87)
　第一节　不动产财产权利价值转化过程的双重性 ……………… (87)
　　一、价值转化双重过程概述：价格与效用 ………………… (87)
　　二、价格转化过程：主体性兼客观性 ……………………… (88)
　　三、效用转化过程：客体性兼主观性 ……………………… (89)
　　四、价格与效用转化过程之再认识及相互制约性观察 …… (91)
　第二节　不动产财产权利价值转化之效率与成本 ……………… (93)
　　一、不动产财产法律的使命：提高效率与降低成本 ……… (93)
　　二、不动产财产权利价值转化中的信息成本 ……………… (97)
　　三、信息成本比较下信息优势方的告知与谨慎义务 ……… (99)
　第三节　不动产财产权利价值转化之风险性与完备度 ………… (103)
　　一、完备合同模型的启示：政策指导性格式合同 ………… (103)
　　二、物权、合同的任意性规范配置 ………………………… (105)
　　三、信息市场：中介机构与网络平台 ……………………… (107)
　第四节　不动产财产权利价值转化的特殊法律实践 …………… (110)
　　一、民间习惯"登堂入室"的"价值门槛" ……………… (110)
　　二、不动产财产权利价值转化之民间习惯实例：让与担保与
　　　　卖渡担保 ………………………………………………… (113)
　　三、以民商合一视角统一不动产财产权利让与担保之立法
　　　　建议 ……………………………………………………… (117)
　第五节　余按 ……………………………………………………… (125)

第四章　不动产财产权利价值实现障碍论 ……………………………… (127)
　第一节　不动产财产权利价值实现障碍之经济基础 …………… (127)
　　一、不动产财产权利价值实现障碍类型化分析 …………… (127)
　　二、不动产财产权利价值实现障碍之市场环境现实观察 … (128)

三、不动产财产权利价值实现障碍之市场供求理论基础——
　　　　　蛛网模型……………………………………………………（131）
　第二节　不动产财产权利内生性交易障碍：以违约为例………（137）
　　　一、内生性交易障碍之表象与根源………………………………（137）
　　　二、内生性交易障碍之源：房屋差价的诱惑……………………（142）
　　　三、内生性交易障碍之赔偿：不动产差价机会成本损失之
　　　　　确定………………………………………………………………（145）
　第三节　不动产财产权利内生性利用障碍：以相邻关系
　　　　　为例………………………………………………………………（148）
　　　一、内生性利用的外部性：相邻关系……………………………（148）
　　　二、内生性利用障碍外部性之内部化：相邻关系转化为地役
　　　　　权问题……………………………………………………………（148）
　第四节　不动产财产权利外源性交易障碍：以房地产调控政策
　　　　　为例　…………………………………………………………（151）
　　　一、外源性交易障碍主要形式：国家经济调控政策……………（151）
　　　二、外源性交易障碍之实践分析：情势变更、不可抗力、
　　　　　商业风险之辩……………………………………………………（156）
　　　三、房屋买卖中"限贷"和"限购"新政对合同履行影响
　　　　　之法律定位………………………………………………………（162）
　　　四、情势变更适用条件的要件识别方法…………………………（166）
　　　五、情势变更的适用方法与法律效果……………………………（170）
　第五节　不动产财产权利外源性利用障碍：以征地拆迁
　　　　　为例………………………………………………………………（174）
　　　一、外源性利用障碍主要形式：不动产利用外部性之反
　　　　　作用………………………………………………………………（174）
　　　二、拆迁中的"诺斯悖论"………………………………………（174）
　　　三、兼具效率与公平的"公共利益"——双重帕累托
　　　　　标准………………………………………………………………（176）
　　　四、历史遗留问题中"诺斯悖论"之危险………………………（177）
　第六节　余按………………………………………………………（177）
第五章　不动产财产权利价值冲突论………………………………（179）
　第一节　不动产财产权利价值冲突基本问题……………………（179）

一、不动产财产权利价值冲突之界定……………………(179)
　　二、不动产财产权利价值冲突之表里……………………(181)
　　三、不动产财产权利价值冲突化解基本范式：三步法………(184)
第二节　"自发式"冲突权利归属与衡平救济………………(187)
　　一、"自发式"冲突权利归属与衡平救济的基本类型………(187)
　　二、"自发式"冲突权利归属与衡平救济的组合方式………(188)
　　三、实践论证之一：所有权冲突——登记所有权与实际
　　　　所有权…………………………………………………(196)
　　四、实践论证之二：占有和使用的冲突——居住权货
　　　　币化……………………………………………………(207)
　　五、实践论证之三：收益的"冲突"——假冲突……………(209)
　　六、"自发式"冲突衡平救济问题要论……………………(210)
第三节　"诱发式"冲突权利归属与衡平救济………………(212)
　　一、"诱发式"冲突之结构性关系…………………………(212)
　　二、"诱发式"冲突权利归属与衡平救济的基本类型与组
　　　　合方式…………………………………………………(214)
　　三、"诱发式"冲突权利归属与衡平救济之统一标准要论…(216)
　　四、"诱发式"冲突权利归属与衡平救济之归责标准：汉德
　　　　公式……………………………………………………(218)
　　五、实践论证之一：交易关系外原权利人与交易相对人之
　　　　冲突——无权处分与善意取得制度之改造与对接………(221)
　　六、实践论证之二：交易相对人之间的冲突——一房数卖，
　　　　何者安居………………………………………………(228)
　　七、实践论证之三：第三人与交易当事人之间的冲突——承
　　　　租人优先购买权………………………………………(235)
第四节　别论："内生性"冲突外部化与"外源性"冲突内
　　　　部化……………………………………………………(241)
　　一、"内生性"冲突外部化问题……………………………(241)
　　二、"外源性"冲突内部化问题……………………………(242)
　　三、"内生性"冲突外部化与"外源性"冲突内部化相互
　　　　转换……………………………………………………(242)
第五节　余按……………………………………………………(243)

第六章　不动产财产权利矛盾调和论 (245)
第一节　不动产财产权利调解之经济分析基础 (245)
一、拜师科斯谈调解 (245)
二、符合科斯经济效率的能动司法 (246)
三、科学、能动调解应当遵循经济规律 (247)
第二节　依托事实查明的多轮博弈促调解水到渠成 (248)
一、以客观真实为依托实现调解结果水到渠成 (248)
二、当事人博弈策略与法官认证释法的互动模型 (251)
三、以多轮博弈互动模型塑事实、促调解之实践应用 (252)
四、小结：多轮博弈能动调解操作关键与实践启示 (255)
第三节　寻找符合帕累托标准的共赢方案 (256)
一、信息不对称等缺陷需法官居中调和 (256)
二、整合信息，以当事人视角寻找冲突解决路径 (258)
三、帕累托标准能动引导当事人选择解决路径 (258)
四、帕累托最优思维（共赢思维）下能动调解操作方法启示与建议 (259)
第四节　通过损益补偿实现利益最大化 (260)
一、关注案内、外信息变化对利益冲突的影响 (260)
二、综合案内、外信息寻找利益衡平补偿方案 (262)
三、小结："卡尔多-希克斯标准"（补偿衡平）调解实践操作启示与建议 (263)
第五节　余按 (265)

结　论 (267)

参考文献 (271)
附录1　经验与逻辑 (280)
附录2　方法与建议 (287)
附录3　案例汇总 (297)

绪 论

第一节 研究的选题与视角

一、研究背景与选题价值

近年来,有关房地产的问题日益成为社会公众聚集的热点话题。房地产市场剧烈波动,房地产新政频频颁布。在市场自发调控与新政多轮实施双重作用下,房地产案件数量激增,风起云涌,并且案件中不断出现新情况、新类型。一方面,这些房地产纠纷事关社会主义市场经济的健康发展,是社会黄金发展期与矛盾凸显期时代特征的缩影,反映了市场主体之间经济利益的冲突现实。一般来说,房地产或称不动产价值较大,在人民群众的财产中占的分量较重,解决好房地产的立法与实施问题,关系百姓民生。另一方面,房地产案件事关人民群众的居住权益。安居才能乐业，居住问题关乎民生之根本。

上述经济发展与居住权益两方面的内容，化成房地产市场的时代音符，正好折射出不动产作为商品的价值及使用价值。将不动产作为商品，研究其在交易关系背景下的价值与使用价值的法律运行轨迹，具有切实的时代意义。在具体研究中，这一命题同时具有重要的理论意义与实践意义。

从理论价值上看，目前，对于不动产法律问题的研究，或者偏重物权研究，或者偏重合同研究，以不动产物权价值为中心进行相关法律研究的并不多；而在现实的交易中，很多不动产纠纷的发生、变化和解决的根源可归于不动产价值问题。因此，以交易关系背景下不动产价值的实现及救济为视角对相关法律问题进行研究，具有一定的理论创新价值。在具体研究中，除了法学研究方法外，还可借鉴法经济学研究范式，同时融合其他相关学科理论，对若干法律问题中的深层规律进行剖析。在实践中，大量不动产纠纷都是围绕经济利益展开的冲突，其中显现出经济理论两个最重要的假设，即资源稀缺与理性行为。其一，资源稀缺是纠纷发生的经济根源，诉讼是典型的资源争夺的表现形式。其二，经济学中"理性人"的"基本特征就是：每一个从事经济活动的人都是利己的"①，诉讼活动中的人往往较日常经济活动更为利己、更为谨慎。由此，在理论研究中，有必要关注法律问题背后的经济学规律。

从实践价值上看，如何在司法实践中获得正当裁判，是现代法学方法论的核心问题。一方面，个案的正当裁判与纠纷的妥善解决是现代法学方法论的终极关怀；另一方面，法官在司法裁判中对裁判结果正义之追求，必须通过方法论得以实现，故应高度重视方法论的基本问题。现代法学方法论的基本问题与司法裁判的正当性具备统一性，进行法学方法论研究的学者与从事司法实践的法官亦由此共鸣，具备进行研讨的同一视角。本书的理论研究充分结合审判实践，以大量实践案例释法明理，充分展示不动产物权价值形态分析、实现与转化、冲突与化解等理论问题，并对善意取得之实践张力、政策对不动产物权价值的影响、拆迁与公权力的作用、农村房屋交易、居住权货币化、典权与让与担保等

---

① 高鸿业主编：《西方经济学（微观部分）》，4版，18页，北京，中国人民大学出版社，2007。

疑难专题进行深入研究。

二、本书的研究视角

目前，有关不动产法律问题的研究成果汗牛充栋，而尚无以价值视角观察不动产财产权利的尝试。价值问题既是下里巴人，又是阳春白雪。一方面，价值问题简单真实，亲切通俗，是老百姓听得懂的语言，是对不动产切身的感受。经过了本科、硕士、博士法律专业的训练的人尚不敢自称精通法律，更何况未经法律专业训练的老百姓。如果法律人把法律问题标榜为象牙塔中高贵的学问，那么这种自娱自乐的学问就是不接地气的空中楼阁。另一方面，价值问题深邃悠远，博大宽容，又是最为深刻的哲学问题。有时候，最土气的却是最高贵的，最简单的却是最深刻的，价值问题正是如此。在老百姓朴素的经济与法律观念中，有多大用、值多少钱等，是最简单不过的切身感受。然而细细观察，这些问题又会将人带入难以洞观通透的哲学隧道。

为此，著者选择价值视角观察和研究现实生活中的不动产财产权利问题，下接地气，上通哲理，以辟学术之隅。研究不动产财产权利的价值问题，该视角本身视野宽广、思路开阔，需以法学与众多学科融会贯通，才可求通达之理。本书的研究论证倾注了著者大量心血，展现出如下突出特点。

第一，理论与实践相得益彰。读万卷书，行万里路。在学校读书时，即使读书万卷，仍感不知研究什么问题，写论文常常闭门造车。而著者从事民事审判工作数年，深感现实生活中的法律问题层出不穷，若一一参透，心有余而力不足。著者欲在借撰写本书之机，研修学理以解实践之：一方面，著者在撰写论文之前，刻苦研习了制度经济学、法律经济学、政治经济学、心理学、历史学、哲学等学科经典文献，为撰写论著和观察问题提供扎实的理论功底；另一方面，著者从事不动产财产纠纷的审判实践，大量的案件为研究提供了丰富、鲜活、真实的法律素材、社会素材。在这两者的基础上，理论与实践相互关照，力求著述兼具理论功底与实践价值。

第二，经济与法律比翼双飞。在本书众多的研究方法中，突出的特点就是将经济思维与法律思维有机融合，不分彼此。在美国，很多杰出的法学家也同样是杰出的经济学家，如大家比较熟悉的波斯纳法官、弗里德曼教授等。法是"理"和"力"的结合,"理"的主要内容是社会经济关系。一个伟大的法学家不可能不去关注经济问题,否则法学研究就会成为不接地气的空中楼阁。

第三,世界观与方法论统筹兼顾。本书兼顾研究问题与解决问题。既非纸上谈兵、空谈误国,也非胡思乱想、不假思索。从马克思唯物主义认识论来看,研究理论的价值是为了实践,而实践的价值体现在理论指导。本书将思维的小小火花凝结成【经验与逻辑】的世界观与【方法与建议】的方法论,理论与方法交融,实践与认识互动。

第二节 基本范畴与基本理论

鉴于本书以价值视角观察不动产财产权利的法律现象,涉及以经济理论为主的多学科理论,而经济理论又兼及多个流派,故有必要在此将本书中涉及的基本范畴与理论预先交代。

一、选题研究范围

第一,不动产财产权利。不动产财产权利是本书的基本研究范围。这个问题包含两个概念:一是不动产,二是财产权利。不动产的内涵无须过多解释,论其外延,在实践中主要表现为房地产,也就是房屋和土地。在书中的表述有时称不动产,有时称房地产,前者为学理的意义,后者为实践之称谓。为什么本书研究不动产问题而排除动产?这是因为不动产价值较大,法律关系较为复杂,而且著者多年办理各类不动产案件,接触的实践问题非常丰富。关于财产权利,内涵不用赘述;从外延上讲,主要是排除了人身权问题。

第二,价值论的意义。本书谈到的价值,从哲学上讲,就是主体与客体之间需要与被需要的关系,这种思维方式与分析范式贯穿全书。在研究具体问题时需要将这种价值关系具体化。既然法律问题根源于一定的社会经济基础,那么,借用马克思主义劳动价值论,由于劳动二重性,商品表现为价值和使用价值二因素。具体到实践问题上,价值的表现形式是0价格,而使用价值的表现形式是什么呢?著者认为,可以借用西方经济学理论中的效用概念,使用价值就是对商品的有用性的评价。这样,商品二因素就由使用价值与价值的矛盾演化成效用与价格这一对矛盾，进一步具体化为保有或利用的价值与交易或处分的价值两大形态。这一思想将贯穿于全书中。

第三，产权、财产权利与所有权。产权与财产权利的意义基本等同，在经济学与法学领域有不同的意义。经济学意义上的产权，可以理解为基于财产的权利集合或者说是权利束，是一组财产权利的组合。英美法并不强调物权与债权的区分，其产权的概念与经济学意义上的产权的语境较为接近。在我国，日常生活中所谈到的产权往往被理解为所有权是产权这一经济学概念在法学意义的理解，在我国的法律体系中，产权与所有权常常被混用，一些法律文件提到的产权、产权人实际上就是指所有权、所有权人。在厘清产权、财产权利与所有权概念的前提下，可以借鉴经济学上的产权理论丰富法学意义上关于财产权利和所有权问题的研究。

二、基本经济学范畴

第一，经济学两大基本假设——经济理性人假设和资源稀缺假设。经济理性人假设导致的方法论个人主义与资源稀缺假设构成西方经济学理论的两个最为重要的前提。关于经济理性人假设，不论是法学研究，还是司法实践，不动产财产法律问题都不得不实事求是地关注人与人之间基于利益驱使产生的矛盾冲突，不得不着眼于现实中的利益平衡与价值取舍。有时候，至亲之人在法庭上又会成为至仇之敌。在这些问题与矛盾的背后，凸显一个"利"字，这一假设恰恰来自经济学的伦理观察，对现实生活中有关不动产价值与法律问题的认识与实践具有极为重要的意义。另一个基础性假设就是资源稀缺，这个问题在中国的语境下也容易理解，人们常说"物以稀为贵"就是这个道理。没有稀缺就没有争端，也就不需要法律的秩序。

第二，成本—收益分析。成本和收益的概念无须过多解释。成本—收益分析方法是最基本的经济学分析方法。从观察角度来说，有个人角度与社会角度，包括个人成本—个人收益、社会总成本—社会总收益。由于角度的不同，产生了成本与收益的外部性问题。在成本和收益动态分析过程中，还涉及边际成本与边际收益问题。

第三，边际。微观经济学中的边际是指自变量增加所引起的因变量的变化量。边际成本与边际收益是最为常见的概念。边际成本是每一单位新增的生产或消费所带来的总成本的增量；边际收益是每增加一单位的销售或投入所增加的收益，也就是最后一单位的销售或投入所取得的收益。

第四，效用与边际效用。效用（Utility）是对于不同的商品的主观感受，不仅存在于不同质的商品之间，也存在于同质商品的不同数量之间。从效用角度来看，一方面具有客体性价值，体现的是不动产权利作为客体本身能够满足权利主体的需要的属性；另一方面又具有主观性，效用是通过权利主体特定情况下的需要与感受实现的。而现实中的效用又是在边际中存在的。边际效用就是每付出单位成本所带来的效用，这种效用具有很大的主观性。

第五，外部性（externality）。外部性是指当事人的行为产生了额外的成本或收益，由当事人以外的人来承受。外部性分为正外部性（positive externality）和负外部性（negative externality）。

第六，交易成本。交易成本理论由著名经济学家科斯提出。所谓交易成本，是指交易关系主体达成交易所付出的成本。科斯认为，进行交易，就必须寻找交易对象，互相了解交易内容，谈判并达成交易，然后制订契约并督促执行，这些操作都需要耗费成本。这些成本就像经济生活中的"摩擦力"，包括产权确认的成本、产权保护的成本、信息获取的成本、谈判的成本、执行协议的成本。在一定特定的情况下，还会出现外部化的外在成本，即一种社会成本。

第七，信息不对称与信息成本。信息不对称，简而言之，就是信息被一部分人享有而不被另一部分人享有的事实。在交易中，不同主体享有的信息在质与量上均有不同；这除了与人的认知、地位、能力等有限性有关外，还与信息成本有关。信息成本也就是获取信息的成本，是交易成本的一部分。

第八，交易风险。风险即不确定性，是信息不完备和信息不对称的结果。由于权利主体对一定交易对象、环境、相对人缺乏充足的信息，将导致交易不确定性的出现，产生交易风险。

第九，帕累托标准、帕累托最优、帕累托改进。帕累托标准是一个各方共赢的标准，可描述为：如果任何一个社会成员较之社会状况 y 更偏好 x，或者对两个都没有偏好，但至少有一个社会成员更偏好 x，则社会状

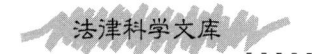

况 x 较之 y 更受偏好。满足这些条件的社会福利决策称为帕累托最优决策或者帕累托改进。

第十，"卡尔多—希克斯标准"与"潜在的帕累托改进"。潜在的帕累托改进允许存在受益者与受损者，但要求受益者的收益要大于受损者的损失。如果这种情况出现，从理论上讲，受益者在弥补受损者损失的同时自己还有剩余。与帕累托标准相比，上述卡尔多—希克斯标准的条件更为宽松。

三、基本经济学理论

第一，边际效用递减规律。其内容是：在一定时间内，在其他商品的消费数量保持不变的条件下，随着消费者对某种商品消费量的增加，消费者从该商品连续增加的每一消费单位中得到的效用增加量即边际效用是递减的。

第二，科斯定理。"科斯定理"的内容可以概括为：如果交易费用为零，法律结构就无关紧要；因为无论怎样都会导致有效率。

第三，科斯第二定理。"科斯第二定理"作为"科斯定理"的反定理，其内容为：在交易费用大于零的情况下，产权界定不同，则资源配置的效率不同，由此形成的产权制度也不可能相同，进而交易的成本也可能不同。

第四，规范的科斯定理，是指"建立法律以消除私人协议的障碍"，其内容是：法律通过促进人与人之间的谈判，交易法律权利，从而减轻法律制定者有效配置权利的工作复杂性。

第五，规范的霍布斯定理，是指"建立法律以使私人协议失败造成的损害达到最小化"，旨在强调减少由于不合作造成的损失的重要性。

第六，波斯纳定理。在存在交易费用的情况下，权利如何配置才有助于提高效率？"波斯纳定理"强调必须重视产权的界定，其内容为人们所熟知，即"如果市场交易成本过高而抑制交易，那么权利应该赋予那些最珍视它们的人"。

第七，诺斯悖论。美国著名经济学家诺斯将国家视为"在暴力方面具有比较优势的组织"，一方面可以降低物权排他性的实施成本，避免自力实施的无效率；另一方面国家并非中立的。国家有两个目的：一是建立一套基本规则使统治者的寻租最大化；二是通过建立规则以国家暴力降低交易费用，最大化社会财富，进而增加税收。这两个目的之间存在冲突，这就是著名的"诺斯悖论"。

第八，福利经济学理论。福利经济学是西方经济学的一个分支，是从福利观点或最大化原则出发对经济体系的运行进行社会评价的经济学。所谓"福利"，与一般意义上的福利不同，是指个人获得的效用和需求的满足。帕累托标准是福利经济学最重要的标准。

第九，博弈论。博弈论属于应用数学的一个分支，是经济学的标准分析工具之一。博弈的标准式表述包括：（1）博弈的参与者；（2）每一参与者可供选择的战略集；（3）针对所有参与者可能选择的战略组合，每一个参与者获得的收益。

第十，马克思主义政治经济学理论。主要是劳动二重性和商品二因素理论。《资本论》第一章的内容可以概括为：

（1）商品是用来交换的劳动产品，具有两种基本属性，即价值与使用价值；（2）使用价值是商品的固有属性，即物的有用性，是指商品能够满足人的某种需要的属性；（3）价值是商品的社会属性，是凝结在商品中的无差别的人类劳动；（4）具体劳动创造使用价值，抽象劳动创造价值；（5）商品的价值量由生产商品的社会必要劳动时间决定；（6）商品交换是根据商品的价值实行等价交换；（7）商品价格是商品价值的货币表现，商品价格以商品价值为中心，受供求关系变化的影响而上下波动——价值规律。

第三节 研究方法与论证方法

一、研究方法

本书除了运用传统的法学方法论，还综合运用了多学科、多领域、多层次的研究方法。

第一，经济学方法。法律、权利，都有其深刻的社会经济根源。尤其在财产法问题上，法律问题的深层次规律必然是经济规律。本书多处以经济学规律作为基础，以求深刻分析法律问题。社会经济是法律理论与实践问题的根源所在。西方经济学中的效用与效率理论、成本与收益理论等都是日常法律生活不可回避的实实在在的问题；马克思主义政治经济学也为市场经济条件下观察不动产财产问题提供了深刻的视角。

第二，哲学方法。马克思主义实践价值论等哲学理论为研究不动产价值问题提供了本质性的分析思路。

第三，伦理学方法。对人性的分析，对"人性恶"理论的实践应用，可以建立起一些纯经济与法律问题状态下的分析范式基础。

第四，心理学方法。马斯洛的人的需要五层次理论，对于深刻理解不动产财产权利的效用与价值问题具有不可替代的重要作用。

第五，历史学方法。现今的一切法律现象与法律问题都是历史长河中的浪花。问题是历史的，是延续的。历史的方法就是发展的眼光。

二、论证方法

本书除了运用传统的论证方法外，还采用了一些独具个性的论证方法。

第一，图表演示方法。千言万语，不如一图了然。对于体系结构性问题、归纳总纲性问题、过程关系性问题、原理描述性问题等，著者灵活运用绘图制表技术，使这些问题栩栩如生，赏心悦目，会意明白，印象深刻。

第二，案件分析方法。著者在平日留意所审理的每个案件的学术价值，将其归纳成库，在论证过程中，按图索骥，信手拈来，使学理世界与生活世界相互融合，相辅相成。

第三，比较分析方法。在研究具体问题时，通过比较分析方法、多学科比较方法，开拓思路，解放思想，让不同的思维方式在碰撞中产生智慧的火花。

第四，边论证边总结，总结后再论证。著者在行文过程中随时随地总结论点，以【经验与逻辑】与【方法与建议】加以浓缩，再将浓缩的论点应用于新的论证。

综上，著者综合运用了各种方法，有时甚至对同一问题融合各种思维方式与分析视角，创新了一些综合性方法，例如著者提供的二维坐标体系、不动产财产权利价值转化二重性定律、不动产财产权利冲突调解的科学调解方法等都是多种方法融会贯通形成的创新方法。

第四节　本书的创新

本书的创新点主要表现在以下六大方面：

第一，选题创新。在对不动产财产的研究中，尚无以价值视角建立理论体系的专门研究，本书的研究领域与研究视角具有明显的独创性。以价值视角选题，下接地气，上通哲理，既是老百姓日常生活中的寻常之事，又是哲学意义上的深邃之理，具有较高的理论价值与实践价值。

第二，观点创新。著者在研究过程中提出一系列切合实际的理论观点与观察范式，例如不动产属性价值二维坐标体系、不动产财产权利价值形态的二层次理论、不动产财产权利价值转化二重性定律、认定"公共利益"的经济标准、冲突化解之权利归属与衡平补偿标准体系、不动产财产权利冲突调解的科学调解方法等。

第三，研究方法创新。本书以价值视角研究法学问题，沟通了生活世界与法学世界，并使法学问题受到来自经济领域、哲学领域、心理学领域的映射，解放了传统研究范式，得到全新的观察视角。

第四，论证方式创新。浏览本书，可以直观地发现，大量的图表和实际案例映入眼帘。为求说理论证既通俗明白又入木三分，一方面，著者将复杂的语言转换为3D绘图与表格，千丝万缕，一目了然；另一方面，著者在论证过程中结合大量亲自审理的案件说理，使高贵的学理能够接上地气。

第五，立法建议创新。著者在总结审判实践经验、体会迫切现实需要的基础上，对居住权及其货币化、让与担保与卖渡担保、物权法与合同法之冲突与衔接、房屋买卖等问题进行特别研究论证，并提出切实可行的创新性立法建议。

第六，微结构创新。为求论证过程中卓有价值的思想火花不要昙花一现，转瞬即逝，著者将行文中的闪光点凝练成【经验与逻辑】与【方法与建议】，进行编号，统一编辑附后，即便粗陋，也是著者辛苦与智慧的结晶。

第五节　理论框架结构

一、主要内容概述

第一章，权利价值论。著者根据实践所感，在物与债二元框架下研究观察权利属性新范式，即在一项具体权利中物权属性与债权属性兼容模式，并引入价值水平因素，拟制一个二维坐标体系，研究具体权利的价值状态。法律世界与生活世界需要沟通的桥梁，桥梁就是价值问题。在研究财产权问题上，著者借鉴产权经济学方法，将处分权能视为财产权利的行使方式；而将民法理论中物权的占有、使用、收益三项权能统归为支配型权能，与处分权能相对应。著者在权能理论新认识的前提下，研究不动产财产权利具有可分解性和可稀释性规律，以此作为后述的理论基础。

第二章，价值形态论。著者寻找当今的不动产财产权利价值，探求其深刻的历史渊源、心理动机、伦理基础和哲学根本。在经济理性人与资源稀缺性假设前提下，利用马克思劳动经济学原理分析不动产问题，研究不动产财产权利价值形态的二层次理论。在此基础上，著者进一步研究该二层次中各形态不动产权利价值，并特别提出，为适应实践需要，在未来的《物权法》修订工作中，应当在充分调研的基础上，将居住权纳入合法的用益物权法律体系。

第三章，价值转化论。著者通过理论推理研究不动产财产权利价值转化二重性定律："一项不动产财产权利或一组权利组合的价值转化过程，表现出价格与效用双重特性。价格转化过程是不同主体之间的客观等价联系；效用转化过程是不同客体之间的主观效用选择。价格的转化过程与效用的转化过程又存在相互制约的关系。"法律制度的价值体现在减少成本、提高效率。有限理论可以解释信息不完全、不对称的现象，以及由此而生的一系列现实的法律问题。著者特别研究在实践中发现的民间的民商事的担保与融资习惯中让与担保制度的影子，并根据实践逻辑设计出《物权法》修订时应当作出的规定。

第四章，价值实现障碍论。著者根据实践观察，将不动产财产权利价值实现的障碍分为四类：内生性交易障碍、内生性利用障碍、外源性交易障碍、外源性利用障碍。对四类障碍的实践问题分别深入研究。尤其是，著者融合经济理论，提出不动产差价赔偿的基本原则以及认定"公共利益"的经济标准。著者特别研究契约所依据的社会物质生活条件，提出只有宏观物质生活条件发生变化时才可能导致交易基础丧失。在此基础上研究"限贷政策"和"限购政策"的法律性质，对二者造成的障碍，著者提出通过协商寻找符合"帕累托"标准或"卡尔多—希克斯"标准的解决方案，以及有效率的变更履行优先于终止履行。

第五章，价值冲突论。不动产财产权利价值冲突的识别包括四个构成要素，即主体多元性、客体同一性（或不可替代性）、主观排斥性、客观合法性。冲突的根源在于经济利益矛盾，其本质在于需求关系竞合。化解冲突的基本范式可以概括为三步走：第一步，冲突识别（前提）；第二步，权利归属（核心）；第三步，衡平救济（关键）。根据引发方式的不同，冲突分为两类：一类是"自发式"冲突（或称"内生性"冲突），内因即内在联系起主要作用，往往不涉及交易；另一类是"诱发式"冲突（或称"外源性"冲突），外因即外在联系起主要作用，常常涉及交易。特别论证了"自发式"冲突"自愿归属＋协议补偿"的组合方式充分体现不动产财产权利价值转化过程中的主客体之间主观效用与客观价格双重价值，是化解冲突的最优选择。"诱发式"冲突的权利归属与衡平救济问题，应当适用统一"谨慎标准"（第一步）和"最低成本避免冲突标准"（第二步）予以归责，权利归属问题又特别适用"失权者成本最小化标准"予以衡平。

第六章，矛盾调和论。著者以大量的不动产调解案件实践经验为基础，以尊重规律、因势利导为基本原则，探索并建立居中化解纠纷的科学方法体系。首先提出以"客观真实"为依归，能动引导当事人调整博弈策略的方法，创设并演示多轮举证或陈述、对方质证或回应、法官追加询问、当事人解释、法官认证与释法、当事人调整策略的博弈模型。特别提出预期胜诉率与调解方案互为因果表里的规律。在此基础上，通过化解不动产财产权利冲突的案例，研究科学调解中寻找帕累托最优方案的实践方法以及以"卡尔多—希克斯标准"寻找潜在帕累托最优方案的方法。著者认为应当特别关注边际效用规律在促成帕累托最优过程中的作用。

二、理论体系脉络

```
┌─────────────────────────────────────┐
│   第一章 不动产财产权利与价值基本问题      │
│  (不动产财产权利观察新范式，价值基本问题)  │
└─────────────────────────────────────┘
                  ↓
┌─────────────────────────────────────┐
│     第二章 不动产财产权利价值形态论        │
│     (商品的使用价值→保有/利用的价值       │
│      商品的价值→处分/交易的价值)         │
└─────────────────────────────────────┘
                  ↓
┌─────────────────────────────────────┐
│     第三章 不动产财产权利价值转化论        │
│     (价格转化过程：主体性兼客观性          │
│      效用转化过程：客体性兼主观性)         │
└─────────────────────────────────────┘
           ↙                  ↘
┌──────────────────┐   ┌──────────────────┐
│ 第四章 不动产财产权利│   │ 第五章 不动产财产权利│
│   价值实现障碍论    │   │    价值冲突论       │
│  (内生性交易障碍，  │   │ (化解三步法：冲突识别│
│   内生性利用障碍，  │   │  →权利归属→衡平救济)│
│   外源性交易障碍，  │   │ ("自发式"冲突，"诱  │
│   外源性利用障碍)   │   │   发式"冲突)        │
└──────────────────┘   └──────────────────┘
           ↘                  ↙
┌─────────────────────────────────────┐
│     第六章 不动产财产权利矛盾调和论        │
│   (（1）以深入质证为核心引导多轮博弈；     │
│      （2）寻找共赢：帕累托最优；          │
│      （3）补偿衡平：潜在的帕累托改进)      │
└─────────────────────────────────────┘
```

三、内容图解概览

第一章　不动产财产权利与价值基本问题

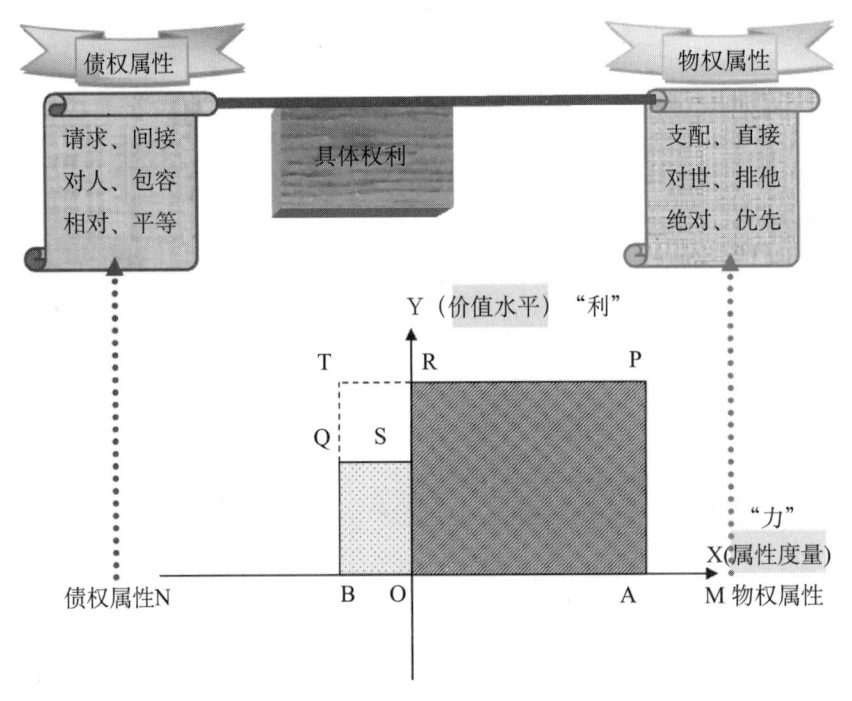

债权属性：请求、间接、对人、包容、相对、平等

具体权利

物权属性：支配、直接、对世、排他、绝对、优先

Y（价值水平）"利"

T　R　　　P

Q　S

债权属性N　　B　O　　　A　　M 物权属性　X（属性度量）　"力"

不动产财产权利价值＝价值水平×属性度量

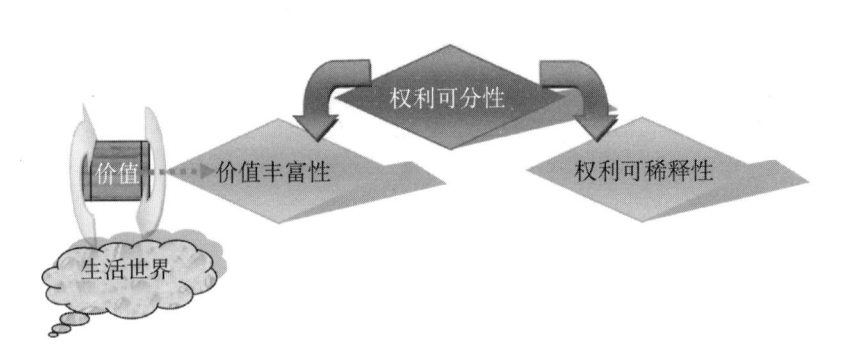

价值 → 价值丰富性 → 权利可分性 → 权利可稀释性

生活世界

第二章 不动产财产权利价值形态论

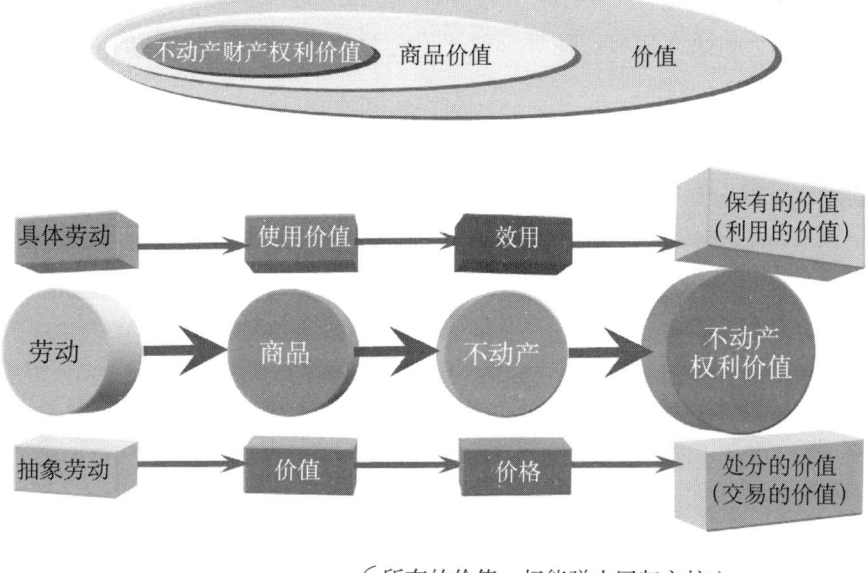

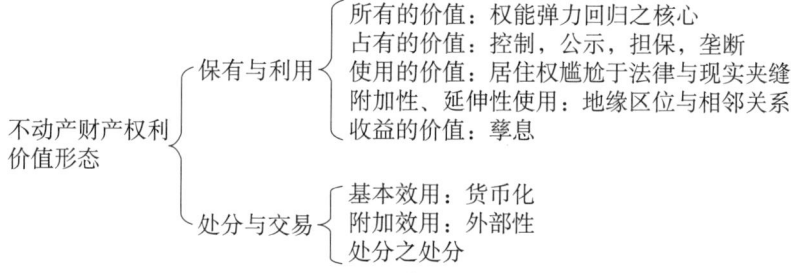

（价值层次示意：不动产财产权利价值 ⊂ 商品价值 ⊂ 价值）

具体劳动 → 使用价值 → 效用 → 保有的价值（利用的价值）

劳动 → 商品 → 不动产 → 不动产权利价值

抽象劳动 → 价值 → 价格 → 处分的价值（交易的价值）

不动产财产权利价值形态
- 保有与利用
  - 所有的价值：权能弹力回归之核心
  - 占有的价值：控制，公示，担保，垄断
  - 使用的价值：居住权尴尬于法律与现实夹缝
  - 附加性、延伸性使用：地缘区位与相邻关系
  - 收益的价值：孳息
- 处分与交易
  - 基本效用：货币化
  - 附加效用：外部性
  - 处分之处分

第三章 不动产财产权利价值转化论

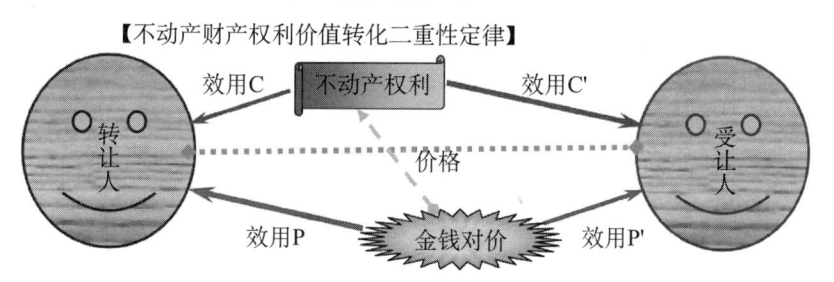

【不动产财产权利价值转化二重性定律】

转让人 —效用C→ 不动产权利 —效用C'→ 受让人
转让人 ←效用P— 金钱对价 —效用P'→ 受让人
价格（转让人⇢受让人）

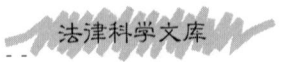

不动产财产权利价值转化二重性定律之一：一项不动产财产权利或一组权利组合的价值转化过程，表现出价格与效用双重特性。价格转化过程是不同主体之间的客观等价联系；效用转化过程是不同客体之间的主观效用选择。

不动产财产权利价值转化二重性定律之二：价格的转化过程与效用的转化过程又存在相互制约的关系。一方面，价格作为不动产财产权利的金钱对价，是效用比较的一个因素；另一方面，效用比较中的剩余效用又构成双方讨价还价的空间。

效率 ⇄ 成本　　风险性 ⇄ 完备度

第四章　不动产财产权利价值实现障碍论

不动产财产权利价值实现障碍类型化分析表

矛盾来源＼价值形态	不动产财产权利利用性障碍	不动产财产权利交易性障碍
内生性障碍（私权利之间）	相邻关系：排水、通风、采光、通行、噪声污染、光污染	根本违约、预期违约、迟延履行、不完全履行、受领迟延、恶意主张无效
外源性障碍（公权力介入）	征收、征用 征地拆迁与安置补偿	国家房地调控政策、奥运会期间限制政策，不可抗力？情势变更？

第五章 不动产财产权利价值冲突论

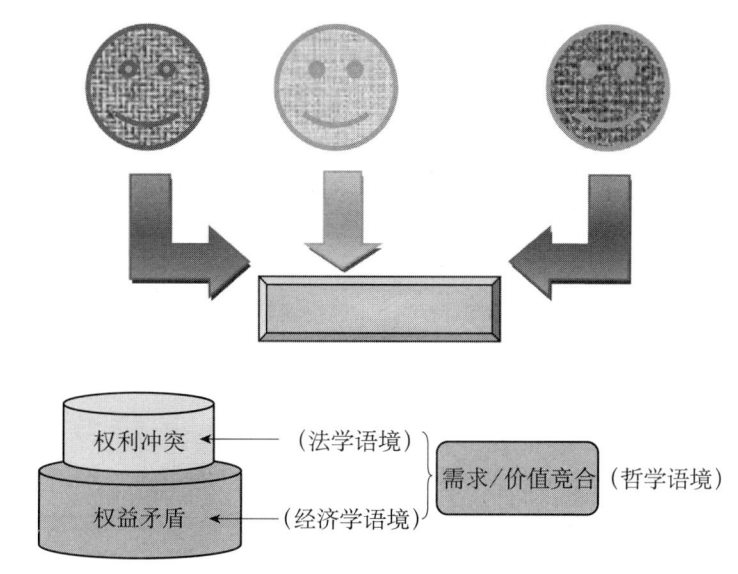

权利冲突 ——（法学语境）
权益矛盾 ——（经济学语境）
需求/价值竞合（哲学语境）

不动产财产权利价值冲突化解基本范式：三步法

冲突识别（前提） → 权利归属（核心） → 衡平救济（关键）

利益衡平（无过错，无侵害）　　损失救济（有过错，有侵害）

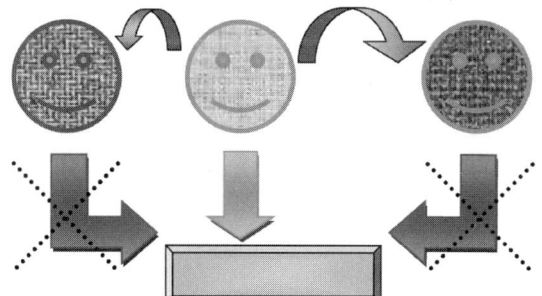

"自发式"冲突权利归属与衡平救济的组合方式

权利归属＼衡平救济	协议补偿	裁判补偿
自愿归属	自愿归属+协议补偿	自愿归属+裁判补偿
强制归属	强制归属+协议补偿	强制归属+裁判补偿

"诱发式"冲突权利归属与衡平救济的组合方式

权利归属＼衡平救济	协议补偿	裁判补偿
自愿归属	自愿归属+协议补偿	自愿归属+裁判补偿
强制归属	强制归属+协议补偿	强制归属+裁判补偿
裁判归属	裁判归属+协议补偿	裁判归属+裁判补偿

"诱发式"冲突基本构造

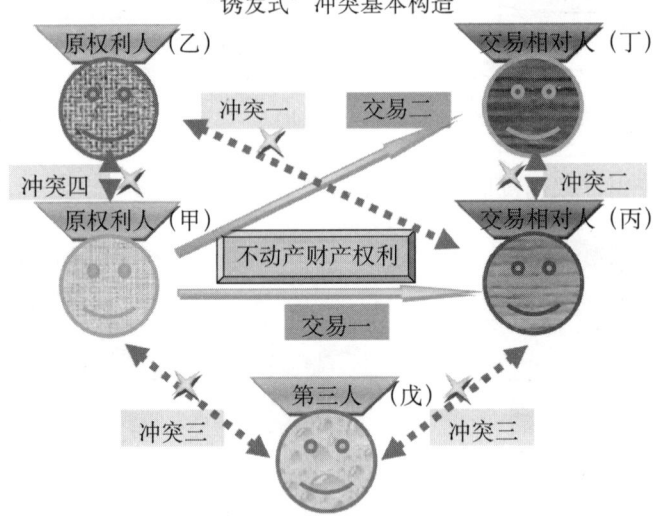

"内生性"冲突外部化

"自发性"冲突　"内生性"冲突　前后相继　互相转换　"诱发性"冲突　"外源性"冲突

"外源性"冲突内部化

第六章 不动产财产权利矛盾调和论

当事人博弈策略与法官认证释法的互动模型

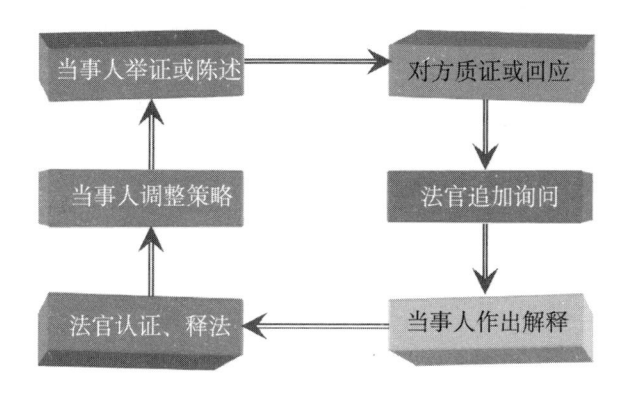

```
当事人举证或陈述  →  对方质证或回应
      ↑                    ↓
当事人调整策略        法官追加询问
      ↑                    ↓
法官认证、释法    ←  当事人作出解释
```

寻找共赢方案实现当事人利益最大化：帕累托最优

第一步 全面、深入了解案内信息与案外信息 → 第二步 归纳可行性冲突解决路径 → 第三步 寻求帕累托最优方案

通过补偿衡平实现当事人利益最大化：潜在的帕累托改进

	案内信息	案外信息
主观信息	当事人主观意愿、诉讼能力、对诉争经济利益的心理预期等	当事人特别需求、特殊困难、经济能力、情绪态度、文化水平、教育背景等
客观信息	案件事实、证据采信等	市场变化、国家政策、舆论导向、社会风气等

第一章 不动产财产权利与价值基本问题

第一节 物、债二元框架下观察权利属性新范式

一、传统大陆法系财产法物、债二元框架理论

我国的民法调整平等主体之间的人身关系与财产关系。其中，有关财产的法律基本上继受了大陆法系财产法的物、债二元体系。按照通说，财产权是以财产利益为客体的民事权利，它可以分为物权与债权。① 这种物、债二元框架下的财产法体系的形成经历了五个历史阶段，分别为：第一，罗马法上对人诉讼（actio in personam）和对物诉讼（actio in rem）之分；第二，罗马

---

① 参见谢怀栻：《论民事权利体系》，载《法学研究》，1996（2）。

法复兴运动以来对人权（jus inpersonam）与对物权（jus in re）之分；第三，萨维尼时代（18世纪后期至19世纪中期），出现了以客体视角或对象标准的物权与债权的区分；第四，《德国民法典》时代（19世纪后半叶至20世纪前半叶），出现了以效力标准区分的对世权与对人权；第五，当代民法（20世纪后半叶至今）物、债二元框架的批判与丰富，出现"中间型权利"或称"第三类权利"①。

以物、债二元框架搭建起来的财产法体系，依照物、债之特性将诸财产权利进行划界分类。从理论上讲，综合各种文献，对物权与债权的划分，主要有如下观察角度：第一，支配与请求，从实现方式上看，对于物权而言，权利人可以依照自己的意思对物行使权利，而债权的实现需要债务人发出请求，"于债务人未为给付前，既不能实现其权利内容，复不得对给付标的物有所管领"②。第二，直接与间接，物权以"以直接就物享受利益为内容"③，即物权之权直接掌握在自己的手中，而债权之权间接隐藏在他人手里。第三，对世与对人，物权效力可以对抗权利人之外的所有人，从契约角度理解，也可以将物权视为法律意志下所有人对物权权利人的允诺，而债权的拘束力仅仅及于债权人与债务人。第四，排他与包容，"一物一权"是物权法的基本原则之一，而"同一标的物上数个债权可以同时并存"④。第五，绝对与相对，是从权利行使的意思角度进行区分，物权之绝对性在于物权人行使物权仅需按照其单方意思即可实现，而债权之相对性在于债权人除其本人意思外，还须借助特定相对人的意思才能实现。⑤ 第六，优先与平等，物权的优先性主要有两个方面，一是物权优先于债权，二是物权之间遵循"时间在先，权利在先"的原则⑥；而债权之间不论成立时间之先后，不论债权金额之大小，债权人均享有平等的

---

① 冉昊：《论"中间型权利"与财产法二元架构——兼论分类的方法论意义》，载《中国法学》，2005（6）。
② 谢在全：《民法物权论（上册）》，19页，北京，中国政法大学出版社，2011。
③ 史尚宽：《物权法论》，9页，北京，中国政法大学出版社，2000。
④ 王泽鉴：《民法概要》，470页，北京，中国政法大学出版社，2003。
⑤ 参见孙宪忠：《中国物权法总论》，42页，北京，法律出版社，2004。
⑥ 参见谢在全：《民法物权论（上册）》，26页，北京，中国政法大学出版社，2011。

受偿权。①

二、大陆法系物、债二元框架体系之现实批判

前述观察角度都是在理论上的探讨，仅仅拘泥于此，未必具有实际意义。"空谈误国，实干兴邦"，理论研究亦如此。以不动产为视角，观察一下我国现实中的财产权利体系，就会发现情况非常复杂，难以对各种权利以或物或债的方式予以泾渭分明的划分。从学理上讲，也就是现实中的财产权利体现出大量的物权债权化与债权物权化以及诸多难以在学理上说得清的现象。例如，一方面，从物权角度来举例，通常意义上的所有权，是典型的物权。一谈到所有权，就会想到占有、使用、收益、处分，就会想到强烈的支配性与排他性。但是，现实中的与所有权相关的纠纷并非如此简单，最为典型的就是拆迁安置的房屋，所有权人享有的物权受到其他被安置人的限制与制约；此外，还有各种各样的福利性、政策性住房，其所有权都不是完全意义上的所有权。另一方面，债权亦如此，承租权是典型的债权，而现实中大量的承租公房、标准租私房等租赁形式，承租人对房屋的支配性和排他性特别明显，但是这种权利类似物权又难以归为物权。

通过细心观察各类不动产权利纠纷可以发现，现实中的纠纷是复杂的，大量的权利难以以非黑即白的方式归为绝对的物权或者绝对的债权，而往往处于亦黑亦白的灰色状态。外国有部分学者认为区分物权与债权没有实际意义。例如，普拉尼奥尔认为，尽管物权或债权都只在权利主体与义务主体之间发生法律关系，但一切权利都具有对抗力，义务主体都有所谓普遍性消极义务②；撒莱认为，区分物权与债权，更多的是依据权利本身的财产与经济价值，并非依据权利所代表的法律关系，按照这种观点，一切权利都最终归为物权。③ 中国也有学者主张不再区分物权与债权，认

---

① 参见王利明：《物权法研究（修订版，上册）》，22页，北京，中国人民大学出版社，2007。

② J. Goubeaux et G. Ghestin, Traité de droit civil: introduction générale, 4e éd., LGDJ, 1994, pp. 174-176.

③ Philippe Malaurie, Laurent Aynès, Droit Civil, Les biens. Defrénois, 2003, pp. 81-86.

为区分物权和债权在教学与研究上也许有一定的意义，但在实际生活中没有多大价值，例如在向船东领取提单时，在承租公房时，往往无人纠结是物权还是债权；英美法上不存在物权与债权的区分，也不存在确切概念与之对应，但这并不影响英美法国家的法律生活。①

著者认为，从中国的法律实践观察，首先要现实而清醒地认识到，不再区分物权与债权将导致现有的法律秩序混乱，因而不宜采纳这种观点；但这种观点对于发现和进一步认识现实中存在的物权与债权之间的中间状态具有一定的借鉴意义。其次要考虑法律传统，我国有关财产权利的概念与规范基本上沿袭了大陆法系的思维方式，不宜以英美法的情况说明此问题。由此，观察现实中不动产复杂的财产权利，仍有必要置于物、债二元框架之下，并实事求是地对其权利状态进行深入分析。

三、物、债二元框架下物债混合模式类型化分析

依实践观察，在一项具体权利中，物权属性与债权属性有两种基本的兼容模式：一为共生型，二为排斥型。

1. 共生型

所谓共生型，即不动产上的权利内容本身同时具备物、债二元性质，具体来说，有两种表现形式，即物权属性的弱化和债权属性的强化。

（1）物权属性的弱化。即物权属性中的某些特点发生弱化效果。以央产房为例，这些房屋从来源上讲，大都属于中央和北京市国家机关、企事业单位以成本价出售给其职工的住房，常见的有部委、高校、科研院所、医院等。在单位与职工之间签订的售房合同上，大多规定购房职工在5年内不得出售，且出售时单位有优先购买权，或者有的房屋根本不能出售。可以出售的房屋会在"央产办"（全称为在京中央和国家机关住房交易管理办公室）备案，在出售房屋时，必须到"央产办"提交申请，获得"央产办"的批准。有的还需要原产权单位出具同意售房或者放弃优先回购权的证明。

【案例1.1】② 诉争房屋位于北京市朝阳区酒仙桥二街坊，原为北京华

---

① 参见徐炳：《英美财产法与大陆物权法比较研究——兼评〈物权法（草案）〉》，载《环球法律评论》，2006（1）。

② 案例索引：北京市第二中级人民法院（2010）二中民终字第06939号。

信医院所属中央在京单位职工住房,现所有权人登记为苗某。2008年8月4日,苗某办理了《中央在京单位已购公房上市出售登记表》,获得了公有住房上市出售管理的批准。2009年3月21日,吴某(买受人)与苗某(出卖人)签订《存量房屋买卖合同》,约定苗某向吴某出售诉争房屋,成交价格为54万元。同日,吴某与苗某签署《补充协议》,约定:苗某出售的房屋价格为54万元,房屋的配套设施折价为30万元,苗某出售诉争房屋的交易净得总价款为84万元,装修折价款30万元由吴某在产权登记前自动支付给苗某。2009年4月9日,吴某、苗某共同在《二手房首付款交付确认函》上签字确认吴某向苗某支付购房首付款45万元。2009年4月27日,北京住房公积金管理中心住房公积金贷款中心向吴某发出《北京住房公积金管理中心住房公积金贷款审核确认书》,批准吴某申请的借款,金额为39万元。后苗某向吴某提出,因华信医院不同意诉争房屋上市买卖,要求退还收取的45万元购房款并解除《存量房屋买卖合同》。

2009年7月,吴某起诉至北京市朝阳区人民法院,要求判令苗某协助其办理诉争房屋的过户手续,并向其支付违约金1万元。一审诉讼中,苗某提交北京华信医院房产科出具的《说明函》一份,表示华信医院不同意对外出售诉争房屋。经法院向在京中央和国家机关住房交易办公室查询,该办公室于2009年9月出具的《中央在京单位职工住房档案》证实诉争房屋"此房符合房屋上市条件"。北京市朝阳区人民法院于2010年1月判决:一、苗某于判决书生效后十五日内协助吴某办理诉争房屋的权属转移登记手续;二、苗某于判决生效后十日内给付吴某违约金一万元整。判决后,苗某不服,提出上诉,并称诉争房屋现已不能再上市出售,故双方买卖合同已不能继续履行,请求二审法院依法改判,驳回吴某的诉讼请求。吴某同意原判。二审诉讼期间,经法院向在京中央和国家机关住房交易办公室查询,诉争房屋所办理的《中央在京单位已购公房上市出售登记表》有效期现虽已届满,但只要重新补办手续仍可继续上市进行交易。据此,二审法院判决驳回上诉,维持原判。

在此情形下,虽然房屋的所有权证可能与普通的房屋权属证明无异,但处分权能上的直接支配属性大大弱化,需要向原产权单位提出请求,亦需要行政管理部门的批准。上述案例中,行政管理部分批准的依据是原产权单位的意见,因原产权单位对包括诉争房屋在内的央产房均备案为可以上市,未作出不宜上市的批注,所以在《中央在京单位已购公房上市出售登记表》中予以批准。未经批准的央产房,则无法进行交易,无法办理权属转移登记手续。

(2) 债权属性的强化。即债权中的某些特点发生了强化效果。最为典型的就是房屋租赁,虽然租赁合同是典型的有名合同,但是承租人对所承租的房屋享有的权利有时表现出对世性、排他性等特点。例如在北京市,有相当一大部分的相邻关系和排除妨害纠纷发生在东城区和西城区的胡同里,这些房屋很多都是直管公房,由房屋土地经营管理中心(由过去的房管所改制来看)与承租人签订公有住宅租赁合同,这些承租人可以直接起诉要求排除有关通风、采光、排水方面的妨害,而不需要经过出租人的同意;在承租人死亡后,可由同户籍共同居住的近亲属继续承租,发生与继承类似的效果。在《法国民法典》中,1975 年颁布并增补的第 1743 条允许承租人以租赁物占有人的身份对侵权行为人提起诉讼,无须请求出租人配合。①

此外,还存在物权与债权性权利相结合的情况。"在实际的交易界,很多情形都是物权和债权相结合而构成一个经济性地位。"②

2. 排斥型

所谓排斥型,即在一项不动产之上,同时存在物权性的权利与债权性的权利,两项权利相互排斥。下面以一个发生在北京市的有关标准租私房③的真实案例为例说明一下这个问题。

---

① 参见尹田:《物权与债权的区分价值:批判与思考》,载《人大法律评论》2001 年卷第二辑,转引自中国民商法律网,http://www.civillaw.com.cn/article/default.asp?id=13359。

② [日] 我妻荣:《日本物权法》,15~16 页,台北,五南图书出版有限公司,2000。

③ 标准租私房,指的是"文化大革命"初期由北京市房屋管理部门接管、"文化大革命"后落实私房政策带户发还产权的私人出租房。在"文化大革命"初期,北京市共接管私人房产 51 万间。1978 年开始落实私房政策试点工作,1983 年落实私房政策工作全面展开,在产权人和承租人继续维持房屋租赁关系并执行政府规定的租金标准的前提下,带户发还了私人出租房。据统计,目前还有近 3.9 万间,其中 96% 分布在东城、西城两个城区,朝阳、海淀、丰台和通州也有少量分布。标准租私房承租户的认定,以北京市落实私房政策时各区房屋行政管理部门带户发还产权的清册、历次调租的清册为依据。但产权人自愿将原自住房与直管公房或其他房屋使用权互换、并按政府规定的租金标准向其自住房屋的承租人收取租金的,不属于解决的范围。资料来源见 http://www.taofang.com.cn/2h/news/newsinfo.asp?newsid=21662。

【案例 1.2】① 1946 年 8 月 7 日，杜维善（又名杜颢）之养母孟小冬以杜颢名义购置了北京市东城区贡院西大街×号及车门房产一所（现房号为北京市东城区顶银胡同×号）。后因孟小冬与杜月笙结婚，原北京市人民法院认定上述房屋系杜月笙所有，故于 1952 年 7 月 21 日作出（52）年度刑清二字第 3743 号判决。此后，房管部门根据该判决接管了顶银胡同×号院房屋。20 世纪 60 年代末，因王某等人原住房所在地区由政府进行地铁施工建设，王某等人由房管部门安置到顶银胡同×号院居住，并由王某等人与原北京市东城区建国门房管所签订《房屋租赁契约》。1984 年 12 月 27 日，原北京市中级人民法院经审理作出（1984）中刑申字第 1395 号刑事再审判决书，认定顶银胡同×号院房屋应属杜颢所有，撤销（52）年度刑清二字第 3743 号判决，并判决将顶银胡同×号院房屋发还杜颢。北京市政府落实私房政策后，房管部门将顶银胡同×号院 25 间房屋发还给杜维善。1987 年 4 月 27 日，吕某代杜维善与王某等人就诉争房屋签订《私房租赁契约》，由王某等人承租该房屋。2011 年 4 月，杜维善因年岁较大，欲回国居住，故起诉王某等人腾退房屋。法院认为：王某等人系由政府安置入住诉争房屋至今，根据其目前居住情况，其暂不具备腾退条件，且依据北京市的相关政策②，标准租私房承租人的腾退和安置工作需由相关部门与单位配合，私房所有权人不宜强行要求承租人腾退，因此法院驳回杜维善要求王某等人腾退房屋的诉讼请求。

标准租私房是一种特殊性质的房屋，属于历史遗留问题。国家对房屋

---

① 案例索引：北京市第二中级人民法院（2012）二中民终字第 00446 号。
② 2003 年 2 月 19 日颁布的《北京市人民政府办公厅关于推进本市标准租私房工作的通知》（京政办国〔2003〕10 号）第 2 条规定："未落实单位租金补贴的承租人可暂缓交纳新增租金，待租金补贴落实后及时补交，产权人不得强收新增租金，更不得强撵承租人。"2003 年 4 月 28 日颁布的《关于推进本市标准租私房工作中有关搬出安置问题的意见》（京国土房管市二〔2003〕338 号）规定："一、各有关区政府要结合拆迁和文保工作的实际情况，制定具体政策措施，积极组织相关项目建设单位妥善安置标准租私房承租人。"2003 年 11 月 24 日颁布的《北京市国土资源和房屋管理局关于做好 2003 年 12 月 1 日起标准税私房按照房屋租赁指导价提租反租金补贴发放工作有关问题的通知》（京国土房管市二〔2003〕1020 号）第 6 条规定："产权人和承租人要认真执行本市颁布的房屋租赁指导价。产权人不得随意提租，更不得强撵承租人。"

所有权人进行带户发还。房屋所有权人虽然收回对房屋的所有权，但是由于房屋在历史上曾作为安置用房，承租人不具备腾退条件，以及有国家政策对腾房问题进行一定限制，因而房屋所有权人的物权与承租人的承租权产生法律上的排斥与事实上的冲突。

上述案例中同一不动产上物权与债权的冲突较为激烈，而这种情况并非特例，现实中大量存在不动产之上所有权与其他权利冲突的情形，例如登记的宅基地使用权人的权利与其他家庭成员的权益问题、拆迁安置的房屋中所有权人与其他被安置人的居住权益问题、居住在公婆所有房屋的离婚后儿媳的居住权益问题，等等。

【经验与逻辑 1.1】现实中复杂的不动产财产权利以或共生或排斥的方式混合或物权或债权的双重特征。

第二节 物、债二元框架下财产权利二维价值体系重构

一、财产权利游走于物债属性坐标（横轴）

如前所述，在中国国情下分析不动产财产权利问题，一方面，物、债二元框架不可摒弃；另一方面，现实中财产权利的复杂性亦应当得到充分重视。故此，著者大胆假设，将物权特性设为一极，将债权特性设为另一极，则现实生活中的财产权利将摆脱难以归类的窘境，自由游走于物、债两极坐标轴，实事求是地得到客观定位。在此物、债二极坐标轴上，一端是物极，一端是债极，可以借鉴区分物权与债权的各观察角度对两极特性进行描述，现将关键词列表如下：

	特性					
物极	支配	直接	对世	排他	绝对	优先
债极	请求	间接	对人	包容	相对	平等

一般来说，相对动产，不动产的价值较大，其法律关系较为复杂。现实中有关不动产的具体财产权利大多兼有或物或债的双重属性，将具体的财产权利放入物、债二极坐标轴，如果"支配、直接、对世、排他、绝对、优先"的属性更多，则更偏向物权一端；如果"请求、间接、对人、包容、相对、平等"的属性更多，则更偏向债权一端。如图1.1所示：

```
债权属性                                物权属性
请求、间接    具体权利    支配、直接
对人、包容              对世、排他
相对、平等              绝对、优先
```

图 1.1

不论是物、债共生式的混合，还是物、债排斥式的对抗，均呈现出物与债的两极对具体权利定位的牵拉。现实中的众多具体权利就是这样在物与债的牵拉中在坐标轴上自由游走。

【方法与建议 1.1】 对具体的不动产财产权利属性进行分析，可根据其物权与债权的属性进行分析与定位。其中，物权属性参考关键词包括：支配、直接、对世、排他、绝对、优先；债权属性参考关键词包括：请求、间接、对人、包容、相对、平等。

二、财产权利衡量于价值水平坐标（纵轴）

物、债二元坐标轴的模型仅仅用来描述财产权利的属性，未能揭示现实中财产权利的存在状态。权利人为什么对或物或债这样的权利感兴趣？为什么甚至为此不惜夫妻反目、兄弟决裂、父子成仇、对簿公堂？为什么一项不动产上的权利状态如此复杂？这些都归因于不动产对权利人是有价值的。考虑这些问题，需要回归到权利是什么这个原始的命题。卡尔·拉伦茨将权利定义为"法律为了满足某人的需要而赋予他的一种'意思的力'或者'法律的力'"[1]。中国的法理学教材中也描述到，权利与满足人的需要、与人的利益不可分割，权利是"保证权利人利益的法律手段，权利与利益有着密切的联系，而权利则是这一内容的法律形式"[2]。可以说，

---

[1] ［德］卡尔·拉伦茨：《德国民法通论（上册）》，王晓晔、邵建东、和建英、徐国建、谢怀栻译，210 页，北京，法律出版社，2003。

[2] 孙国华、朱景文主编：《法理学》，368 页，北京，中国人民大学出版社，1999。

权利是"利"和"力"的结合。一方面，权利可以描述为人的需要、利益、价值；另一方面，权利可以描述为法律的力、法律赋予的意思能力、法律的认可。

从权利的含义这一视角看待这一问题，物、债二元坐标轴模型描述的是第二层面的问题，即法律把权利分为什么样的类型、具体的权利在法理上对应什么样的状态。这只是"力"的问题，而权利的"利"更应当着重考虑。在现实生活中，老百姓往往对法律知识并未过多了解，更加关注的是实际利益层面的问题。

【经验与逻辑 1.2】不动产财产权利的属性表现权利之"力"，不动产财产权利的价值表现权利之"利"。

一项财产权利的属性如何定位，解决不了这项权利背后的利益究竟有多大这一问题，也解决不了权利人对这种利益的需要有多强烈这一问题。马克思在《评阿·瓦格纳的"政治经济学教科书"》一文中引用到："人的自然愿望，是要清楚地认识和了解内部和外部的财物对他的需要的关系。这是通过估价（价值的估价）来进行的，通过这种估价，财物或外界物被赋予价值，而价值是计量的。"[1] 在同一不动产之上权利发生冲突时，价值衡量更为重要。耶林谈到，"为权利而斗争的问题，成了纯粹的计算问题。进行决断时，就必须衡量其利益和损失"[2]。由此，著者大胆假设，在前述物、债二元坐标轴之上增加权利价值坐标，作为权利的计量。而这种权利价值采取何种标准进行计量？难以作出"一刀切"式的回答。在分析具体权利时，一定是把问题置于具体的情境，情境不同，标准亦不同。例如，从 2009 年下半年开始，全国房价暴涨，在分析此时的不动产价值问题时，可以房屋价格作为价值的参考标准，但并不意味着房屋价格就是唯一标准。

【方法与建议 1.2】在分析不动产财产权利时，应当充分考虑权利的价值计量。在分析具体的财产权利时，以具体的情境确定具体的价值计量标准。

---

[1] 《马克思恩格斯全集》第 19 卷，404 页，北京，人民出版社，1963。

[2] ［德］鲁道夫·冯·耶林：《为权利而斗争》，胡宝海译，18 页，北京，中国法制出版社，2004。

三、不动产财产权利价值表现于物、债二维体系

在前述物、债二元坐标轴与财产权利价值坐标轴的组合之下，可以构建起一个二维的财产权利体系。这一体系可以直观地展现出现实中一项复杂的不动产权利的属性与价值，从而真实、客观地反映不动产财产权利的状态。两个坐标轴，一个代表权利之"力"，一个代表权利之"利"。在现实法律生活中，上述"利"的"力"关系问题，在不动产财产权利问题上表现出明显的辩证关系。一方面，权利属性是权利的利益状态、利益关系的反映，是法律对现实社会生活中存在的人的利益需求以及人与人之间的利益关系的归类梳理和力量的赋予；另一方面，对不动产上的利益的追求构成了权利属性的基础，可以说如果没有对权利上的利益的需求，权利只是虚妄的荒漠，不可能被法律所关怀。

在构建物、债二维体系时，绝不能将纵横两轴孤立看待。现实中的不动产财产权利很多都是非常复杂的，根据实际情况，从不同的角度可以分析出不同的权能，或者分析权利的不同方面。这些不同的权能或者不同的方面分别具有或偏向物权一端或偏向债权一端的不同属性。进而，不同类型的权能组合产生不同类型的价值。以前述标准租私房的案例为例，可以借用所有权的权能划分方式将私房屋的权利拆分出占有、使用、收益、处分。从私房主的角度来看，私房主无法享有现实的占有和使用的权利，但亦非完全剥夺其占有和使用的权能，仍然享有期待权，只是期限难以确定。私房主享有收益权，但是这项收益权能是受到国家政策限制的，有一系列的政策对标准租私房的租金标准作出专门规定，租金标准具有一定的社保保障性，远低于市场租金标准。私房主的处分权是完整的，但因为其占有、使用、收益权益的限制，其交易价值大打折扣。从承租人的角度来看，其对房屋享有占有、使用的权益，但这种占有是无本权的占有和使用，仅仅是依据国家政策享有的临时性居住权利，是暂时无法解决其居住困难的权宜之计。依据政策，承租人享有低于市场价格交纳租金的权利，实质上限制了或者说分割了私房主的收益权。因承租人对房屋的占有和使用并无本权，对其而言无所谓处分权。

权利中的每一项权能或者每一个方面都潜伏着权利主体对不动产不同方面价值的需求，均蕴含着价值。价值是不动产对权利主体的有用性，换

句话说可以看成权利主体对不动产的需求,否则权利无从诞生。从一定程度上说,价值决定了权利的产生与运行。不动产权利的复杂性,亦根源于人对不动产需要的多样性。下面以单一主体和多元主体两种视角,以二维坐标图阐述不动产价值的表现形式。

1. 单一主体视角下的不动产价值表现

以纵横坐标表达一项具体的不动产的权利与价值形态,可将该不动产权利中的诸项权能以或物或债的方式予以归类,如此可见该不动产权利物权属性与债权属性的大小,分别列于横轴两端;然后,再将权利的价值在纵轴上找到对应的坐标。以上述【案例1.1】为例,对于央产房所有权这项不动产权利来说,其所有权的物权属性较强,但由于转让上的限制,需要向原产权单位和行政管理部门提出相关请求,在这个问题又具有一定的债权属性。对此,可以列图如下:

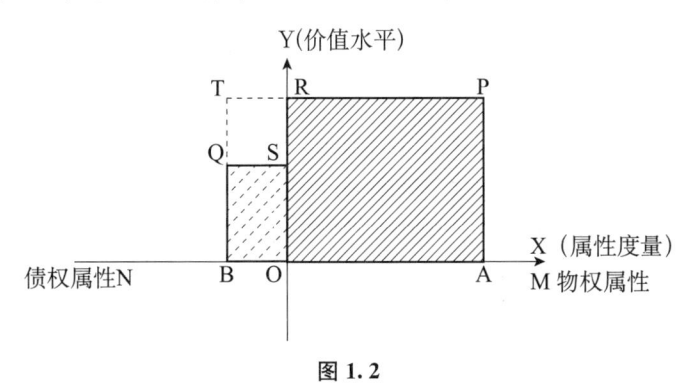

图 1.2

在图1.2中,以X轴分析权利属性,M是物权属性的极点,N是债权属性的极点。而央产房所有权的物权属性处于A的位置。将处分权单独剥离出来,如图BO=AM,因其需要向原产权单位行政管理部门提出申请,故具有一定的债权属性,将其在债权属性一端放在B的位置。在转让房产过程中,不动产的价值水平主要体现在房屋交易价格上,故以OR为房屋市场交易价格。因为处分权受到很大的限制,因而将其价值水平减少为OS。价值水平与属性度量的积就是此项具体不动产权利的价值量。如图1.2所示,OBQS与OAPR两个矩形面积的和即为央产房所有权的价值量,而一项完整的所有权的价值量为矩形ABTP的面积,而矩形SQTR的面积也就是因央产房在交易中的特殊性而发生减少的所有权的价值量。

【经验与逻辑 1.3.1】 当不动产财产权利受到限制时，财产权利的价值减少。

"小产权房"问题一度成为社会关注的热点问题，上述分析模型同样适用于小产权房的情形。下面举一案例说明。

【案例 1.3】① 诉争房屋系北京市朝阳区黑庄户乡东旭新村四区别墅，属于在农民集体所有土地上建造的房屋。2001年7月28日，正某子与高碑店市科峰扶贫有限公司签订《购房协议》，约定：正某子以88万元的价格购买诉争房屋。2001年8月4日，正某子全额给付了购房款。当日，黑庄户乡人民政府及北京市东旭新村农工商公司向正某子颁发了房产证。2006年8月18日，正某子出具《委托书》，委托其兄郑某甲代卖诉争房屋。后郑某甲代表正某子与张某签订一份《过户协议》，将诉争房屋以70万元的价格出售给了张某。2006年8月22日，郑某甲又代表正某子与张某签订《转让申请》，对相关权利、义务进一步作了约定。此后，正某子向张某交付了诉争房屋。张某与北京东旭新村劳务服务中心签订了《居民入住合同》，并交纳了过户手续费17 500元及2002年至2006年期间的物业管理费10 200元，北京东旭新村劳务服务中心和黑庄户乡么铺村村民委员会共同向其发放了"房产证"。张某入住该房屋后进行了装修，并在院内栽种了多株花木。2008年，石某曾将张某诉至北京市朝阳区人民法院（以下简称朝阳法院），以正某子未经其同意处分夫妻共同财产，且该房屋为在集体土地上建房未经批准不得转让为由，要求确认《过户协议》及《转让申请》无效。朝阳法院于2008年8月29日作出判决，确认上述《过户协议》及《转让申请》无效，该判决现已生效。目前诉争房屋仍由张某居住使用。另查，正某子原名郑某某，出生于辽宁省沈阳市，后加入日本国国籍，改名正某子。郑某杰和彭某茹为正某子父母。2001年7月9日，正某子与石某在日本登记结婚。2007年1月9日，正某子因病在沈阳去世；2011年10月6日郑某杰因病去世。2008年12月，石某起诉至朝阳法院，要求张某返还诉争房屋。张某反诉要求石某返还100万元购房款及垫付的10 200元物业管理费，并赔偿装修损失442 948元，过户费损失17 500元、购房利息损失25万元，栽种的树木自行移植到他处。法院

---

① 案例索引：北京市第二中级人民法院（2012）二中民终字第19091号。

最终判决结果基本上支持了双方的诉求，对相关损失数额依法酌定。

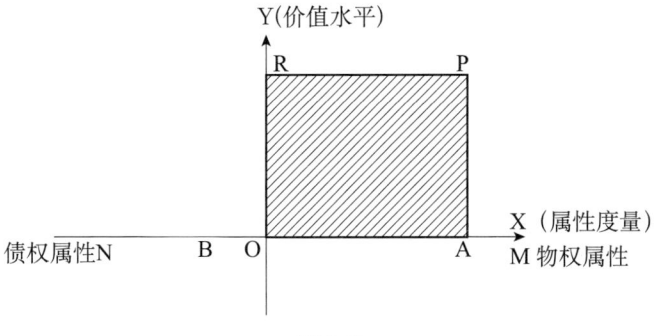

图1.3

"小产权房"因不具备建设审批手续，无法取得正式的房屋所有权证，故虽然可以正常居住使用，可以出租取得租金等，但无法通过正规的手续上市交易，亦无法进行抵押。因此，乡镇政府或村民委员会颁布的"产权证"确认的权利并非法律上所认可的所有权，亦缺少合法的土地使用权作为支撑。从权利属性上讲，其所谓的"产权"并非完整的所有权，其处分权能是非法的，并且具有一定的或然性。从价值水平上讲，其权利价值与正式的所有权不可相提并论，大打折扣。现实中，"小产权房"存在私下交易的情况，上述案例即为这种情况。从实际情况来看，"小产权房"在"黑市"中的交易价格一般来说是商品房市场交易价格的一半。如图1.3所示，OR绝不是同地段的房屋市场交易价格，但可以借用"黑市交易价格"加以替代。

2. 多元主体视角下的不动产价值表现——利益排斥与共存

在较多的复杂的不动产权利上，往往存在不止一个权利主体，而是存在多个主体、多重利益关系。如前所述，权利的混合方式，有排斥型与共存型两种。为说明这一问题，下面以拆迁安置房屋所有权或公房承租权与其他主体的居住权利相关的案件为例进行说明。

【**案例1.4**】① 董某和唐某甲系养母女关系。董某及其丈夫唐某乙（已于1998年4月死亡）原居住的北京市原宣武区自新路×号房屋于2000年5月被拆迁。拆迁人经济日报下属北京经济函授大学与被拆迁人董某、唐

---

① 案例索引：北京市第二中级人民法院（2006）二中民终字第18241号。

某甲于 2000 年 2 月 15 日签订了《北京市城市住宅房屋拆迁安置补助协议》，协议中载明：应安置人口 4 人（并载明 4 人系户主 68、夫 74、户主 40、女 14），直接安置北京市丰台区翠林小区的两居室（以下简称涉案房屋）和北京市丰台区马家堡小区的一居室共两套房屋。董某现居住在涉案房屋。2006 年 8 月，董某诉至北京市丰台区人民法院（以下简称丰台法院），要求确认涉案房屋的居住权人仅有董某一人。丰台法院于 2006 年 9 月判决：一、董某对诉争房屋享有居住权；二、驳回董某的其他诉讼请求。判决后，董某不服，提出上诉。北京市第二中级人民法院驳回上诉，维持原判。

在拆迁安置的房屋中，一般来说，所有权人或者公房承租人只有一人，但是该所有权人或者公房承租人并不一定就是唯一的房屋权利人。在拆迁安置补偿协议中的被安置人仍然对被安置的房屋享有居住使用的权利。一方面，安置房屋不同于普通商品房，具有一定的政策性保障性质；另一方面，拆迁补偿协议对被拆迁人具有约束力，也可以视为被拆迁人对其他被安置人的承诺，承诺其让渡部分居住使用权益给其他被安置人。被拆迁人即房屋登记权利人与其他被安置人的居住使用权利之间形成排斥关系。

（1）多元主体权利排斥模型（图 1.4）

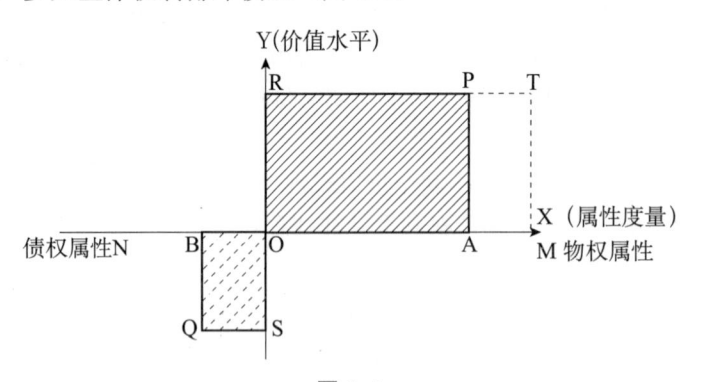

图 1.4

如图 1.4 所示，房屋登记权利人的所有权或者公房承租人受到其他安置人即居住使用权人的限制，即 OA 不及权利完整时的状态 OM，而其他被安置人取得对诉争房屋的居住使用权利，即 OB＝AM，形成了对房屋登记权利人完整权利的对抗。由于 OBQS 的出现，房屋登记权利人的权利价值减少

AMTP。

(2) 多元主体权利共存模型（图 1.5）

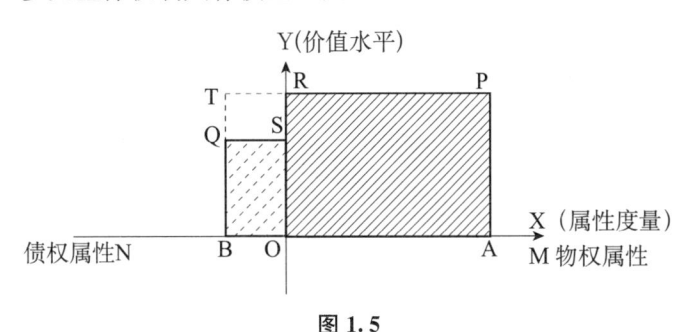

图 1.5

同样是【案例 1.4】，换一个角度来看待这个问题，房屋登记权利人与其他居住使用权人之间的权利既存在相互限制与干扰的方面，同时又不得不共同存在于一项不动产之上。如果将不动产视为一个整体，那么在这种情况下的房屋的整体价值绝对不会与不存在其他共同居住人的房屋情况相同。【案例 1.4】中的房屋登记权利人与一般的登记权利人相比，其私有性较弱。这一点在将房屋对外进行交易时最为明显。"私有产权较强要比私有产权较弱更有价值"[①] 是一个公认的道理。从产权经济学角度更容易理解这个问题。一项具体的财产，具有的排他性越高，则此财产的市场价值就越大；如果财产上的权利被稀释可能导致私人经济上的价值贬损。[②] 在【案例 1.4】中的房屋问题上，登记的权利人对房屋的处分，需要顾及其他居住使用权利人的意愿与利益，当各方意见出现分歧时，对不动产的处分可能陷入僵局。从交易相对方角度考虑，在同等条件下，任何人都不愿意购买带有争议的房屋，除非其价格有所优惠。因此，将各权利主体的财产权利价值合为一体时，将出现与不动产权利集中于一个主体时

[①] ［美］阿门·阿尔钦：《产权》，载罗卫东主编：《经济学基础文献选读》，250 页，杭州，浙江大学出版社，2007。

[②] 参见［德］Hans-Bernd Schäfer und Claus Ott, Lehrbuch der ökonomischen Analyse des Zivilrechts, 4. Alflage, Springer-Verlag Berlin Heidelberg, 2005, pp.100。原文："Der Marktwert einer Ressource ist umso höher, je exklusiver die mit ihr verbundenen Handlungsrechte, je weniger verdünnt sie sind." 另参见［德］汉斯-贝恩德·舍费尔、克劳斯·奥特：《民法的经济分析》，江清云、杜涛译，97 页，北京，法律出版社，2009。

相比价值贬损的情况，即 SQTR。

【经验与逻辑 1.3.2】 当不动产财产权利受到稀释时，财产权利的价值减少。

从上述分析还可以看出，同一项不动产财产权利之上的多元主体之间的利益关系本来就处在一种矛盾的状态，即冲突与协调同在。前述多元主体权利的排斥与共存模型并非绝对的排斥与共存，而是观察权利冲突与协调这一对矛盾的两个方面的两个视角。在一定条件下，可能排斥与冲突成为主要矛盾；而一旦条件改变，共存与协调又可能成为主要矛盾，二者在一定条件下相互转化。

四、财产权利二维价值体系的现实意义

需提出的是，上述构建的以不动产权利属性和价值水平为基础的坐标体系是认识不动产财产权利的一种模拟范式，不同于数学运算。这种范式提供了一种在传统的物、债二元框架下观察现实生活中具体的不动产财产权利的新视角。一方面，从横坐标来看，在现实生活中，其实难以将一项不动产财产权利的属性进行精确的定位，难以以百分之多少的方式对其物权属性或债权属性进行测量；另一方面，从纵坐标来看，亦难以将一项不动产财产权利的价值水平进行精确计算，难以进行客观的、分毫不差的评估。

虽然财产权利二维价值体系不可以作为数学意义上的计算模型，但是也应该看到，这种模拟范式兼顾了传统财产法上的物、债二元框架体系以及现实生活中的权利运行情况。也就是说，一方面，不必抛弃中国国情下业已形成的物权与债权的不动产财产法结构；另一方面，在现实生活中，并非每一个民事主体都是法学家，他们更为关心的是可否享受到其所关心和在乎的权益，更为关心的是利益的多少或者价值的大小，不会去纠结也不会去争议一项具体的财产权利到底是物权还是债权。综上，这种观察视角开启了法律围城的一扇大门，让法律可以在城中的殿堂与城外的生活中自由穿梭。而沟通法律世界与现实生活的灵魂，毋庸置疑，就是"价值"。价值既是法律世界中法的最为深刻的本质即物质生活条件，又是现实生活中百姓最为关心的切实感受。立足价值这一视角研究现实生活中具体的不动产财产权利，犹如展开逻辑与现实的双翼，架起了法理与实践的桥梁。

【方法与建议 1.3】 观察一项具体的不动产财产权利的实际状态，可

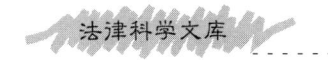

以结合权利属性与价值水平两个方面，拟制一个二维坐标体系。

五、财产权利二维价值体系原构与重构之比较

财产权利二维价值体系是在物、债二元框架前提下对其进行的理论重构。重构是在原构的基础上进行，并非抛弃传统物权、债权二分结构下的财产权利体系。简单来说，所谓的原构，就是或物或债的思维方式，也就是对于一项财产权利，要么定义为物权，要么定义为债权。所谓重构，就是构建亦物亦债的不动产财产权利观察与研究的新范式。现实中的不动产财产权利，常常物中有债，债中有物。借《易经》理论比喻，如果说原构的物债关系是少阴和少阳，也就是纯的阴和阳，那么重构的物债关系就是老阴和老阳；虽然有阴有阳，但其中阴中有阳的因素，阳中有阴的因素。

第三节　物、债二元框架下财产权利二维价值体系之灵魂

一、价值——法律围城的大门（不动产问题）

物、债二元框架体系下的财产法属于法律人构建起来的法律城堡，法律的庞杂概念、艰深的法理，筑起了法律围城的城墙，城里城外说着不同的语言。城里的人用的是法律专业术语，从一定意义上讲，在英文上与其翻译为"terminology"，还不如翻译成"jargon[①]"，也就是"黑话"；而城外的人讲的是百姓大白话，完全听不懂城里的"黑话"。城里的人更关注法律世界的逻辑，城外人的人更关注现实生活的利益。实践中的法律人，如法官、检察官、律师，则既是法律围城的看门人，又是城里大"黑话"与城外大白话的翻译人。一方面，法官等实践中的法律人力求将"黑话"中的道理用最朴实的语言与普通百姓沟通；另一方面，他们还力求让不懂得法律的普通百姓理解法律的经验与逻辑，甚至是法律的

---

① jargon 释文："words or expressions that are used by a particular profession or group of People, and are difficult for others to understand 行话；黑话；行业术语……"引自《牛津高阶英汉双解词典（第七版）》，1088页，北京，商务印书馆，2009。（[英] A. S. Hornby, *Oxford Advanced Learner's English-Chinese Dictionary*, Seventh edition, Oxford University Press, 2009）

无奈与苦衷。

　　在不动产权利问题上，物权与债权如法律围城中殿堂门前的两个巴洛克式的石柱，支撑起雄伟的宫殿。对于未经过法律学习与实践的普通百姓来说，没有物权与债权的概念，只有最为朴素的观念，为了生存，在农村需要建房，在城市需要买房、租房；为了换钱或者为了投资，又需要卖房。在这些朴素的观念中，有需求，有利益，有交换，有自由，有公平，有信用，有天理……其实，从不同的角度来说，这些朴素的观念都可归为价值的范畴，若以概念归类，有些是哲学上的，有些是心理学上的，有些是经济学上的，有些是伦理学上的，有些是法学上的。同时，这些朴素的观念也构成了财产法律规范最为深刻的社会物质生活基础。由此，从需求与价值的角度出发来谈不动产的所有、占有、使用、收益、处分、效用等问题，是"法律围城"城里城外共同的语言。

　　【经验与逻辑1.4】 不动产的需求与价值问题是沟通法律世界与生活世界的桥梁。

二、物、债二元框架下不动产财产权利之可分解性与可稀释性

1. 法学意义上的财产权利可分解性

　　从财产所有权的主流经典表述来看，财产所有权包含四项权能，即占有、使用、收益、处分。① 所有权的诸项权能具有可分解性。除此之外，债权在一定意义上也具有可分解性。民国时期就有学者认为："再所谓权利，乃某一利益范围之总称。个别言之，其中可包括无数较小之权利，例如所有权，用益请求权等是。此后者等则又可分为各种微细成分：例如，所有权中包括使用权，收获孳息权，禁止或准许第三人应用该物之权等；债权内则含有请求给付权，停止契约权，抵销权等是。"② 如此看来，财产权利细分为物权与债权之后，仍可进一步细分为各种小权利。这就像物质一样，可以分为分子；分子亦可分，分为原子；而原子由原子核和电子构成。在物理学上，原子核仍然具有进一步的可分解性。

---

　　① 参见王泽鉴：《民法概要》，494～495页，北京，中国政法大学出版社，2003。

　　② 芮沐：《民法法律行为理论之全部（民总债合编）》，2～3页，北京，中国政法大学出版社，2003。

2. 经济学意义上的财产权利可分解性

从经济学角度来说,研究财产权利的产权经济学的学者也认为产权具有可分解性。美国有经济学家认为,财产的所有者享有的不是一个单独的权利,而是"一组权利",以商品所有者为例,其对商品享有多项权利,可以出售其中的一部分权利,保留一部分权利,但是分拆权利有时要受到法律的限制,也要注意到法律有时不允许将权利进行分拆出售而只允许将一组权利完整地出售。① 国内也有学者认为,"产权的可分解性,是指对特定财产的各项产权可以分属于不同的主体的性质",以土地为例,可分解为狭义的所有权、占有权、支配权和使用权,并指出这些权能可以分属于不同的权利主体。②

3. 法学与经济学意义上的财产权利可分解性之比较

产权经济学意义上的财产权权能与法学意义上的所有权权能存在差异,主要有两个问题。第一个问题是,产权经济学上财产权权能不包括处分权,而处分权是所有权权能之一。第二个问题是,产权理论将狭义的所有权作为一项独立的权能提出,而法学理论中的所有权权能不包括所有。

从现实的法律生活来看,对于第一个问题即处分权问题来说,在没有系统受到过法学教育的人来看,处分仅仅是对财产权利的行使方式,并非财产权利的内容。民国时期也有学者持这种观点,谈到"大部分权利最重要之实行方式,则为该权利之移转"③。从这个角度来看,财产权利的行使方式就存在利用与处分两种基本方式,前者主要针对财产的固有属性或使用价值,而后者则针对财产的社会属性或交换价值。

【方法与建议 1.4】 在研究财产权问题上,可以借鉴产权经济学方法,将所有权的处分权能视为财产权利的行使方式,从而在逻辑关系上与可以直接行使的所有权其他权能相并列。

第二个问题即狭义上的所有权问题,在现实生活中时常会出现,即所

---

① 参见[美]罗伯特·D·考特、托马斯·S·尤伦:《法和经济学(第五版)》,史晋川、董雪兵等译,史晋川审校,152~153 页,上海,格致出版社、上海三联书店、上海人民出版社,2010。

② 参见黄少安:《产权经济学导论》,137 页,北京,经济科学出版社,2004。

③ 芮沐:《民法法律行为理论之全部(民总债合编)》,3 页,北京,中国政法大学出版社,2003。

有权有时会出现名实分离的情况，例如借名买房、借名承租、被安置房屋所有权人与被安置人分离等情形。下面链接一个真实案例予以说明。

【案例1.5】① 2007年9月21日，刘某甲因不便，委托儿子庞某甲全权代为办理自己新批宅基地拆迁的全部事宜。同日，北京空港物流基地开发中心与庞某甲签订《北京市集体土地房屋拆迁货币补偿协议书》（以下简称《补偿协议书》），北京市顺义区后沙峪镇枯柳树村某宅基地及其上房屋和附属物拆迁，拆迁补偿补助款共计412 466元，被拆迁人为刘某甲。后庞某甲以其名义与北京市裕鑫房地产开发有限公司（以下简称裕鑫公司）签订《清岚小区优惠价商品房购房确认单》（以下简称《确认单》），购买北京市顺义区清岚花园某房屋（即涉案房屋），购买时使用了刘某甲的优惠价购房面积。该房屋现登记在北京民益投资管理中心（以下简称民益中心）名下。庞某甲领取了涉诉宅基地拆迁补偿款并用该款购买涉案房屋。涉案房屋现由庞某甲之妻刘某乙、之子庞某乙占有、使用。刘某甲曾以刘某乙、庞某乙为被告，裕鑫公司、民益中心为第三人，就确定其为涉案房屋所有权人提起诉讼。一审法院裁定驳回刘某甲的起诉。刘某甲不服，提起上诉。二审法院维持原裁定。后刘某甲以刘某乙、庞某乙、裕鑫公司、民益中心为共同被告，要求裕鑫公司、民益中心更正刘某甲为涉案房屋优惠价商品房购房确认单购买人，法院裁定驳回刘某甲的起诉。

现刘某甲起诉刘某乙、庞某乙、裕鑫公司、民益中心，要求：确认涉案房屋归刘某甲居住使用，刘某乙、庞某乙立腾退涉案房屋；四被告赔偿其因不能在涉案的回迁安置房屋居住的经济损失人民币1万元。法院经审理认为：刘某甲作为被拆迁人，属于被回迁安置对象；虽刘某甲与刘某乙、庞某乙就涉案房屋的所有权及购买人的确定均存在纠纷，但考虑到刘某甲及刘某乙、庞某乙的现居住情况，就刘某甲请求居住、使用涉案房屋予以支持；刘某乙、庞某乙现未被确定为涉案房屋的所有权人或购买人，应腾退房屋；刘某甲要求四被告赔偿经济损失，未提交证据证明，不予支持。据此，于2012年12月判决：涉案房屋由刘某甲居住使用，刘某乙、庞某乙腾退该房屋；驳回刘某甲的其他诉讼请求。

在这一案件中，刘某甲是被拆迁人也是唯一确定的被安置人，但被安置的房屋却以其子庞某甲的名义购买，而庞某甲并非被安置人。在此情况

---

① 案例索引：北京市顺义区人民法院（2012）顺民初字第13830号。

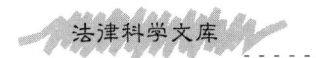

下，虽刘某甲难以通过起诉否认庞某甲的购房人地位，亦难以否认庞某甲的所有权，但其享有对被安置房屋的完全的居住使用权；庞某甲虽然是房屋名义上的权利人，但其并非被安置人，所以在未经刘某甲允许的情况下，无权居住安置给刘某甲的房屋。在这种情况下，就使名义上的所有权人与实际的占有使用人发生分离。

财产权利名实分离更多出现在借名买房的事例中。借名购房的现象非常普遍，由此产生的纠纷也很常见。"借名购房的原因多种多样。有的是为了规避法律或限购限贷政策，有的是为了享受低价购房优惠，也有的是为了转移、隐匿财产和逃避债务。"[①] 不论出于何种原因，房屋的权利状态属于典型的名实分离。下面链接一则案例。

【案例1.6】[②] 2002年3月26日，中邦公司（合同甲方）与潘某（合同乙方）签订《协议书》，约定：甲方以乙方名义购买诉争房屋，购买及使用过程中的一切费用由甲方承担，甲方为该房屋实际出资人和所有人，乙方对该房屋没有任何权利。《协议书》第5条约定："在甲方认为必要时有权随时通知乙方办理该房产过户事宜，乙方应无条件配合甲方办理过户手续。"《协议书》第8条约定："此合同系乙方在甲方工作期间以个人名义配合甲方购房订立，离职时应该另签协议，或执行本协议第五条。"《协议书》第10条约定："若今后乙方需要自行购房，发生贷款冲突，甲方应配合解决或按本协议第五条执行。"

潘某与北辰公司签订《北京市内销商品房买卖契约》，购买了诉争房屋，成交价1 744 358元，该合同未载明签订日期。2002年1月23日，北辰公司出具了收到潘某购房款354 358元的发票。2002年1月15日，刘某在《建设银行同意抵押承诺书》上签字，声明因其配偶潘某购买诉争房屋与建设银行签订《个人住房贷款借款合同》，现刘某同意将诉争房屋抵押给建设银行。2002年3月26日，潘某与建设银行签订《个人住房贷款借款合同（抵押加阶段性保证借款）》，向建设银行贷款139万元用于购买诉争房屋，并以该房屋做抵押担保还款。此后，建设银行发放该笔贷款，2002年3月28日，北辰公司出具收到潘某购房款1 390 000元的发票。北辰公司交付诉争房屋后，该房屋由中邦公司使用至今，潘某向建设

---

① 《借名购房纠纷 伤钱又伤感情》，载《人民法院报》，2015-11-30。
② 案例索引：北京市第二中级人民法院（2013）二中民终字第05946号。

银行申请的贷款一直由中邦公司代为偿还。2012年3月,中邦公司提起诉讼,要求潘某、刘某协助将诉争房屋过户至中邦公司名下。一审法院支持了中邦公司的诉讼请求。潘某、刘某不服,提出上诉。二审审理中,北辰公司出具《证明》,该《证明》载明:诉争房屋至今尚未办理所有权转移登记,该房屋全部建设手续齐全,不存在任何办理产权障碍,如果潘某提出办理产权转移登记要求,该公司可随时予以配合。二审法院驳回上诉,维持原判。

在借名买房的事例中,主要有单位借职工名义购房和个人之间借名购房两大类。名义上的所有权人既不出资,也不占有、使用。借名人有权要求名义上的所有权人将房屋过户至其名下。出名人仅享有名义所有的权能,而不享有其他权能。然而,就是这个名义上所有的权能,又会成为诸多法律问题的连接点。以经济适用住房为例,国家对购房人的身份作出特定的限制,通过限制名义所有人的权能限制了整个财产权利,从而彻底限制了借名购买经济适用住房。借名购买经济适用住房将因为违反国家住房社会保障制度而归于无效。

【方法与建议1.5】在研究财产权问题上,应当充分重视权利名实分离问题,可以借鉴产权经济学方法,将现实生活中存在的狭义所有作为一项独立的权能进行研究。

综上,借鉴产权经济学的理论,可以对传统民法中所有权的处分权能予以重新认识。同时,产权经济学提供的狭义所有这一概念,在现实生活中具有重要的意义,值得在法学意义上研究财产权利问题时充分关注。

【经验与逻辑1.5】不动产财产权利具有可分解性,其权能可以分解为狭义的所有权、占有权、支配权、使用权、收益权等。上述权能包括利用与处分两种基本行使方式。前者主要针对财产的固有属性或使用价值,而后者则针对财产的社会属性或交换价值。

4. 不动产财产权利的可稀释性

基于不动产财产权利的可分解性,不言而喻,当不同的权能分属不同的权利主体享有后,带来的一个后果就是这种不动产财产权利被稀释了。从现实生活中的情况来看,不动产财产权利的稀释有两种方式。

(1)"权能分离式",是平等权利主体之间的稀释,即不同的权利主体之间通过对不动产财产权利的分配问题进行安排形成的权利稀释。前述【案例1.4】和图1.4、图1.5可以生动地说明这种情形,在此不再赘述。

(2)"权力干预式",是国家权力干预形成的权利稀释,基于不动产的可分解性,其中一部分权能既然可以由其他的权利主体分享,也同样可以被国家所限制。当不动产财产权利中的某些权能被国家限制后,亦形成权利的稀释。前述【案例1.3】和图1.3可以充分说明这种情况,在此亦不赘述。

【经验与逻辑1.6】不动产财产权利具有可稀释性。可稀释性是可分解性的必然结果,具体包括权能分离与权力干预两种基本形式。

三、不动产财产权利可分解性与价值丰富性

1. 客观价值的丰富性——权利可分解性之根源

财产权利的可分解性的社会物质基础或经济根源何在?上述论述指出,权利是对利益范围的总称,是法律所确认的利益范畴。这一总称之权利之所以可以细分,应当在于其根源的利益范围可以细分。每一项权利并非铁板一块,可以理解为一项权利束,是许多项小权利的集合。法学家形象地把财产权利称为"一捆棍子"[①]。其中,"每一根棍子"即每一项小权利都根源于一项具体的利益,而没有价值的东西,人们只会对其视而不见,是不可能成为权利的。

从法理学角度并结合前面的案例可以看出,一项具体的不动产财产权利就是一束小权利的集合,承载着人们对不动产的不同层次、不同角度的需求,种种需求体现着不动产对人的不同方面的价值。这些主观上的人的利益需要与客观上的不动产的价值属性,构成了人与人之间就不动产形成的法律关系的社会物质生活基础。权利的可分解性正体现出人的利益需求的多样性与不动产价值的丰富性。

2. 主观价值的丰富性——权利可分解性之归宿

从产权经济学角度来看,有学者提出产权的权能与利益二重性,认为产权由权能和利益组成,所以产权的可分解性就包含了两个方面:一方面是权能行使的可分工性,另一方面是利益的可分割性。产权中可以分解的不同权能分由不同的权利主体行使,相应地,产权的利益亦分属于不同的

[①] [美]约翰·E·克里贝特等:《财产法:案例与材料(第七版)》,齐东祥、陈刚译,3页,北京,中国政法大学出版社,2003。

权利主体来享有。因此，产权的分解必然导致利益的分割。产权经济学的上述分析完全可以转换到法学语境。权利被法所认可的利益，亦包括权能与利益二重性，故可进一步推论出法律上权利的可分解性，包括权能行使的可分工性和利益的可分割性两个方面。

【经验与逻辑1.7】 根据权能与利益二重性原理，不动产财产权利的可分解性包括权能行使的可分工性和利益的可分割性两个方面。

不动产利益的可分割性与不动产价值的多样性是同一问题的两个观察角度。当不动产的权能分工行使导致不动产利益分割享有后，一项具体的不动产财产权利上的价值亦被多元化了。不同分工上的不同利益体现着不同的权利主体不同的利益驱动，亦体现着不同的权利主体不同的价值取向。举一个房屋租赁的简单例子，当房屋的狭义所有、收益与占有、使用分离后，所有权人即出租人的意愿在于在享有房屋名义所有权的情况下取得房屋孳息，而承租人则意在对房屋进行实际使用。

3. 不动产财产权利可分解性与价值丰富性之互动

综合上述分析，不动产客观价值的丰富性与人的主观需要的多样性构成了不动产财产权利可分解性和可稀释性的物质生活基础。当不动产财产权利被分解和稀释后，出现了权能分工，权能分工的结果正体现了不同的权利主体对于不动产财产权利的不同价值取向。

如此，不动产财产权利的可分解性与财产价值的丰富性互为因果。当不同的主体对于既有的权能分工的价值取向发生变化后，将引起对不动产权能分配的新一轮调整。不动产财产权利可分解性与价值丰富性的因果关系呈现动态的发展变化。

【经验与逻辑1.8】 不动产财产权利的可分解性与财产价值的丰富性互为因果。财产价值丰富性构成财产权利可分解性的物质生活基础，财产权利可分解性表现财产价值丰富性的不同取向，二者呈现互动状态。

第四节 余按

我国现行的财产法体系仍然是以物、债二元框架搭建起来的财产法体系，而现实中的一些不动产财产权利问题是非常复杂的，不能简单依照物、债之特性进行划界归类。但是，研究现实中具体的不动产财产权利，

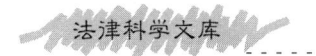

仍不宜抛弃物、债二元框架，否则就与我国现行的财产法律规范相悖。一项具体的不动产财产权利往往是若干权能的集合，从整体意义上而言，有时难以简单定性为物权或者债权。为此，我们可以将物权与债权视为不动产权利的两种属性，对一项不动产财产权利根据其物权与债权的属性进行分析与定位。综合诸多理论与实践，物权属性包括支配、直接、对世、排他、绝对、优先等；而债权属性包括请求、间接、对人、包容、相对、平等等。依实践观察，在一项具体权利中，物权属性与债权属性有两种基本的兼容模式，以或共生或排斥的方式混合或物权或债权的双重特征，而共生与排斥是权利存在状态的一对矛盾，在一定条件下可以相互转化。

从一定意义上说，权利是被法律类型化的利益，不动产财产权利的属性表现权利之"力"，不动产财产权利的价值表现权利之"利"。在分析不动产财产权利时，应当充分考虑权利的价值计量，并以具体的情境确定具体的价值计量标准。通过构建以不动产权利属性和价值水平为基础的坐标体系，可以提供一种在传统的物、债二元框架下观察现实生活中具体的不动产财产权利的新视角、新范式。观察一项具体的不动产财产权利的实际状态，可以结合权利属性与价值水平两个方面，拟制一个二维坐标体系。

研究法学问题不可能回避权利的属性问题，而一切权利的本质都根源于一定的物质生活条件。在研究生活世界中的法律问题时，绝不可忽视利益、需要与价值这些社会物质生活条件与关系问题。不动产的需求与价值问题是沟通法律世界与生活世界的桥梁。在研究财产权问题上，可以借鉴产权经济学方法，将所有权的处分权能视为财产权利的行使方式，与所有权的其他权能的直接利用相对应。利用主要针对财产的固有属性或使用价值，而处分则针对财产的社会属性或交换价值。亦应当充分重视权利名实分离问题，将现实生活中存在的狭义所有作为一项独立的权能进行研究。

不动产财产权利具有可分解性和可稀释性。可稀释性是可分解性的必然结果，具体包括权能分离与权力干预两种基本形式。与此相关，不动产财产权利的可分解性与财产价值的丰富性互为因果：财产价值的丰富性构成财产权利可分解性的物质生活基础，财产权利的可分解性表现财产价值丰富性的不同取向，二者呈现互动状态。

第二章 不动产财产权利价值形态论

第一节 探寻不动产财产权利价值之源

一、历史学维度：传统不动产价值观念的历史情结

中国古代法学没有抽象出不动产的概念。现在看来，不动产主要是指房地产。地与房，在古代主要是田与宅的问题。田宅，在中国古代，不论对于寻常百姓，还是对于国家政权，都是最为重要的财产形式。在中国传统重刑轻民的成文法体系中，历朝历代的法律都对田宅有特别的规定。例如，云梦睡虎地秦简中就有秦国关于田宅的专门性法律《田律》，《唐律疏议·户婚律》中有对田宅的专门性规定。[①] 房屋的样式、间数、

---

① 详见《田律》《唐律疏议》。

大小等也有严格的礼制，显示了人的地位与身份。①

买房置地是中国传统观念财富积累的重要方式，古代人有了钱就要买房、置地、娶小老婆。这些传统观念根深蒂固，从个人角度来看，这一现象比比皆是。例如，今天的年轻人仍然把买房子作为结婚的必备条件之一；而被查处的高级贪官，一般来说，其共同之处就是购买多处房产、包养多名情妇。从企业角度来看，直到今天，仍有众多房地产开发企业或者房地产经纪公司在公司名称中标明"置业"二字。可见在中国传统观念的影响下，买房置地仍然是最为重要的"置业"之事，房和地仍然是最为重要的产业。

在中国人的传统价值观中，买房置地不仅是安身立命之根本，还是财富占有之基础。在重农抑商的中国封建社会中，田宅是最为重要的社会生产生活资本，而非经营所必需的货币资本。封建社会的历次改朝换代除权臣篡位以外，大多由农民起义引起，而农民起义的根源主要是土地兼并问题。历朝历代难以解决的土地兼并，其社会经济根源还是在于人对田宅的需要与不动产财产价值观。以田宅为主的不动产具有极为重要的价值，不仅是生活之依，也是生产之本，而衣食无忧之上，田宅兼并又成为财富扩张的基本形式。直到今天，这种传统价值观仍在延续。财富丰足后，炒房往往成为首要的投资选择，出现了山西炒房团、温州炒房团等。马克思主义法理学认为，法最为深刻的本质在于社会物质生活条件，而在传统价值观念下的财产权利取向与需求仍然是社会物质生活条件的一部分，辐射今天的法律生活。

【经验与逻辑2.1】"买房置地"的传统历史情结作为社会物质生活基础的一部分，对当今的不动产财产法律生活产生影响。

【方法与建议2.1】在中国的国情下研究不动产价值问题，难以割舍亦难以回避"买房置地"的传统历史情结。

二、心理学维度：不动产多层次价值需求

谈到人的需要，美国著名心理学家马斯洛（Abraham H. Maslow）

---

① 参见瞿同祖：《中国法律与中国社会》，147、149页，北京，中华书局，1981。

提出的人的需要五层次理论为人们所熟知。马斯洛在《动机与人格》（Motivation and Personality）一书中提出：人的需要会影响人的行为，人的需要是人的行为的动机，只有尚未满足的人的需要才能影响人的行为；从基本到高级、从简单到复杂，马斯洛按重要性将人的需要排列成五个层次：

第一层次是生理需要，是诸如衣食住行之类的赖以生存的最基本需要；

第二层次是安全需要，即在物质上或者精神上受到安全保障，如个人财产、人身安全、职业稳定等；

第三层次是交往需要，人需要亲情、友情、爱情之类的社会情感，需要社会与群体的归属感；

第四层次是被尊重的需要，例如希望受到他人尊重的自尊心；

第五层次是自我实现的需要，是指通过自己的奋斗和努力实现的期望，感到工作和生活充满意义和价值。

在上述五个层次的需要中，当较低层次的需要得到满足后，才会开始追求高一层次的需要，层层递进；而人的欲望是无止境的，当较低层次的需要得到满足后，就产生了更高层次的需要。① 马克思也谈到人的需要的复杂性，他指出："在现实世界中，个人有许多需要……"② 恩格斯提出："通过有计划地利用和进一步发展现有的巨大生产力，在人人都必须劳动的条件下，生活资料、享受资料、发展和表现一切体力和智力所需的资料，都将同等地、愈益充分地交归社会全体成员支配。"③ 这段论述一般被解读为恩格斯的人的需要三层次理论，即生存的需要、享受的需要、发展的需要。④

在中国，有一首《不知足诗》从另一个角度说明人的需求层层递进的道理，该诗云：

---

① 参见［美］Abraham H. Maslow, *Motivation and Personality*, 1954 by Harper&Row, Publishers, Inc., Reprinted from the English Edition by Harper & Row, Publishers 1954, pp. 35-58；另参见［美］A. H. 马斯洛：《动机与人格》，许金声、程朝翔译，40～68页，北京，华夏出版社，1987。
② 《马克思恩格斯全集》，第3卷，326页，北京，人民出版社，1960。
③ 《马克思恩格斯全集》，第22卷，243页，北京，人民出版社，1965。
④ 参见李新家：《需要层次论》，载《南方日报》，2003-01-14。

终日奔忙只为饥，方才一饱便思衣；
衣食两般皆俱足，又想娇容美貌妻；
取得美妻生下子，恨无天地少根基；
买到田园多广阔，出入无船少马骑；
槽头结了骡和马，叹无官职被人欺；
县丞主簿还嫌小，又要朝中挂紫衣；
若要世人心里足，除是南柯一梦西。①

从这首诗中可以提炼出"食—衣—妻儿—田宅—骡马—官职—皇帝"这样一条需求链条。这种不知足的心态折射出"得寸进尺"的需求层次递进心理。反过来思考，对更高层次需求的向往应当以低层次需求得到满足为前提。正如司马迁论述道："仓廪实而知礼节，衣食足而知荣辱。"② 只有吃饱肚子、穿暖身子这样最为基本的需求被满足了，人才会有诸如礼节、荣辱这样的高一层次的追求。

上述对人的需要的讨论具有非常重要的意义。如果上述心理学理论是月亮，而法学世界是湖水，那么这水中之月就给法学研究提供了一个新的启示。从人的需要心理出发看待不动产财产权的价值问题，可以看出，第一章讨论到基于不动产权利的可分解性，一项具体的不动产上的多元主体利益关系并非简单的冲突与共存，而是错落有致。同一项不动产，在不同的权利主体看来，可以满足不同层次的利益需要，这种不同层次的利益需要就导致了不同层次的价值观。这个道理在现实生活中不言而喻，例如有一处茅草屋或者土坯房，当一个家徒四壁的穷人经过努力成为亿万富豪，在其奋斗过程的不同阶段，对这个破房子的价值感受一定是不同的。将心理学上的需要多层次理论与经济学上的效用理论相结合，能够更清晰地审视现实中的不动产权利问题。在此讨论系为探寻不动产权利价值之源，更多引申待后文详述。

【经验与逻辑 2.2】 一定社会物质条件决定人的不同层次的心理需要，一项不动产因权利主体不同层次的心理需要折射出不同层次的权利价值。

【方法与建议 2.2】 研究不动产财产权利问题，适用不动产财产法律，制定房地产调控政策，须考虑一定社会物质条件下人的不同层次的心理需

---

① （清）钱德仓辑：《解人颐（上）》，38 页，长沙，岳麓书社，2005。
② （西汉）司马迁：《史记·管晏列传》。

要及与之相关的不动产不同层次的权利价值。

三、伦理学维度：人性恶与理性人

1. 中国古代法家人性恶思想与趋利避害

从伦理学视角讨论财产法，不可回避的一个问题就是"人性"。关于人性善还是人性恶，自古以来就有非常激烈的争论。关于性善论，最为熟悉的就是《三字经》的开篇："人之初，性本善"。儒家学说以性善论为基础，认为人有四"善端"，即仁、义、礼、智，只要发扬这"四端"，则"人皆可以为尧舜"①。人性善的伦理学说往往作为个人道德修养与国家政治统治的出发点，但未被中国古代的法学理论所接受。中国古代法学理论是以性恶论为基础的，法家主张法治，其理论基础就是因为人性本恶才有推行法治的必要。法家思想的杰出代表韩非认为："医善吮人之伤，含人之血，非骨肉之亲也，利所加也。故舆人成舆，则欲人之富贵，匠人成棺，则欲人之夭死，非舆人仁而匠人贼也……利在人之死也。"② 不论是做好事还是起恶念，都是出于利益驱使。司马迁则更为一语道破："天下熙熙，皆为利来。天下攘攘，皆为利往。"③ 所谓的恶就是趋利避害，以此为人的本性。

2. 西方的人性恶思想与理性人

古罗马帝国时期的思想家奥古斯丁在他的《忏悔录》中有一段关于人性恶思想的经典论述，他认为，人类的罪恶非常可恨，在上帝面前没有一人是纯洁无罪的，即使是出生一天的婴儿也是如此。④ 这位教父将罪恶视为人与生俱来的本质。有学者认为，斯宾诺莎推动了伦理学向人性论的转

---

① （春秋）孟轲：《孟子·告子下》。

② （战国）韩非：《韩非子·备内》。

③ （西汉）司马迁：《史记·管晏列传》。

④ 参见 *The Confessions of Saint Augustine*, translated by Edward Bouverie Pusey, 引自 http：//sparks. eserver. org/books/augustineconfess. pdf. 原文："Hear, O God. Alas, for man's sin! So saith man, and Thou pitiest him; for Thou madest him, but sin in him Thou madest not. Who remindeth me of the sins of my infancy? for in Thy sight none is pure from sin, not even the infant whose life is but a day upon the earth. Who remindeth me? doth not each little infant, in whom I see what of myself I remember not?"

折,认为所谓的人性恶,应当是一种"自利",这种"自利"主宰着人的行为。① 也有学者认为,亚当·斯密在《国富论》中的理论将性恶论问题转化成为经济人问题。② 西方的人性恶思想中,所谓的恶,也就是自私自利,从而构成了研究社会经济问题中重要的经济理性人假设理论。

3. 自私的经济理性人假设构成不动产价值问题的伦理基础

不论是中国古代的法家思想,还是西方的伦理学思想,都将人自私自利的本质归结为人的本性。人性善与人性恶分别成为道理理论与法学理论分道扬镳、走向各自的理论发展的伦理基础。如果说在人格权、婚姻、家庭、继续法律制度中还可以看到人性善的影子,那么以物权、合同为基础的财产法律制度基本上建立在人性自私的假设上。而在财产法中,一般来说,不动产与动产相比具有更高的价值,更容易激发人的利益驱动。

在不动产纠纷的司法实践中,经常可以看到,为了房屋、宅基地等财产,父子、夫妻、兄弟、姐妹之间反目成仇。从著者的审判实践经历中观察,矛盾冲突最为尖锐的,十有八九发生于家庭成员之间,至亲之人往往成为至仇之敌。在这些问题与矛盾的背后,凸显一个"利"字。

因此,对于不动产财产的法律问题,不论是法学研究,还是司法实践,都不得不实事求是地关注人与人之间基于利益驱使产生的矛盾冲突,不得不着眼于现实中的利益平衡与价值取舍。例如,法官在不动产财产案件的调解过程中,与婚姻家庭案件明显不同,道德教化、情感沟通的方式往往难以奏效,反而看似冰冷的利害权衡、斤斤计较更为管用。即使是道德情感,也只有融入价值衡量、利益取舍的思维方式中才能起到作用。因此,在处理一项具体的不动产纠纷时,法官往往要以价值取舍的思维方式为当事人设计出不同的解决方案,引导当事人进行利益衡量。在这中间,在人性恶的伦理基础之上的经济理性人假设表现得非常明显。司法实践反映出,这一伦理基础是不动产财产权利不同于其他财产权利,更不同于人身关系法律问题的突出特点。

【经验与逻辑 2.3】在不动产财产纠纷中,由于不动产相对于动产有更大的财产价值,人性中表现出更多的以人性恶为伦理基础的趋利避害性。

---

① 参见[英]罗素:《西方哲学史(下卷)》,马元德译,97 页,北京,商务印书馆,1976。

② 参见徐国栋:《民法哲学》,268 页,北京,中国法制出版社,2009。

【方法与建议 2.3】 在不动产财产权利理论研究与司法实践中，都不可忽视权利主体趋利避害的伦理基础，应当更多地关注价值衡量与利害取舍。

四、哲学价值论维度：主客观价值关系之实践统一，兼探源小结

讨论不动产财产权利价值问题，先回顾一下马克思主义哲学上价值的意义。马克思认为："'价值'这个普遍的概念是从人们对待满足他们需要的外界物的关系中产生的……"① 在马克思哲学价值论中，价值不是一个实实在在的客观存在，而是用来描述主体与客体之间需要与被需要关系的范畴。法学理论同样也关注于此，"法体现着社会主体与社会客体的统一，体现着主客体之间一种互动关系、价值关系"②。这就是为什么要讨论价值的心理基础的原因，研究价值问题离不开研究人的需要这一命题。

价值具有主客体统一性。首先，从客观方面来说，价值根源于客体属性。外在于人的物具有满足人的需要的属性。以不动产为例，土地具有可以耕作、可以建设等属性，从而使人通过在土地上的劳动而满足吃和住的需要；而房屋具有居住的属性，满足人作为安身之所的需要，在商品经济时代，房屋还具有可以出租、抵押、出售等经济属性。

其次，从主观方面来说，价值取决于主体需要，物是外在于主体的，不可能脱离主体的需要自行发挥价值。物所具有的属性不是价值本身，当被主体所需要时，才产生了价值关系，客体的固有属性转化为价值属性。仍以不动产为例，当位于深山中的一块土地未被人所顾及时，其自在的属性不可能自动地产生价值，只有被人所开发、使用时才产生了价值。进一步讲，前述提到不动产权利的可分解性与价值的丰富性。以价值论哲学角度观察不动产价值的丰富性，仍然可以得到具有意义的解释。例如对于同一处房产，与不同的主人相联系，其价值表现亦有不同。对于急需住房的人来说，他不会去想用房屋进行投资；对于炒房的人来说，房屋仅仅是其攒钱的资本，根本没有想去住。著者在所审理的案件中曾经遇到一个山西小伙子有两个不同身份的身份证，从同一开发商处买了上百套房屋，这些

---

① [德]卡尔·马克思：《评阿·瓦格纳的"政治经济学教科书"》，载《马克思恩格斯全集》，第 19 卷，406 页，北京，人民出版社，1963。

② 孙国华、黄金华：《法是"理"和"力"的结合》，载《法学》，1996（1）。

房屋的价值不会表现出居住的属性,除了投资,也许还有只有他自己才可以感受到的价值。

此外需注意的是,根据马克思主义实践论,价值的主客观方面统一于实践。马克思提到:"人们不仅在实践中把这类物当做满足自己需要的资料,而且在观念上和在语言上把它们叫做'满足'自己需要的物……"① 人具有主观能动性,对于物的需要不是被动地获取,而是通过实践活动创造性地改造外在的物。随着实践的发展,物表现出越来越多的新的属性,这些新的属性只有在实践中才可能被发掘;同样,人的新的需要也是在实践中发展出来的。

在考虑价值的实践性问题上,要认识到两个方面:第一,实践是历史的。考虑实践,就要问实践从哪儿而来、向哪儿而去。所谓传统的东西,就是实践的历史在当今的延续。著者之所以在前文从历史传统角度为不动产财产探源,原因即在于此。第二,实践是现实的。研究不动产财产法律问题,绝对不可以闭门在象牙塔中去做高贵的学问,而应当扑下身子,放下身段,从最低俗、最土气甚至最丑陋的社会现实问题出发进行思考。著者在本章中接下来要谈的不动产价值形态,不仅以这些理论作为基础,更是打破理论逻辑,从经验逻辑出发,将多年以来观察不动产财产纠纷的经验进行理论梳理。

【经验与逻辑 2.4】不动产财产权利价值具有主客观统一性和实践性。

【方法与建议 2.4】观察、研究和解决不动产财产权利价值问题,应当坚持主客观统一的哲学价值观,将不动产的客观属性与人的主观需要相结合;同时,亦应当坚持历史唯物主义,充分关注实践的历史性与现实性,兼顾不动产财产关系的历史传统与现实问题。

第二节　不动产财产权利价值形态的经济基础

一、西方经济学基础:经济理性人与资源稀缺性两大假设

经济理性人假设导致的方法论个人主义与资源稀缺假设构成西方经济

---

① 《马克思恩格斯全集》,第 19 卷,406 页,北京,人民出版社,1963。

学理论的两个最为重要的前提。① 其中，经济理性人假设在前面已探讨的比较充分，这一假设恰恰来自经济学的伦理观察，对现实生活中不动产价值与法律问题的认识与实践具有极为重要的意义。在此略过，不再赘述。

另一个基础性假设就是资源稀缺，这个问题在中国的语境下也容易理解，人们常说的"物以稀为贵"就是这个道理。从静态角度来看，相对于人的需要来说，现存的大部分资源都是稀缺的，没有稀缺就不会有权属确认，就不会有商品交换；而在物质极大丰富的共产主义社会，资源稀缺性假设不复存在，不再需要对物的归属进行划定，也就没有必要进行交易了。从动态角度来看，参照前述人的需要的理论，当人的当前层次的需要被满足后，就会产生更高一层次的需要，原来稀缺性问题即使解决了，也还会产生新的资源稀缺性问题。著者曾审理一起车位纠纷的群体案件，纠纷发生在北京市丰台区的某经济适用住房小区里。在小区建设之初，基于当时的社会经济条件考虑，小区车位规划较少。而多年过去后，随着购车人越来越多，小车停车问题逐渐突出，直到发生诉讼之时，因为停车问题造成的小区业主与物业公司以及业主之间的矛盾已经非常尖锐。

经济理性人假设与资源稀缺性问题揭示了在法学世界中研究不动产价值问题的必要性。一方面，从司法实践来看，在涉及不动产财产权益的纠纷中，以人性恶为伦理基础的经济理性人现象表现得非常明显，这个问题在前面已经论述，不再赘述。另一方面，不动产与动产相比，其资源稀缺性更为突出，土地稀缺性问题是全球面临的共同问题，不必多说；而对于房屋而言，与人的需要相比长期处于不均衡状态，房价上涨也是近些年突出的社会问题，而房地产调控既是经济问题，又是法律问题，对法学争鸣与法律实践也产生了重大的影响。

---

① 参见［德］Hans-Bernd Schäfer und Claus Ott, Lehrbuch der ökonomischen Analyse des Zivilrechts, 4. Alflage, Springer-Verlag Berlin Heidelberg, 2005, pp. 57。原文："Die beiden wichtigsten Gesetzeshypothesen ökonomischer Theorie bestehen in der Annahme der Knappheit von Gütern und in der Annahme des ethodologischen Individualismus."另参见［德］汉斯-贝恩德·舍费尔、克劳斯·奥特：《民法的经济分析》，江清云、杜涛译，54页，北京，法律出版社，2009。

【**方法与建议 2.5**】经济理性人与资源稀缺性假设构成不动产财产权利价值的经济分析理论与实践问题的两大前提。

二、马克思主义哲学、经济学基础：不动产财产权利价值的三层含义

1. 澄清马克思主义政治经济学劳动价值论与哲学价值论的价值概念

在讨论马克思主义政治经济学劳动价值论之于不动产财产权利意义这一问题之前，需要澄清一个重要的问题。在经济学层面上谈不动产的价值，是指马克思劳动价值论意义的价值。在商品与商品经济理论中研究不动产财产权利的经济价值，与马克思主义哲学价值论意义上的价值并不矛盾，而是一脉相承。劳动价值论中的价值含义是哲学意义上的价值在经济领域的映射①，是普遍意义上的价值与特殊意义上的价值之间的关系。

在劳动价值论中谈不动产财产权利的价值问题，仍然要谈不动产作为商品的属性与人的需要之间的关系，其本质仍然是物的属性与人的需要之间的价值关系。在澄清这个问题之后，可以放心地讨论经济学中的不动产价值问题。

为什么在哲学价值观层面上谈不动产财产权利价值问题后，需要进一步谈经济学上的商品价值？这是接下来要解决的理论问题。

2. 从《政治经济学批判》看不动产财产权利的本质

为什么研究不动产的财产权利问题要研究价值问题？对于这一问题，马克思在关于法的本质的论述中给予了解答。他在对黑格尔的法哲学进行批判的过程中提出："法的关系正像国家的形式一样，既不能从它们本身来理解，也不能从所谓人类精神的一般发展来理解，相反，它们根源于物

---

① 映射的定义："设 A、B 是两个非空集合，若存在一个法则 f，使得对集合 A 中的每个元素 a_1、a_2、a_3……，按法则 f，在集合 B 中有唯一确定的元素 b_1、b_2、b_3……与之对应，则称 f 为从集合 A 到集合 B 的映射，记作 f：A→B。其中，元素 b_1、b_2、b_3……称为元素 a_1、a_2、a_3……在映射 f 下的像，记作：$b_1 = f(a_1)$……a_1 称为 b_1 关于映射 f 的原像。集合 A 中所有元素的像的集合记作 f (A)。"具体内容详见百度百科"映射"，http://baike.baidu.com/view/21249.htm#2。

质的生活关系,这种物质的生活关系的总和,黑格尔按照十八世纪的英国人和法国人的先例,称之为'市民社会',而对市民社会的解剖应该到政治经济学中去寻求。"① 在马克思看来,法律以社会物质生活关系为基础,而社会物质生活关系主要指的是社会经济关系。

应当看到,法律本质上是经济基础的上层建筑。"人们在自己生活的社会生产中发生一定的、必然的、不以他们的意志为转移的关系,即同他们的物质生产力的一定阶段相适合的生产关系。这些生产关系的总和构成社会的经济结构,即有法律的和政治的上层建筑竖立其上并有一定的社会意识与之相适应的现实基础。物质生活的生产方式制约着整个社会生活、政治生活和精神生活的过程。不是人们的意识决定人们的存在,相反,是人们的社会存在决定人们的意识。"② 所以说,我们在深入研究不动产的财产权利这一法律问题时,绝不能仅仅采用从法律到法律的范式,而应当关注不动产这一财产形式或商品形式所根源的经济基础,关注现实经济生活中不动产财产纠纷的现实状况。

3. 不动产财产权利价值的三层含义

通过上述分析可见,不动产财产权利价值具有三层含义,即哲学上的价值、经济学上的商品价值、法经济学意义上的不动产财产权利价值。此三者之间呈现从普遍到特殊的层层递进关系。以图 2.1 示意如下:

图 2.1

三、政治经济学基础:商品二因素映射不动产财产权利价值形态二层次

1. 回味劳动价值论精华——劳动二重性与商品二因素

马克思在《资本论》第一卷"资本的生产过程"第一篇"商品和货币"第一章"商品"中阐述了劳动价值论关于商品价值的主要内容。根据

---

①② [德]卡尔·马克思:《〈政治经济学批判〉序言》,载《马克思恩格斯全集》,第13卷,8页,北京,人民出版社,1962。

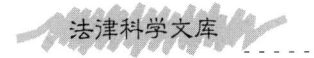

马克思的论述，著者将其中精华理论概括梳理如下：

（1）商品是用来交换的劳动产品，具有两种基本属性，即价值与使用价值；

（2）使用价值是商品的固有属性，即物的有用性，是指商品能够满足人的某种需要的属性；

（3）价值是商品的社会属性，是凝结在商品中的无差别的人类劳动；

（4）具体劳动创造使用价值，抽象劳动创造价值；

（5）商品的价值量由生产商品的社会必要劳动时间决定；

（6）商品交换是根据商品的价值实行等价交换；

（7）商品价格是商品价值的货币表现，商品价格以商品价值为中心，受供求关系变化的影响而上下波动——价值规律。

为清晰表述上述理论脉络，如图 2.2 所示：

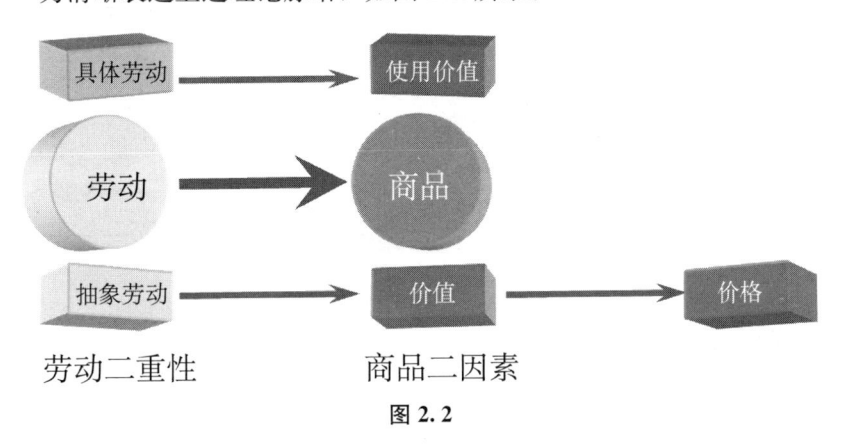

图 2.2

2. 商品二因素映射不动产二因素

前面提到的映射是一个数学概念，如果把劳动二重性与商品二因素基本原理作为分析一切商品问题的"函数"，则不动产作为市场经济中的商品，亦可借此模型进行分析。

在价值因素上，商品的价值对应不动产的价格，这一点很容易理解，不动产的价格是不动产作为商品的价值的货币表现，由商品的价值量决定。但是，在使用价值因素上，理解起来较为抽象。在现实生活中，商品的使用价值作为一个抽象的概念，本身并非可以直接感受，能够让人切身感受的是物的效用。不动产更是如此，"横看成岭侧成峰，远近高低各不同"，不动产的使用价值包括方方面面，而实际生活中的人只能感受其中的一部分。由于人的需要不同、其对不动产的使用价值的认识就相应不同。在不动产的实际利用中，最为关注的也是实际效用问题。

现实中的不动产交易也是在效用与价格之间徘徊。可以说，效用与价格是商品的使用价值与价值的关系具体到一项具体的不动产财产权利上的反映。在此后研究不动产财产权利价值转化问题时，仍要以此作为理论基础。著者根据来自司法实践的感受，冒昧借用西方经济学中的效用概念作为使用价值的引申，作为与价格相对的概念，将图2.2丰富如图2.3所示：

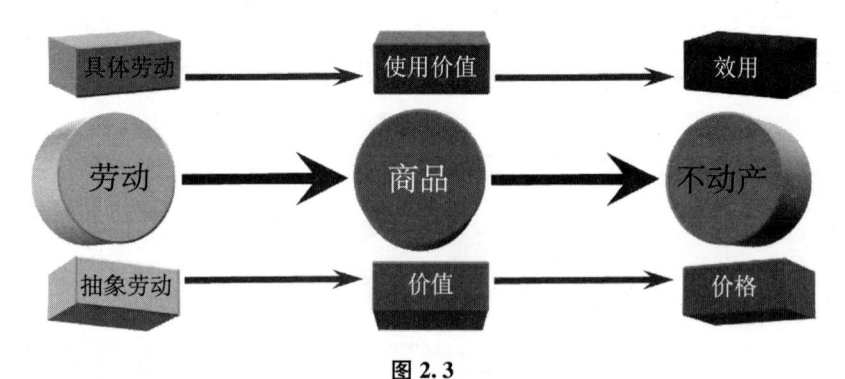

图 2.3

3. 不动产二因素映射不动产财产价值形态二层次

在上一章已细致地讨论过不动产财产权利的可分解性与价值的丰富性问题。结合哲学上的价值论以及心理学上人的需要理论等进一步思考这一问题，可以看出，不动产财产权利权能的多样性与人的需要的多层次性构成了不动产的价值关系，决定了不动产财产权利价值的丰富性。不动产的权能细分起来，纷繁复杂，在此可以回溯上一章的论述，将不动产二因素对应到不动产的权能与价值问题上，恰好与上一章讨论过的将不动产的处分权能剥离出来与其他权能的直接享有相提并论的看法一拍即合。

在上一章讨论这一问题时，仅仅来源于对实践的经验分析，而在此找到了解释这一问题的理论依据。上一章谈到了不动产各项权能直接享有的价值决定于不动产的效用，而对权能进行处分的价值与不动产的价格相关。在此，著者大胆将不动产财产权利的价值分为保有的价值（利用的价值）与交易的价值（处分的价值）两大基本形态。前者表现的是静态下的价值，后者表现的是动态中的价值。

对此，图2.3可以继续丰富如图2.4，并展现出不动产形态的理论脉络，包括一条主脉络和两条辅脉络。在两条辅脉络中，静态下保有的价值就是研究在对一项具体的不动产进行实际利用过程中，通过不动产不同方面的权能表现出来的能够满足人的需要的效用；动态中处分的价值则是将不动产权利中不同方面的权能或权能的组合进行处分和交易中表现出来的价值，是在不动产财产权利转化过程中的价值体现。

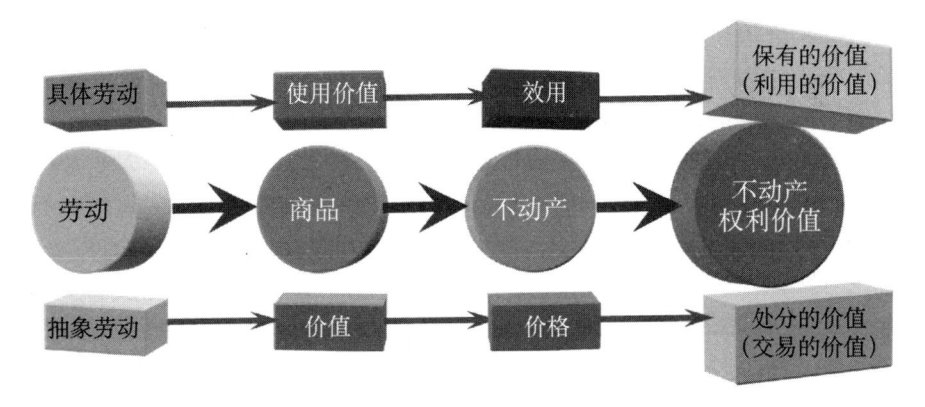

图2.4

【经验与逻辑2.5.1】不动产财产权利价值形态有其深刻的经济基础。马克思劳动经济学原理中的劳动的二重性决定了商品的二因素，进一步决定了不动产的二因素，最终决定了不动产财产权利价值形态的二层次。

【经验与逻辑2.5.2】具体劳动创造商品的使用价值，商品的使用价值决定不动产的效用，不动产的效用映射不动产财产权利价值形态中保有的价值（利用的价值）。

【经验与逻辑2.5.3】抽象劳动创造商品的价值，商品的价值决定不动产的价格，不动产的价格映射不动产财产权利价值形态中交易的价值（处分的价值）。

第三节　不动产财产权利价值形态之一：保有与利用

一、不动产财产权利保有价值概说

1. 使用价值与效用

说到使用价值，大多数人对其在政治经济学上的意义并不陌生。在我国，中学生的政治课就开始学习马克思主义政治经济学，开篇就要学习商品与价值。效用，是西方经济学的概念，其在本质上也是描述商品与人之间的价值关系。从客观方面来看，效用是指对商品的使用价值可以满足人的需要的程度的评价；从主观方面来看，效用是消费者在对商品进行使用和消费的过程中所感受到的需要被满足的程度。效用在客观上决定于商品是否具有满足人的需要的属性，在主观上决定于消费者是否使用和消费某种商品的需要。① 在研究不动产财产权利价值的问题上，将政治经济学语境中的使用价值转换成西方经济学中的效用，更具有现实意义与理论意义。

从现实意义上说，首先，现实生活中的人更关注的是基于其特定的需要而对不动产的效用感受。虽然使用价值与效用都是描述商品与人之间的价值关系，但是相比而言，使用价值更偏重商品这一客体视角，效用则更偏重消费者这一主体视角。在现实经济与法律生活中，对于不动产而言，在不同的语境和情形下，针对不同主体的需要，表现出不同的效用，其价值更多的是效用的价值。其次，不动产价值多元性在现实中表现为效用的多面性。不同主体对不动产需要的不同、效用感受的主观价值不同，导致同一不动产上不同价值主体之间的利益共存与冲突。再次，由于不动产对不同的主体具有不同的效用感受，所以才存在交易的必要性。如果双方在交易过程中，其效用感受都得到了提升，则这次交易就是一个帕累托改进。著者在审理的大量涉及不动产案件中发现，现实中的房屋与土地并非冷冰的财产，而承载着权利主体所赋予的鲜活的效用。处理不动产财产纠

---

① 参见高鸿业主编：《西方经济学（微观部分）》，4版，70～71页，北京，中国人民大学出版社，2007。

纷时，从效用角度出发，才会得到最为符合当事人需要的公正的裁判。

从理论意义上说，发挥物的效用已经被《物权法》确认为立法宗旨之一。几年前，《物权法》几经周折，反复酝酿而出台，其法条表述可谓字斟句酌。在关注具体制度的同时，其第1条所规定的立法宗旨不可被忽视。① 在此，效用问题被作为整部法律的灵魂被明确提出。不认真理解效用的概念，就不会理解立法者的良苦用心，就不会理解物权法的具体规定。而且，发挥不动产的效用问题与保护物权人的利益相提并论，进一步说明了《物权法》立法的人本思想。可以说，名为物权，实为人权，人的利益需要、效用感受才是物权法最为本质的伦理基础。在《物权法》刚刚颁布不久，中国人民大学法学院曾经举办过"物权法及其伦理解读"学术论坛。② 在该论坛讨论中，对于物权法的伦理性，哲学学者曹刚教授认为物权法的伦理性在于"平等"，而法学学者姚辉教授则认为物权法的伦理性在于"善"。著者认为，"平等"和"善"应当被看作是一切法律问题的伦理基础，《物权法》除了应当具备"平等"和"善"这些最为基本、一般性的伦理价值以外，其特有的伦理价值在于"效用"。从《物权法》第1条规定的内容来看，不论其中提到的确认物权归属还是保护物权人利益，其核心的伦理基础始终都离不开物的效用问题。

综上，对不动产财产权利的直接利用，其价值在于不动产对人的效用。人对不动产的所有、控制、使用、收益等，都是基于在直接利用不动产的过程中满足其自身的需要。

【经验与逻辑2.6】效用是物权之立法宗旨与伦理基础，是不动产财产权利保有与利用价值的核心。

2. 保有与利用的价值之丰富性

上一章谈到的不动产权能的多样性与价值的丰富性，在哲学价值性的层面进行分析，其实就是不动产的使用价值与效用的问题。权能在本质上反映了不动产被人所需要和利用和客观范畴，而价值则反映了人的主观需

---

① 《物权法》第1条规定："为了维护国家基本经济制度，维护社会主义市场经济秩序，明确物的归属，发挥物的效用，保护权利人的物权，根据宪法，制定本法。"

② 参见中国人民大学法学院新闻《曹刚、姚辉做客"物权法及其伦理解读"第二场学术论坛》，见 http：//www.law.ruc.edu.cn/Article/ShowArticle.asp?ArticleID=6801。

要与效用感受。这些问题集中地体现在不动产财产权利的保有方面，即权利主体对不动产的直接利用方面。从现实生活观察来看，不动产权利直接利用的价值的丰富性具有多个角度。

（1）静态与动态

首先，静态的丰富性。以现有社会经济发展情况来看，虽然土地、房屋这两种最为基本的不动产形式，并非现代高科技的产物，没有那么高深莫测，自古以来就彰显质朴的气质，然而，根源于社会经济生活的复杂性，关联于人的需要的多样性，对不动产进行直接利用的方式却不像其本身的物理属性那么质朴。关于这一点在下文谈到的具体形态中会进一步说明。

其次，动态的丰富性。社会经济发展日新月异，人的需要亦随之日益增长。虽然土地、房屋本身是质朴的，但是人的新需要赋予了土地和房屋新的使用价值。如此，对不动产利用所体现的价值也在社会历史的变迁中越来越丰富。

（2）物质与精神

不论是静态的还是动态的不动产价值的丰富性，从效用角度来看待现实生活中的不动产财产权利的价值，还可发现，价值不仅有物质层面的价值，还包括精神层面的价值。尤其是精神层面的价值，在著者审理的一些案件中表现得更为突出。最为典型的就是拆迁纠纷，一些被拆迁人在签订拆迁补偿协议后就提出撤销之诉，原因之一就是补偿价格与其心理预期的价值存在巨大落差，而在其心理预期的价值中很大一部分是情感价值，是对祖宅的一种深深的情结。

（3）积极与消极

不论是物质的还是精神的，其价值状态都存在正价值与负价值之分。物质层面较好理解，不再多言。精神层面也应当值得关注，先说消极的，对于凶宅，大家并不陌生。为什么凶宅卖不上价也不好卖，问题就在于在物理结构上毫无区别的房屋上承载了消极的精神价值，使得人对于居住使用房屋所产生的满足感大打折扣。积极方面亦是如此，对于老宅的情结会产生积极的情感价值，甚至现在民间流行的风水问题也是一种精神价值的表现。虽然风水问题是有悖于唯物主义的，但仍然对人的心理有某种程度的影响，进而影响到人对不动产的效用评价。这也就可以解释，为什么开发商在售房宣传中极力去包装一些所谓的"虚"的东西，比如宣传房屋是上风上水，都是为了提升积极因素，为了让购房人觉得物有所值，即效用最大化。

【经验与逻辑 2.7】不动产财产权利保有与享有的价值具有丰富性，其丰富性存在于静态与动态中，表现于物质与精神层面，有积极与消极之分。

3. 保有与利用价值形态的类型化分析

上文谈到，对不动产在哲学价值论意义上的客观属性、在理论经济学意义上的使用价值、在法学和产权经济学意义上的权能的直接控制与利用的价值是多方面的。从实践意义上讲，大谈特谈丰富性不如将不动产保有与享有的价值进行类型化分析。而类型化采取什么标准？对于这个问题，哲学价值论与理论经济学由于其抽象性，难以提供一个将价值形态进行类型化的标准。法学与产权经济学都提出了权能的概念，但是其标准也不尽相同。

如何选取类型化标准？应当坚持两条基本原则：第一是理论原则。可以借鉴物权法理论与产权经济学理论提供的现有权能分类的模型，加以取舍整合。第二是实践原则。效用是人在法律生活中对于不动产及其权能进行利用的实践感受。效用的多样性为类型化提供了鲜活的基础，从某种意义上说，理论上的逻辑性也许更为苍白，而经济上的逻辑性则更为鲜活。

结合前文的论述，著者认为，物权法理论中所有权的处分权能并不具有哲学价值论意义上的价值客观性，处分权能并非基于不动产固有属性所产生的权能，而是社会属性所附加的权能。因其无"能"，故将其理解为一项独立的权能，理论依据不够充分。著者基于上述哲学价值论和劳动价值论，从劳动到商品再到不动产再到不动产的权能一脉相承的理论脉络，将传统物权法理论的处分权能加以重新定位。在这一理论脉络中，处分的权能应当被理解为一种权利，是对不动产权能进行交易的权利。如此，不动产的权能与处分的权利就构成了与不动产财产权利保有的价值与处分的价值相对应的权利基础。在剥离处分权能后，著者将综合产权经济学与物权法理论的权能类型及日常审判工作的经验类型分别进行阐述。

二、所有的价值：权能弹力回归之核心

1. 名义权利之"弹力性"和"归一力"

先回顾一下前面提到的【案例 1.5】，庞某甲是涉案房屋的名义购买

人与名义所有权人，虽然说是名义上的，但这种名义是合法的名义，并非登记错误，亦非借名购房。在此情形下，其母刘某甲通过诉讼被确认为涉案房屋的实际使用权人，庞某甲及其妻刘某乙、其子庞某乙对涉案房屋的居住使用权利无法实现。在此提出一个问题：庞某甲及其妻儿无法居住在其名义上享有房屋所有权的房屋中，这种名义上的权利有意义吗？

先说几句貌似跑题的题外话，我们从熟悉的历史故事中回顾一下，当皇上的，即使无德无才无能，无力掌控朝堂，但享有九五之尊。当臣子的即使有实力挟天子以令诸侯，但毕竟臣子就是臣子。只要君臣之位不发生变化，或早或晚，权力终将回归皇室。从历史上看，只要没有改朝换代，权倾朝野的权臣也只不过是显赫一时的过眼云烟。

这种名义上的所有权就是一个傀儡皇帝，只要不被篡位，皇帝仍然是天子。再回头看看【案例1.5】中的庞某甲，只要等得到为老母亲养老送终那一天，就得到了涉案房屋完整的所有权，不是因为继承，而是因为其就是所有权人。这一理解完全可以用物权法理论上的所有权弹力性来解释。

所有权的弹力性，就是指当所有权人为他人设定各种他物权而让渡所有权实际权能，或者基于其他原因暂时丧失所有权实际权能，其不再享有一项具有实际内容的权利而仅仅享有一项空虚的权利，但是其仍然享有对物的支配力。待日后他物权消灭或者其他暂时性原因消失后，就会回复到圆满的状态。史尚宽先生将其称为"弹力性"或"归一力"①。

2. 名义权利"弹力性"下的效用与价值

这就可以解释即使仅仅是一项名义上的权利，人们也趋之若鹜。其原因就在于，名义上的权利只要是法律上认可的合法权利，其就像一个强大的磁场，终有一天，其他所有的权能终将在"归一力"的作用下被吸附回来。正是出于这种"弹力性"，人们才会认为这种名义上的权利也是有价值的，同样也会感受到"弹力性"的效用。

房屋所有权证不仅是一个小小的证件，其巨大的魅力就藏于"弹力性"和"归一力"之中。这也就可以解释一些著者在审判实践中遇到的百姓家的寻常事。例如，在拆迁过程中，虽然被安置的房屋是大家共同居住的，但是对于一些家庭来说，家庭成员之间仍要为"房本"写谁的名而争

---

① 史尚宽：《物权法论》，62页，北京，中国政法大学出版社，2000。

论不休,甚至为此诉至法院、提起确权之诉。

基于"弹力性"或"归一力"产生的名义权利的价值,不仅存在于名义所有权人问题上,在公房承租问题上也同样存在。例如,当直管公房的承租人去世后,根据直管公房的管理规定,一般可以由与原承租人共同居住的家庭成员继续承租。如果多名家庭成员都符合承租人条件,虽然不论以谁的名义承租,大家都有权继续居住使用,但事实上看似无关紧要的名义承租权经常成为纠纷的焦点。为争夺名义承租权而产生激烈的家庭矛盾,或者为得到租赁合同与房屋管理人拉关系甚至玩弄各种伎俩的故事也司空见惯。

【经验与逻辑 2.8】名义所有权(可引申为公房承租权等准所有权)的保有价值在于其"弹力性"和"归一力",是其他一切权能据以回归的核心。

三、占有的价值:控制,公示,担保,垄断

谈到对不动产即房屋和土地的占有,依社会一般观念往往会混同于使用。在此特别声明,著者站在将占有与使用相区别的立场上。在现实情况中,虽然大部分对房屋和土地的占有就是为了使用,但不尽然。在特殊情况下会出现占而不用的情形,即使占有同时又在使用,占有与使用仍然是两个独立的权能,在法学、产权经济学以及实际生活中有本质的不同。在区分占有与使用的基础上设计占有的价值,就要搞清楚两个基本问题:什么是占有?人在对物的占有中可以得到哪些效用?

首先,占有不是一种权利,而是一种关系或状态,"被看作一种对物的实际关系,即对物实施事实上的控制"[1]。占有的基本含义在于控制,是一种控制的事实状态。在罗马法上,占有就被定义为一种事实,即"一种使人可以充分处分物的、同物的事实关系,它同时要求具备作为主人处分的实际意图。'占有'这个词的含义是指真正的掌握,一种对物的事实上的控制"[2]。从我国的立法来看,"我国《物权法》关于占有的内涵采纳

---

[1] [德]罗伯特·霍恩、海因·科茨、汉斯·G·莱塞:《德国民商法导论》,188页,北京,中国大百科全书出版社,1996。

[2] [意]彼德罗·彭梵得:《罗马法教科书》,黄风译,270页,北京,中国政法大学出版社,1992。

了事实状态说"①。由此,对占有含义的理解应当注意两个关键点:一是占有是事实状态,区别于实体权利;二是占有是控制关系,仅此而已,控制不能引申为使用。

其次,人在对物的占有这种控制状态中可以得到多重现实效用。下面举一个真实案件,分析占有的多方面价值。

【案例 2.1】② 徐某与高某丙系夫妻关系,高某甲及高某乙系二人子女。高某丙现已去世。北京市朝阳区农光里某房屋即涉案房屋原登记在高某丙名下,高某丙去世后,该房屋登记在徐某名下。该房屋自 2004 年至今由李某居住使用。2011 年 1 月,李某起诉至一审法院称:"我与高某甲原系朋友关系,高某甲因做生意向我借款 30 万元。2004 年 5 月 15 日,高某甲与其父亲高某丙同意将涉案房屋以 30 万元抵押给我,抵押期限至 2004 年 12 月 31 日。后因高某甲无力还款,经其父亲高某丙同意,我搬入涉案房屋,同时我与高某丙签订《房屋转让协议》。现诉至法院要求确认该《房屋转让协议》有效。"徐某、高某甲、高某乙不认可,并反诉要求确认《房屋转让协议》无效。一审庭审中,李某提交 2004 年 5 月 15 日的《证明》,内容为:"经双方协商,高某甲因欠李某钱,目前无能力偿还。经与高某甲父亲高某丙协商,经父亲同意,愿将涉案房屋作为抵押(抵押金 30 万元整),抵押期至 2004 年 12 月 31 日,抵押期满后如无能力还款,由高某甲出面负责过户李某。在抵押期间如高某甲将房产转移或变卖,将承担法律责任与后果。"高某甲称:该《证明》为复印件,但未申请进行鉴定;因李某与高某甲在俄罗斯合伙做生意,高某甲与"庄某公司"之间存在债权、债务关系,高某甲实际欠"庄某公司"30 万元。李某另提交《房屋转让协议》一份,内容为:"甲方高某丙,乙方李某,因甲方之子高某甲欠乙方 30 万元,2004 年 5 月 15 日高某甲与甲方同意用甲方 1003 室房屋以 30 万元抵押给乙方。现由于高某甲实在无力还款,特定本协议:自签订本协议之日起,甲方所有的 1003 室房屋所有权转让给乙方,该房屋所有权归乙方后抵押高某甲所欠 30 万元人民币。"徐某、高某乙、高某甲不认可该协议的真实性。经法院释明,徐某、高某乙、高某

---

① 王利明:《物权法论(修订二版)》,455 页,北京,中国政法大学出版社,2008。

② 案例索引:北京市第二中级人民法院(2012)二中民终字第 11783 号。

甲与李某均不申请对该协议上"高某丙"签字的真实性进行鉴定。一审法院在确认《证明》、《房屋转让协议》真实性基础上判决：(1)确认《房屋转让协议》有效；(2)驳回徐某、高某甲、高某乙之反诉请求。二审法院主持调解，双方当事人自愿达成如下协议：(1)徐某、高某甲、高某乙于2012年12月31日前给付李某60万元；(2)李某于收到上述60万元后15日内将涉案房屋腾空并交付徐某、高某甲、高某乙；若李某未能在上述期限内腾房，则应支付徐某、高某甲、高某乙违约金10万元，每逾期1日，另支付补偿款500元；(3)双方不再履行《房屋转让协议》。

1. 控制的价值：其他权能实现的基础

占有不是权利，但占有作为一种事实状态，是不动产其他权能的效用得以发挥的前提条件。对不动产合法的有权占有是对不动产进行使用和收益的基础。可想而知，对于失去控制的财产，进一步发挥其效用是天方夜谭。占有这一层面上的控制的价值不言而喻，不必赘述。

2. 公示的价值：宣示权利与限制权利

对于物权公示，通常的理解是，不动产以登记为公示方法，动产以占有为公示方法。但事实上，不动产与动产并没有本质上的不同，只是不同的财产形式。虽然不动产以登记为法定的公示方法，但这主要是针对物权变动问题而言的。抛开物权变动这一语境，再说不动产以登记为公示方法就有欠严谨了。

占有，不论对于动产还是不动产，都有一种权利宣示的作用。虽然对于大多数不动产而言，占有不被视为物权变动的公示方法，但仍具有一定的权利宣示与推定效用。例如，一个占有他人房屋的人，宣称其是实际购房人，或者是承租人，或者是借住，如果占有是平静的、持续的，则对第三人就产生了一定程度上合理信赖的利益。而在我国目前农村地籍尚不完备的情况下，对宅基地和地上房屋的占有就直接起到物权变动公示的效用。

对不动产的占有在积极意义上的公示效用是有限的，但也不可忽视其在消极意义上的公示，即限制权利的效用。例如，当购房人看房时发现房屋内有他人居住，便对卖房人的处分权利产生合理怀疑。如果明知房屋其他占有人的存在而不予核实，或者明知占有人提出异议仍然购买房屋，则一旦发生无权处分的情况，买受人不能构成善意取得。在此，占有的事实状态就在制约、限制、否定权利的消极方面起到了公示效用。

在大量与善意取得相关的案件中，法官们往往把购房人是否看房、是否对房屋居住人进行核实作为判断善意的最为重要的裁判事实之一。在无权处分的情况下，他人占有的事实状态就成为否定购房人是否有理由相信卖房人有处分权的重要事实依据。

3. 担保的价值：民间"抵押"的"错觉"

学过民法的人都知道，"抵押"是一种担保物权，必须要经过登记才成立。然而，著者在日常审判工作中不只一次地发现，在大多数老百姓最为朴素的法律意识中，根本不会将"抵押"这个词与物权相联系，更不会想到去登记。在上述案件的审理过程中，著者曾经询问李某是否办理抵押权登记，李某茫然道："我哪儿懂得要去办登记！"

"抵押"就是"占房子"，就是占有，这是生活世界与法律世界的重大认识分歧。李某出示的《证明》中也有"在抵押期间如高某甲将房产转移或变卖，将承担法律责任与后果"的内容，说明案件双方当事人均不知道抵押只有登记才可以成为一种担保物权，不知道如果办了抵押登记，高某甲如果要转移房产，但没有李某的同意，根本就无法办理过户手续。

这种"错觉"还不只一次地发生在涉及不动产的民间借贷案件中。著者曾在2011年审理过一起案件：原告起诉被告，要求被告腾退原告所有的房屋。一审法院没有支持原告的请求的原因在于，双方有约定，原告向被告借钱，将房屋抵押给被告，但是原告一直没有还清债务。在审理中，著者发现，双方当事人对"抵押"的理解还是"占房子"，住进房子里就是行使抵押权了。

为此，著者开始研究"抵"和"押"在中国古代财产法上的含义。通过研究发现，"抵"和"当"基本同义，即相当的意思，最初用于抵罪等刑事领域，唐代以后出现了抵偿债务的含义。而"押"字原义是在文件上画押，也就是今天的签字，有研究法史的学者提出，"凡是转移担保财物的占有的，都可以用'押'"①。这样，这个谜就解开了，民间"抵押"的"错觉"源于这两个汉字在历史上的含义以及历史上的民间法律实践。而这种历史遗留的"错觉"赋予了占有以担保的"民间价值"。

4. 占有取得时效：取得物权

通过占有时效取得的物权是物权的一种取得方式。虽然我国民事法律

---

① 郭建：《中国财产法史稿》，76～81页，北京，中国政法大学出版社，2005。

体系中不存在占有取得时效制度，但占有于此仍具有理论上的制度性价值。

5. 经济的价值之一：收益转化或抵销机会成本

在上述案例中，细心的人会发现：为什么没有提利息的问题？著者在审理上述案件以及其他类似的案件过程中发现，当事人以转移占有作为民间债务的担保形式的，很多人约定以房租折抵利息。如此，占有便产生了一项收益转化的经济价值；同时，由于以担保的形式占有房屋省去了租用其他房屋交纳租金的机会成本，从另一个角度来看，这种收益转化又体现了抵销机会成本的附带性价值。

6. 经济的价值之二：单边垄断或双边垄断

占有，有时还意味着垄断，囤积居奇的成语也就是这样出来的。在土地开发中可以看到，有的开发商大量囤积土地，闲置多年而不开发，其目的就在于垄断土地，囤积居奇，待价而沽，寻找机会，名为合资合作开发，实为转让建设用地使用权，利用局部的垄断优势推高地价，从中获利。这就是占有带来的单边垄断的价值。在著者所审理的房地产合资开发纠纷案件中，这种情况有很多。在开发商之间的合资合作开发过程中，往往有出钱的一方和出地的一方，出地的一方只是名义上的建设用地使用权人，不参与实际建设，只是收取一定的转让款或者在未来建成的房屋中分得一部分所有权。

在拆迁过程中的"钉子户"，像钉子一样占有其土地而拒绝腾退。在这中间，所谓的"钉子户"面临的拆迁人是特定的，而拆迁人对于"钉子户"所占有的土地的需要又是不可替代的。这样，双方就构成经济学意义上的双边垄断。在双边垄断的情况下去谈价格，往往会陷入僵局。由于僵局发展下去拆迁人的成本越来越大，造成双方谈判的价格区间随着僵局的持续越来越向高额方向转移，"钉子户"最终在动态的双边垄断中获益。这就是占有带来的经济价值。

【经验与逻辑2.9】 占有具有权能基础、权利公示、"民间担保"、取得时效等法律制度效用以及收益转化、价格垄断等纯经济效用。

四、使用的价值：尴尬于法律与现实夹缝的居住权

1. 使用的价值是不动产财产权利保有价值之核心

个体的需要与对不动产的效用感受千差万别，而从社会的角度来研究发挥物的效用这一问题，主要还是使用的问题。商品生产的最终目的不是

商品交换，商品交换只是过程，其最终目的还是使用和消费。商品最与生俱来的固有属性是其使用价值，只有对其进行实际使用和消费，才会将商品最为内在的固有属性发挥出来。杜甫的《茅屋为秋风所破歌》中道："安得广厦千万间，大庇天下寒士俱欢颜，风雨不动安如山！"这句诗道出了房屋最为重要、最为核心的使用价值就是为人庇护，遮风挡雨，也正说明了对建造房屋的目的；而从社会需要的角度来看，人对房屋的需要是为了居住，并不是为了炒房。可以说，在不动产财产权利的保有和利用价值形态中，使用的价值处于核心地位，不研究使用的问题，其他问题都没有太多的意义。其他的权利保有与利用的价值问题，要么是使用价值问题的前提与基础，要么是使用价值问题的转化与引申。

2. 居住权：此处"无名"胜"有名"

关于不动产使用的价值与效用问题，《物权法》在其用益物权部分有详细的规定。著者在本书中对"有名"的用益物权不再进行深入的讨论，不仅是限于篇幅与研究主题，更是出于对不动产审判实践反映出来的实际问题的考虑。直言不讳地说，《物权法》有关用益物权的条文在司法实践中的实际适用甚少，而现实生活中的不动产用益问题指向"无名"的居住权问题。这并非骇人听闻，是著者在审判实践中的切身感受。我们可以把全北京市各法院审判的以"用益物权纠纷"和"用益物权确认纠纷"为案由的案件查一下就会发现，其中大部分是房屋居住权使用问题。虽然居住权最终被《物权法》所抛弃，但在百姓生活与司法实践中的突出问题却不可回避。

在生活与实践中的居住权问题虽于法"无名"，其价值却胜于"有名"的用益物权。温家宝总理在第十一届全国人大第四次会议提出："我们要持之以恒，努力让全体人民老有所居，病有所医，住有所居。"[①] 住有所居，成为我国深化住房制度改革的核心精神。安居才能乐业，居住问题关乎民生之根本。

使用的价值是不动产财产权利的保有与利用价值中最为核心的价值形态，而其中，居住问题却是无法可依却又矛盾重重、不可忽视的现实问题。北京市法院审理大量有关公民居住权益类案件，类型复杂，矛盾尖锐，却处于无法可依的状况。为此，著者呼吁物权法学者有必要对公民居住权益相关法律问题进行深入调研，而在未来的《物权法》修订中为居住权正名。

---

① 《政府工作报告——2011年3月5日在第十一届全国人民代表大会第四次会议上》

3. 物权法定原则下居住权尴尬的现实定位

在物权法理论中，居住权可作为一种用益物权而存在。在作为大陆法系民法典代表的《法国民法典》和《德国民法典》中也都有居住权的一席之地。《法国民法典》第 632 条规定："对房屋享有居住权的人，得偕同其家庭在该房屋内居住，即使在给予此项居住权利时其本人尚未结婚，亦同。"① 第 633 条规定："居住权，仅以享有此项权利的人与其家庭居住所需为限。"② 《德国民法典》第 1093 条规定："（1）排除所有权人而将建筑物或建筑物的一部分作为住房使用的权利，亦可以设定为限制的人役权……（2）权利人有权将其家庭以及为进行与其身份相当的服务和为进行护理而有必要使用的人员，接纳进此住房。（3）此项权利仅限于建筑物的一部分的，权利人可以共同使用供居住人共同使用的设置和设备。"③

---

① 《法国民法典（上册）》，罗结珍译，504 页，北京，法律出版社，2005；另参见《拿破仑民法典》，李浩培、吴传颐、孙鸣岗译，84 页，北京，商务印书馆，1997。原文："Article 632 Celui qui a un droit d'habitation dans une maison peut y demeurer avec sa famille, quand même il n'aurait pas été marié à l'époque où ce droit lui a été donné." 见 http：//www. legifrance. com/。

② 《法国民法典（上册）》，罗结珍译，505 页，北京，法律出版社，2005；另参见《拿破仑民法典》，李浩培、吴传颐、孙鸣岗译，84 页，北京，商务印书馆，1997。原文："Article 633 Le droit d'habitation se restreint à ce qui est nécessaire pour l'habitation de celui à qui ce droit est concédé et de sa famille." 见 http：//www. legifrance. com/。

③ 杜景林、卢谌：《德国民法典评注 总则•债法•物权》，553 页，北京，法律出版社，2011；另参见《德国民法典（第 2 版）》，陈卫佐译述，375 页，北京，法律出版社，2006。原文：

§ 1093 Wohnungsrecht

(1) Als beschränkte persönliche Dienstbarkeit kann auch das Recht bestellt werden, ein Gebäude oder einen Teil eines Gebäudes unter Ausschluss des Eigentümers als Wohnung zu benutzen. Auf dieses Recht finden die für den Nießbrauch geltenden Vorschriften der §§ 1031, 1034, 1036, des § 1037 Abs. 1 und der §§ 1041, 1042, 1044, 1049, 1050, 1057, 1062 entsprechende Anwendung.

(2) Der Berechtigte ist befugt, seine Familie sowie die zur standesmäßigen Bedienung und zur Pflege erforderlichen Personen in die Wohnung aufzunehmen.

(3) Ist das Recht auf einen Teil des Gebäudes beschränkt, so kann der Berechtigte die zum gemeinschaftlichen Gebrauch der Bewohner bestimmten Anlagen und Einrichtungen mitbenutzen. 见 http：//www. jan's. de/。

但是，我国《物权法》并未将居住权规定为一项法定的物权。根据物权法定原则，居住权尚未成为一项物权。在居住权益的实现定位问题上，审判实践中存在两大疑难问题。

其一是居住权的表述问题。在于法无据又不可回避的无奈之下，北京法院的大部分终审判决书表述为对房屋居住使用的权利。从著者审理的二审案件来看，一些一审判决书仍表述为居住权，于法无据，有欠妥当。进一步研究发现，居住使用的权利这一表述也未必恰当，因为居住可以确定为一种合法的利益，但是不一定都可以确定为法律上的权利，若表述为居住权益更加恰当。

其二是居住权的案由问题。在民事案件中，权利与法律关系的性质集中表现在案由上，直接要求确认居住使用权的案件立案的案由一般有两种，即用益物权纠纷或物权保护纠纷中的用益物权确认纠纷。虽居住权在学理上可以理解为用益物权，但根据物权法定原则，司法实践不能创设物权，上述两案由均有不当，但是在现有案由体系中又无法找到与之相对应的恰当案由。而对于居住权案件，又不可能因为没有对应的案由而拒绝受理，于此实属尴尬。

4. 居住权益的存在方式

著者根据审判实践发现，居住权益有的由诉方提出，有的由辩方提出。从案件类型来看，主要有三大类。

第一类是直接诉求式，即要求确认居住使用权的案件。这类案件中的居住使用权一旦被确认，一般来说，都是相对稳定、相对长期的。

第二类是间接抗辩式，即在腾房案件中以对诉争房屋享有一定居住利益为抗辩。若腾房诉求被驳回，则被告一方对诉争房屋的居住权益被间接确认，但是这类居住权益中有很大一部分并不稳定，可能由于情势变化发展而丧失。

第三类是保护确认式，即虽未提出居住使用权问题，但是通过腾房案件胜诉，使得其排他性的居住权益得到确认和保护。

5. 居住权益的经验类型化分析

根据审判实践的经验总结，著者根据直观感受，将现实生活中存在的居住权益分为如下七大类型。这种类型化分析是一种列举式的不完全归纳，未必科学，但基本包括了著者在日常审判中见到的全部居住权益情形。

类型之一，所有权、共有权所生居住权益。一般情况下，房屋的所有权人、共有权人对房屋当然享有居住使用的权利。此类居住权益对于非物权人一般具有排他性。

类型之二，公房租赁中的居住权益。在审判实践中，公房租赁主要有两大类情形：一类是直管公房租赁，出租方一般为各区县房屋土地经营管理中心下设的分中心，也就是历史上的房管所。大多为长期租赁，承租人去世后可由其近亲属继承。另一类是单位公房租赁，房屋产权单位将房屋出租给自己的员工，由各单位进行管理。对承租公房享有居住权益的一般为两类主体：一类是承租人，当然享有居住权益。另一类是共同居住人，承租公房具有一定的社会保障性质，虽然承租人只有一人，但是安置的对象可能包括数人。承租人以外的其他共同居住人也享有居住权益。

类型之三，拆迁安置中的居住权益。以房屋进行拆迁安置补偿的，一般会考虑原拆房屋与安置人口的因素。大多数拆迁安置补偿协议中，会列明被安置人。被安置人根据其对原拆房屋的居住权益和拆迁安置补偿协议，享有对被安置房屋的居住权益。

类型之四，合同关系所生居住权益。房屋所有权人可以通过合同关系将房屋的占有、使用权益让渡给非所有权人，典型的是房屋租赁。此外，在案件审理中还存在其他形式，如以房屋占有作为债务担保的民间融资担保。其实，在房屋买卖合同中，对于约定先交房后过户的二手房买卖或者尚未办理房屋所有权证但又入住的商品房预售（销售）来说，购房人居住房屋的权利并非基于所有权，而是来源于合同债权。

类型之五，近亲属关系所生居住权益。在审判实践中，有一类主体并非直接享有房屋居住使用权益，但因其与居住权益人存在婚姻关系，或者是居住权益人的未成年子女，享有与居住权益人共同居住的权利，因此也间接享有房屋的居住使用权益。这类主体的居住使用权益也受到司法保护。

类型之六，所有权人、承租人准许所生居住权益。经所有权人、承租人准许的人，也有权与所有权人、承租人共同居住，对房屋享有居住权益。但该居住权益因所有权人、承租人的意愿而产生，也会因其意愿改变而消灭。例如老人允许成年子女与其共同居住，但其需要该成年子女腾房时亦应腾退。

类型之七，因不具备腾房条件所生临时性居住权益。在一些腾房案件中，出于伦理道德，或者出于维稳需要，虽然从法律上房屋的占有使用人应予腾退，但因其不具备腾房条件，法院一般对腾房请求暂不予支持。由此，不具备腾房条件的占有使用人获得了临时性居住权益。但该权益并非合法权益，仅是权宜之计。此类案件的民事判决书中一般会指出临时性居住权人应当积极寻找房源，创造腾退条件。

6. 居住权益的理性类型化分析

在上述列举式的经验类型化基础上，著者按照一定的逻辑，将居住权益的类型归纳如下：

首先，根据是否具有排他性，分为排他性居住权益和包容性居住权益。前者最为典型的就是一般所有权，后者情况较为复杂。

其次，根据是否具有交易价值，分为有价居住权益和无价居住权益。前者集中表现在拆迁安置中可以折抵拆迁款或者房屋面积或者优惠购房指标；后者仅与居住相关，不涉及交易价值。

再次，根据存续时间长短，可分为长期性居住权益、固定期居住权益和临时性居住权益。

最后，根据居住权益是否具有权利基础，分为本权性居住权益（如所有权、承租权）、附随性居住权益（如共同居住人）、授权性居住权益（如权利人准许）。

7. 社会生活与法律实践呼吁《物权法》为居住权正名

不言而喻，社会物质生活条件构成法的本质。马克思和恩格斯指出："意识在任何时候都只能是被意识到了的存在，而人们的存在就是他们的实际生活过程。"[①] 老百姓对房屋的居住需要以及要求法院确认其居住的权益为一项法律上的权利的需要，是一种朴素的法律意识。这种法律意识作为一种社会意识，深刻地根源于社会存在，即现实生活。虽然《物权法》没有规定居住权，但是，居住权所根源的社会生活基础却是一种客观存在，就如"你见，或者不见我，我就在那里，不悲不喜"[②]。

著者根据对审判实践的观察，将在中国国情下居住权所根源的社会存在分解为两个层次：

第一个层次是普遍的社会存在。《法国民法典》与《德国民法典》中

---

① 《马克思恩格斯全集》，第3卷，29页，北京，人民出版社，1960。
② 仓央嘉措：《见与不见》。

居住权存在的社会根源在中国依然存在,这就是人与人共同生活的心理需要生活方式,它是人基于血缘、婚姻关系必然存在的。居住权作为社会意识在法律上的反映有其深刻的社会伦理基础。

第二个层次是特殊的社会存在。在中国当代特有的社会生活条件下,产生不同于法国、德国等国家的特殊的居住权利需要,例如上一章谈到的由标准租私房这一历史问题产生的居住权、基于公房租赁与拆迁安置等产生的居住权等。特殊的社会存在决定了居住权利法律意识的特殊形式与具体类型。

现实社会生活已经将法官推向了确认居住权利的前沿,而无法可依的状态让百姓对法官造法、自由裁量权力过大等问题产生不满。有学者认为:"在一定条件下承认习惯创设物权,可以对现实的财产关系予以及时、有效的调整。"[1] 司法实践已经将居住权赋予了物权的效力,时势所迫,对于居住权益这一具有重要价值的不动产财产权益,法律不可置之不理。著者强烈建议,在深入实践调研与理论研究的基础上,将居住权列入《物权法》,从而使得社会生活有法可依,实现《物权法》明确物的权属、发挥物的效用这一宗旨。

为此,著者结合国外立法,立足社会实践,大胆建议居住权立法的若干要点:

一是居住权的权利基础与权利人的范围,开始规定不宜过宽,可以包括:(1)依据法律、行政法规、国家政策及合同约定的被安置人(包括拆迁、公房承租等);(2)与所有权人、承租人形成共同居住事实且不具备腾退条件的近亲属;(3)与上述居住权利人具有扶养关系的近亲属。

二是居住权的内容,可以规定:(1)居住权的身份性,权利不得转移,终止于死亡之时;(2)居住权的行使方式以满足居住需要为限(主要排除出租、经营等情形);(3)居住权人可以与房屋权利人共同使用并共同维护共同设备、设施;(4)居住权人与房屋权利人之间应和睦相处,互相不得干涉对方的正常生活。

【方法与建议 2.6.1】 在未来的《物权法》修订工作中,应当在充分调研的基础上,将居住权纳入合法的用益物权法律体系。

---

[1] 周林彬:《物权法新论——一种法律经济分析的观点》,219 页,北京,北京大学出版社,2002。

【方法与建议 2.6.2】《物权法》可以在修订时规定如下居住权相关条文：

第一条 对他人所有或承租的房屋享有居住权的人包括：（一）依据法律、行政法规、国家政策及合同约定的被安置人；（二）与所有权人、承租人形成共同居住事实且不具备腾退条件的近亲属；（三）与上述居住权人具有扶养关系的近亲属。

第二条 居住权终止于权利人死亡之时。居住权不得转让与继承。

第三条 居住权的行使以满足居住需要为限，不得擅自出租、出借或从事经营活动等超出居住需要的行为。

第四条 居住权人可以与房屋权利人共同使用并共同维护居住生活必需的共同设备、设施。

第五条 居住权人与房屋权利人之间应和睦相处，不得干涉对方的正常生活。

五、附加性、延伸性使用：地缘区位与相邻关系

1. 毗邻不动产使用价值的延伸与附加

与可以自由移动的动产不同的是，土地、房屋作为不动产不可移动。而在现实生活中，每块土地、每一处房屋都不是一座孤岛，总要与其相毗邻的土地和房屋发生利用上的关系。因此，对不动产进行使用而产生的效用和体现的价值就不仅仅由不动产本身所决定，必然要受到与其相毗邻的其他不动产的影响。同时，不动产自身的使用价值又影响着与其相邻的不动产。这种价值延伸的情况在城市中更为明显。在城市中的一处房屋，其使用价值就不仅仅是及于房屋本身，甚至房屋周围的交通、就医、入学等是否方便带来的使用效用要高于房屋本身带来的效用。

综上，可以说，一方面，一项不动产的使用价值影响到了与其毗邻的不动产，则其产生延伸的使用价值；另一方面，一项不动产的使用价值受到与其毗邻的不动产的影响，则其产生附加的使用价值。

2. 毗邻不动产使用价值之积极延伸与消极延伸

在相互毗邻的不动产之间，其使用价值的延伸方式即有积极的方面，也有消极的方面。

积极的方面是毗邻不动产增加了不动产的使用价值。例如公路、地铁的修建使得居住在房屋中的人出行更加方便；房屋附近建起一座商场使得

房屋主人购物、就餐、娱乐更为方便；靠近一座公园使得房屋周围环境更加优美；毗邻医院与学校使得老人就医、小孩上学更加方便；等等。

消极的方面是毗邻不动产降低了不动产的使用价值。法院受理的大量的相邻关系纠纷都是这种情况。与积极方面相比，关注消极方法在法律上更有意义。因为积极的方面总是与城市规划和城市建设相关；而消极方面则需要法律进行调整以消除。以北京市中心城区的胡同里巷中违章建筑导致的相邻关系纠纷为例说明这一问题，涉及违章建筑的相邻关系案件主要包括如下基本类型：

第一，相邻通行类纠纷。一些违章建筑会占用原有的公共通道或者历史形成的通道的空间，有可能使原有的通道变窄，也有可能将原有的通道完全封堵，造成相邻不动产的所有人和使用人日常通行困难或通行不便。比如有的原来可以通行自行车等交通工具的通道只能容纳一个人通过；原来比较合理的通行路线因为通道封堵变得需要绕行。

第二，采光通风类纠纷。擅自私搭乱建与非法扩建增高，由于其与相邻房屋间距缩小，房屋高度落差发生变化，可能会造成相邻不动产所有人和使用人通风和采光的条件不如从前。通风和采光是人的基本生活条件，也是不动产的基本使用价值的一部分。相邻不动产的合法使用权益应当得到保护。

第三，用水排水类纠纷。城区的用水排水纠纷主要是排水方面。从实际情况来看，主要有两种类型：一是房檐滴水问题。城区胡同人居环境较为拥挤，房屋间距较小，常常出现因自建房屋的高度与房顶倾斜方向造成雨水向相邻房屋溅落。二是地面排水通道变窄或被封堵，或者地面高低发生变化导致历史形成的排水通道发生变化，因而造成雨后积水，使相邻房屋因排水不畅而出现潮湿现象。

因为对不动产的居住使用是不动产的核心体现，也关系到百姓生活最为根本的利益。相邻关系案件不能视为百姓日常生活中的小事，而且一些相邻关系案件案情虽然简单，但与处理案件相关的其他因素错综复杂。《物权法》提供的相邻关系的规定仅仅是原则上的，处理好相邻关系是发挥不动产效用的重要问题。

3. 毗邻不动产价值之客观附加与主观附加

由于毗邻不动产的影响而产生的使用不动产的附加性价值，从效用角度来看，有些价值是可以客观评估的，而有些价值是主观感受的。例如，毗邻地铁站的房屋,由于地铁给房屋带来的附加性使用价值是有目共睹的,也是所有的房屋居住人共同感受到的,因为交通问题是每个人都要面临的生活问题。但是,对于一些因主体不同而需要不同的不动产附加价值,就会因主体的不同产生不同的效用。例如,房屋的周围有一所重点小学,对于一对年经夫妇来说,小孩上学是生活中的重要问题,这一附加性的使用价值产生的效用就非常大;而对于一对中年夫妇来说,其子女可能已经上大学或者已经上班工作,因重点小学产生的附加性价值就无法感受到。

【经验与逻辑 2.10】 对于因不动产毗邻关系产生的附加性使用价值,客观性附加价值决定于人的普遍需要,主观性附加价值决定于人的个体需要。

由于主观性附加价值的存在,不同的主体产生了不同的价值选择取向。例如,有两处房屋,一处位于重点小学附近但小区环境不好;一处周围没有学校但小区环境优美。年轻有小孩的夫妇就会倾向选择前者;而老年夫妇就会倾向选择后者。

六、收益的价值:孳息

1. 收益的效用范围

谈到不动产的用益问题,其实是"用"和"益"两个问题。"用"的问题即对不动产的使用,而"益"的意思就是收益。因不动产收益产生的效用范围是什么呢?德国物权法学者认为:"收益包括了孳息与所谓的使用利益。"[1] 而"收益"一词使用的是德文中的"Nutzungen"。著者将这个词在《德国民法典》中查找,发现其出现在第 100 条[2]和第 302 条[3]的

---

[1] [德]鲍尔、施蒂尔纳:《德国物权法(上册)》,张双根译,31 页,北京,法律出版社,2004。

[2] 原文:"§100 Nutzungen: Nutzungen sind die Früchte einer Sache oder eines Rechts sowie die Vorteile, welche der Gebrauch der Sache oder des Rechts gewährt." 来源于 http://www.juris.de/。

[3] 原文:"§302 Nutzungen: Hat der Schuldner die Nutzungen eines Gegenstands herauszugeben oder zu ersetzen, so beschränkt sich seine Verpflichtung während des Verzugs des Gläubigers auf dieNutzungen, welche er zieht." 来源于 http://www.juris.de/。

条文名称中。第302条是关于债务人迟延履行的损害赔偿问题，而第100条是对"Nutzungen"的定义。第100条的内容为："用益指物或权利的孳息，以及使用物或者权利产生的利益。"① 在该条中，"Nutzungen"指的是"用益"。因此，上述"收益"实际指的是"用益"的意思，而"收益"的效用范围应当将"用益"中"使用物或者权利产生的利益"排除，主要指的是"物或权利的孳息"。

史尚宽先生也认为："收益谓收取天然及法定之孳息。使用及收益合称为用益。"② 由此可见，物的"用益"是"收益"和"使用"的上位概念，而"收益"的效用范围与"使用"相并列，不存在重合。"收益"的效用在于权利人可以获得孳息。

2. 不动产收益的价值与效用形态

孳息，分为天然孳息与法定孳息。史尚宽先生认为："所有权人收取天然孳息，为事实的收益，例如摘取果实。收取法定孳息，为法律的收益，例如出租房屋，收取租金。"③ 对于不动产而言，土地的主要形式根据土地的性质不同而不同。对于农业用地，收益的主要形式就是天然孳息，即粮食、蔬菜、果实、林木等；对于商业用地，其孳息体现在与房屋共同产生的租金。对于房屋而言，主要的收益形式就是租金。

应当注意到一个问题，不论是天然孳息还是法定孳息，相比不动产的使用，其价值形态更为简单。因为孳息是客观存在的，不会因为主体的需要不同而表现出不同的价值。而且，一般而言，孳息要么是金钱孳息，要么可以用金钱价值予以评估。

3. "用"、"益"价值互为机会成本

在一般情况下，对于一项不动产的使用和收益是一对矛盾，"用"则无"益"，"益"则难"用"。例如，对房屋居住使用，则房屋无法通过出租获取租金，在享有了使用价值的同时丧失了收益的机会成本。相反，将房屋出租，则无法再实际居住使用房屋，在获取租金的同时付出了对房屋居住使用的机会成本。

---

① 杜景林、卢谌：《德国民法典评注 总则·债法·物权》，38页，北京，法律出版社，2011；另参见《德国民法典（第2版）》，陈卫佐译述，31页，北京，法律出版社，2006。

②③ 史尚宽：《物权法论》，63页，北京，中国政法大学出版社，2000。

4. 物权用益之赔偿:"用"、"益"机会损失价值同一性

根据我国的物权法律规定,物权请求权包括返还原物请求权、排除妨害请求权、消除危险请求权、恢复原状请求权、停止侵害请求权以及损害赔偿请求权。前几项的请求权与损害赔偿请求权可以并存,在著者所审理的物权保护类案件中,最多的情况是返还原物请求权与损害赔偿请求权并存,即当事人在提出腾房之诉时,经常附带一个赔偿房屋使用费的请求;或者在起诉腾房后再根据最终腾退时间另行主张房屋使用费。

【案例 2.2】① 董某、高某甲原系夫妻关系,后于 2011 年 7 月 20 日经法院调解离婚,双方确认:双方所生之女高某乙由高某甲抚养,董某每月给付抚养费 700 元;位于北京市朝阳区安华西里的诉争房屋由董某继续承租,董某支付高某甲折价款 10 万元。

2011 年 8 月,董某以高某甲收到折价款未搬出诉争房屋为由,起诉要求高某甲、高某乙腾房。在该案审理中,高某甲、高某乙均称:高某甲已经从诉争房屋搬出;高某乙是未成年人,高某甲没有其他地方安排高某乙居住,所以高某乙只能居住在诉争房屋。一审中,董某提供了其与案外人签订的租赁合同,用以证明租金数额。一审法院判决高某甲、高某乙腾房。高某甲、高某乙不服,提出上诉。二审法院驳回上诉,维持原判。现诉争房屋已于 2012 年 7 月 23 日经法院强制执行交还给了董某。

现董某起诉要求高某甲赔偿其支出的租房损失 2.4 万元。起诉理由是:其已将调解书约定的 10 万元折价款给了高某甲,高某甲却未按照调解书约定腾房,经法院强制执行前,其无处居住,只能另行租房,房租费用是由于高某甲未能及时腾房造成的。一审法院于 2012 年 9 月判决高某甲赔偿董某租房损失 2.3 万元。高某甲不服,提出上诉。二审法院驳回上诉,维持原判。

在法院判决确认高某甲腾房义务后,高某甲继续占有诉争房屋,属于毫无争议的无权占有。这种无权占有的状态实际上是对董某的公房承租权的侵害,造成董某无法对诉争房屋行使权利,应当予以赔偿。从赔偿的角度来看,董某失去的是对房屋的何种价值呢?

假设高某甲按法院判决确定的期限将房屋腾退并交给董某,则董某对房屋的用益价值有两种可能性:既可能实际居住房屋而享有使用的效用,

---

① 案例索引:北京市第二中级人民法院(2012)二中民终字第 17506 号。

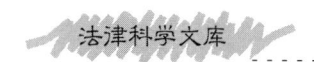

也可能将房屋出租获取租金而享有收益的价值。在这两种情况下，不动产财产权利的价值形态是有差异的，但是赔偿结果只可能具有唯一性。

第一种假设是董某在收回房屋后打算自己居住，则由于不能居住造成的损失是使用效用。如此所述，使用的效用可能是主观的，也可能是客观的。在进行赔偿时只能限于可预见、可测算的客观价值损失，赔偿的损失数额应当等同于替代性居住方案所付出的成本，也就是租住同等条件的房屋所付出的租金。第二种假设是董某在收回房屋后将房屋出租，则问题很简单，由于无法收回房屋造成的损失就是租金损失。此两种假设情况下，前者是使用效用机会损失的替代性价值，后者是收益效用的机会损失。二者本质上都是一种机会损失，在数额上亦具有一致性。因此，在一般情况下，对物权用益的赔偿，"用"、"益"机会损失在价值上表现出同一性。上述案件中，一审法官参照的赔偿标准是董某租住其他住房的租金，其实与用益丧失的机会损失并非同质，是一个伪标准。但是，法官在确定损失数额上具有在合同限度内的自由裁量权。著者在二审中通过对比诉争房屋与董某租住房屋的租金标准，发现董某的诉讼请求并未超出其用益机会损失数额，虽然维持原判，但法理不同。

【经验与逻辑 2.11】因丧失不动产用益价值而产生的损失是一种机会损失。在物权用益赔偿问题上，"用"、"益"机会损失虽不同质，但在价值量上表现出同一性。

第四节　不动产财产权利价值形态之二：处分与交易

一、不动产财产权利处分的基本效用：货币化

1. 事实处分权能的非独立性意义

物权法理论中物权的处分权能实际上包括两个层次的意思：其一是事实的处分，其二是法律上的处分。① 关于事实的处分，前面已经论述过，从商品二因素的角度来观察不动产财产权利的价值，不动产的固有属性决定其使用价值，对其使用价值直接保有与利用产生的效用表现在所有、占

---

① 参见史尚宽：《物权法论》，63页，北京，中国政法大学出版社，2000。

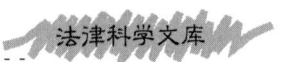

有及用益几个方面。一般来说，事实的处分行为针对的是对不动产固有属性的改造与利用，不涉及与其他权利主体之间的交易问题。从这个意义上看，事实的处分可以被视为对不动产进行使用的一种具体方式。而且在对不动产进行使用的过程中，大多会涉及对不动产物理形态的改变，涉及事实的处分。下面从房屋和土地两方面来看。

对房屋进行使用往往会涉及事实的处分。例如，对房屋居住使用或者用于经营，一般会进行装修添附甚至结构上的改造。史尚宽先生在谈及事实处分问题时提到烧毁房屋的例子。① 从广义上讲，拆毁房屋也是对不动产进行利用的一种方式，这个问题在农村非常普遍，宅基地上的房屋经过一段时间的使用后就要面临翻建，翻建就要涉及对旧房的拆毁。翻建又与新建有所不同，在翻建过程中，原来旧房产拆下来的砖、瓦、柁、檩条等又要用于新房的建设。

对土地进行使用也是如此。史尚宽先生在谈及事实处分问题时提到"刈取禾麦，变森林为草原"② 的例子，前者实际上是自然孳息的收取，后者实际上是对土地的具体利用方式，基本上都是属于利用不动产固有属性发挥用益价值的具体方式。

综上，事实处分权能并非具有独立的意义，且事实处分主要表现为不动产权利人在自己的地盘上做自己的主人。对于处分权能问题，研究法律上的处分更有理论与实践意义。不论是民法上对处分问题的规定（例如无权处分），还是现实中发生的不动产纠纷，都是法律上的处分。因此，本书中所研究的处分问题是法律上的处分。

2. 商品经济条件下法律处分权能的基本效用

法律上的财产权处分涉及不同主体之间的交易。在物物交换的经济条件下，不动产的相对价值形式是其他的物。而在市场经济条件下，不动产的价值的主要表现形式不是其他的物，而是货币，以货币形式表现不动产的价值，就是价格。处分权能的效用也就是权利人所处分的不动产固有权能的货币价值。不动产的占有、用益等权能对于不动产权利人来说，可能具有多方面的效用，而当被处分时，其使用的价值就转化为货币化的交易的价值了。处分的效用中不可能含有主观的、个性的价值，在货币化的面前都是无差别的。对于交易的价值即价格问题，在不动产价值转化与实现

---

①② 史尚宽：《物权法论》，63页，北京，中国政法大学出版社，2000。

问题中再详细研究。

二、不动产财产权利处分的附加效用：外部性

1. 权利可分解性与处分价值多样性

前文谈到，不动产的权利具有可分解性，一项具体的不动产上的权利是一个概括的权利，是由多个有机联系的小的权利排列组合而成的集合性权利。这些小的权利的排列组合方式不同，所产生的处分的价值也将随之不同。

首先，对不动产财产权利的处分包括整体权利处分和部分权利处分。有产权经济学的学者认为，特定的财产产权是一个权利体系，既可以作为一个整体成为交易的对象，也可以将权利中的一项或任意几项的组合作为交易的对象。设定他物权就是一种典型的部分处分形式。

其次，对不动产财产权利的处分亦分为永久性处分和有期限处分。例如，一般来说，买卖是财产的永远性处分，设定他物权是有期限的处分。

综上，由于权利组合方式的不同和期限的不同，不动产财产权利的处分价值呈现多样性的特点。权利主体之间可以根据彼此的需要与好恶进行特定的交易。

2. 处分价值多样性之外部化效用：借鸡生蛋

处分价值多样化，使得除了不动产财产权利整体处分之外还有丰富的权利处分形式。在保留名义所有权的基础上，处分的客体有多种组合形式。这样，物权与物权客体就发生了分离。处分价值多样性也是经济发展的必然。"随着时代的进步、社会的发展，商品经济制度摧毁了物权客体与物权不可分密的樊篱。"[1] 如此，在权利人通过处分不动产财产中的某些权利组合而获取货币化的价值的同时，形成了同一不动产之上存在多个权利主体的情形。这些被处分的权利组合在不同的"主人"麾下所发挥的效用是不一样的。这就像可以借他人的鸡下自己的蛋，所生之蛋就是外部化效用，是外部于原权利人的。这种外部化的效用在每一次权利处分后必然产生，可以被视为基本效用之外的附加性效用。

---

[1] 周林彬：《物权法新论——一种法律经济分析的观点》，168页，北京，北京大学出版社，2002。

三、处分之处分

在商品交换中，商品所有权通过让渡使用价值而获得价值。对应到不动产财产权利的处分问题上，处分权本身可以获得不动产交换价值。由此，处分权的这种属性使得其可以作为权利客体进行处分，这也就产生了处分权的处分。对处分权的处分，针对的是不动产的交换价值。

在实际生活中，对处分权的处分主要发生在设定抵押权的情况下。当不动产权利人将其所有的不动产设定抵押后，不仅其不得再自由地进行处分了，而且抵押权人在债务得不到清偿的情况下获得了直接处分抵押人的不动产的处分权。

除了抵押权外，对处分权的处分也存在其他特殊情形。著者在审判中发现，一些房屋买卖是通过公证的授权委托书进行的。在正常的二手房买卖过程中，很少见到有公证委托的情况。而现实中的公证委托售房都发生在什么样的情形下呢？在法庭上，著者多次听到委托人这样的陈述：委托人由于急需用钱，通过广告找到某个公司借高利贷，该公司要求其办理相关手续并将房屋所有权证"抵押"在该公司，这些手续中就包括公证委托书；这样，受托人就可以随时将委托人所有的房屋出售。这样的公证委托书与委托代理还不尽相同，实际上是对其处分权进行了处分。

第五节　余按

当今的不动产财产权利价值有其深刻的历史渊源、心理动机、伦理基础和哲学根本。首先，传统的"买房置地"情结作为社会物质生活基础的一部分，对当今的法律生活产生深远的影响。在中国的国情下研究不动产价值问题，难以割舍亦难以回避"买房置地"的历史情结。其次，一定社会物质条件决定人的不同层次的心理需要，一项不动产因权利主体不同层次的心理需要折射出不同层次的权利价值。研究不动产财产权利问题、适用不动产财产法律、制定房地产调控政策，需要考虑一定社会物质条件下人的不同层次的心理需要，以及与之相关的不动产不同层次的权利价值。再次，由于不动产相对于动产有更大的财产价值，人们在不动产财产纠纷中表现出更多的以人性恶为伦理基础的趋利避害性；因此，在不动产财产权利理论研究与司法实践中,都不可忽视权利主体趋利避害的伦理基础,应当更多地关注价值衡量与利害取舍。最后,不动产财产权利价值具有主客观统一性和实践性。观察、研究和解决不动产财产权利价值问题,应当坚持主客观统一的哲学价值观,将不动产的客观属性与人的主观需要相结合;同时,亦应当坚持历史唯物主义,充分关注实践的历史性与现实性,兼顾不动产财产关系的历史传统与现实问题。

不动产财产权利的价值形态受一定的经济基础的制约。不动产财产权利价值形态有其深刻的经济基础。经济理性人与资源稀缺性假设构成不动产财产权利价值的经济分析理论与实践问题的两大前提。马克思劳动经济学中的劳动的二重性决定了商品的二因素,进一步决定了不动产的二因素,最终决定了不动产财产权利价值形态的二层次即利用的价值与处分的价值。其中,具体劳动创造商品的使用价值,商品的使用价值决定不动产的效用,不动产的效用映射不动产财产权利价值形态中保有或利用的价值;抽象劳动创造商品的价值,商品的价值决定不动产的价格,不动产的价格映射不动产财产权利价值形态中交易或处分的价值。

关于不动产保有与享有的价值,效用是物权之立法宗旨与伦理基础,是不动产财产权利保有与利用价值的核心。不动产财产权利保有与享有的价值具有丰富性,其丰富性存在于静态与动态中,表现于物质与精神层面,有积极与消极之分。名义所有权(可引申为公房承租权等准所有权)的保有价值在于其"弹力性"和"归一力",是其他一切权能据以回归的核心。占有具有权能基础、权利公示、"民间担保"、取得时效等法律制度效用以及收益转化、价格垄断等纯经济效用。对于因不动产毗邻关系产生的附加性使用价值,客观性附加价值决定于人的普遍需要,主观性附加价值决定于人的个体需要。因丧失不动产用益价值而产生的损失是一种机会损失。在物权用益赔偿问题上,"用"、"益"机会损失虽不同质,但在价值量上表现出同一性。

关于不动产处分与交易的价值,其主要指的是法律上的处分,而事实上的处分是不动产用益方式的具体表现。不动产财产权利处分的基本效用体现在无差别的货币化。

特别提出,在未来的《物权法》修订工作中,应当在充分调研的基础上,将居住权纳入合法的用益物权法律体系。《物权法》可以在修订时规定如下居住权相关条文:

第一条 对他人所有或承租的房屋享有居住权的人包括：（一）依据法律、行政法规、国家政策及合同约定的被安置人；（二）与所有权人、承租人形成共同居住事实且不具备腾退条件的近亲属；（三）与上述居住权人具有扶养关系的近亲属。

第二条 居住权终止于权利人死亡之时。居住权不得转让与继承。

第三条 居住权的行使以满足居住需要为限，不得擅自出租、出借或从事经营活动等超出居住需要的行为。

第四条 居住权人可以与房屋权利人共同使用并共同维护居住生活必需的共同设备、设施。

第五条 居住权人与房屋权利人之间应和睦相处，不得干涉对方的正常生活。

第三章 不动产财产权利价值转化论

第一节 不动产财产权利价值转化过程的双重性

一、价值转化双重过程概述：价格与效用

一项不动产财产权利或一组权利组合的价值转化过程，其实不是一个过程，从人与物不同的视角去观察，表现出双重特性。如果我们把人与物、权利主体与权利客体的关系比喻成"主人"和"仆从"，那么从"主人"的角度去观察，其为了得到一个对价，支付了一个对价，就相当于更换了一个"仆从"，两个"仆从"之间形成了以价格为表现形式的价值关系。同样，从"仆从"的角度去观察，随着交易的过程，"仆从"更换了"主人"，在不同的"主人"面前，以效用为核心的价值亦发生了变化。这样，价值转化的过程就呈现出以价格和效用为标志的双重性。

这两个过程并非著者故意杜撰,确实是不动产交易当事人可以切身感觉到的。例如,对于一个卖房人来说,一方面,他要考虑房价问题,他会在房子与对价的钱之间进行衡量,考虑其手中的房子所处的地段、面积、新旧情况,拿到市场上可以卖多少钱;这些钱与房子相比,哪个更有价值,将房子换成钱,以一个什么样的价钱做交易;如果房子不好或者他急用钱,价格可以低一些卖,反之价格可以高一些卖。另一方面,他还要考虑房子的效用问题,在协商价格时就会"见人说人话,见鬼说鬼话":如果买房人是年轻人,他可能说这个房子离学校近,将来小孩上学方便,突出这一特点;而见到老人,会说这个房子楼层低,上下楼方便,有菜市场,买菜方便,或者又有公园可以遛弯。这样的结果是让买房人觉得房子对其效用价值大,从而能使卖房人卖上好价或者尽快出手。在效用问题上,卖房人可能还会考虑,其孩子已经上大学了,旁边有个重点小学也没有什么价值了,如果卖给年轻人,这个房子对他们更有用,这样还可以卖个高价,然后用钱去换个大房子或者环境更好的房子比邻近重点小学更实惠。

从上面朴实的例子可以看出,现实生活中的人在进行不动产交易时,会从其自身和所交易的不动产两个方面去考虑价值换化问题,不论购买还是出售或者其他交易形式,既要权衡不动产财产权利与对价之间的价格对比,又要考量不动产在其与交易人相对之间的效用比较。

二、价格转化过程:主体性兼客观性

从权利主体之间的关系来看,不动产价值的转化不可能带有太多的个性主观色彩,而更多地要受到交易市场客观规则的制约。在不动产交易市场上,参与交易不同的交易主体是陌生的,他们之间难以找到一拍即合的个性化的主观效用感受,只能进行无差别的价值交易。例如,要去买一套二手房,去中介看看交易信息,我们只能看到房屋的坐落、面积、楼层、房龄等最为基本、最具客观性的信息,难以反映出房屋所有人的主观感受。即使出卖人认为非常具有价值的个性化的主观感受,在房地产交易市场上也许一文不值。

马克思主义政治经济学原理中的价值规律正好揭示了上述社会现象。根据马克思的观点,不动产的价值是由一定数量的货币作为一般等价物表现出来的。在不动产市场上,表现不动产商品价值的货币额就是价值。价格是不动产的货币表现,而且是不动产市场上最为重要的价值表现。在市场上,商品不同,价格亦不同,同一商品的价格也在变动中,不动产也不例外。马克思的价值规律的基本内容可以用两句来概括：商品的价值量由生产商品的社会必要劳动时间决定，不同的商品之间进行交换是按照等价交换原则进行的。只要是在商品经济社会中，价值规律就发挥作用，不动产财产权利的交易也同样受价值规律的制约。在不动产财产权利进行转化时，其遵循的转化标准不是主观的感受，而是客观的商品价值。

民法是商品经济中的基础性法律，民法中的等价交换原则就是价值规律在法律世界的映射。既然包括不动产在内的商品的价值是通过价格来表现的，价值规律作为商品经济社会中的基本规律，通过价格的变化来反映。价值是无形的，但价格是可见的。价格水平处于波动之中，除了来源于商品价值的决定性作用，还受到其他因素的制约，主要包括货币自身的价值量与供求关系。其中，货币自身的价值量表现为货币的购买力，在现实生活中主要受到通货膨胀度的影响，而供求关系在不动产价值转化中发挥着极为重要的作用，也是国家不动产调控政策的主要着力点。

三、效用转化过程：客体性兼主观性

在前文谈到过一个问题，就是分析不动产价值问题的两大经济假设，其中一个基础性假设就是经济理性假设。经济学上的理性人是如何作出价值选择的？虽说人无远虑，必有近忧，但是在经济生活中，人难以将未来发生的一切都预算得非常精确。人们常说计划没有变化快，当人们作出决定时，有时并非依据的是很早之前订下的计划，而是基于当下的利益权衡。经济学家往往用"边际效用"这一概念来描述当下的利益选择中的价值判断。一般情况下，人们都是在边际效用的选择中发生着边际变动。曼昆提出："经济学家用边际变动这个术语来描述对现有行动计划的微小增量调整。记住'边际'指'边缘'，因此，边际变动是围绕你所做的事的边缘的调整。理性人通常通过比较边际利益与边际成本来做出决策。"①

---

① ［美］曼昆：《经济学原理：微观经济学分册》，5版，梁小民、梁砾译，6页，北京，北京大学出版社，2009；另参见［美］N. Gregory Mankiw, *Principles of Microeconomics*, 5 edition, South-Western Cengage Learning, 2009, pp.6。原文："Economists use the term marginal changes to describe small incremental adjustments to an existing plan of action. Keep in mind that margin means "edge," so marginal changes are adjustments around the edges of what you are doing. Rational people often make decisions by comparing marginal benefits and marginal costs."

在一项不动产财产的边际利益与边际成本之间徘徊,这种选择依赖于人的主观需要和所面临的境况①,价值转化的效用基于财产权利客体的属性与特定条件下的主观需要之间的结合方式产生。② 因此,从效用(Utility)角度来看,一方面具有客体性价值,体现的是不动产权利作为客体本身能够满足权利主体的需要的属性;另一方面又具有主观性,效用是通过权利主体特定情况下的需要与感受实现的。而现实中的效用又是在边际(Margin)中存在的。边际这个词也不难理解,也就是每付出单位成本所带来的效用。这种效用是具有极大的主观性的。例如,花一块钱,能产生多大的效用,这是因人而异的,富人和穷人的感受完全不同。对于一样东西也一样,例如房子,一个无房的人和一个已经拥有多处豪宅的人的效用需要也是不一样的。

效用是对于不同的商品的主观感受,不仅存在于不同质的商品之间,也存在于同质的商品不同数量之间。③ 为什么会产生这样的效用?同样的一项不动产,例如房子,已拥有房屋数量不同的人对房屋效用的感受一定会有所不同;甚至某人拥有某类财产多到一定程度时,就可能不再会向该类财产投资。有经济学家解释,价格实际上是最后一次购买单位财产的边际效用,因为从前面各单位物品的购买中都得到了超出价格的剩余效用(即边际效用=价格+剩余效用),但是边际效用是递减的,当消费者剩余效用不存在时,就不会再购买这种财产了。④ 把握边际效用递减规律,在分析一些法律纠纷产生原因和解决思路时非常受用,这一点会在后文中详

---

① 参见[美]保罗·海恩、彼德·勃特克、大卫·普雷契特科:《经济学的思维方式》,11版,35页,北京,世界图书出版公司,2008。

② 参见[美]Paul Heyne, Peter J. Boettke, David L. Prychitko, *Economic Way of Thinking*, The (11th Edition), Prentice Hall, 2005, Chapter 3, pp. 1. 原文:"Utility is the satisfaction a person receives from the consumption of a good or service or from participation in an activity."

③ 参见[美]保罗·A·萨缪尔森、威廉·D·诺德豪斯:《经济学》(英文版),16版,80页,北京,机械工业出版社,1998。原文:"What do we mean by 'utility'? In a word, utility donates satisfaction. More precisely, it refers how consumers rand different goods and services."

④ 参见[美]保罗·A·萨缪尔森、威廉·D·诺德豪斯:《经济学(下)》,12版,高鸿业等译,81页,北京,中国发展出版社,1992。

细阐述。

著者在处理不动产纠纷中发现，法律问题与经济问题常常是交织在一起的。甚至有的时候用法律不能解决法律问题，其原因就在于解铃还须系铃人，法律的问题源于经济，在解决实际问题时也可能经济的思维方式更管用。

四、价格与效用转化过程之再认识及相互制约性观察

上述谈到价格的转化过程与效用的转化过程并非两个独立的过程，而存在相互制约、相互渗透的关系，以图 3.1 示意。

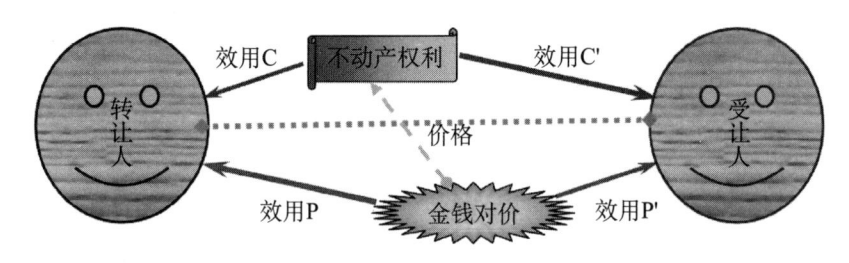

图 3.1

结合图 3.1 进行分析如下：

甲，价格转化过程：不动产财产权利转让人与受让人之间通过价格建立法律关系，交易双方之间的价格关系取决于金钱对价对不动产权利的客观表现。通过价格关系，不动产财产权利和金钱对价在转让人与受让人两个不同权利主体之间进行流转。具体来说，这种价格关系就是，不动产财产权利转让人流转到受让人，该不动产权利由金钱对价作为其客观表现。不动产财产权利与金钱对价在无差别商品价值量面前是对等的。打个比喻，不动产财产权利在转让人这边占了个坑儿，它之所以可以跑到受让人那边去，是因为有一个与其价值对等的金钱对价替它来填补这个坑儿。它在两个"主人"之间跑来跑去，不用去考虑它自己效用有多大，因为这个问题是"主人"考虑的事情；它只要找到"主人"看来是对等的"替身"，就可以离开它所占的坑儿而跑到另一个"主人"那里。如果前面提到的主体性与客观性可能略显抽象，则在此可以解释清楚了。

乙，效用转化过程：从转让人或者受让人的角度来考虑，会比较不动产权利与金钱对价的效用大小，对于转让人而言，只有效用 P＞C 的情况

下，才愿意进行交易；对于受让人也一样，只有在效用 $C'>P'$ 的情况下，才愿意进行交易。从转让人角度来看，他付出了在他看来效用较小的 C，而获得了效用较大的 P，是依据其主观的需要，在两个客体之间进行选择。从受让人角度来看，同理。

综上，可以说，价格转化过程是不同主体之间的客观等价联系，效用转化过程是不同客体之间的主观效用选择。这两者之间的制约关系分析如下：

甲之于乙，价格对效用转化过程的制约：价格不是金钱对价本身，但是金钱对价一方对不动产权利价值的货币表现。当一项不动产财产权利或权利组合已经确定以后，其对转让人和受让人的效用已经固定了，转让人与受让人进行谈判的主要是金钱对价的多少。不论哪一方，其内心都要在已经固定的不动产财产权利效用与正在谈判的金钱对价的效用之间进行主观选择。价格的变化直接影响到主观选择的结果，直接影响到交易是否可以达成。价格转化过程对效用转化过程的影响不仅及于谈判的过程，也同样影响到履行的过程。例如，著者在 2009 年下半年审理的案件中，由卖房人违约导致的二手房买卖纠纷占到著者审理的全部涉不动产民事案件的一半以上。其原因在于，2009 年下半年北京市的房价以火箭的速度飞涨，通州、大兴等地一天一个价，每平方米一个月就可以蹿升几千元。由于客观的市场价格变化了，从转让人角度来看，其效用比较已经从签订合同时的 $P>C$ 变成了 $P<C$，当然就要反悔了。

乙之于甲，效用对价格转化过程的影响：转让人与受让人之所以能够达成交易，是基于各自在效用对比中得到了正的剩余效用。前面已经说道，转让人效用 $P>C$ 和受让人效用 $C'>P'$ 的情况下，才愿意进行交易，是因为转让人的效用剩余 $P-C>0$，受让人的效用剩余 $C'-P'>0$。$(P-C)$ 和 $(C'-P')$ 就构成了双方谈判中讨价还价的空间，也就是对金钱对价的量进行调整的空间。例如，在国家实施房地产调控政策以后，房价开始下降，而在著者审理的涉不动产案件中仍然可以见到房屋出卖人不愿意继续履行合同引发的纠纷，这就与前述的情形不一样了。据了解，由于转让人不具有购房资格，一旦出售房屋后，则不能再购买其他房屋了。由于政策的变化，房屋对于转让人的效用大大地增加，效用的变化导致签订合同时的转让者剩余变成了负数，原先讨价还价的空间也被压缩成了负空间，以致其宁愿对受让人进行赔偿也不愿意履行合同了。

【经验与逻辑 3.1.1】 不动产财产权利价值转化二重性定律之一：一项不动产财产权利或一组权利组合的价值转化过程，表现出价格与效用双重特性。价格转化过程是不同主体之间的客观等价联系；效用转化过程是不同客体之间的主观效用选择。

【经验与逻辑 3.1.2】 不动产财产权利价值转化二重性定律之二：价格的转化过程与效用的转化过程又存在相互制约的关系：一方面，价格作为不动产财产权利的金钱对价，是效用比较的一个因素；另一方面，效用比较中的剩余效用又构成双方讨价还价的空间。

上述理论分析并非著者为塑造完美逻辑进行的游戏，是著者以审理过的大量不动产财产案件中共同的问题为基础提炼出来的经验与逻辑的总结。我们都可以切身感受到，近些年来，不动产市场波动巨大，政策调控频繁，对现实中的不动产财产权利价值转化影响非常大。在此情况下，出现了一些典型的法律问题，这些法律问题将在后文进行详细研究，研究中会用到前述不动产财产权利价值转化二重性定律。

【方法与建议 3.1】 不动产财产权利价值转化过程中价格转化与效用转化的双重性及相互制约关系提供了一个观察和解决不动产财产权利价值转化问题的全新视角，对修订法律法规、制定司法解释、作出司法裁判调解都具有重要的理论与现实意义。

第二节 不动产财产权利价值转化之效率与成本

一、不动产财产法律的使命：提高效率与降低成本

1. 产权界定与效率

《物权法》以明确物权归属为其立法宗旨之一。为什么要确定归属问题？"公地悲剧"是经济学上常常提到的命题，如果不建立排他性的私人财产权，则将会出现"公地悲剧"，不仅损害财产配置的效率，而且会出现搭便车的现象。而排他性的私人所有权得到确立后，将对财产的有效利用产生激励，从而有利于发挥物的效用。如果产权得不到清晰的界定，就会影响权利行使的效率。

第一，产权不明，摩擦产生。在著者审理的大量不动产案件中，所有权确认案件占的比重也不小。这些纠纷往往发生在家庭成员之间，一旦发

生纠纷，不仅有碍家庭和睦，还会有碍财产效用的发挥，例如当房屋权属不明时，对房屋的居住和处分都处于悬而不决的状态。

第二，产权不明，阻碍交易。权属明确是权利流转的前提，对此，著者在所审理的不动产案件中有深刻的体会。一些不动产合同案件会涉及两个法律问题，即权属确认与处分效力。例如，在大部分的房屋买卖无权处分案件中，首先要判定的就是房屋的归属，而对归属问题存在争议也往往是处分问题发生的根源。

第三，产权不明，难以维权。例如著者所见，由于男女朋友之间关于财产权属界定不明而发生的纠纷不占少数。男女双方感情好的时候共同购房用于结婚，可是购房之后关系破裂，双方分手后房产问题成为首要的善后问题。由于产权不明，就会出现出了钱却得不到房价份额，其权益难以得到保护。

2. 交易成本与效率

交易成本在权利界定与转让中都发挥着重要作用，在现实生活中，权利的界定流转会发生一系列的"摩擦力"。著名经济学家科斯认为，进行交易，就必须寻找交易对象，互相了解交易内容，谈判并达成交易，然后制订契约并督促执行，这些操作都需要耗费成本。[①] 这些成本就像经济生活中的"摩擦力"，包括了产权确认的成本、产权保护成本、信息获取的成本、谈判的成本、执行协议的成本。在特定的情况下，还会出现外部化的外在成本，即一种社会成本。

法律经济学家在研究过程中，难以回避的问题就是减少交易成本、提高交易效率。波林斯基对科斯定理的表述非常简洁，即"如果交易费用为零，法律结构就无关紧要；因为无论怎样都会导致有效率"[②]。而在现实生活中由于"摩擦力"的存在，交易费用是不可能为零的。为此，有法经济学家提出了两个非常有意义的规范性财产法定理：第一，"规范的科斯定理"，

[①] 参见［美］科斯：《社会成本问题》，载罗卫东主编：《经济学基础文献选读》，195 页，北京，浙江大学出版社，2007。

[②] A. Mitchell Polinsky, "Economic Analysis as a Potentially Defective Product: A buyer's Guide to Posner's Economic Analysis of Law", 87 *Harvard Law Review*, 1164（1974）. 转引自［美］罗伯特·库特：《科斯的费用》，苏力译，载［美］唐纳德·A·威特曼编：《法律经济学文献精选》，苏力等译，20 页，北京，法律出版社，2006。

指的是"建立法律以消除私人协议的障碍"①,其内容是指法律通过促进人与人之间的谈判,交易法律权利,从而减轻法律制定者有效配置权利的工作复杂性。第二,"规范的霍布斯定理",指的是"建立法律以使私人协议失败造成的损害达到最小化"②,旨在强调减少由于不合作造成的损失的重要性。

3. 效率顾盼于产权界定与交易成本之间

交易成本影响着产权界定;产权的界定离不开交易成本,其本身既是交易成本的一部分,也受到交易成本的制约。有学者认为:"交易成本建立和维持产权的成本。"③ 产权的建立和维持本来就属于交易成本的一部分,交易成本也是维持产权效率的成本。还有一位学者提到这个问题,他虽然没有提出交易成本包括了产权建立与维持的成本,但认为"产权"和"交易成本"两个概念密切相关,把交易成本定义为"转让、获取和保护产权有关的成本"。他进一步指出,如果使产权被完全界定,则必须让对产权有兴趣的人对产权有价值的特性有充分的认识;如果产权被完全界定了,产权的信息一定是不付代价的,交易成本也一定为零;但事实上交易成本不可能为零,所以产权界定亦存在成本。④

产权界定同时也影响着交易成本,"科斯第二定理"作为"科斯定理"的反定理,内容为:在交易费用大于零的情况下,产权界定不同,则资源配置的效率不同,由此形成的产权制度也不可能相同,进而交易的成本也可能是不同的。⑤ 在存在交易费用的情况下,权利如何配置才有助于提高效率?"波斯纳定理"强调必须重视产权的界定,其内容为人们所熟知,即"如果市场交易成本过高而抑制交易,那么权利应该赋予那些最珍视它

---

①② [美]罗伯特·D·考特、托马斯·S·尤伦:《法和经济学(第五版)》,史晋川、董雪兵等译,史晋川审校,84页,上海,格致出版社、上海三联书店、上海人民出版社,2010。

③ [美]道格拉斯·W·艾伦:《再论产权、交易成本和科斯》,载[美]斯蒂文·G·米德玛编:《科斯经济学 法和新制度经济学》,罗君丽、李井奎、茹玉骢译,张旭昆校,153页,上海,格致出版社、上海三联书店、上海人民出版社,2010。

④ 参见[美]Y·巴泽尔:《产权的经济分析》,费方域、段毅才译,3页,上海,上海三联书店、上海人民出版社,1997。

⑤ 参见[美]科斯:《社会成本问题》,载罗卫东主编:《经济学基础文献选读》,195页,杭州,浙江大学出版社,2007;另参见冯玉军:《法经济学范式》,216页,北京,清华大学出版社,2009。

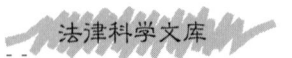

们的人"①。

4. 社会主义市场经济法律制度下法律的使命

《物权法》与《合同法》是不动产财产权利价值转化过程中应依据的最为基本的法律制度。两部法律作为社会主义市场经济法律制度的基石,在立法宗旨上具有同一性,在适用范围上具有互补性。

从立法宗旨上看,《物权法》第 1 条规定:"为了维护国家基本经济制度,维护社会主义市场经济秩序,明确物的归属,发挥物的效用,保护权利人的物权,根据宪法,制定本法。"《合同法》第 1 条规定:"为了保护合同当事人的合法权益,维护社会经济秩序,促进社会主义现代化建设,制定本法。"

从适用范围上看,《物权法》第 2 条规定:"因物的归属和利用而产生的民事关系,适用本法。本法所称物,包括不动产和动产。法律规定权利作为物权客体的,依照其规定。本法所称物权,是指权利人依法对特定的物享有直接支配和排他的权利,包括所有权、用益物权和担保物权。"《合同法》第 2 条规定:"本法所称合同是平等主体的自然人、法人、其他组织之间设立、变更、终止民事权利义务关系的协议。"

将两部法律进行对照分析可见,维护社会主义市场经济秩序和维护权利人的合法权益是《物权法》与《合同法》共同的使命。而维护什么样的经济秩序和什么样的合法权益呢?从《物权法》第 1 条和第 2 条内容来看,法律维护的是以物的支配和排他为基础的物的归属与效用价值,这一价值既是个人权利的价值,又是社会经济秩序的价值。从《合同法》第 1 条和第 2 条内容来看,法律维护的是民事法律关系变动的秩序以及在法律关系变动中个人的合法权益。两部法律的使命都体现出效率的价值,即在财产归属明确的基础上进行有效率的财产流转,发挥财产的效用。

《物权法》与《合同法》在权利归属与权利交易两个互补的领域内互为基础、互为补充,其宗旨与法律经济学中在关注交易成本的前提下重视产权界定、降低交易成本的精神不谋而合。什么才是好的法律?"在现实

---

① 周林彬:《物权法新论——一种法律经济分析的观点》,217 页,北京,北京大学出版社,2002。

交易成本存在的情况下,能使交易成本影响最小化的法律是最适当的法律。"①《物权法》与《合同法》作为社会主义市场经济条件法律制度上层建筑,对经济基础产生重要的反作用,其意义在于如何减少成本、提高效率。

【方法与建议 3.2】 鉴于法律制度作为上层建筑的一部分对经济基础产生重要的反作用,在不动产财产权利价值转化过程中,法律制度的价值体现在减少成本、提高效率。

二、不动产财产权利价值转化中的信息成本

1. 有限理性与不完全信息

如前所述,经济理性人是经济学基础性假设之一。但是,在现实生活中不存在完全理性的经济理性人,经济理性人仅仅是假设的分析模型。在交易中的经济理性人拥有的是有限的理性。

从客观方面来看,交易所依据的客观事实是复杂的,很多复杂的信息都可能制约交易的发展;而且交易赖以存在的经济基础也是在变化过程中的,很多情况都是不确定的,所以法律上要规定不可抗力和情势变更等制度,对当事人之间的权利、义务关系予以调整。

从主观方面来看,人由于受自身的生理和心理状况所限,其认知能力是有限的,不可能将与交易相关的全部信息都认识清楚,也不可能对未来可能出现的情况作出完全的和准确的预判。人对信息的搜集和处理也需要成本,很多经济学家如前面提到的科斯、波斯纳、巴泽尔都讲过这个问题;也就是说人的理性是不完美的。

对于动产而言,与交易相关的信息远不如不动产。例如,就产权的界定一项,动产以占有为公示方法,而不动产以登记为一般的公示方式,情况要比动产复杂得多,而且更容易出现错误。由于人的有限理性,在进行交易过程中难以获取完全信息。这一规律在不动产交易中表现得更为明显。

2. 信息不完全、不对称造成交易风险

由于上述主客观因素,在信息不完全的前提下,信息的分布状态也存

---

① 冯玉军:《法经济学范式的知识基础研究》,载《中国人民大学学报》,2005(4)。

在不均衡性,这种不均衡性从占有和获取两个角度可以理解为如下两层含义。与之相对应,一些法律制度的设计就是专门针对信息不完全与不对称问题的。

首先,交易双方占有的信息量不同,由此造成双方分处于信息优势和信息劣势的不同地位。例如关于格式合同的规定,是为了解决合同制订方的信息优势,对双方利益予以权衡。

其次,交易双方获取信息的成本不同,为了实现降低交易成本的目的,有必要减少获取信息成本的浪费。例如,合同法赋予了获取信息成本低的一方更多的披露告知义务。

如前所述,不动产财产权利价值转化的过程是价格与效用转化的双重过程,而在一项具体的权利转让中,不论是价格的客观形成还是效用的主观取舍,都依赖一定的信息。可以说,没有信息,就没有交易。因此,不论是立法,还是司法,都应当充分关注信息不完全、不对称造成的交易风险问题,在信息占有的数量多少、信息获取的成本高低之间予以平衡。

【经验与逻辑3.2】信息不完全、不对称规律:由于客观情势的复杂性与主观身心的局限性,现实中的经济理性人假设表现出人的有限理性。有限理性造成信息不完全、不对称。由于不动产交易信息的复杂性,信息不完全、不对称更容易造成交易风险。

3. 生产性信息与非生产性信息

根据前面提到的"科斯第二定理",产权的配置对效率有重要的影响。因此,产权配置的改善会产生帕累托改进,至少是潜在的帕累托改进,使得社会财产增加。从这个标准上来说,也就是能否使社会财富增加。信息对交易的影响可以分为生产性信息(Produktive Informationen)与非生产性信息(Unproduktive Informationen)。生产性信息与生产力相联系,意味着根据帕累托标准或者"卡尔多—希克斯"标准改进而使社会财富增加;相反,非生产性信息是指获取这些信息不能改变资源的配置,不会给社会带来净收益。①

---

① 参见[德] Hans-Bernd Schäfer und Claus Ott,Lehrbuch der ökonomischen Analyse des Zivilrechts,4. Alflage,Springer-Verlag Berlin Heidelberg,2005,pp.477;另参见[德]汉斯-贝恩德·舍费尔、克劳斯·奥特:《民法的经济分析》,江清云、杜涛译,477页,北京,法律出版社,2009。

由于生产性信息能够创造社会价值，增加交易双方的效用总和；而非生产性信息不能增加社会总财富，即使增加交易一方的效用，也只能以牺牲另一方为代价。因此，不论在制定法律与政策，还是在司法实践中，都应当遵守这样两个规则："（1）为发现生产性信息创造条件，也就是减少获取和传播生产性信息的成本；（2）尽可能地减少非生产性信息的收益率。"① 一方面，要鼓励能够增加净效用的信息获取成本；另一方面，要限制利用非生产性信息获利。

【方法与建议 3.3】 根据能否形成帕累托改进，信息分为生产性信息与非生产性信息。法律与政策应当减少获取和传播生产性信息的成本，并减少非生产性信息的收益率。

三、信息成本比较下信息优势方的告知与谨慎义务

由于信息不完全、不对称规律的存在，在不动产财产权利交易过程中，不仅交易双方掌握的信息量不同，而且获取交易必需的信息的成本也存在差异。这种差异性会造成非效率，在一些情况下，强加于信息占有优势者或者信息获取优势者的披露义务，将会减少非效率。著者根据平日的司法实践将这些情形列举如下：

1. 基于成本比较的信息披露义务

如果一方明知或者不费力气很容易获知，而这一信息对其是没有意义的，但是对于交易相对方是非常有意义的，而交易相对方难以获取或者获取的成本非常高。如果不强加披露义务，则交易相对方需要付出高额成本才能获取信息或者根本无法获取。例如，开发商售房时有必要将房屋或在建工程有无抵押的情况、房屋是砖混还是钢混、房屋及周边规划情况等信息进行披露，

---

① ［德］汉斯-贝恩德·舍费尔、克劳斯·奥特：《民法的经济分析》，江清云、杜涛译，479 页，北京，法律出版社，2009；另参见 ［德］ Hans-Bernd Schäfer und Claus Ott, Lehrbuch der ökonomischen Analyse des Zivilrechts, 4. Alflage, Springer-Verlag Berlin Heidelberg, 2005, pp. 502. 原文："Es ist Aufgabe der Wirtschaftspolitik im Allgemeinen und des Rechtssystems im Besonderen, Bedingungen für die Herstellung produktiver Informationen zu schaffen sowie die Kosten der Informationsbeschaffung und -verbreitung möglichst niedrig zu halten. Außerdem sollte vermieden werden, die Herstellung unproduktiver Informationen privatwirtschaftlich rentabel zu gestalten."

虽然业主也可以到相关部门去查询这些情况，但显然这样做成本太高。

在一定条件下，即使信息获利者支付一定的费用也是有效率的。如果甲获取某信息成本为 x 元，而乙获取该信息的成本为 y 元，如果 $x<y$，那么由甲来获取信息并告知乙就是有效率的，比乙自己均获取信息要节省 $(y-x)$ 元，而只要乙向甲支付介于 x 元与 y 元之间的对价，则对于双方都是有利可图的。为什么购房人去中介机构寻找房源并愿意支付中介机构信息服务费，就是这个道理。这个道理也成为形成信息市场的经济基础。

2. 对生产性信息的虚假披露或夸张披露

虚假披露或夸张披露一些积极的、可以增加房屋效用的信息的情况，对于披露者而言是具有经济利益的。仍以开发商售房为例，如果小区周边规划了公园、大学城、高尔夫球场、温泉休闲中心等，显然这些信息对提高小区的效用是生产性的。但如果开发商为卖个高价或者吸引业主购买，故意虚假披露或夸张披露，则业主出于核实相关信息的成本较高，选择信赖开发商的披露。

在著者办理过的商品房预售合同案件中有这样一起群体性诉讼。纠纷的起因在于开发商在售房时宣传小区有配套的幼儿园，而建成后的小区没有建成独立的幼儿园，只是在一栋楼的地下室将几个房间装修成幼儿园，亦未实际开班办学。开发商一方辩称其只要提供了幼儿园的场地就完成了合同义务。但是，根据一般理性认识，开发商的这一解释显然难以成立。在售房当时，开发商的承诺就属于对生产性信息的虚假宣传。类似的虚假宣传，如某开发商在售楼宣传单上印有"私享花园"的字样，而建成后的花园属于市政公共绿地。"私享花园"属于增加房屋效用的生产性信息，这类信息具有明显的吸睛效应，如果不能兑现，将使买房人的效用期待成为泡影。

3. 对非生产性信息的故意隐瞒或披露不足

在一定情况下，信息优势者故意隐瞒或较少披露一些信息，并利用这些信息从中获利，也是有其客观经济动因的。利用非生产性信息获利实际上是效用的转移，并非效用的增加，简而言之，可以用"损人利己"来描述。如果开发商过度披露生产性信息是为了吸引消费者，那么对于一些并不能给房屋使用效用带来提升的信息，从自私理性角度考虑，不可能有主动披露的动机。有些非生产性信息不仅不会带来效用的提升，有时还会带来效用的降低，甚至影响到消费者的决策。

下面举出著者审理过的一起多业主诉开发商室内管道赔偿案来进一步

解释这一问题。

【案例3.1】① 业主与JG集团公司签订《北京市商品房预售合同》，约定业主购买北京市丰台区顺八条的诉争房屋。合同第五条"计价方式与价款"约定"本条所称建筑面积，是指房屋外墙（柱）勒脚以上各层的外围水平投影面积，包括阳台、挑廊、地下室、室外楼梯等，且具备有上盖，结构牢固，层高2.20米以上（含2.20米）的永久性建筑"。签订合同后，业主履行了付款义务，JG集团公司履行了交付房屋的义务。2008年2月28日，北京市建筑设计研究院针对诉争房屋出具了《北京市建筑工程施工图设计文件审查报告》及《北京市建筑工程施工图设计文件审查合格书》。2010年8月3日，诉争房屋竣工验收合格。

业主在接收房屋时发现房屋内紧贴天花板及墙壁的位置铺设了公共管道，起诉到一审法院，要求JG集团公司赔偿因屋内管道造成房屋使用面积减少、室内美观度降低的贬值损失。业主认为：JG集团公司作为房屋的出卖人，对房屋的情况应有全面了解，但在JG集团公司签订合同过程中以及提供的合同文本中均没有关于该公共管道的设计和施工条款，没有告知房屋内存在公共管线，属于故意隐瞒与订立合同有关的重要事实，剥夺了业主的知情权与选择权。

JG集团公司主张：目前没有法律法规规定合同中应载明管线的位置，且诉争房屋设计符合规范，已经竣工验收合格；同时，依据《北京市商品房预售合同》第五条，诉争房屋建筑面积并未减少；另外，诉争管线并非给水总立管，并不适用业主所述的规范，因此不同意业主的诉讼请求。

一审法院没有支持业主的请求，理由有三点：第一，管线设计经相关部门审批，诉争房屋亦经竣工验收合格；第二，诉争管线并不属于给水总立管，不适用《住宅设计规范》及《住宅建筑规范》中关于给水总立管的规定；第三，双方签订的《北京市商品房预售合同》系相关部门制订的范本合同，现行法律法规及上述合同中均未要求JG集团公司需要对本案争议的管道情况予以告知，JG集团公司不存在故意隐瞒的情况。

二审审理中，JG集团公司认可在售房时未就管道情况向业主告知，亦未因管道问题减少价款。2012年11月，二审法院作出判决，酌情改判JG集团公司给予业主一定数额的赔偿。

---

① 案例索引：北京市第二中级人民法院（2012）二中民终字第15326号。

著者在承办该起群体性案件后，对现场进行了勘察，该小区每栋楼都有两个楼层的外走廊和室内存在公共管道，从正常人的感觉出发，确实对业主造成了影响。著者认为，不论如何进行推理，都不可以否认管道的存在对业主造成影响，降低了业主对房屋的使用效用。最终，合议庭的意见体现在判决书中，内容如下：

"首先，虽管线设计经相关部门审批，诉争房屋经竣工验收合格，现行法律法规及双方所签合同中均未要求JG集团公司需要对本案争议的管道情况予以告知，但是难以否认的是，诉争房屋室内外存在的管道确实影响到室内外美观度。而房屋的使用功能不仅体现在安全居住方面，美观舒适也是其重要方面。故诉争房屋室内外存在的管道对房屋使用功能造成一定影响。"

房屋存在公共管道的信息问题不仅是经济学问题，更是实实在在的法律问题。对此，著者认为，首先，该信息不会增加交易双方的总效用，属性非生产性信息。其次，开发商与业主之间存在典型的信息不对称关系，业主很难了解到房屋的实际状况，虽然事实上可以到规划部门查询到该信息，但成本可想而知。再次，开发商保留该信息是有利可图的，在二审审理中，著者通过询问了解到两个信息说明了这个问题：第一是JG集团公司认可在售房时未就管道情况向业主告知，第二是房屋价款未因此减少。对此，判决书最终是这样表述的：

"其次，在房屋预售过程中，买卖双方信息不对称，业主作为买受人无法知晓所购房屋在建成后的具体情况，JG集团公司作为出卖人应当将影响房屋使用功能的重要情形告知买受人。而JG集团公司自认在预售过程中未将管道问题告知业主，违背诚实信用原则，理应承担相应的民事责任，对业主给予合理赔偿。"

该判决理由中提到的诚实信用原则，并非空洞的法律适用，而是有扎实的经济理论作为支撑。判决书已经将理由表述得非常清楚。买卖双方处于信息不对称，而开发商保留这种非生产性信息，可以从中获益，即不需因为房屋存在管道而降低房价。司法裁判不可以支持这种利益的存在，即减少非生产性信息的收益。

当然，对于开发商来说，关于管道的规划唾手可得，信息成本基本为零。但是，在信息优势者获取信息成本不为零的情形下，根据著者前述提出的价值转化过程二重性定律，信息优势者所披露的信息要付出成本，这就需要信息劣势者提供一定的补偿，这正如"天下没有免费的午餐"一样。关于补偿的数额，双方可以在二者分别获取信息的成本之间进行协商，只有处于这个区间的价格才是符合著者所讲的价值转化过程二重性定律的，即双方都认为得到的比付出的更有效用。

【经验与逻辑3.3.1】信息不完全、不对称的一个必然结果是，获取信息的高成本产生信息劣势方对信息优势方的信赖，进而产生信息优势方对信息劣势方的适当性披露义务。

【经验与逻辑3.3.2】在信息优势者信息成本不为零的情况下，其对信息劣势方的适当性披露义务应当具备合理的对价。信息劣势者可以在双方各自的信息成本之间与信息优势者讨价还价。

【方法与建议3.4.1】在信息成本不对称的情况下，立法、政策及司法应强化信息优势者的披露义务，切实保护信息劣势者的信赖利益，从而降低信息成本。

【方法与建议3.4.2】在信息优势者信息成本不为零的情况下，法律可以要求信息劣势者对其所获取的信息支付合理对价。

【方法与建议3.4.3】在信息成本不对称的情况下，立法、政策及司法特别需要注意避免信息优势者对生产性信息的不实披露和对非生产性信息的故意隐瞒。

第三节 不动产财产权利价值转化之风险性与完备度

一、完备合同模型的启示：政策指导性格式合同

完备合同不是现实中存在的合同，是一种理想状态的模型，是指"合同当事人对与合同执行有关的所有风险的分配都有约定的合同"①。完备

---

① ［德］汉斯-贝恩德·舍费尔、克劳斯·奥特：《民法的经济分析》，江清云、杜涛译，385页，北京，法律出版社，2009；另参见［德］Hans-Bernd Schäfer und Claus Ott，Lehrbuch der ökonomischen Analyse des Zivilrechts，4. Alflage，Springer-Verlag Berlin Heidelberg，2005，pp. 502。原文："Ein vollständiger Vertrag liegt dann vor, wenn die Vertragsparteien sich vor Vertragsabschluss über die Zuordnung aller Risiken, die mit der Durchführung des Vertrages verbunden sind, geeinigt haben."

合同的实践意义包括三个方面：第一，完备合同包含所有风险的描述；第二，完备合同包含对合同当事人互利的风险分配；第三，完备合同包含反映所有风险预期值的商品价格。①

现实中的合同都是不完备的合同，这是上文提到的人的有限理性的必然状态。虽然完备合同仅仅是一个"乌托邦"，但它为我们提供了一个努力的方向。国内也有学者对完备合同的特征进行了描述，概括起来，首先，未来的风险具有可预见性和可描述性；其次，对风险有足够的应对方案且在无交易成本的状态下达成合意；再次，对合同内容没有争议且能使各自的利益最大化，因此双方都愿意遵守；最后，合同内容清楚明白，在没有裁判成本的情况下第三方即能够对出现的争议作出判断并强制履行。② 这四个基本特点可以作为基本原则指导我们针对不同类型的交易分别设计一套不同的指导性合同范本，一方面可以节省谈判的成本，另一方面可以一定程度上克服由于有限理性带来的合同不完备性。著者根据上述观点将完备合同的特点总结成四句顺口溜如下：

    一是——风险可述可预警；

    二是——争端应对可衡平；

    三是——利益互惠最大化；

    四是——内容清楚可执行。

通过指导性合同范本提高合同的完备度是降低交易成本的一种有效措施。但是，这种措施也是一把双刃剑，如果存在问题的指导性合同范本向社会公布，则将会带来严重的行业内社会问题。为此，必须注意以下四点：

第一，指导性合同范本必须有充分的经验基础，包括因合同内容问题

---

① 参见［德］Hans-Bernd Schäfer und Claus Ott，Lehrbuch der ökonomischen Analyse des Zivilrechts，4. Alflage，Springer-Verlag Berlin Heidelberg，2005，pp. 402。原文："Dennoch ist der vollständige Vertrag von eminent praktischer Bedeutung. Er enthält einerseits eine Beschreibung aller Risiken, andererseits ihre Zuordnung, wie sie zum gegenseitigen Vorteil der Parteien erfolgt wäre. Schließlich enthält er einen Güterpreis, der den Erwartungswert all dieser Risiken reflektiert."另参见［德］汉斯-贝恩德·舍费尔、克劳斯·奥特：《民法的经济分析》，江清云、杜涛译，386、387页，北京，法律出版社，2009。

② 参见贾敬华：《不完备合同的经济分析》，6页，北京，人民出版社，2006。

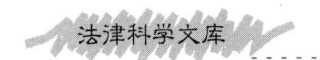

导致纠纷的案例。

第二，必须防止指导性合同范本的内容受到行业内利益集团的游说式影响，避免霸王条款通过指导性合同被强制成为不公平的交易惯例。

第三，指导性合同范本的内容必须具有类型化与可选择性，可以适应合同当事人的各种需要和解决各种实际问题。

第四，与时俱进，随着实践的发展和纠纷类型的丰富，对指导性合同范本进行不断的修正和改进。

二、物权、合同的任意性规范配置

1. 任意性规范提高合同完备性

法经济学家提出，法律制度中的任意性规则是把不完备合同转变成完备合同的重要手段。[1] 在民法理论中，任意性规范是指适用与否由当事人自行选择的规范。[2] 从形式上说，任意性规则是对权利、义务具有肯定性的规定，而不是禁止性的规定，但这种肯定性的规定并非强制性的，而是允许当事人自愿变更或排除适用。[3] 换个角度说，在当事人没有变更或排除适用的情况下，任意性规范就起作用，起到了填补合同内容、提高合同完备度的作用。

2. 任意性规范配置的效用方式

任意性规范不仅存在于《合同法》中，在作为确定产权归属的重要法律的《物权法》中也同样存在任意性规范的配置。这是因为，"就交易关

---

[1] 参见［德］Hans-Bernd Schäfer und Claus Ott, Lehrbuch der ökonomischen Analyse des Zivilrechts, 4. Alflage, Springer-Verlag Berlin Heidelberg, 2005, pp. 426。原文："Die Aufgabe der Rechtsordnung, eine unvollständige vertragliche Regelung nach Maßgabe des vollständigen Vertrags zu rekonstruieren, verweist einmal auf das dispositive Gesetzesrecht. Dieses hält für bestimmte Grundtypen von Vertragsverhältnissen 'Ersatzordnungen' für den Fall bereit, dass die Parteien über bestimmte Punkte, die sich als regelungsbedürftig erweisen, keine Vereinbarungen getroffen haben."

[2] 参见魏振瀛：《合同法是民事立法中的一部佳作》，载《中国法学》，1999(3)。

[3] 参见张文显主编：《法理学》，58页，北京，法律出版社，2004。

系背景下交易关系一方与他方之间的利益关系,《物权法》采取的协调策略与合同法是一致的,即遵循意思自治原则,主要依靠任意性规范进行调整"①。只要是在调整交易关系背景下,属于当事人意思自治范围内的,涉及当事人之间的利益关系的,如前所述,不论是产权界定问题还是合同交易问题,都会涉及交易成本问题。因此,从经济学意义上考虑,不论是物权行为还是债权行为,不论是处分行为还是负担行为,《物权法》与《合同法》中涉及当事人意思自治的均应当配置任意性规范,对当事人进行提示或者警示,从而降低交易成本与交易风险,避免交易引发的权利冲突。

3. 任意性规范的配置范围

在当事人意思自治的范围内,任意性规范有用武之地。而任意性规范的调整对象针对什么呢?著者认为,主要应当针对意思表示中的"常素"。所谓"常素",是指"行为人从事某种意思表示行为或法律行为通常应含有的、内容完全等同的意思原素"②。意思表示的目的意思涉及意思表示的实际内容,其中,"要素"是意思表示成立的必备要件,例如房屋的坐落、价款等,一般情况下无须配置以任意性规范,这些内容是当事人进行交易必然要协商的内容。"常素"是"要素"以外通常会涉及的典型内容,在交易中重复概率较大,这才是任意性规范应当发挥作用的地方。而"偶素"是个性化的、偶然性的内容,不需要任意性规范进行调整。

4. 倡导性规范:与任意性规范配套的风险警示规范

与当事人意思自治相关的法律问题,除主要配置以任意规范外,"倡导性规范"也应当受到重视。"所谓倡导性规范,即提倡和诱导合同当事人采用特定行为模式的法律规范……倡导性规范与任意性规范一样,同属调整合同当事人与对方当事人之间利益关系的法律规范。但倡导性规范与任意性规范最大区别在于,后者既是行为规范,又是裁判规范,倡导性规范则仅发挥行为规范的功能。"③ 倡导性规范,也就是建议性规范,是对

---

① 王轶:《〈物权法〉的任意性规范及其适用》,载《法律适用》,2007 (5);来源于中国民商法律网,见 http://www.civillaw.com.cn/article/default.asp?id=43505。

② 董安生:《民事法律行为》,166 页,北京,中国人民大学出版社,2002。

③ 建议了解具体内容,详见王轶:《民法典的规范配置——以对我国〈合同法〉规范配置的反思为中心》,原载《烟台大学学报(哲学社会科学版)》,2005 (3);来源于中国民商法律网,见 http://www.civillaw.com.cn/article/default.asp?id=23548。

容易出现风险的地方作出合理的提示，提示当事人按照法律规定的方式进行交易，从而降低交易成本与交易风险。如果与倡导的行为方式不符，虽然不属于违反法律强制性规定的情形，却提高了交易成本或者交易风险。从规范配置范围来看，倡导性规定主要针对不动产问题，因而在研究不动产财产价值转化问题上更应当对此有所重视。

三、信息市场：中介机构与网络平台

1. 信息市场的经济基础、形成条件与价格调控

前文提到了信息市场形成的经济基础，在此回顾一下。在根据信息成本确定信息优势者披露信息义务的前提下，即使信息获利者支付一定的费用也是有效率的。由于两个主体之间获取信息的成本不同，形成了信息成本差价，这一差价就是双方可以节省的总成本。只要双方在两个成本之间经讨价还价确定一个信息受让人支付给信息提供者的对价，对双方都是有效率的。这就是形成信息市场的经济基础。当有一部分人，例如房地产中介公司，从事专门的信息获取、审查与应用的服务时，就形成一种商行为[1]，信息市场就此形成了。有人愿意做这个生意，是因为不动产信息的相对复杂性，为信息优势者提供了相对较大的利润空间。

在信息市场形成以后，这些信息服务机构可能利用其自身优势地位形成单边垄断。例如，著者在审理案件过程中，偶尔会听到当事人抱怨中介费收得太高。至于中介费收得高不高，著者难以判断，但是当事人的闲言碎语至少反映出，大的专业中介公司只有"链家地产""我爱我家"等，一旦形成垄断之势，作为购房人来说也无能为力。因此，法律与政策有必要进行必要的调控，将中介费控制在著者所分析的成本区间内。此外，在一些特别情形下，还会形成双边垄断的情况，这个小问题很有意思也很实际，著者也在是闲言碎语中听说，中介机构工作人员由于月度业绩考核，需要把单子做成，这样，买方看好房子必须要买，中介机构的工作人员必须要促成，形成双边垄断。这些问题还有深入讨论的价值，但过多讨论偏离本书主题，就此罢了。

---

[1] "商行为"即"商事法律行为"，是指"以营利性营业作为行为的目的而从事的行为"。参见赵中孚主编：《商法总论》，122页，北京，中国人民大学出版社，1999。

【经验与逻辑 3.4.1】 信息市场的经济基础：由于不同主体之间信息成本存在差异，因此信息劣势者可以委托信息优势者代为获取、审查信息，并将信息应用于特定交易中。信息优势者与信息劣势者信息成本的差额就是交易所节省的社会成本，同时也是信息优势者与信息劣势者讨价还价的空间。

　　【经验与逻辑 3.4.2】 信息市场的形成条件：不动产信息的相对复杂性，为信息优势者提供了相对较大的利润空间，当信息优势者利用信息成本优势以信息的获取、审查和应用为商品从事特定商行为时，信息市场就形成了。

　　【方法与建议 3.5】 信息市场的价格调控：信息市场形成以后，当信息优势者形成信息垄断时，法律和政策有必要对信息价格进行干预，将其控制在成本差额区间内。

2. 房地产中介机构与完备合同

　　由于现实生活不动产权属信息的复杂性，不动产财产权利的受让人希望了解到不动产的真实权属状态，也期望了解到可能出现的瑕疵与风险。而且从前述著者提出的不动产财产权利价值转化二重定律角度分析，瑕疵与风险在交易双方看来，也是价格的一部分。在房屋、汽车这类交易价值与风险都非常大的市场上，受让人了解与风险相关的信息以及可以对风险进行分配的信息对于提高合同完备度是非常有意义的。[①]

　　在现实生活中，像"链家地产""我爱我家""21世纪"（安信瑞德）等房地产中介机构遍地开花，随处可见。这些中介机构发挥了不可小视的重要作用。

　　首先，中介机构是不动产信息市场的主要形式。一般来说，老百姓买房子，都要到中介公司去看看房源。从中介费组成来看，信息服务费要占到七八成甚至更多。现实生活中，老百姓对"链家地产"、"我爱我家"、"21世纪"等知名品牌具有很高的信任度，认为中介机构都是很专业的，

---

① 参见［德］Hans-Bernd Schäfer und Claus Ott, Lehrbuch der ökonomischen Analyse des Zivilrechts, 4. Alflage, Springer-Verlag Berlin Heidelberg, 2005, pp. 426. 原文："Bei hochwertigen Konsumgütern und erheblichen Risiken lohnt es sich für den Käufer, Informationen über die Höhe des Risikos und die vertraglich vorgesehene Verteilung zu beschaffen."

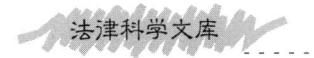

而且又交了那么高的中介费。对中介机构来说，审查和提供商品信息是不可推卸的责任。但是，著者从亲身审理过的大量二手房买卖案件中发现，绝大部分的无权处分类案件都与中介机构审查不严或者急功近利促成交易有关。在责任分担问题上，一般来说，都是买卖双方加上中介机构三家按过错比例分担。但是想到去告中介公司承担责任的当事人还是不多的，中介公司往往只是退回中介费。

其次，中介机构是交易双方的居间人和代理人。著者认为，仅仅退回中介费与信息审查不严造成的损失不成比例。从信息成本角度来看，既然购房人找到中介机构来看房，也交纳了中介费。其中占主要比例的信息服务费不仅是提供房源，同时也包括了审查房源信息的重要责任。如果只收信息服务费而不承担因信息不实造成损失的责任，是不符合对价原则的。当事人在向中介机构交纳了信息服务费以后，不应当再承担额外的信息成本。以链家地产为例，中介机构会与当事人之间签订名称为《过户、按揭代理合同》的文本，由此看来，中介除了居间方，也是当事人的代理人，有义务利用其专业特长帮助买受人审查好不动产的权属信息。著者认为，根据当事人与中介机构的居间服务与代理服务关系，如果因中介机构信息审查失误造成当事人蒙受损失的，中介机构应当进行足额赔偿，毕竟买受人已经付出了信息服务的对价。有两种除外情况：一是中介机构向买受人如实披露信息风险而买受人自甘风险的，中介机构没有过错；二是现实中常见的中介机构披露信息风险，但为促成交易而给当事人作出"没有问题"的保证的，中介机构仍然要承担大部分的责任。

再次，中介机构的专业性可以提高交易效率、降低交易成本。同样的事情，由当事人本人亲自去做，和由中介机构代为办理，付出的成本与体现的效率完全不同，因此，就会存在信息服务费的空间。例如，为获取满意的房源并审查准确的房源信息付出的成本是 x 万元，而这项工作由中介机构来做的成本是 y 万元，则 $x>y$，在 x 与 y 之间就形成了信息服务费讨价还价的空间。

最后，中介机构促成完备合同的订立与履行。中介机构在从业过程中形成了一套促成谈判、促成履约、促成争议协商与解决的成熟模式，这恰好符合了完备合同的几个特点。但是也要注意到，中介机构违规操作甚至将违规形成一种丑恶的交易惯例的问题也很多，最为突出的就是税费问题。据了解，二手房交易中的"黑白合同"或称"阴阳合同"已经成为一种常态,并逐渐演变为"交易惯例",中介机构对此难辞其咎。很多中介机构的工作人员都会让当事人签订"阴阳合同",以等于政府市场指导价的低价。

签订"阳合同"或"白合同"用于办理房屋权属转移登记,并作为交纳税费的依据;同时,买卖双方另行签订一份用于实际履行的"阴合同"或"黑合同",或者另行签订一份装修、装饰补充协议,将真实房屋价格与"阳合同"价格之间的差价列入装修、装饰补偿款。实际上,双方仅仅以装修、装饰补偿款的名义解决差价问题,有些合同的装修、装饰补偿款甚至比房价还高。

【经验与逻辑 3.5】提高合同的完备度,可以降低交易成本与交易风险。完备合同的特点包括:一是风险可述可预警;二是争端应对可衡平;三是利益互惠最大化;四是内容清楚可执行。

【方法与建议 3.6】提高合同的完备度的措施包括:指导性合同范本;《物权法》与《合同法》任意性与倡导规范配置;信息市场。

第四节 不动产财产权利价值转化的特殊法律实践

一、民间习惯"登堂入室"的"价值门槛"

1. 民间习惯与民事法律之互动

以《物权法》和《合同法》为基石的民商事法律是人们进行不动产财产权利价值转化的基本模式,但难以包罗万象。著者在审理不动产案件中,偶尔会遇到一些五花八门的不动产财产权利价值的利用与转化形式,为此深刻感慨:在民间,百姓的智慧是无穷的。有时候,老百姓根据现实生活的需要,利用现有的法律工具进行排列组合,形成权利、义务制衡精妙的不动产财产利用方式。且不说这些利用方式是否有违社会公序良俗,一旦某种不动产利用方式重复出现,就形成了民间习惯。

什么是民间习惯?我国台湾地区民法学家王伯琦认为,习惯是"社会一般人关于同一事项反覆(复)继续为同一行为而成立之行为准则"[①]。

---

① 王伯琦编著:《民法总则》,4页,台北,"国立"编译馆出版,正中书局印行。

该论述说明民间习惯的特征,但之于法律上的意义,民国时期有研究此问题的民法学家胡长清先生论述得非常清楚,他认为:"习惯云者,即于一定期间内就同一事项,反复同一为之之习俗也。"① 同时,胡长清提出:"习惯法与事实上的习惯不同,即习惯法具有法律的必要观念,事实上的习惯,缺乏法律的必要观念,所以习惯法有补充法律效力,事实上的习惯,只能有时为补充或解释当事人意思表示的材料。"② 著者根据实践所感,结合上述论述,将民事习惯与法律的互动列图 3.2 如下:

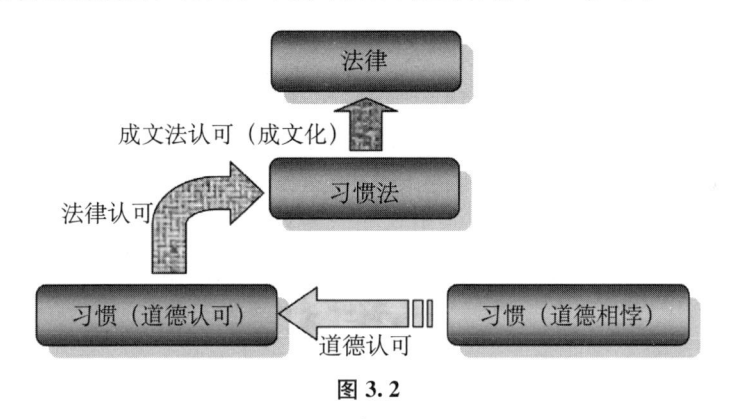

图 3.2

法律—习惯法—习惯,三者之间存在历史与现实的互动关系。从历史上看,所有的法律,最初都是一种社会生活与交往的习惯,都经历了从习惯到被法律确认,再到成文化的过程。从法理上看,法根源于社会物质生活条件,没有作为社会物质生活条件的习惯作为支撑,法只是空中楼阁。著者亲身感受了一些法律规定从民间的习惯上升为一种法律规定的过程。例如,前不久被热炒的《婚姻法司法解释(三)》中关于父母赠与子女房产的问题,以及婚前交纳首付款的房屋的权属认定问题。其实,这些规定本来就具有民间习惯的基础,而这些习惯早已被司法实践所确认。在司法解释出台之前,在离婚案件中,这些原则都已经有所体现。而制定为司法解释以后,就成为法律的成文解释,具备了法律的效力。再举一个正式法律的例子,也是同样,即地役权,在地役权被《物权法》正式确认之前,民间就有以地役权设立的方式解决相邻关系的情况。在《物权法》颁布以

---

① 胡长清:《中国民法总论》,30 页,北京,中国政法大学出版社,1997。
② 胡长清编著:《民法总则》,13 页,上海,商务印书馆,1937。

后，其实很多老百姓根本不懂什么是地役权，但是还是按照过去习惯来生活，殊不知这些做法已经被法律所确认。著者曾经审理过这样的案件，通过引导当事人签订设定地役权合同而解决相邻关系问题。

2. 民间习惯善恶之经济伦理标准——帕累托标准

应特别注意一个问题，即民间习惯有善恶之分。好的习惯具有上升为法律的伟大价值，而恶的习惯则成为社会的顽疾。耶林在《权利的斗争》开篇就描述了正义女神的形象：一手持有天平，一手持有宝剑。[①] 而这个形象被西方神秘的塔罗牌所吸收，成为了"正义"（Justice）牌的形象。后来常有人把这一形象比喻成司法者的形象。在著者看来，法律人应当具有像正义女神一样的使命感，用手中的天平去衡平当事人之间的权利与义务，用手中的宝剑去惩恶扬善。天地之间有杆秤，这话是实实在在的。虽然关于财产权利的确认与交易的法律规则很丰富，但是现实生活中老百姓不关心什么法律逻辑，只认他们心中的天平。天平在哪里？天平就在百姓心中！实践给你一双锐利的眼睛，让你去寻找民间智慧的天平。

智慧的天平无所谓善恶，要看用善还是恶来支撑平衡。善恶是道德的评价，难以成为量化的范畴。有时候，恶者非恶，例如以人性恶的命题可以作为考虑不动产财产权利价值问题的伦理基础，分析经济法律问题的理性人假设亦源于此。有时候，法的善恶难以用法律思维来解释；有时候，外来的和尚会念经，完全可以用一种可量化的经济理性来判断善恶，即效用标准。考虑经济伦理，帕累托标准[②]就是一个善的标准，因为在符合帕累托标准的法律关系的变动中，没有一个人的效用被降低了。也就是说，参与交易的所有人中至少没有人感觉在交易中吃亏了，这样的交易就是善的。

著者这里先举一个恶的习惯。著者多次见到这样的情形，算得上一种

---

① 参见［德］鲁道夫·冯·耶林：《为权利而斗争》，胡宝海译，1页，北京，中国法制出版社，2004。

② 所谓"帕累托标准"，可描述为："如果任何一个社会成员较之社会状况 y 更偏好 x，或者对两个都没有偏好，但至少有一个社会成员更偏好 x，则社会状况 x 较之 y 更受偏好。满足这些条件的社会福利决策称为帕累托最优决策或者帕累托改进。"引自［德］汉斯-贝恩德·舍费尔、克劳斯·奥特：《民法的经济分析》，22页，北京，法律出版社，2009。

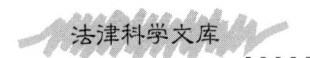

民间习惯的表现形式了：在民间借贷问题上，需要钱的一方由于急迫去借高利贷的很多。而放款人要求其打借条，借条的数额比实际得到的款项要高很多，高出来的部分实际上就是高额利息。用一个虚假的借条就把提前扣除高额利息的丑恶问题掩盖了。还不止这些，放款人往往以冠冕堂皇的金融公司外壳出现，以公司名义要求借款人办些手续，最要命的就是委托售房公证书。著者多次见过这样的公证书，包括收房款在内把能写到的权限都写全了。纠纷就常常起因于放贷人把所谓被"抵押"的房屋擅自强行出售，而且时至诉讼，已经转移多手。法官也因此为难，已经没有证据来否定后手的善意取得。这一多次出现的民间习惯在使放贷人得到丰厚利益的同时，借款人则倾家荡产，并非符合帕累托标准的交易，这种交易是非效率的，事实上是禁止流押的死灰复燃。著者在下面的问题中讨论一下关于善的民间习惯实例。

【经验与逻辑 3.6】 民间习惯有善恶之分，符合帕累托标准的习惯是善的习惯。善的习惯被法律认可就成为习惯法，而习惯法成文化就成了法律。

二、不动产财产权利价值转化之民间习惯实例：让与担保与卖渡担保

不动产价值相对较大，很多融资都是利用了不动产财产权利价值的转化。提到融资，首先想到的是金融机构，而民间五花八门的非典型融资方式未被充分关注。有时候，老百姓根据现实生活的需要，利用现有的法律工具进行排列组合，形成权利、义务制衡精妙的财产利用方式，实现融资目的。且不说这些方式是否有违社会公序良俗，一旦某种融资方式重复出现，就形成了民间习惯。首先聚焦两则鲜活的案例。

1. 不动产财产权利"让与担保"例说

著者曾经办理过一起因在拍摄《乡村爱情》过程中的资金问题引发的个人房产纠纷。此案案情并不复杂，但其法律意义却耐人寻味。

【案例 3.2】[①] 诉争房屋位于北京市丰台区，所有权人登记为甲。2005年9月28日，甲与乙签订一张《借款协议》，载明："因拍摄电视剧《乡村爱情》需要，甲向乙借人民币捌拾伍万元，借期 7 个月：自 2005-9-26

---

① 案例索引：北京市第二中级人民法院（2010）二中民终字第 08250 号。

至 2006-4-25 止；甲以个人房产一套抵押，地址（略），如甲逾期不能偿还乙借款，乙有权拍卖该房产抵债；甲于 2006 年 4 月 22 日之前偿还乙借款，乙即将抵押《房产证》退还甲，此协议即作废……"

2007 年 9 月 18 日，甲与乙又签署一份《房屋抵债字据》，该字据载明："甲欠乙 120 万元，暂时不能偿还，愿以房屋一套抵债；2007 年 9 月 18 日办理过户手续；过户后，甲继续居住一年（从过户次日起计算）……2008 年 9 月 18 日之前，如甲支付乙 120 万元，乙立即退还甲该房屋；2008 年 9 月 18 日之前，如甲不能支付乙 120 万元，则搬出该房屋。"

为保护名人隐私起见，本案中不再引述过多争议，仅将两份协议引述。第一份协议是正常的抵押担保借款协议，没有太多讨论，而第二份协议则耐人寻味。在第二份协议中，借款人将自己的房屋过户给出借人，以此作为担保。如果借款人按期还款，则出借人将房屋过户回借款人名下；如果未能按期还款，则借款人给出借人腾房，最终完成所有交易。

这一约定以转让所有权的方式授予信用，并加以担保，实际上看到了民法上"让与担保"和"卖渡担保"的影子。这两种制度表面上很相像，但我妻荣认为存在区别，让与担保与债权有关，是为了该债务才进行担保；而卖渡担保与债权无关，是真正地以买卖为手段。①

2. 不动产财产权利"卖渡担保"例说

如果说上述例子更多地体现出让与担保的特色，著者曾经办理的另一个有趣的案子则典型地展现出卖渡担保的内涵。

【案例 3.3】② 摩根公司与郑某签订三份《北京市商品房预售合同》（以下简称《预售合同》），约定："郑某购买位于北京市朝阳区北四环中路公寓、酒店、商业房屋共三套，每套房屋均系预测建筑面积为 522.6 平方米，每平方米 19 135.1 元，总价 1 000 万元，付款方式为一次性付款，签合同当日支付首付款 150 万元，余款于合同签订 15 日内付清；交房日期为 2008 年 5 月 7 日。"

2007 年 8 月 28 日，摩根公司（甲方）与郑某（乙方）签订《购房回购协议》，载明："双方于 2007 年 8 月 28 日共同签署了《预售合同》，乙方向甲方购买 3 套公寓，合同约定建筑面积共计 1 567.8 平方米，购房款

---

① 参见［日］我妻荣：《新订担保物权法》，申政武、封涛、郑芙蓉译，540 页，北京，中国法制出版社，2008。

② 案例索引：北京市第二中级人民法院（2009）二中民初字第 1220 号。

总计 3 000 万元;经双方友好协商,现对《预售合同》中乙方付款之相关约定作以下更正:乙方于 2007 年 8 月 28 日向甲方支付总房款 3 000 万元,乙方向甲方支付的房款到达甲方指定账户时,甲方向乙方开具收据。双方同意在满足下列条件的情况下,乙方同意解除上述《预售合同》及《补充协议》:1. 甲方于 2007 年 11 月 28 日前向乙方退还其已支付的全部购房款人民币 3 000 万元,同时甲方向乙方支付全部房款的 7.5%,即 225 万元,作为对乙方退房的费用补偿。上述《预售合同》中关于乙方退房补偿的约定以本款约定为准。2. 若甲方于 2007 年 11 月 28 日前未能向乙方支付全部购房款,乙方将按照《北京市商品房买卖合同》拥有房屋的产权。甲方承担除所得税外的所有税费。"

2007 年 12 月 4 日,双方签订《补充协议》,约定:"1.《购房回购协议》中约定的还款日期由 2007 年 11 月 28 日变更至 2008 年 1 月 4 日,即甲方于 2008 年 1 月 4 日前向乙方退还其已支付的全部购房款人民币 3 000 万元。同时甲方向乙方支付补偿金,补偿金额比例按总房款每年 30% 的比率计算(按资金实际使用期限计算)。2.《购房回购协议》第三条修改为:若甲方于 2008 年 1 月 4 日前未能向乙方支付全部购房款,乙方将按照《北京市商品房买卖合同》拥有房屋的产权。"协议签订后,郑某支付了 3 000 万元,后摩根公司又退还郑某 1 800 万元。

在此,著者仅引述双方签订的协议,不再长篇累牍。从双方签订的内容来看,房屋的出售方本来就是开发商,房子最终也是要出售的,因此,在本质上,合同的主要方面还是买卖。在案件办理过程中,著者了解到,开发商在协议中约定了一个附期限且附条件的解除权,是出于融资的需要;其公司在鸟巢的某知名写字楼有很多房屋,有些真正的出售,有些是以这种房屋进行融资,到时根据资金需要与资金状况决定是否回赎。

3. 不动产财产权利"让与担保"和"卖渡担保"的效用论证

上述两案在让渡所有权和融资担保的问题上具有相似之处。就区别而言,【案例 3.2】只让渡名义所有权而未让渡占有与用益,本身就是一种权利制衡。从出借人角度来看,其只享有名义的所有权,就足以实现担保的目的,没有用益的价值需要。从借款人一方来看,只是以让渡名义所有权的方式授予信用,不想因此影响到对房屋的居住使用状态,而且正如前述讨论过的价值形态理论,其占有房屋本身也是一种权利公示,可制约登记权利人即出借人的处分权,因为在正常的交易状态下,购房人是需要看房的；如果购房人未看房，则又有恶意串通之嫌，可以此为由主张交易无效。① 这种让与担保方式起到很好的权利制衡，亦未降低任何一方的实际效用。【案例 3.3】则以协议方式赋予了开发商的回赎权，实现了在商业融资与商品销售之间自由选择、自由转换的灵活、高效的商业运作模式。

4. 不动产财产权利"让与担保"和"卖渡担保"统一法律关系

比较上述两案，虽一民一商，虽有我妻荣先生对让与担保与卖渡担保的理论区分，但从法律关系构造上，二者没有本质的区别。在此基础上，将这一法律关系扩大观察。在著者办理的其他案件中，也存在仅仅以让渡占有和用益作为担保的形式，即前述所谓的民间百姓对"抵押"的理解就是"占房子"，也存在既让渡名义所有权又让渡用益的案例，不再一一列举。

上述两个鲜活的例子是民间关于融资与担保法律问题的习惯的缩影，虽然具体形式不同，但是基本法律关系大体无异，即在担保物与债权形成对价的前提下，以让渡不动产财产权利中的某一项权利或某几项权利的组合作为融资的担保手段，在约定期限届满时享有回赎权。借用著者曾提出的不动产财产权利价值转化二重定律②，绘图表示如下：

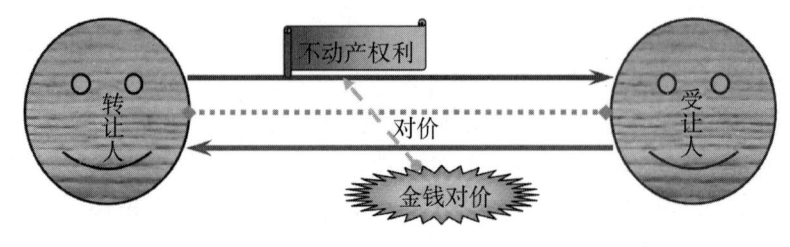

图 3.3.1

---

① 说明：著者所审理的案件中有实际权利人（非登记所有权人）要求确认买受人（未能充分证明实际看房）与登记所有权人签订买卖合同无效的案件，法院最终以恶意串通为由判决合同无效。案件索引：北京市第二中级人民法院（2012）二中民终字第 13642 号。

② 不动产财产权利价值转化二重性定律之一：一项不动产财产权利或一组权利组合的价值转化过程，表现出价格与效用双重特性。价格转化过程是不同主体之间的客观等价联系；效用转化过程是不同客体之间的主观效用选择。不动产财产权利价值转化二重性定律之二：价格的转化过程与效用的转化过程又存在相互制约的关系。一方面，价格作为不动产财产权利的金钱对价，是效用比较的一个因素；另一方面，效用比较中的剩余效用又构成双方讨价还价的空间。

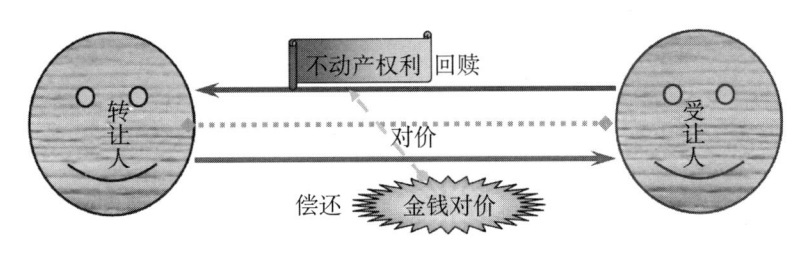

图 3.3.2

著者将所见纷繁复杂的类似让与担保的案例中的法律关系抽象简化成上述两个过程,借用前述著者提出的不动产财产权利价值转化二重定律,只要当事人在意思表示无瑕疵且无错误的情况下通过效用比较作出决策,那么这种交易就是符合帕累托效率的,应当尊重当事人的意思自治。

既然民间存在大量不动产让与担保实践,这些实践活动活跃于民事活动与商事活动中,而且发挥着符合帕累托标准的效率,那么,我们为什么不能将其正名、纳入物权与担保制度呢?即使存在种种交易风险的顾虑,因噎废食的做法也只能故步自封,难以与时俱进。为此,著者强烈建议,在充分调研与案例分析基础上将不动产让与担保制度纳入《物权法》,使得本来存在的民间物权习惯得以规范化。

三、以民商合一视角统一不动产财产权利让与担保之立法建议

1. 让与担保之民商合一视角

提到商法,很多人想到的是公司、证券、保险等,其实,在生活中有很多非典型的商事法律现象。这些商事法律现象甚为鲜活,却被人忽视。诸如上面实例中的情况,将一些简单的民事法律关系排列组合,并反复运作,以营利为目的形成一种营业,就符合了商行为的特征了。

上述两个实例,前者发生于自发的、偶然的民间交易中,是一种非典型的民事合同关系;后者发生于定式的、反复的商业交易中,是一种非典型的商事合同关系。由此推彼,在民间经济活动中,通过权利、义务关系的排列组合形成一些非典型的民事法律行为,而这些民事法律行为被反复适用,以营业的形式出现,就不仅仅是简单的民事法律现象了,而成为一种非典型商行为。因此,民商之间并非存在不可沟通的鸿沟,一些交易行

为亦民亦商,定性为民或商系语境问题,在分析法律构造时完全可以采用民商合一的视角。

以上述实例中的融资担保为例,考虑民间习惯"登堂入室"的立法问题,完全可以采纳民商合一的视角。民商之异,除了交易表现外,最为实在的意义应当体现在司法裁判中。一般而言,对于民商事行为的意思表示,审理民事案件的思路更侧重当事人的真实意思,而审理商事案件的思路则更侧重外在表示。在立法过程中,没有必要进行民商区分。

2. 不动产财产权利让与担保之立法论证

上述典型案例以点带面,展现出民间金融实践中采取通过不动产权属或实物的移转与融资相结合,创新出鲜活的融资方式与资产价值实现方式,是民间智慧的结晶。如果因为害怕风险而忽视甚至打压民间融资智慧,是因噎废食的做法。智慧本身无所谓善恶,要看用善还是恶来支撑。善恶是道德的评价,难以成为量化的范畴。完全可以用一种可量化的经济理性来判断善恶,即效用标准。考虑经济伦理,帕累托标准就是一个善的标准,因为在符合帕累托标准的法律关系的变动中,没有一个人的效用被降低了。也就是说,参与交易的所有人中至少没有人感觉在交易中吃亏了,这样的交易就是善的。只要当事人在意思表示无瑕疵且无错误的情况下通过效用比较作出决策,那么这种交易就是符合帕累托效率的,应当尊重当事人的意思自治。

既然民间存在大量非典型融资智慧,活跃于民商事活动中,而且发挥着符合帕累托标准的效率,那么,我们为什么不加以关注、将其正名,丰富金融和物权法律制度呢?在立法过程中,当去其弊,取其利,将原则性与灵活性相结合。为此,著者提出如下看法:

第一,对于反对派学者担忧的"禁止流押"死灰复燃的担心,著者认为完全可以通过制度化的方法加以修正。"禁止流押"的立论基础从经济学上看,其本质上还是一个效用对比问题。在著者看来,在分析效用问题时可以借用科斯定理,这样来认识,即最初发生让与关系时的效用并不重要,重要的是回赎关系是否有效率。如果到期顺利回赎,则一切均应从当事人约定,是赔是赚,都是商业风险问题,法律没必要干涉。

"流押"的风险发生在不能回赎的情形下,在这种情况下,可以赋予不动产财产权利出让人以选择权,选择放弃回赎还是起诉至法院要求通过评估作价补偿。由于诉讼和评估仍需要一定的成本即 C',出让人在不能回赎时就会估算不动产财产权利的价值（或效用）P与让与对价C之间的差额。如果P−C>C′，则让与人就会选择诉讼；如果P−C<C′，则让与人就会选择接受产权已经让与。

这一设计在构造上与抵押权完全不同，其主张主体为让与人。著者认为，赋予让与人以回赎差价主张权利，比抵押权制度中抵押权人变现后优先受偿权更有效率，也更节约交易成本。任何交易都是存在成本的，抵押权人的优先受偿权必须以变现为前提，而变现的交易成本是非常大的。而在让与担保制度中，如果以赋予让与人差价取回权来制约"流押"，则在不存在"流押"显失公平的情况下，差价取回权没有行使的必要，这样就节省了变现的交易成本。

第二，鉴于效用转化问题兼具客体性与主观性（详见【经验与逻辑3.1】不动产财产权利价值转化二重性定律），应当尊重当事人意思自治，在规范配置上尽量配置任意性规范，仅仅在确保当事人意思表示无瑕疵、无错误，尤其是不受胁迫与欺诈问题上配置以强制性规范。

具体来说，让与客体的权利组合方式可以尽量宽松一些，尊重当事人的意愿，既可以是名义上的所有权，也可以是单纯的占有与用益，亦可以二者兼有。在以用益权单独设定让与担保时，制度设计与让与所有权不同。由于所有权的弹力性，让与人在让与期限届满后不能支付回赎对价的，受让人虽然可以继续使用房屋，但这种使用权并非永久性使用权，在让与人归还回赎对价并支付相应利息后，其占有没有基础。

在权利保护问题上，也无必要一定配置强制性规范。可以配置授权性规范。授权意思表示瑕疵与错误方以撤销让与合同的效力，同时规定让与合同被撤销的，让与担保物权无效，即受让人受让后的登记所有权及其他权利无效。

第三，民间的不动产财产权利让与担保的权利客体主要是房屋，一般不涉及土地用益物权。因此，在《物权法》最初吸纳不动产让与担保制度时，应当尊重客观实践基础，将客体权利限制为房屋。而且考虑到涉及土地使用权等用益物权，问题就复杂化了，而且实践经验不足，对此进行立法不仅时机不成熟，也没有迫切的现实需要。

第四，从法律关系构造上看，现行抵押权制度实际上是三个主体，包括抵押权人兼债权人、抵押人、债务人。民间让与担保一般仅仅涉及两个主体，如果说三个主体是为了让担保形式更为灵活，而著者提到的让与担保不仅是为了满足担保的需要，还有可能是为了满足类似"卖渡担保"的融资需要。在融资的情况下，不宜将问题搞得太复杂。基于让与担保制度设计的现实需要以及现有的实践程度，没有必要将问题过于扩张，著者建议设定于两个主体之间较为合适。如果当事人希望有第三人参与担保关系，法律又提供了设定抵押权这一制度选择，没有必要使让与担保制度过于复杂。

第五，鉴于不动产让与担保存在较大的交易风险，著者建议可以配置倡导性规范，对让与担保合同应当规定的内容进行提示。从现行《物权法》规定来看，对各种担保物权都规定了设定担保物权应当签订书面合同，也规定了书面合同的内容。

第六，基于现实需要，让与担保的客体适当扩张。对于一些小额融资，也可以以小汽车作为让与担保的客体。小汽车虽然在法律性质上归为动产，但是在现实生活中，是否可以移动的区分标准并非特别实用的意义，而完善的登记制度才更为有价值。鉴于小汽车的权利转让手续与房屋非常相似，可以将房屋的让与担保制度准用于小汽车，以满足价值相对较小的小额融资需要。

3. 涉不动产财产权利的民间借贷实践启示

近年来，以房屋买卖合同作为民间借贷担保成为民间融资的流行做法。常见的做法有两种基本形式：一是借款人即房屋所有权人与出借人签订买卖合同，如果借款人到期不能还款，则房屋归出借人或者出借人指定的其他人所有；二是出借人要求借款人即房屋所有权人办理委托公证手续，委托出借人或者出借人指定的其他人办理房屋出售手续并收取房款，如果借款人到期不能还款，则将房屋进行出售。第二种情况基本上被一些高利贷商人普遍使用，而且借款人的房屋经常被低价出售、连环出售，从而让借款人难以追回。这种买卖不同于前面提到的让与担保或者卖渡担保，形式上为买卖合同，实质上就是"流押契约"，应当属于无效。下面链接一则典型案例。

【案例 3.4】[①] 杨某与张某系夫妻关系，于 1979 年 3 月 13 日结婚。2007 年 8 月 20 日，张某作为买受人与案外人大都公司签订《北京市商品房现房买卖合同》，约定：张某购买大都公司开发的涉案房屋，总价款

---

① 案例索引：北京市第二中级人民法院（2013）二中民终字第 05781 号。

6 323 150元，买受人可以首期支付购房总价款的40%，其余价款可以向东亚银行或住房公积金管理机构借款支付。合同签订后，张某交纳了购房款。2008年4月，涉案房屋登记于张某名下。

2008年12月8日，张某、杨某为邢某办理了公证委托，委托书内容如下：委托人张某是涉案房屋的所有权人，杨某是法定共有权人，二人系夫妻关系，我们同意出售上述房产，房产证号（略），因为我们工作繁忙，不能亲自办理该房产的买卖手续及前往房管部门办理此房产产权转移的相关手续，故委托给我们的代理人，全权代表我们前往房地产管理部门协助购房人查询上述房产是否发生司法机关和行政机关依法裁定、决定查封或以其他形式限制房地产权利等情形；在符合依法出售的前提下，办理此房产的提前还款、解除抵押手续、领取还款证明、办理与解除抵押登记及与之有关的一切手续及代领房屋所有权证，然后办理该房产的买卖交易手续、签订房屋买卖合同、到房地产交易管理部门办理此房产产权转移、过户的一切有关事宜、代为办理与出售此房产相关的税务手续、协助买方以买方名义办理贷款、抵押的相关手续、代收相关售房款到受托人指定账户，代为在《售房人银行开户情况说明》及划款协议上签字；代理人在其权限范围内所签署的一切文件，我们均予以承认；委托期限：办完委托事项为止；代理人有转委托权。

2009年6月1日，邢某作为张某、杨某的代理人与ZC公司签订《存量房屋买卖合同》，约定：ZC公司购买涉案房屋，房屋成交价格为392万元。该合同未对交付时间、权属转移登记等事项作出约定，显示网签日期为2009年5月31日。当日，双方共同申请过户登记，涉案房屋转移登记至ZC公司名下。

张某、杨某提起诉讼，要求确认ZC公司与邢某于2009年6月1日签订的《存量房屋买卖合同》无效。一审法院支持了张某、杨某的诉讼请求。邢某、ZC公司均不服，提出上诉。二审法院驳回上诉，维持原判。

本案中，ZC公司是邢某控制的公司，利害关系明显。虽然双方之间没有约定如果到期不能还款则以房屋抵债，但通过售房委托公证、代理售房、代理人实际控制的公司购买三个环节的组合，实现了与"流押"相同的效果。从著者审理此类案件的经验来看，经历了三个阶段：第一个阶段是直接约定到期不能还款则以房屋抵债；第二个阶段是以签订买卖合同作为民间借贷合同的担保；第三个阶段是同一利益共同体"分身"为出借人、出售房屋的委托代理人、买受人甚至还有连环转让的后手买受人几个主体。

最高人民法院在调研民间借贷司法解释的过程中注意到了这个问题，并于 2015 年发布并实施了关于民间借贷的司法解释。① 该司法解释规定的申请拍卖买卖合同标的物、偿还债务后返还差额的做法，与著者前述主张不谋而合，在防止"流押契约"的同时，实现了不动产价值的有效利用。但是，该司法解释规定的情形实际上对应上述第二个阶段。在司法解释从调研到发布的几年期间内，民间借贷经营者为规避"禁止流押契约"的法律规定，一直与法院司法实践之间演着猫捉老鼠的游戏。在"魔高一尺，道高一丈"的博弈中，借贷市场在第三个阶段演变出多个"3.X"版本。代理人将房屋低价出售变现、循环转账以伪造实际支付价款的事实、短时间连环出售并过户等现象较多。这些做法使房屋所有权人赔了房子却颗粒无收，极大地损害了房屋所有权人的利益，造成与"流押"相同的恶劣后果。例如，当事人可能因为借 100 万元的债务，最后却失去了一套 400 万元价值的房屋，而且得不到任何补偿。

对于第三个阶段的情形，不论用于"担保"的房屋价值本来就远大于债权还是由于市场变化而在房屋出售时升值，出借人及其利益相关人为收回 100 万元债权而获得了 400 万元的房屋交易价值，显然利益失衡且扰乱了融资市场。从法律关系的形式上看，将借贷关系、委托代理、买卖关系分离的做法似乎规避了"禁止流押契约"的规定。然而，揭开法律关系的面纱，分析不动产财产价值的流转过程，上述做法与"流押契约"异曲同工，违背了等价交换的基本价值规律。审判实践中，在低价出售、循环转账、短时间连环过户等不合常理的情形中，可以发现出借人、售房代理

---

① 2015 年实施的《最高人民法院关于审理民间借贷案件适用法律若干问题的规定》第 24 条规定："当事人以签订买卖合同作为民间借贷合同的担保，借款到期后借款人不能还款，出借人请求履行买卖合同的，人民法院应当按照民间借贷法律关系审理，并向当事人释明变更诉讼请求。当事人拒绝变更的，人民法院裁定驳回起诉。

按照民间借贷法律关系审理作出的判决生效后，借款人不履行生效判决确定的金钱债务，出借人可以申请拍卖买卖合同标的物，以偿还债务。就拍卖所得的价款与应偿还借款本息之间的差额，借款人或者出借人有权主张返还或补偿。"

人、买受人及后手买受人之间恶意串通的蛛丝马迹。根据《民法通则》第58条（而非《合同法》第52条）关于恶意串通损失第三人利益的规定，可以认定代理人与买受人的签约行为损害了房屋所有权人的利益。这种签约行为是代理行为，来源于委托合同却又独立存在；房屋所有权人（即委托人、被代理人）可视为独立于代理行为的第三人，损害其合法权益的代理行为可认定为无效，进而认定，无效的代理行为对被代理人不发生法律效力。

借贷市场的主体具有规避法律枷锁而追求利益最大化的动机，人民法院具有维护社会公平正义的使命。两者"魔高一尺，道高一丈"的博弈是一种无休止的智力竞赛。进一步反思，上述以房融资的陷阱的存在，是由于民间融资社会需求的存在决定的。以社会历史的眼光审视，通过司法裁判的智慧堵上漏洞、惩恶扬善，只是权宜之计，不是终极追求。通过一种符合经济理性的制度设计来引导社会需求以合法的方式得以实现，才是智慧之举。恶，不在于以房融资这种交易方式，而应当归因于经济理性人的贪婪成为脱缰的野马。如果用于担保债权的房屋能够以合理的价格变现，偿还债务及利息后剩余价值又能够回归所有权人，那么也就实现了符合"帕累托效率"的利益安排。

4. 不动产财产权利让与担保之立法建议

著者综合上述论证，设计出一套在未来《物权法》修订中可以采纳的法律规定，将条文列举如下：

【方法与建议 3.7】《物权法》可以在修订时规定如下不动产让与担保相关条文：

第一条　为担保债务的履行，或为满足融资的需要，房屋所有权人可以将房屋的所有权让与受让人，同时设定回赎期限与回赎对价。

让与人在回赎期限届满前支付回赎对价的，受让人应当将房屋所有权转移登记回让与人名下；让与人一并让与房屋使用权的，受让人应当在合理期限内将房屋腾空并交还让与人。

让与人在回赎期限届满时未支付回赎对价的，不得要求受让人归还所有权；让与人未一并让与房屋使用权的，应当将房屋腾空并交付受让人；若让与人认为回赎对价与房屋现值差额较大，可以在回赎期满后一年内要求受让人对该差额予以补偿。

第二条 为担保债务的履行，或为满足融资的需要，房屋所有权人可以将房屋的使用权让与受让人，同时设定回赎期限与回赎对价。

让与人在回赎期限届满前支付回赎对价的，受让人应当在合理期限内将房屋腾空并交还让与人。

让与人在回赎期限届满时未支付回赎对价的，不得要求受让人腾空房屋并交还，受让人取得无固定期居住权。

让与人在回赎期限届满后支付回赎对价及利息的，可以要求受让人腾退并交还房屋，但应当给予受让人合理的腾退时间。

第三条 设立让与担保，当事人应当采取书面形式订立让与担保合同。

让与担保合同一般包括下列条款：

（一）被担保债权种类和数额，或者让与担保让与金数额；

（二）让与担保的回赎期限与回赎对价；

（三）让与财产的坐落、面积、状况、所有权归属或者使用权归属；

（四）让与担保财产的让与时间。

第四条 受让人在让与担保期间，未经让与人同意，不得擅自处分受让财产，否则应当承担赔偿责任。

第五条 受让人仅受让房屋使用权的，未经受让人同意，让与人不得在回赎前处分让与财产，否则应当承担赔偿责任。

第六条 受让人受让房屋使用权的，负有妥善使用受让财产的义务；因使用不善致使受让财产毁损、灭失的，应当承担赔偿责任。

受让人的行为可能使受让财产毁损、灭失的，让与人可以要求受让人停止侵害，或者要求提前清偿债务或支付回赎对价，由受让人一并返还财产。

受让人负有妥善使用受让财产的义务；因使用不善致使受让财产毁损、灭失的，应当承担赔偿责任。

第七条 房屋存在抵押权的，未经抵押权人同意，不得对房屋所有权设定让与担保。房屋存在其他使用权人的，未经其他使用权人同意，不得对房屋使用权设定让与担保。

第八条 为担保债务的履行，或为满足融资的需要，汽车所有权人可以设定让与担保，并依照房屋让与担保相关规定执行。

第五节　余按

　　一项不动产财产权利或一组权利组合的价值转化过程，表现出价格与效用双重特性。价格转化过程是不同主体之间的客观等价联系；效用转化过程是不同客体之间的主观效用选择。价格的转化过程与效用的转化过程又存在相互制约的关系。一方面，价格作为不动产财产权利的金钱对价，是效用比较的一个因素；另一方面，效用比较中的剩余效用又构成双方讨价还价的空间。这是著者总结的不动产财产权利价值转化二重性定律的内容，提供了一个观察和解决不动产财产权利价值转化问题的全新视角，对修订法律法规、制订司法解释、司法裁判调解都具有重要的理论与现实意义。

　　鉴于法律制度作为上层建筑的一部分对经济基础产生重要的反作用，在不动产财产权利价值转化过程中，法律制度的价值体现在减少成本、提高效率。由于客观情事的复杂性与主观身心的局限性，现实中的经济理性人假设表现出人的有限理性。有限理论造成信息不完全、不对称。由于不动产交易信息的复杂性，信息不完全、不对称更容易造成交易风险。信息不完全、不对称的一个必然结果是，获取信息的高成本产生信息劣势方对信息优势方的信赖，进而产生信息优势方对信息劣势方的适当性披露义务。

　　根据能否形成帕累托改进，信息分为生产性信息与非生产性信息。法律与政策应当减少获取和传播生产性信息的成本，并减少非生产性信息的收益率。在信息成本不对称的情况下，立法、政策及司法应强化信息优势者的披露义务，切实保护信息劣势者的信赖利益，从而降低信息成本。法律可以要求信息劣势者对其所获取的信息支付合理对价。特别需要注意避免信息优势者对生产性信息的不实披露和对非生产性信息的故意隐瞒。

　　在信息优势者信息成本不为零的情况下，其对信息劣势方的适当性披露义务应当具备合理的对价。由于不同主体之间信息成本存在差异，因而信息劣势者可以委托信息优势者代为获取、审查信息，并将信息应用于特定交易中。信息优势者与信息劣势者信息成本的差额就是交易所节省的社会成本，同时也是信息优势者与信息劣势者讨价还价的空间。不动产信息的相对复杂性，为信息优势者提供了相对较大的利润空间。当信息优势者利用信息成本优势以信息的获取、审查和应用为商品从事特定商行为时，信息市场就形成了。信息市场形成以后，当信息优势者形成信息垄断时，法律和政策有必要对信息价格进行干预，将其控制在成本差额区间内。

  提高合同的完备度，可以降低交易成本与交易风险。完备合同的特点包括：一是风险可述可预警；二是争端应对可衡平；三是利益互惠最大化；四是内容清楚可执行。提高合同的完备度的措施包括：指导性合同范本，《物权法》与《合同法》任意性规范配置，信息市场。

  民间习惯有善恶之分，符合帕累托标准的习惯是善的习惯。善的习惯被法律认可就成为习惯法，而习惯法成文化就成为了法律。在民间的民商事的担保与融资习惯中可发现传统民法中让与担保制度的影子，《物权法》可以在修订时，汲取实践的营养，去其糟粕，取其精华，用制度的手段限制其弊端、平衡其权利，原则性与灵活性相结合，对不动产让与担保作出规定。

第四章 不动产财产权利价值实现障碍论

第一节 不动产财产权利价值实现障碍之经济基础

一、不动产财产权利价值实现障碍类型化分析

前文曾讨论过，不动产财产权利的价值形态包括对不动产诸项权能进行保有（利用）的价值与处分（交易）的价值。不动产财产权利就是在被保有和利用、或是被处分和交易的过程中，通过满足人的需要实现其价值。科斯第一定理中所提到了"交易成本为零的世界"在现实生活中是不存在的。由于对权利的利用与交易过程中的"摩擦力"的存在，不动产财产权利的实现或多或少地会受到各种各样的阻碍。根据不动产财产权利价值形态的基本类型区分，这些障碍包括权利利用的障碍，也包括权利交易的障碍；既有来

源于权利主体及相对人的内生性障碍，也有来源于社会和政府的外源性障碍。

根据实践观察，在不动产财产权利价值实现与转化的过程中，常见的障碍包括违约、相邻关系、不可抗力、情势变更、征地拆迁等。根据价值形态与矛盾根源，可将这些障碍类型化分析如下（表4.1）。

表4.1

不动产财产权利价值实现障碍类型化分析表

价值形态 矛盾来源	不动产财产权利 利用性障碍	不动产财产权利 交易性障碍
内生性障碍 （私权利之间）	相邻关系： 排水、通风、采光、通行、 噪声污染、光污染	根本违约、预期违约、 迟延履行、不完全履行、 受领迟延、恶意主张无效
外源性障碍 （公权力介入）	征收、征用 征地拆迁与安置补偿	国家房地产调控政策、 奥运会期间限制政策

二、不动产财产权利价值实现障碍之市场环境现实观察

一切权利与法律的现象都有其深刻的社会经济根源。不动产财产权利价值实现的障碍的形成原因、类型表现都是对不动产经济生活的反映。障碍在表面，经济是根源。近些年来，每个老百姓都可以感受得到，房地产市场波动巨大，对百姓生活产生了重大的影响。房地产市场的运行状态是不动产财产权利价值实现的根基。现在著者根据调查研究，将近年来全国的和北京市的房地产市场作出如下分析。在房地产市场价值规律与调控政策双重作用下，商品房价格不断波动。下面将十年来全国商品住宅销售均价的历史走势列图如图4.1所示。

上述图中数据系通过国家统计局公布的商品住宅销售额与销售面积所得。图4.1显示，商品房价格在2011年以前一直处于上升趋势，房价回落的拐点出现在2011年3月，也就是第三轮房地产调控政策开始实施之际。

另外，著者到北京市统计局调取了北京市新建住宅与二手住宅近四年来同比价格与环比价格指数，现统计如表4.1、表4.2所示：

(人民币元/平方米)

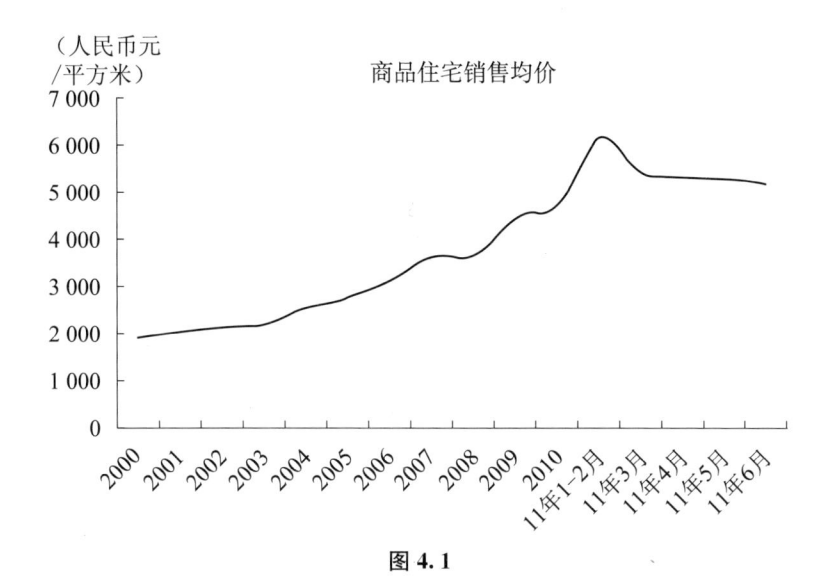

商品住宅销售均价

图 4.1

表 4.2　　　　　　　　　　　新建住宅价格指数表

新建住宅【同比】价格指数				月份	新建住宅【环比】价格指数			
2009 年	2010 年	2011 年	2012 年		2009 年	2010 年	2011 年	2012 年
100.4	116.0	106.8	100.1	1 月	99.9	102.5	100.8	99.9
100.1	116.9	106.8	99.5	2 月	99.9	100.8	100.4	99.8
99.2	119.0	104.9	99.0	3 月	100.2	102.0	100.0	99.5
99.4	121.5	102.8	98.7	4 月	100.4	102.6	100.1	99.8
99.4	122.0	102.1	98.4	5 月	100.5	100.9	100.1	99.9
99.6	121.5	102.2	98.7	6 月	100.3	100.0	100.0	100.3
100.8	120.1	101.9	99.0	7 月	101.4	100.3	100.0	100.3
102.1	118.6	101.9	99.2	8 月	101.3	100.0	100.0	100.2
103.6	118.2	101.8	99.3	9 月	100.4	100.1	100.0	100.1
104.3	117.5	101.7	99.7	10 月	100.6	100.0	100.0	100.3
108.0	114.3	101.3	100.9	11 月	103.0	100.1	99.7	100.8
113.2	109.9	101.3	102.0	12 月	104.5	100.2	99.8	101.0

图 4.1 显示，北京市新建住宅同比价格指数从 2009 年开始大幅增长；2010 年全年月度统计价格与 2009 年同期相比，基本上都增长了 10% 以上，个别月份增长高达 20% 以上；2011 年开始，月度价格同比增幅趋缓。从环比指数来看，2009 年第四季度与 2010 年第一季度，价格增幅较大。2011 年第二季度开始价格变动平缓。2012 年房价上半年缓步下降，下半

年上升趋缓明显。

表 4.3　　　　　　　　　二手住宅价格指数表

新建住宅【同比】价格指数				月份	新建住宅【环比】价格指数			
2009 年	2010 年	2011 年	2012 年		2009 年	2010 年	2011 年	2012 年
98.3	104.0	102.6	96.9	1 月	99.9	100.7	100.3	99.1
97.4	104.0	102.9	96.3	2 月	99.8	99.8	100.4	99.8
97.3	105.4	101.9	96.6	3 月	99.9	101.2	99.9	100.2
97.1	108.4	99.3	96.8	4 月	100.1	102.9	100.1	100.4
96.8	106.8	100.6	96.9	5 月	99.8	98.4	99.8	99.9
96.9	105.7	101.4	97.2	6 月	100.2	99.1	99.9	100.2
97.1	105.0	101.8	97.5	7 月	100.2	99.5	100.1	100.3
97.8	104.7	101.9	97.7	8 月	100.2	99.8	100.0	100.3
98.2	104.8	101.2	98.2	9 月	100.1	100.3	99.6	100.1
98.5	105.0	100.4	98.8	10 月	99.9	100.1	99.5	100.0
101.0	103.9	99.2	99.8	11 月	101.3	100.4	99.3	100.3
102.9	102.6	98.0	101.6	12 月	101.5	100.3	99.2	101.0

二手住宅价格指数反映出与新建住宅类似的房屋价格变动情况，但其波动幅度比新建住宅稍大。

此外，从房屋交易量来看，列图 4.2 如下：

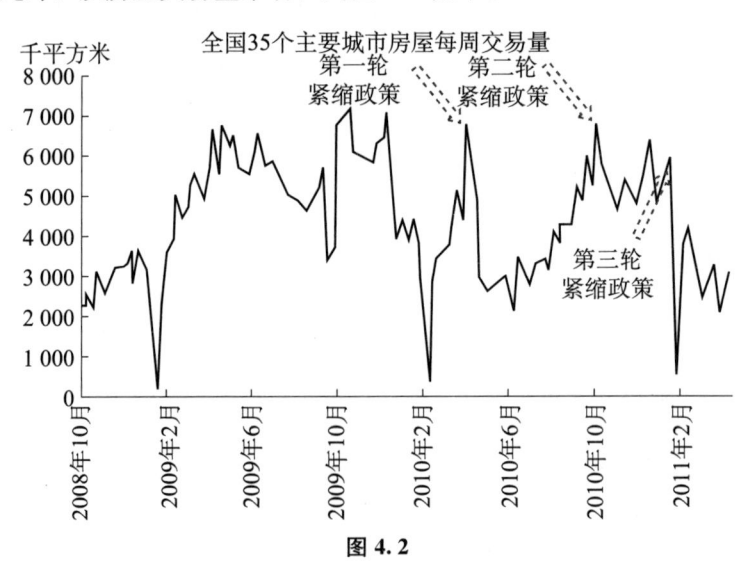

图 4.2

数据来源：德意志银行，搜房，中华元智库

从时间上看,图4.2显示的第一轮紧缩政策对应2010年年初国办发[2010] 4号及京建发[2010] 72号等地方性政策文件,第二轮紧缩政策对应2010年4月的"国十条"及"京十二条"等地方性政策文件。2010年上半年先后两次调控直接导致销售量两次大幅下滑,反映在商品住宅销售均价的历史走势上,出现平缓趋势。第三轮紧缩政策对应2011年年初的"国八条"及"京十五条"等地方性政策文件,该轮调控政策更为有力,直接导致销售量振荡下滑与房价大幅下跌后平稳下降。

观察近年来与表4.1所列明的各类不动产财产权利价值实现的障碍问题,无不与上述市场背景与经济形势密切相关。在如下的分析中,还将会借用上述图表。

三、不动产财产权利价值实现障碍之市场供求理论基础——蛛网模型

没有喷涌的源头,就没有清冽的泉水;没有深植的树根,就没有繁茂的枝叶。不动产法律问题并非无源之水、无本之木,深刻地根源于所存在的社会经济环境。不论是法律问题的表现,还是房地产调控政策的实施,都依赖于一定的市场状态与供求基础。以供求与价格为基础的房地产市场形势变化,是不动产法律问题发生和类型表现的经济基础,也是房地产市场宏观调控政策制定的经济依据。同时,法律问题的处理与调控政策的实施也影响和改变着房地产市场的形势。马克思主义政治经济学认为,价值规律的表现形式为价格受供求关系的影响,围绕价值上下波动。现实生活中的不动产市场价值规律是如何表现的呢?可以借用蛛网模型来解释。

1. 不动产需求价格弹性

在描述蛛网模型之前,需要研究一下房地产市场的需求规律。一定条件下,需求(Q)与价格(P)呈反比关系:价格上涨或下降,则需求会随之减少或增多;需求增多或减少,则价格将随之下降或上涨。如图4.3所示。

在不同市场形势下,不同商品的需求量对价格变动的反应程度是不同的,需求弹性描述了这一反应程度。一种商品的需求量对价格变动的反应程度大,是富有弹性的表现,反之则是缺乏弹性的表现。需求价格弹性的计算公式可以表达为:需求价格弹性=需求量变动百分比/价格变动百分比。依此方法进行计算,则依图4.3A点到B点与从B点到A点的计算结果会有所不同,对此,经济学家提供了一个较好的计算方法,即中点

图 4.3

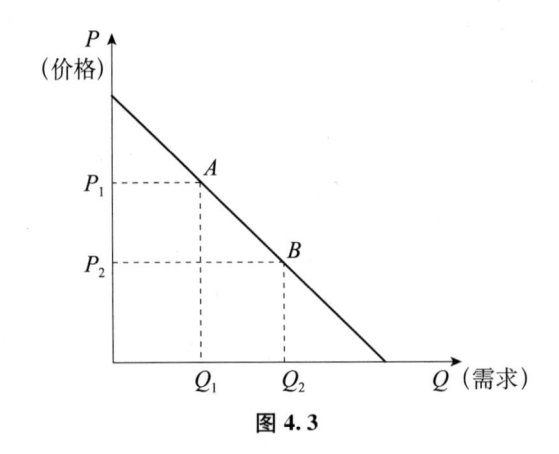

法，也就是计算百分比的基数以中点为准。① 根据中点法，图 4.3 中的需求价格弹性公式可以表达为：

$$需求价格弹性 = \frac{(Q_2 - Q_1) / [(Q_2 + Q_1)/2]}{(P_2 - P_1) / [(P_2 + P_1)/2]}$$

在富有弹性的情况下，如图 4.4.1 所示，曲线较为平缓。弹性需求也意味着可替代性强。在极限的情况下，如图 4.4.2 所示，需求曲线平缓为一条水平线，价格不再变动，说明商品可以被其他商品完全替代。

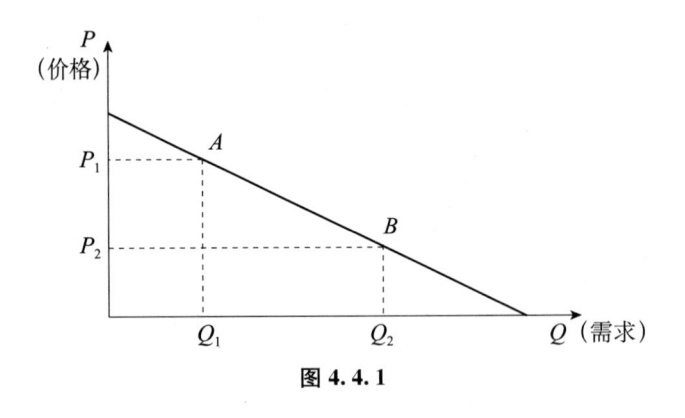

图 4.4.1

---

① 参见 [美] 曼昆：《经济学原理：微观经济学分册》，6 版，梁小民、梁砾译，91～92 页，北京，北京大学出版社，2012。

图 4.4.2

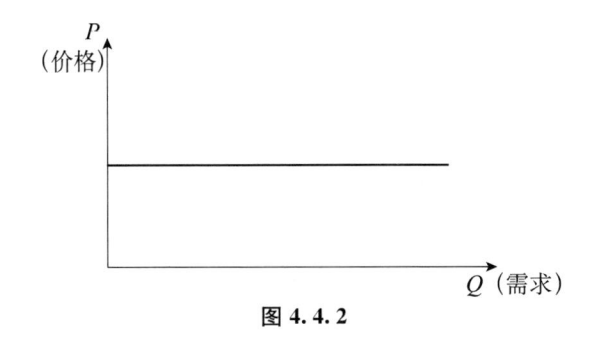

在缺乏弹性的情况下，曲线较为陡峭，如图 4.5.1 所示。刚性需求也意味着必需性强。在极限的情况下，如图 4.5.2 所示，需求曲线平缓为一条竖直线，不论价格如何变动，需求均不会变化，说明商品是完全不可替代的。

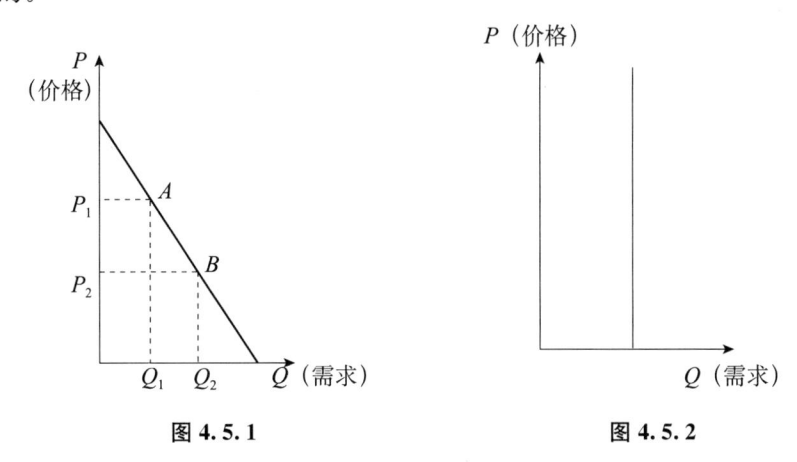

图 4.5.1　　　　　　　　图 4.5.2

现实世界中的不动产需求价格弹性是怎样的呢？有经济学家从市场结果中收集数据并统计出住房的需求价格弹性为 0.7[1]，弹性偏小，基本上属于刚性需求。不动产市场具有突出的地域差异性特点，如果将一线城市、二线城市、三线城市某时段内的需求曲线绘制出来，肯定会显现出明显的差异。一方面，对于北京、上海等一线城市来说，需要价格弹性会更小，

---

[1] 参见 [美] N. Gregory Mankiw, *Principles of Economics*, 6 edition, South-Western Cengage Learning, 2012, p.94。

表现出更多的刚性,正如老百姓所说,北京的房子不仅仅是给北京人买的,而是给全国人民买的;而另一方面,在一个地方的小县城里,房子基本上只被本县县城人购买,而且县城人的购买力又被分散到其他大城市中去,关于鄂尔多斯"鬼城"之殇的报道就是一个很好的例证。这样的地区房屋需求价格弹性更大,甚至有超过1而变为弹性需求的可能。

【经验与逻辑 4.1.1】 现实中的不动产需求价格弹性表现为两大特点:一是总体呈刚性需求;二是地域性差异,经济发达地区更为刚性,经济欠发达地区更为弹性。

各地区不动产需求价格弹性存在差异,在此影响下,房屋价格变动的情况也就会有所不同,可以构建蛛网模型来观察这一问题。

2. 不动产供给价格弹性

与不动产需要问题类似,不动产供给也可以描绘出供给曲线。

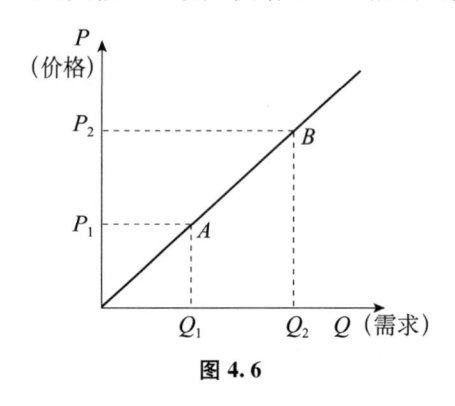

图 4.6

同理,不动产供给也存在价格弹性,不再赘述。需求提出的是,不动产市场一直以来得到政府鼓励政策,也取得金融企业的支持,房地产开发较为活跃。反应在供给曲线上,在某一价格水平上,供给量水平较高,曲线趋于平缓,弹性较大。

3. 不动产供求与价格蛛网模型

建立蛛网模型,首先应了解一下均衡的概念。不动产的每一个价格点都是一个均衡,是不动产供给量与需求量相等的状态。供求关系在不断地变化,均衡点也就不断地变动。现实中的不动产市场必须满足以下三个条件才可以形成蛛网模型:第一,供给时滞,不动产的开发从生产到上市有一段相当长的时段。第二,需求灵敏,不动产的需求对价格变化的反应灵敏，需求反应的滞后小于供给滞后的时间。第三，信息不完备，不动产市场信息不完全，开发商只能根据当前价格决定产量，难以作出合理的市场预期，即本期生产由上一期价格决定。[①] 在此三个条件之下，我们分析一下现实生活中不动产供求与价格问题。

现实生活中的不动产供求曲线不是一成不变的，而是随着市场形势的变化而不断变化的。例如，对房屋的需求包括了居住性需求与投资性需求，国家实施房地产限购政策以后，投资性需求被限制住了，在同一价格水平下的需求量明显下降，需求曲线发生位移。在国家实施房地产调控政策之前也是同样，所谓炒房，就是大量投资性需求增加，越炒越热，需求价格曲线不断发生位移。由此可借用蛛网模型研究一下需求价格曲线发生变化后的价格变化情况。根据前述分析，不动产需求价格弹性较小，而供给价格弹性较大，以限购政策实施后需求减少为例，可以绘图如图4.7所示。

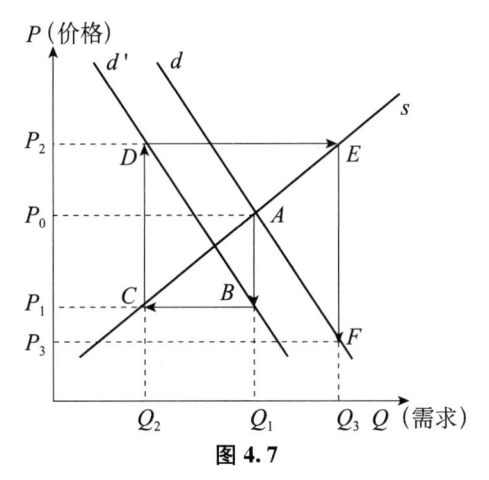

图 4.7

现将图4.7中供求与价格变动方式描述如下：

(1) 当需求减少，需求曲线从 d 移动到 d'，而不动产供给量仍为 Q_1 时，均衡点 A 变动到不均衡点 B，不动产价格从 P_0 下降至 P_1；

(2) 由于开发商又以 P_1 的价格水平为依据调整供给量，将供给量调整为 Q_2，B 点运动到 C 点；

---

① 参见陈龙高、但承龙主编：《不动产经济学》，37～38页，南京，东南大学出版社，2011。

（3）因供给减少，价格上涨到 P_2，即 C 点变动到 D 点；

（4）在价格上涨到 P_2 的市场条件下，开发商将扩大开发规模，需要曲线上的 D 变动到同一价格水平上供给曲线上的 E，将供给量提高到 Q_3；

（5）由于供给大幅提高，上升到新的历史水平，价格也开始大幅下降，在 Q_3 的供给水平上，原来供给曲线上的 E 变动到需求曲线上的 F，价格下降到新的历史水平即 P_3；

（6）继续变动，依此类推……

这种变化趋势呈现明显的发散式特点，在经济学上称为"发散式蛛网模型"[①]。这种经济形势非常可怕，价格变化幅度越来越大，就像一个泡泡从小到大，当市场承受不了如此剧烈的变动时，泡沫就将破裂，经济就将崩溃。

图 4.7 就可以解释国家采取房地产调控政策后的房地产市场走向问题。由于国家近年来不断实施调控政策，又在 2011 年颁布限购政策，打压了投资性需求，房地产需求价格曲线从 D 变为 D'，引发了房价下降。在此期间，著者审理了大量的购房人以情势变更或不可抗力为由要求解除合同或者购房人违约的案件，这个问题在下一节中将详细论述。而在此期间，著者又发现此前多发的商品房预售案件又大幅减少，这一形势可以反映出房地产开发规模开始减少，在图 4.7 中也就反映为开发商根据 P_1 的价格水平，大大缩减供给量，将供给量调整为 Q_2。2012 年以来，所有人都可以感受到，房价又开始攀升，并且越涨越快，在图 4.7 中可以显示出这一问题，即房价从 P_1 的水平超越原来的 P_0 上涨至 P_2 的水平。著者在审理不动产案件中可以切身感受到，2013 年以来，房屋出卖人违约的案件在销声匿迹约两年后又开始大量出现。在此情况下，如果不加控制，将会出现开发商大幅提高供给至 Q_3 的水平，此后房价又剧烈下降至 P_3 的水平，可怕的泡沫崩溃就可能出现。国家于 2013 年适时颁布新的"国五条"，在限贷、限购和税收等方面作出强化性的规定，进一步使需求曲线发生位移，防止经济剧烈波动。

---

① "发散式蛛网模型"出现在供给的价格弹性大于需求的价格弹性的情况下；而在供给的价格弹性小于需求的价格弹性的情况下，出现的是"收敛式蛛网模型"；在二者相等的情况下，出现的是"封闭式蛛网模型"。对后二者均不再理论赘述和绘图展示，有兴趣进一步研究的读者可参见陈龙高、但承龙主编：《不动产经济学》，37～39页，南京，东南大学出版社，2011。

【经验与逻辑 4.1.2】 在经济发达地区，不动产需求的价格弹性在于不动产供给的价格弹性，价格变动呈现"发散式"的剧烈变动趋势。此为不动产法律问题发生与政策制定的经济根源。

上述分析为下面的类型化分析法律问题提供了经济基础。在下面分析不动产财产权利各种类型的交易障碍发生的原因与对法律问题的影响时，以法律问题所根源的市场经济环境作为背景与基础，视野会更为通透。

第二节 不动产财产权利内生性交易障碍：以违约为例

一、内生性交易障碍之表象与根源

著者所定义的内生性交易障碍，是指与公权力无关的，发生于市场交易中的有碍于不动产财产权利处分的价值实现或者有碍于价值转化的障碍。从著者审理的不动产财产权利案件来看，违约是主要的障碍形式。在此之外，一些恶意主张以擅自处分夫妻共同财产为由要求确认合同无效的案件也是主要的障碍类型之一。

为了对不动产财产权利内生性交易障碍的现象与原因进行深入研究，著者从北京市法院审结的 2009 年至 2011 年二手房买卖纠纷二审案件中随机抽取 240 个案件作为样本，对一审立案时间（纠纷发生时间）、起诉方、胜诉方、中介参与情况、违约责任、解除责任、导致合同无效的责任、连环买卖、一房数卖、阴阳合同、付款方式等方面进行深度分析与数据统计，并在此基础上制作图表。在数据汇总统计分析过程中，发现如下问题：

1. 房屋买卖案件数量与房价波动程度成正比

从前述房屋销售价格趋势分析来看，2010 年以来，北京市房价经历了一个急剧上涨又大幅回落的过程，且房价总体呈上涨趋势。为研究由此引发房屋买卖案件情况，首先需要对房屋买卖合同纠纷发生的时间进行统计。由于纠纷从萌生到暴发再到解决有一个过程，到法院起诉往往是当事人双方难以依靠自身力量调和矛盾的表现。下列图表以一审起诉时间作为纠纷发生时间进行统计。

从图 4.8 可以看出，随着全国及北京市的房屋销售价格从 2009 年下半年开始大幅上涨，房屋买卖案件与以往相比，从 2009 年第四季度亦开始呈爆炸式增长。结合前述房销售价格统计分析,房价上涨最快的时期,也是房屋买卖案件数量激增的时期。2010年房地产调控政策实施后,在短暂的时间内,房价上涨趋缓,房屋买卖案件数量亦出现一个小幅回落的过程。2011年第三轮房地产调控政策实施以后,房价开始呈下降后平缓波动的趋势,房屋买卖案件数量也下降到较低水平。由此可见,房屋买卖案件数量与房价波动程度尤其是房价上涨剧烈程度成正比。

纠纷发生时间与数量分布图(按起诉时间)

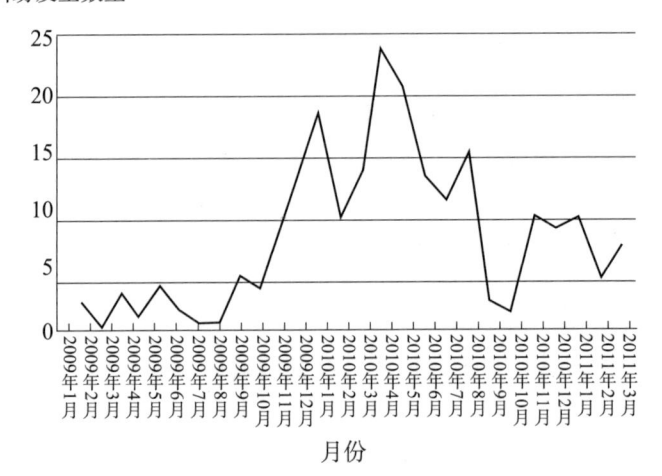

图 4.8

2. 违约行为较为普遍且呈随行就市特点

2009年至2011年,在房地产调控政策实施前,全国和北京市的房屋销售价格一直处于快速上涨趋势。新政实施后,房屋销售价格在2010年上半年出现短暂的回落,在2011年上半年出现大幅回落。在此背景下,房屋买卖案件中违约情形较为普遍,在240个随机样本中,存在违约情形的有184件,占样本总数的比例高达76.67%。通过对存在违约情形的样本按一审立案时间的年度进行进一步统计分析,如图4.9所示,2010年"国十条"实施后,随着房价出现短暂回落,从第二季度开始买方违约比例明显上升,第三季度达到高峰。2011年"国八条"实施后,房价又出现回落,买方违约比例又开始上升。综上可见,在房屋买卖案件中,违约情形普遍存在,而且呈现明显的随行就市特点。

违约责任比例图

图 4.9

一审立案时间（纠纷发生时间）

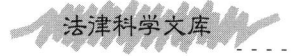

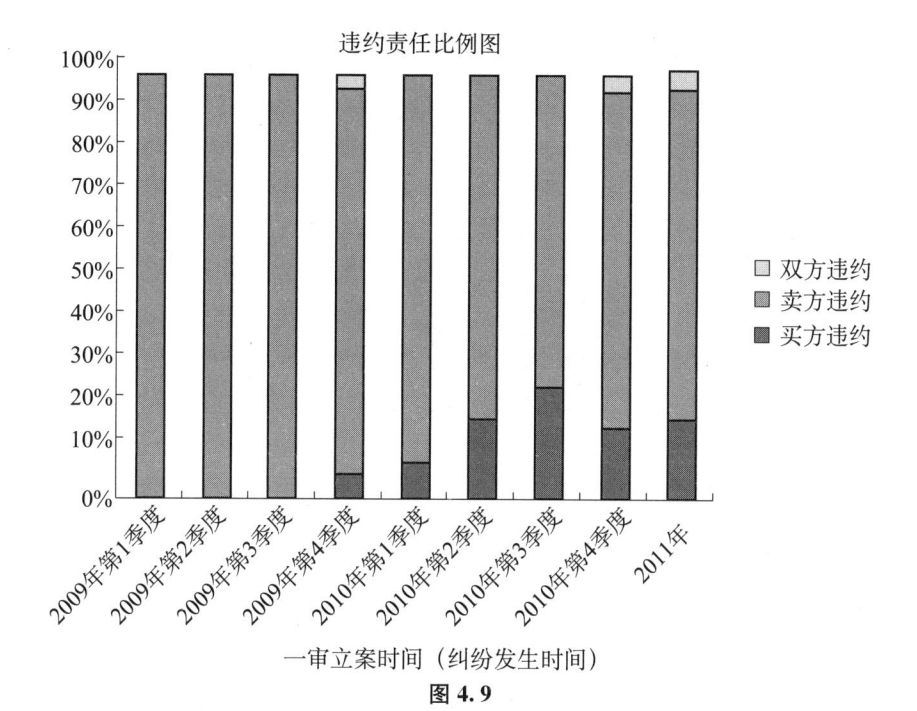

3. 卖方责任多于买方责任

大部分的二手商品房买卖案件中都存在违约行为。依据统计分析，卖方违约行为与买方违约行为比例大致为 6∶1。在抽取样本中，存在违约情形的有 184 件，其中，卖方违约共计 155 件，占违约情形总数的 84.24%；买方违约共计 26 件，占违约情形总数的 14.13%；法院认定为双方违约的情况并不多，仅 3 件，占违约情形总数的 1.63%。卖方违约占绝对比重这一现象的出现与房价总体上涨趋势下经济利益的不当驱使相关。如图 4.10 所示：

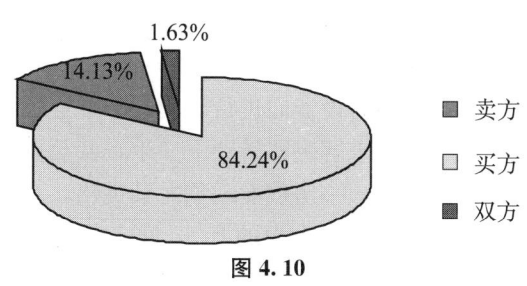

违约责任比例图

图 4.10

同时，对于以判决解除告终的 56 件案件进行导致合同解除的归责分析，亦存在卖方责任占绝对比重的情形，如图 4.11 所示：

解除责任比例图

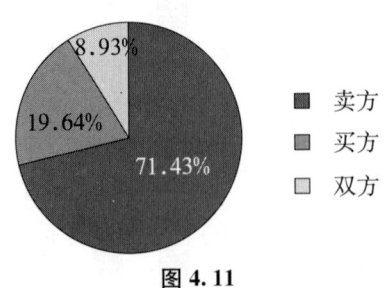

8.93%
19.64%
71.43%

■ 卖方
■ 买方
□ 双方

图 4.11

在判决房屋买卖合同无效的 11 个案件中，亦存在卖方责任数量居多的情形，如图 4.12 所示：

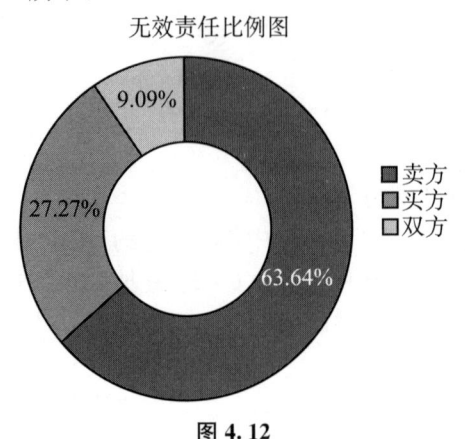

无效责任比例图

9.09%
27.27%
63.64%

■ 卖方
■ 买方
□ 双方

图 4.12

4. 多重连环买卖现象突出

在房价急剧上升期，卖方为获取更大的收益，往往出现拒绝履行原合同而将其房屋以更高的价格再次出售，造成一房二卖甚至一房数卖的现象。从买方来看，亦有较多为投资而进行转卖，形成连环买卖现象，且在转卖中，有时上一手纠纷尚未解决即转让下一手，甚至有的购房人在诉讼中转让房产。根据统计分析，一房数卖现象尤其突出，在 240 件样本案件中，查明的案件事实中涉及一房数卖的有 32 件，所占样本总数的比例高达 13.33%。一房二卖和连环买卖现象的存在，增加了纠纷发生的可能性，也增加了纠纷处理的难度。图 4.13 标明了样本文书查明事实中房屋买卖合同履行过程中一房数卖、连环买卖、阴阳合同所占比例。

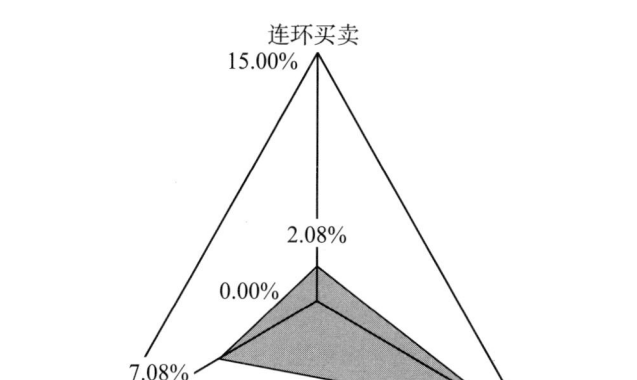

房屋买卖合同履行情况统计图

连环买卖 15.00%
2.08%
0.00%
阴阳合同 7.08%
一房数卖 13.33%

图 4.13

5. 约定不明、约定变更与约定冲突情况较多

房价款及房屋具体交付时间、方式在一些交易中约定不明，本身就会影响交易效率，形成交易障碍的隐患。当事人往往又在事后通过口头、短信等非正式方式对此作出补充或变更，而口头、短信等非正式方式虽然在经济上比正式的签约具有效率，但在诉讼中往往很难举证。另外，为避税，就价款签订阴阳合同或曰黑白合同的情况也非常普遍，有关价款问题会出现相互冲突的两份甚至三份合同。加之政策调整对合同双方履行利益进行重新分配，造成双方矛盾更为复杂。

6. 买方起诉多于卖方，且买方胜诉多于卖方

图 4.14 系对 240 件样本中起诉与胜诉情况进行的统计。如图所示，买方起诉情况远远大于卖方，反映出在房屋买卖纠纷中，买方需要司法救济的利益诉求更为强烈，且其中大部分诉求经人民法院裁判为合法诉求。而卖方诉求较少，且其中只有很少一部分经人民法院裁判为合法诉求。在卖方起诉的案件中，占很大比重的一类案件是要求确认合同无效类案件，最为常见的无效理由是共有权人无权处分，尤其是夫妻一方擅自处分夫妻共同财产。该类案件能够得到人民法院支持的只占少数，因为大部分案件系以此为由达到毁约目的。

诉讼结果统计表

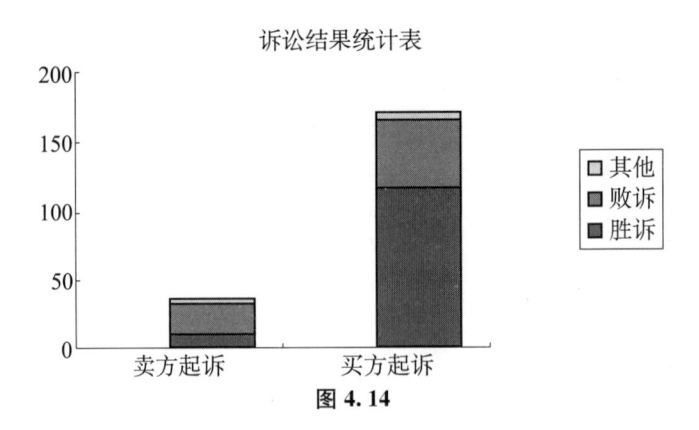

图 4.14

7. 中介机构普遍参与，影响履行情况

前面已经分析了信息市场与房产中介问题，在此对这一问题进行实证调研。鉴于信息成本的差异性，房屋买卖交易尤其是二手房买卖过程中多有中介机构参与。中介机构对买卖活动全程参与，为双方代办各种手续，买卖双方亦通过中介相互交付钱款、送达文件。交易环节较多，如果中介操作不规范，极易产生纠纷。例如，著者在案件审理中时常发现：有的中介机构工作人员在明知房产存在权属纠纷等问题的情况下仍将房产出售，造成一房数卖的连环纠纷；有的中介违规帮助卖房人进行一房二卖，在明知房屋已进行网签的情况下滥用签约授权重复网签。如图4.15所示，在240件样本中，案件事实涉及中介机构的有132件，占样本总数的55%。中介机构在房屋买卖尤其是二手房交易中的广泛参与，使得对中介机构加大监管力度成为必要，以避免因不诚信行为导致的纠纷。

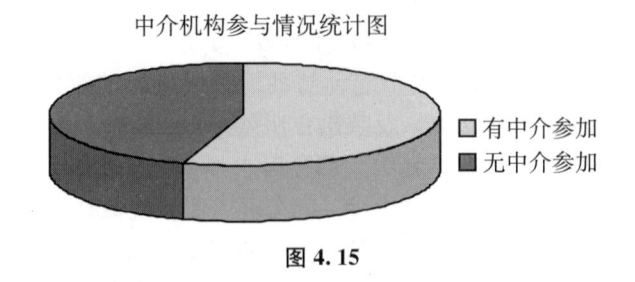

中介机构参与情况统计图

图 4.15

二、内生性交易障碍之源：房屋差价的诱惑

在市场价值规律与房地产政策调控双重作用下，房价急剧攀升与大幅

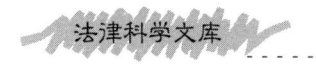

回落，是引发二手商品房买卖案件大量发生的外在背景。通过审判实践可以发现，在房地产调控政策与房价波动背景下，存在多重复杂的原因值得剖析和思索。前述司法实践中暴露的问题虽然由市场价值规律与房地产政策调控双重作用下的房价波动引发，但引发矛盾的内在的、根本性的原因绝非仅此。

从经济理性人角度考虑，经济利益的最大化是法律行为的动机根本。市场变化导致合同签订时的经济条件发生了变化。按著者前述论证的不动产财产权利价值转化二重性定律分析（详见图3.1），对于买受人而言，其效用剩余（$C'-P'$）增加了；对于出卖人来说，不动产的效用大大提升，而对价没有变化，其效用剩余（$P-C$）降低了，在房屋价格大幅上涨的时期，出卖人的效用剩余瞬间变成负数。在此情况下，出卖人从这一角度出发，当然要想尽一切办法阻碍合同的履行。从著者见到的情形来看，有的人直接告诉买受人房子不卖了，有的要求买受人加价，有的人故意受领房款迟延并制造买受人拖延的假象，有的人唆使配偶出面以无权处分为由起诉其与买受人要求确认合同无效，有的干脆"一房二卖"，让合同根本不能再履行。

有人说经济利益的不当驱使是引发纠纷的根本祸水。有人说，天下熙熙，皆为利来；天下攘攘，皆为利往。不论是恶意违约，或是一房数卖，还是阴阳合同，其根本原因都在于不动产价值巨大，交易环节复杂，从签订合同到完成物权变动，需要很长的时间。在此期间，市场变化导致合同的经济基础发生变化。因此，当房价暴涨时，卖房人宁可承担合同违约金或者执行定金罚则也不愿履行合同。经济条件的变化是交易出现法律障碍的根源，即房屋差价的诱惑。

【经验与逻辑4.2】不动产内生性交易障碍诱发定律：由于不动产具有财产价值较大、交易环节复杂的特点，从契约达成到物权变动往往需要较长时间。当不动产市场经济形势发生波动，进而导致契约所依据的经济条件发生变化时，交易当事人在契约达成时效用对比发生变化。当剩余效用因经济条件的变化降为负数时，交易当事人产生阻碍契约履行的经济动机。

在与房地市场变化引发的房屋买卖合同案件中，核心的法律问题主要是损害赔偿与房屋差价问题。每一份判决书都是一册法律教科书，由于房屋差价的诱惑引发的案件的审理结果对于特定时期社会普遍存在的违约行为具有引导作用。因此，损害赔偿问题不仅是一个严格的法律问题，还是一个严肃的社会问题。在法律问题的背后,有其精密的经济规律。缺乏政治大局观又不去研究经济规律的法律人,是根本不可能解决好法律问题的。

先引用一则经典案例来加以说明。《人民法院报》曾刊发著者办理并撰写的一则房屋差价案例,该案例被多家网络媒体转载,其影响让著者欣慰。著者又为此应邀做客北京广播电台,对房屋差价损害赔偿问题进行深度剖析。

【案例 4.1】① 2009 年 12 月 5 日,杨某与刘某通过北京市博友园房地产经纪中心(以下简称博友园中心)居间介绍签订房屋买卖合同,约定刘某购买杨某所有位于北京市通州区玉桥西里的诉争房屋,建筑面积 46.58 平方米,房价款 47 万元。因未确定贷款数额和申请时间,买卖双方对于房屋交付及办理所有权转移登记的时间未进行约定,但约定了于 2010 年 2 月 5 日前履行完毕,否则合同终止。刘某于签约当日支付杨某定金 5 万元。签约后,三方定于 2009 年 12 月 7 日由刘某支付剩余首付款 11.5 万元,用于偿还杨某对诉争房屋的剩余银行贷款,但杨某届时未到场,在电话中称其在外地。后刘某与中介公司多次联系杨某要求办理诉争房屋的解押及过户手续,杨某均不予配合。后刘某起诉杨某要求解除房屋买卖合同,退还定金 5 万元,并赔偿因房价上涨造成的损失 27 万元。经一审法院委托某房地产评估公司对诉争房屋进行评估,诉争房屋在诉讼时的价值为 74 万元。

一审法院经审理认为:因合同在约定的期限内未履行完毕,故合同已于 2010 年 2 月 5 日终止;杨某在合同约定的有效期内未协助刘某办理产权转移登记手续,致使合同超过有效期无法继续履行,故杨某构成违约,应返还刘某定金 5 万元并赔偿刘某损失费用;现刘某要求杨某赔偿损失 27 万元的诉讼请求证据充分,理由正当;对于杨某有关其与刘某口头约定刘某在 2009 年 12 月 10 日前给付房款,刘某未依约给付,故其未协助刘某办理产权转移登记手续的答辩意见,因其未提供证据,法院不予采信;即使双方曾有此约定,杨某未提供证据证明向刘某催要过此款,且 2009 年 12 月 31 日杨某表示 2010 年 2 月 5 日后办理产权转移登记的税费由其负担,应视

---

① 案例索引:北京市第二中级人民法院(2010)二民终字第 21903 号;参见李俊晔:《二手房交易中房屋差价损害赔偿——刘某诉杨某房屋买卖合同纠纷案》,载朱江主编:《北京市第二中级人民法院经典案例分类精解·房屋买卖合同卷》,274~281 页,北京,法律出版社,2013。

为杨某在 2009 年 12 月 31 日同意继续履行合同，后期未履行，应由杨某承担违约责任。一审宣判后，杨某不服，提起上诉。二审法院经审理认为：一审法院判决认定事实清楚，适用法律正确；关于赔偿数额，一审法院参考评估机构评估的房屋现值与合同价格，判决杨某向刘某赔偿损失 27 万元，依据充分。据此，二审法院判决驳回上诉，维持原判。

著者在《人民法院报》中的阐述，仅仅是从法律常识的角度介绍一下民法中损害赔偿的范围、房屋差价的性质、赔偿的数额以及对老百姓进行二手房交易应当注意的问题进行提示，并未深刻挖掘房屋差价问题的经济根源。① 在此，著者将进一步深入分析。

三、内生性交易障碍之赔偿：不动产差价机会成本损失之确定

在国家颁布房地产调控政策之前，关于房价疯涨的新闻铺天盖地；而国家强势调控之后，房价开始大幅回落。在房价上涨期间，卖房人违约类案件一时占到著者审理的不动产财产案件的一半以上。在房价大幅下降期间，购房人违约类案件又开始出现。不论哪种情形，违约方都必须赔偿房价变动的差价。这一差价的性质是什么呢？此类案件的判决书中常见的判决理由可以说明这个问题。判决书中常会阐述道："由于房屋出卖人的违约，导致房屋买受人不可能再以签订合同时的价格在同一地段购买与诉争房屋面积、条件相同的房屋"。对于买受人违约的情形，理由则相反。这一理由揭示，由于违约方的违约行为导致合同解除，造成守约方的损失是一种机会成本的损失。

什么是机会成本？有法经济学家认为："某经济产品的成本与所放弃的收入等同。所谓放弃的收入指将该产品应用在其他的替代情况下所能获得的收入（机会成本）。"② 据此认识，价格变动引起的不动产差价损失就

---

① 参见李俊晔：《二手商品房交易违约方应当赔偿房屋差价损失》，载《人民法院报》2011 年 11 月 3 日第 7 版。

② ［德］Hans-Bernd Schäfer und Claus Ott, Lehrbuch der ökonomischen Analyse des Zivilrechts, 4. Alflage, Springer-Verlag Berlin Heidelberg, 2005, pp. 81。原文："Die Kosten eines wirtschaftlichen Gutes sind gleich dem entgangenen Ertrag, den dieses Gut in der bestmöglichen alternativen Verwendung schaffen könnte (Opportunitäts-kosten)."

是典型的机会成本损失,这决定了违约损害赔偿的性质与范围。这种机会成本损失的赔偿,实际上是无奈之下的强制交易。

如何确定不动产差价损失赔偿范围?在审判实践中有两种常见方式:第一种方式是"收益法",将出卖人转卖的价格减去涉案合同的交易价格,以此作为出卖人的违约收益,对买受人进行赔偿,其理论基础在于,不能让出卖人在一房二卖的违约行为中获得非法利益。第二种方式是"填平法",将诉讼中的委托评估的房屋交易现值减去涉案合同的交易价格,作为房屋价值损失的赔偿。著者认为,不宜武断地决定采用哪种办法,应当利用著者在前文论述到的不动产财产权利价值转化二重性定律进行价格与效用的经济分析,确定何种赔偿更有效率。

1. 不动产差价赔偿之"收益法"

法经济学家认为,按"收益返还"的方式解决赔偿问题,前提是"收益＞损失"[①],著者认为这一理论是有道理的。假设房价上涨,卖房人违约,卖房人违约收益不足以弥补购买人的损失,如果法院判决卖房人可以通过赔偿收益来撕毁合同,则原来自由的交易变成了通过损害赔偿进行的强制交易。此外,还有几个分析角度:

第一,从社会总成本上看,"出卖人收益＜买受人损失"的状况会造成总成本的浪费,显然是非效率的。

第二,从帕累托标准来看,如果"出卖人收益＜买受人损失",而出卖人只赔偿收益,则对于出卖人而言是愿意的,而买受人的境况会变坏,不符合帕累托标准。

第三,从违约的需要曲线来看,如果"出卖人收益＜买受人损失"而只赔偿收益,则可能造成违约的刚性需求。只有将赔偿提高到损失之上时,才会将违约变化成弹性需求,从而抑制违约。

---

① [德] Hans-Bernd Schäfer und Claus Ott, Lehrbuch der ökonomischen Analyse des Zivilrechts, 4. Alflage, Springer-Verlag Berlin Heidelberg, 2005, pp. 253-254. 原文:"Zerstört oder verletzt der potentielle Erwerber dagegen dieses Rechtsgut und ist lediglich zum Schadensersatz verpflichtet, so kommt es statt der eigentlich erwünschten freiwilligen Transaktion zu einer Zwangstransaktion mit Schadensersatz."

【方法与建议 4.1.1】以"收益返还"为标准确定违约损失赔偿数额的前提是"收益＞损失"。

2. 不动产差价赔偿之"填平法"

法经济学者认为,如果负有赔偿责任的行为发生前与发生后的财产价值可以比较,则受害者遭受以财产价值损失必须予以赔偿。① 在审判实践中,财产价值是可以比较的,主要是通过评估的方法。在出卖人收益小于买受人损失的情形下,赔偿买受人的评估损失理论上是没有问题,但是如果出卖人的收益大于买受人的损失,则出卖人在赔偿后仍有收益,这种激励出卖人进行违约,显然是不可行的。

那么通过评估确定房屋价值在诉讼中与签订合同时的差额如果大于出卖人的收益,或者出卖人的收益无法确定,是否就可以以此评估差额作为赔偿的依据?实践中有如此确定赔偿数额的,但著者认为存在一定弊端。因为价格变化在一定的时间段内存在一定的惯性,若评估以诉讼为时点,那么可能在评估时点过后,不动产价格仍然按照原先的趋势进行变化,评估时点后的扩大部分不予赔偿的话,违约者将得到这部分非法利益。

【方法与建议 4.1.2】以评估的"价值填平"为标准确定违约损失赔偿数额的前提是"收益＜损失",且能够使受害方获得评估时点后的损失扩大部分的赔偿。

3. 不动产差价赔偿之结论

综合上述两种方法,著者认为,应当权衡违约人收益与受害人损失,取其高者为基准,根据可预见的经济形势发展趋势适当调整机会成本损失赔偿数额。

【方法与建议 4.1.3】确定违约造成不动产机会成本损失(不动产差价)的基本原则:权衡违约人收益与受害人损失,取其高者为基准,根据可预见的经济形势发展趋势适当调整机会成本损失赔偿数额。

---

① 参见[德] Hans-Bernd Schäfer und Claus Ott,Lehrbuch der ökonomischen Analyse des Zivilrechts,4. Alflage,Springer-Verlag Berlin Heidelberg,2005,p. 309。原文:"Nach der Differenzhypothese(§ 249 Abs. 1 BGB)ist als Schaden die Differenz zwischen jenen Vermögenswerten des Geschädigten zu ersetzen, über die dieser mit bzw."

第三节 不动产财产权利内生性利用障碍：以相邻关系为例

一、内生性利用的外部性：相邻关系

经济领域内的每一个经济行为都会产生一定的成本和收益。"外部性"是一个与成本和收益相关的经济学概念，指的是行为人的行为产生了额外的成本或者收益。具体来说，"外部性"问题包括成本外部化与收益外部化两个方面。成本外部化即行为所产生的成本由他人负担；收益外部化即行为所产生的收益由他人享有。由于不动产的相互毗邻性，对不动产的利用或多或少地会产生外部性。

在前面的论述中谈到过，相互毗邻的不动产之间，其使用价值具有延伸性，延伸的方式包括积极的方面和消极的方面。积极的方面表现为增加了毗邻不动产效用；消极的方面就是降低了毗邻不动产的效用。在没有公权力干预的市民社会中，对不动产财产权利价值保有与利用方面的实现障碍，主要表现为不动产使用价值的消极延伸方面。

使用价值的延伸其实就是不动产利用过程中的外部性问题。不动产的使用价值的消极延伸产生了成本外部化问题，在民法学意义上，就是相邻关系问题。法院受理的大量的相邻关系纠纷都是由于在对不动产使用时对毗邻的不动产产生了通风、采光、通行、排水等妨碍，对不动产的添附又可能造成光污染、气味污染、噪声污染等妨碍。

【经验与逻辑 4.3】不动产内生性利用障碍主要是指在不动产利用过程中的成本外部化导致的相邻关系问题。

二、内生性利用障碍外部性之内部化：相邻关系转化为地役权问题

解决外部性问题的一个思路就是通过谈判将外部性问题内部化。著名经济学家科斯举过很多有关相邻关系外部性内部化的案例。下面举一则发生于医生与糕饼店之间的土地相邻关系故事。[①] 在这个故事中，原告是一

---

① 参见王文宇：《民商法理论与经济分析》，16~17页，北京，中国政法大学出版社，2002。

名医生，被告是一个糕饼商。被告与父亲在房屋内使用一杵一臼制作糕饼多年，原本邻居相安无事。后原告于1865年搬到被告隔壁居住，并于1873年在其花园后院搭建一间诊疗室，而这间诊疗室紧邻被告制作糕饼的厨房。此时，原告发现被告使用设备制造糕饼所产生的震动和噪声使他无法正常使用诊疗室，请求被告停止使用，遭到被告拒绝，于是起诉到法院。英国法院于1879年判原告胜诉，并颁发禁令。科斯认为，法院如何判决对最后结果并无影响，因为不论法律上的权利如何界定，当事人都可以通过协商来解决纠纷。本案当事人可能达成的协议方案有：调整使用杵臼的时间，调整诊疗室使用时间，加强墙壁厚度，加装消音设备，被告以金钱补偿原告损失，一方付钱请另一方搬家等。除了法院禁令外，还有很多解决途径。假设使用设备对糕饼商价值100元，但对医生造成的损害是90元，在此情况下，使用设备制作糕饼是有效率的资源配置，因为以90元的成本创造了100元的价值。如果通过法院禁令的方式，则总财富将少了10元。假设糕饼商是可归责的，法律要求糕饼商必须对损害负责，如果协商成本是8元，糕饼商向医生支付8元加上91元的结果是使双方都获得收益。这也就是著者在此前提到的剩余效用，在著者办理的案件中也有这样的例子。

【案例4.2】① 2006年，王某购买了位于北京市丰台区方庄的涉案房屋。CJ饭店的注册及经营地址为涉案房屋所在楼房的裙楼，该饭店注册成立日期为2003年，主要经营中餐餐饮服务。王某购买涉案房屋时，裙楼上即安装了烟道、风机、水泵、冷却塔等设施，上述设施均在王某房屋的窗外。其中，烟道距离王某的房屋较近。王某购买涉案房屋后，CJ饭店又在裙楼的北侧、西侧安装了霓虹灯，而且霓虹灯高于裙楼。CJ饭店还在裙楼上加装了油烟净化器两台及静电除尘设备。

王某以上述设备设施对其构成妨害为由起诉，要求CJ饭店拆除在其窗外的所有烟道，降低抽风机噪声、冷却塔噪声，拆除全部霓虹灯，使大卧室窗外的出风口距离窗户5米。一审法院经审理于2008年12月判决：CJ饭店将安装在裙楼上的高于裙楼的霓虹灯拆除，驳回王某的其他诉讼请求。经二审法院调解，双方当事人自愿达成如下协议：一、双方自愿履行2009年9月4日签订的《协议书》；二、双方其他无争议。《协议书》

---

① 案例索引：北京市第二中级人民法院（2009）二中终字第12471号。

的内容因当事人要求保密不便公开，其主要内容为王某不再要求 CJ 饭店拆除上述设备、设施，CJ 饭店按月向王某支付一定费用，并保证夜间关闭霓虹灯。

相邻关系与排除妨害纠纷，从司法实践来看，主要是由于违章建筑物、构筑物及其他固定物引发的不动产利用过程中的外部性问题。诉讼请求一般是要求拆除违章建筑物、构筑物及其他固定物。在审理该类案件中，其焦点并非是否构成妨害，而是构成不可容忍的不当妨害。在上述案件中，CJ 饭店在王某窗外的霓虹灯和烟道风机对其生活造成妨害。霓虹灯对王某的生活影响已被一审法院确定为不当妨害。而烟道风机的妨害程序是否达成了影响正常生活的程序，需要专业的噪声鉴定机构根据相关标准确定。双方当事人在法院的调解下签订协议，一方忍受霓虹灯与烟道风机给其生活造成的影响，不再要求拆除；另一方则按月支付其一定对价作为补偿。

著者在对双方当事人进行调解的过程中，采取的就是上述科斯处理相邻关系问题的思路。虽然双方当事人对《物权法》中有关地役权的约定较为陌生，但是著者有意识地引导双方达成地役权契约。从该案中双方当事人达成协议的过程与结果来看，著者认为，可以将该协议解释为地役权的约定，符合设定地役权协议的特征。至于是否依照地役权协议进行地役权登记，则是当事人意思自治的范畴。

首先，协议是双方自愿协商的结果，而地役权与相邻权最大的区别在于其设定方式的意定性。同时，地役权的内容也具有较大的意定性。本案双方当事人所签订的协议中的内容也是双方协商确定，是双方的真实意思。正因为设定方式与约定内容的意思自治性，当事人之间可以创造性地解决很多由于不动产利用产生的障碍，实现效用最大化。

其次，通过协议，一方不动产因其使用权延伸而获取更高效益。有观点认为，本案中有经济补偿协议不能认为是地役权，并不是对其他不动产的利用，是对妨害的补偿。著者认为，一般来说，利用与妨害无法作出明确区分。一方面，利用他人不动产的同时，往往都会对他人的不动产造成一定程度的妨害；另一方面，大多妨害他人不动产之使用的情形往往会使自己的不动产的使用带来更多方便。最为关键的判断标准应当是看不动产的使用效益是否有所提高。

再次，具有一定的经济补偿。地役权虽然有无偿和有偿之分，但多数是有偿地役权。本案中，饭店为了使其能够满足经营需要，而使其他人的不动

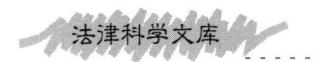

产受到一定限制,并对受妨害人给予一定经济补偿。这是地役权常见的情形。

最后,调解协议内容体现了地役权的从属性。本案中,饭店一方通过协议取得了继续使用其经营设施并限制相邻不动产的权利。这种权利并不是一项独立的民事权利,而是从属于饭店所在房屋的所有权的。这种权利不能与其所有权相分离;同时,也不可以脱离所有权单独转让,如转让给相邻其他饭店。

本案的处理结果具有经济学与法学双重意义:一方面,为在相邻关系中排除妨害纠纷的案件的处理提供了一种办案思路与办案方法,即以科斯商谈理论实现不动产利用中的外部性问题内部化;另一方面,这种办案思路也同时打破了相邻权与地役权之间的分野,使二者在实践中得到沟通与融合。相邻权与地役权之间的关系也值得重新思考。

【方法与建议 4.2】通过协商设定地役权可以作为解决不动产相邻关系外部性妨害内部化问题的有效率的思路。

第四节 不动产财产权利外源性交易障碍:以房地产调控政策为例

一、外源性交易障碍主要形式:国家经济调控政策

国家宏观经济调控政策对宏观经济形势的调整是通过对一个一个的微观交易的调整来完成的。国家政策对交易的影响属于来自交易关系外部的因素,讨论不动产财产权利外源性交易障碍,在现实生活中主要是国家房地产调控政策问题。著者首先对近年来国家和北京市颁布的针对房屋交易价格和住房贷款问题的相关房地产新政进行综述。

大规模的房地产调控是从 2010 年开始的。从那时起,国家与北京市为应对房地产市场价格急剧上涨这一社会问题,先后出台了多个政策,进行了三轮调控,不动产案件的纠纷类型也随之在急剧变化中不断推陈出新,此消彼长。在房地产新政中,与房价调控最为直接的是住房贷款首付款比例及购房人资格的调控问题。除上述两大问题外,在"国五条"颁布后,20%的个人所得税由谁来负担又成为新的热点问题。针对最为核心的两大问题即住房贷款首付款比例及购房人资格制定的相关调控政策,在很大程度上影响到房屋买卖合同类案件类型的变化,并产生出一些新问题。在此将 2010 年以来三轮调控政策回顾如下:

表 4.4　　　　　　　　国家及北京市三轮房地产调控政策列表

发布日期	文件名称	文号	发布单位	备注
2010年1月7日	国务院办公厅关于促进房地产市场平稳健康发展的通知	国办发[2010]4号	国务院办公厅	第一轮（内容略①）
2010年2月21日	关于贯彻国办发[2010]4号文件精神促进本市房地产市场平稳健康发展的实施意见	京建发[2010]72号	北京市住建委等	第一轮（内容略②）
2010年4月17日	国务院关于坚决遏制部分城市房价过快上涨的通知	国发[2010]10号	国务院	第二轮国十条（内容略③）

---

① 《国务院办公厅关于促进房地产市场平稳健康发展的通知》（国办发[2010]4号，2010年1月7日）规定："二、合理引导住房消费抑制投资投机性购房需求（三）加大差别化信贷政策执行力度。金融机构在继续支持居民首次贷款购买普通自住房的同时，要严格二套住房购房贷款管理，合理引导住房消费，抑制投资投机性购房需求。对已利用贷款购买住房、又申请购买第二套（含）以上住房的家庭（包括借款人、配偶及未成年子女），贷款首付款比例不得低于40%，贷款利率严格按照风险定价。"

② 《关于贯彻国办发[2010]4号文件精神促进本市房地产市场平稳健康发展的实施意见》（京建发[2010]72号，2010年2月21日）
"四、严格二套住房购房贷款管理。对已利用贷款购买住房、又申请购买第二套（含）以上住房的家庭（包括借款人、配偶及未成年子女），贷款首付款比例不得低于40%，贷款利率严格按照风险定价。"

③ 《国务院关于坚决遏制部分城市房价过快上涨的通知》（国发[2010]10号，2010年4月17日，简称"国十条"）
"二、坚决抑制不合理住房需求
（三）实行更为严格的差别化住房信贷政策。对购买首套自住房且套型建筑面积在90平方米以上的家庭（包括借款人、配偶及未成年子女，下同），贷款首付款比例不得低于30%；对贷款购买第二套住房的家庭，贷款首付款比例不得低于50%，贷款利率不得低于基准利率的1.1倍；对贷款购买第三套及以上住房的，贷款首付款比例和贷款利率应大幅度提高，具体由商业银行根据风险管理原则自主确定。人民银行、银监会要指导和监督商业银行严格住房消费贷款管理。住房城乡建设部要会同人民银行、银监会抓紧制定第二套住房的认定标准。
要严格限制各种名目的炒房和投机性购房。商品住房价格过高、上涨过快、供应紧张的地区，商业银行可根据风险状况，暂停发放购买第三套及以上住房贷款；对不能提供1年以上当地纳税证明或社会保险缴纳证明的非本地居民暂停发放购买住房贷款。地方人民政府可根据实际情况，采取临时性措施，在一定时期内限定购房套数。
对境外机构和个人购房，严格按有关政策执行。"

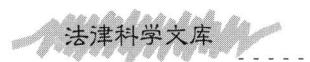

续前表

发布日期	文件名称	文号	发布单位	备注
2010年4月30日	北京市人民政府贯彻落实国务院关于坚决遏制部分城市房价过快上涨文件的通知	京政发[2010]13号	北京市人民政府	第二轮京十二条（内容略①）
2010年5月26日	关于规范商业性个人住房贷款中第二套住房认定标准的通知	建房[2010]83号	住建部等	第二轮（内容略）
2011年1月26日	国务院办公厅关于进一步做好房地产市场调控工作有关问题的通知	国办发[2011]1号	国务院办公厅	第三轮国八条（内容略②）
2011年2月15日	北京市人民政府办公厅关于贯彻落实国务院办公厅文件精神进一步加强本市房地产市场调控工作的通知	京政办发[2011]8号	北京市人民政府	第三轮京十五条（内容略③）

① 《北京市人民政府贯彻落实国务院关于坚决遏制部分城市房价过快上涨文件的通知》（京政发[2010]13号，2010年4月30日，简称"京十二条"）

"二、坚决抑制不合理住房需求

（二）严格执行差别化住房信贷政策。对购买首套自住房且套型建筑面积在90平方米以上的家庭（包括借款人、配偶及未成年子女，下同），贷款首付款比例不得低于30%；对贷款购买第二套住房的家庭，贷款首付款比例不得低于50%，贷款利率不得低于基准利率的1.1倍。

严格执行国家有关部门制定的第二套住房认定标准。金融机构依据有关规定，通过本市房屋交易权属系统数据等认定第二套住房。

严格限制各种名目的炒房和投机性购房。商业银行根据风险状况，暂停发放购买第三套及以上住房贷款；对不能提供1年以上本市纳税证明或社会保险缴纳证明的非本市居民，暂停发放购买住房贷款。自本通知发布之日起，暂定同一购房家庭只能在本市新购买一套商品住房。"

② 《国务院办公厅关于进一步做好房地产市场调控工作有关问题的通知》（国办发[2011]1号，2011年1月26日，简称"国八条"）

"四、强化差别化住房信贷政策

对贷款购买第二套住房的家庭，首付款比例不低于60%，贷款利率不低于基准利率的1.1倍。人民银行各分支机构可根据当地人民政府新建住房价格控制目标和政策要求，在国家统一信贷政策的基础上，提高第二套住房贷款的首付款比例和利率。银行业监管部门要加强对商业银行执行差别化住房信贷政策情况的监督检查，对违规行为要严肃处理。"

③ 《北京市人民政府办公厅关于贯彻落实国务院办公厅文件精神进一步加强本市房地产市场调控工作的通知》（京政办发[2011]8号，2011年2月15日，简称"京十五条"）

"四、切实执行差别化住房信贷政策

（七）各金融机构和北京住房公积金管理中心对贷款购买第二套住房的家庭，要切实执行'首付款比例不低于60%，贷款利率不低于基准利率的1.1倍'的政策。中国人民银行营业管理部可根据房地产市场情况，在国家统一信贷政策基础上，研究提高本市第二套住房贷款首付款比例和利率。银行业监管部门要加强对商业银行执行差别化住房信贷政策情况的监督检查，对违规行为要严肃处理。"

续前表

发布日期	文件名称	文号	发布单位	备注
2011年2月26日	北京市住房和城乡建设委员会关于落实本市住房限购政策有关问题的通知	京建发〔2011〕65号	北京市住建委	第三轮（内容略①）
2013年3月7日	国务院办公厅关于继续做好房地产市场调控工作的通知	国办发〔2013〕17号	国务院办公厅	第三轮（内容略②）

从经济政策对法律问题的影响方式上看，主要有两个方面：以"国十条"和"京十二条"为主线的政策中的"限贷政策"对房屋买卖合同中的买受人的履约能力和履约方式产生了较大影响。以"国八条"和"京十五

---

① 《北京市住房和城乡建设委员会关于落实本市住房限购政策有关问题的通知》（京建发〔2011〕65号，2011年2月26日）

"一、自2011年2月17日起，对已拥有1套住房的本市户籍居民家庭（含驻京部队现役军人和现役武警家庭，持有有效《北京市工作居住证》的家庭，下同）、持有本市有效暂住证在本市没有住房且连续5年（含）以上在本市缴纳社会保险或个人所得税的非本市户籍居民家庭，限购1套住房（含新建商品住房和二手住房）；对已拥有2套及以上住房的本市户籍居民家庭、拥有1套及以上住房的非本市户籍居民家庭、无法提供本市有效暂住证和连续5年（含）以上在本市缴纳社会保险或个人所得税缴纳证明的非本市户籍居民家庭，暂停在本市向其售房。"

② 《国务院办公厅关于继续做好房地产市场调控工作的通知》（国办发〔2013〕17号，2013年3月7日）

"二、坚决抑制投机投资性购房

继续严格执行商品住房限购措施……限购区域应覆盖城市全部行政区域；限购住房类型应包括所有新建商品住房和二手住房；购房资格审查环节应前移至签订购房合同（认购）前；对拥有1套及以上住房的非当地户籍居民家庭、无法连续提供一定年限当地纳税证明或社会保险缴纳证明的非当地户籍居民家庭，要暂停在本行政区域内向其售房。住房供需矛盾突出、房价上涨压力较大的城市，要在上述要求的基础上进一步从严调整限购措施；其他城市出现房价过快上涨情况的，省级人民政府应要求其及时采取限购等措施……继续严格实施差别化住房信贷政策。银行业金融机构要进一步落实好对首套房贷款的首付款比例和贷款利率政策，严格执行第二套（及以上）住房信贷政策……对房价上涨过快的城市，人民银行当地分支机构可根据城市人民政府新建商品住房价格控制目标和政策要求，进一步提高第二套住房贷款的首付款比例和贷款利率。充分发挥税收政策的调节作用。税务、住房城乡建设部门要密切配合，对出售自有住房按规定应征收的个人所得税，通过税收征管、房屋登记等历史信息能核实房屋原值的，应依法严格按转让所得的20%计征……"

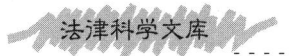

条"为主线的政策中的"限购政策"对买受人的购买资格产生了较大影响,导致一些购房人在签订合同后和履行完毕前丧失了购房资格。为进一步分析国家房地产调控政策对不动产交易的影响,著者在前述抽样调研的同时对房地产调控政策亦进行了深入分析。

1. 个人按揭贷款大量存在,合同履行易受房地产调控政策影响

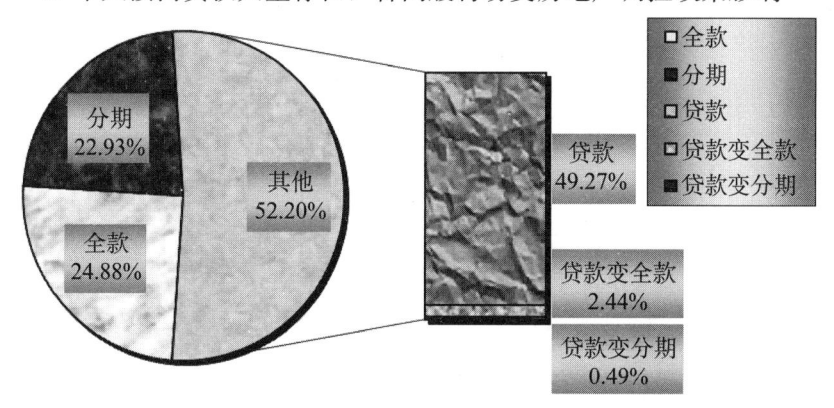

饼图数据:
- 分期 22.93%
- 全款 24.88%
- 其他 52.20%
- 贷款 49.27%
- 贷款变全款 2.44%
- 贷款变分期 0.49%

图例:全款、分期、贷款、贷款变全款、贷款变分期

图 4.16

在房屋买卖过程中,以银行贷款方式支付房款的较多。从图 4.16 付款方式比例图来看,以贷款方式支付房款的占房款支付方式的一半以上。二手房交易中抵押贷款的存在,使交易过程更为复杂。由于卖、买单方或者双方个人贷款需要房屋抵押,与一手预售或者现房买卖相比,在交易中就增加了提前还款、解押、面签、批贷等环节,银行的政策与意见及房地产调控政策对交易有较大影响。交易风险亦因此增加。

2. 房地产政策调控后出现大量合同变更与解除问题

房地产政策调控对房屋买卖合同履行情况的影响主要是贷款首付款比例及购房人资格相关问题。对于前者,贷款相关政策对于贷款购房的房屋买卖合同履行有较大影响,在实践中常常表现为买受人以情势变更为由要求解除合同或者变更付款方式。一般来说,以贷款方式支付房款的购房人经济实力并不强,因为新政使得贷款首付款比例提高,购房人无力支付提高的首付款金额,只能诉请人民法院要求解除合同。除购房人经济实力因素以外,因为新政实施后,房屋销售价格总体下跌,有经济实力且愿意支付提高的首付款并要求变更合同付款方式继续履行合同的购房人则占少数。对于后者,购房人资格相关政策则导致合同无法履行,购房人只能诉请人民法院解除房屋买卖合同,尽快收回购房款,减少损失。图 4.17 将

著者在前文中提及过的 240 件样本中涉及房地产新政对房屋买卖合同履行情况的影响进行了综合统计。

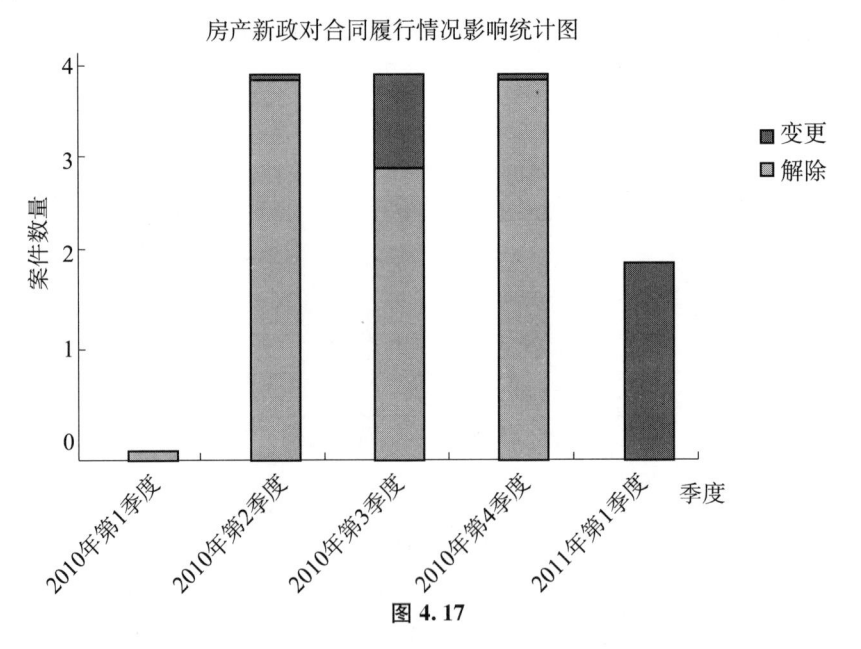

房产新政对合同履行情况影响统计图

[图表：纵轴为案件数量（0-4），横轴为季度，包含 2010年第1季度、2010年第2季度、2010年第3季度、2010年第4季度、2011年第1季度；图例为"变更"和"解除"]

图 4.17

3. 房地产政策调控对不动产交易的影响方式与结果

通过上述分析，不动产调控政策主要针对不动产交易中的主体和过程两个方面进行。近年来的调控政策，不论是主体还是过程，主要体现为一个"限"字。这样一个"限"字就构成了来源于不动产交易主体之外的障碍性因素，从结果上看，可能导致交易过程的改变或者终止。

【经验与逻辑 4.4.1】 不动产外源性交易障碍主要来自国家房地产调控政策中的限制性政策，影响交易主体资格与交易履行过程，在一定情形下导致交易的变更与终止。

二、外源性交易障碍之实践分析：情势变更、不可抗力、商业风险之辩

1. 外源性交易障碍致交易基础丧失

与房屋买卖合同相关的房地产新政主要是"国十条"实施后的限贷政策与"国八条"实施后的限购政策。关于上述政策法律性质的认定，有情

势变更说、不可抗力说、商业风险说、公平原则处理说等。在正确认定房地产新政中限贷与限购的法律性质前，首先应当对情势变更、不可抗力、商业风险的概念作出明确区分。在区分之前，要明确一个基础性理论概念，即交易基础。

什么是交易基础？从马克思主义政治经济学角度理解，交易基础是交易法律行为所依据的社会物质生活条件。在德国，交易基础被区分为"大的交易基础"（全球性）和"小的交易基础"（地方性），交易基础与合同所根源的社会背景有关，而与当事人经济能力没有关系。① 实际上，区分全球与地方没有太多的实际意义，按照这一区分思路，法律行为所依据的社会物质生活条件被区别为宏观经济形势与微观经济状况比较合适。价格等小的微观经济状况每天甚至每时每刻都在发生变化，并不能构成交易基础，仅仅是商业风险而已；真正可以构成交易基础的是宏观的经济形势，这一大的物质生活条件变化，会导致合同所依据的经济基础发生根本性的变化。

【经验与逻辑 4.4.2】 契约所依据的社会物质生活条件有宏观与微观之分，只有在宏观物质生活条件发生变化时才可能导致交易基础丧失。

2. 情势变更基本问题

研究与外源性交易障碍相联系的交易基础理论，不可回避的问题就是民法上的情势变更原则，前者属于经济学范畴，后者则属于与之相对应的法学范畴。情势变更原则，是指合同有效成立后，因不可归责双方当事人的事由发生变化而使合同的基础动摇或者丧失，若继续维持会显失公平，因此允许变更合同内容或者解除合同。② 情势变更，在国际私法中也称为情势变迁。③ 史尚宽认为："情势变更之原则（lausula rebus sic stantibus）

---

① 参见［德］Diese Unterscheidung geht zurück auf Kegel, Gutachten, Verhandlungen des 40. DJT（1953）I, S. 135 ff., 201., 转引自［德］Hans-Bernd Schäfer und Claus Ott, Lehrbuch der ökonomischen Analyse des Zivilrechts, 4. Alflage, Springer-Verlag Berlin Heidelberg, 2005, p.432. 原文："Unterschieden wird einmal zwischen 'großer Geschäftsgrundlage' und 'kleiner Geschäftsgrundlage'."
② 参见王家福主编：《中国民法学·民法债权》，393 页，北京，法律出版社，1991。
③ 参见周振想主编：《法学大辞典》1327 页，北京，团结出版社，1994。情势变迁签订条约时有个假定，即假定情势不变，一旦情势根本改变，可以修改或废除条约。另参见《法学辞典》编辑委员会编：《法学辞典》，861 页，上海，上海辞书出版社，1984，情势变迁指条约缔结时的情势发生根本变化即国际法上的一种废约理由。

谓为法律效力发生原因之法律要件（法律行为或其他法律事实）之基础或环境之情事，因不可归责于当事人之事由，致有非当时所得预料之变更，而使发生原有效力，显有悖于诚信原则（显失公平）时，应认其法律效力有相当变更之规范。"① 在理解情势变原则的制度意义时，应当注意以下两个问题。

首先，双方当事人签订合同都是在一定的政治、经济、社会条件基础上完成的。《布莱克法律词典》中对情势变更（rebus sic stantibus）的解释为：The principle that all agreements are concluded with the implied condition that they are binding only as long as there are no major changes in the circumstances.② 参照这一解释，可以理解为，契约仅仅在签约时的基础情况没有发生重大变化的前提下才有意义。就房屋买卖合同而言，合同的签订与履行都会受到宏观经济与市场条件的影响。在"国十条""国八条"等房产新政及"京十二条""京十五条"等具体措施中对贷款审批与贷款比例的规定势必影响一些涉及贷款的房屋买卖合同的履行，并使房屋买卖合同签订时的基础发生动摇或者丧失。在此情况下，如果坚持合同的完全履行原则，一方会因此承担履行不能的违约责任，这种违约责任的产生有悖于民法的公平原则。因此，应当允许买卖双方通过变更合同内容或者解除合同来矫正业已显失公平的合同。

其次，情势变更是与契约严守即合同完全履行原则相对应而存在的。在传统的合同法理论中，合同签订后就当严格恪守。在罗马法实践中亦然。"罗马法奉行'契约必须严守'的原则，虽然在罗马法中已出现了诚实信用的要求，但情势变更原则并未确立。罗马法坚持纯粹形式主义的合同概念，根据罗马法，双方当事人达成合意即可发生所追求的法律效果，至于合意基于何种情势或前提、其内容是否公平在所不问。合意达成以后，纵使发生订约时无法预料的经济、社会的重大的变化，维护既存的权利、义务关系显失公平，当事人仍应忠于契约。"③ 固然，契约严守

---

① 史尚宽：《债法总论》，444 页，北京，中国政法大学出版社，2000。
② 参见［美］Bryan A. Garner Editor in Chief, *Black's Law Dictionary*, 8th ed., West, a Thomson business, 2004, pp. 3972-3973。
③ 王利明主编：《中国民法典学者建议稿及立法理由·债法总则编·合同编》，274 页，北京，法律出版社，2005。

原则是合同法的基本原则,但仍不可忽视支撑合同存在的客观基础,情势变更就是根据公平原则对契约严守原则的衡平与补充。双方当事人依约履行各自的义务为首要,只有发生情势变更的事由,才可以对合同进行变更或者解除。"契约固应严守,但契约成立后发生非当事人可预料的障碍或情况,为期公平,亦有调整其权利、义务的必要,而有情事变更原则的适用。"①

何谓"情势"? 王泽鉴先生认为:"所谓情事,系指一切为契约成立基础或环境之客观事实。情事变更之事实,例如突发战争、灾害、暴动、罢工、经济危机、币值大幅滑落、物价涨幅过巨、汇率发生大幅波动等客观事实。"② 王利明在其主持的中国民法典学者建议稿中第 1329 条第 2 款中提到:"前款规定的客观情势,应当构成该合同订立的基础。"③ 理解"情势"这一概念,重点在"与合同有关"这个限制上。④ 客观事实的发生与合同无关或对合同的影响甚微,就不属于"情势"之列。⑤

何谓"变更"? 从情势变更产生的历史来看,"情事变更原则是在第一次大战后,因通货膨胀而开始广泛应用的一个原则,也可以纳入诚信原则的范围,但一般把它作为一个独立的原则"⑥。这一原则的产生就在于解决合同签订的经济环境与客观基础异常变动对当事人合同权利、义务的衡平问题。因此,"变更"是一种异常的变动,这种变动导致合同的权利、义务丧失公正与平衡。

3. 情势变更之于不可抗力

《合同法解释(二)》第 26 规定:"合同成立以后客观情况发生了当事人在订立合同时无法预见的、非不可抗力造成的不属于商业风险的重大变

---

①② 王泽鉴:《民法概要》,186 页,北京,中国政法大学出版社,2003。

③ 王利明主编:《中国民法典学者建议稿及立法理由·债法总则编·合同编》,274 页,北京,法律出版社,2005。

④ 参见[德]卡斯腾·海尔斯特尔(Carsten Herresthal)、许德风:《情事变更原则研究》,载《中外法学》,2004(4),引自北京市高级人民法院论文系统,http://fllw.gy.bj:808/pshowtxt? keywords=&dbn=lwk&fn=lwk022s758.txt&upd=1。

⑤ 参见沈德咏、奚晓明主编:《最高人民法院关于合同法司法解释(二)理解与适用》,190 页,北京,人民法院出版社,2009。

⑥ 谢怀栻:《外国民商法精要》,200 页,北京,法律出版社,2002。

化，继续履行合同对于一方当事人明显不公平或者不能实现合同目的，当事人请求人民法院变更或者解除合同的，人民法院应当根据公平原则，并结合案件的实际情况确定是否变更或者解除。"如该条所述，在情势变更审查要件中，《合同法解释（二）》特别提出到了"非不可抗力"的排除性认定标准。因此，在司法实践中，就有必要将二者之间的关系梳理清楚。情势变更与不可抗力之间的区别问题，受到许多学者的关注。归纳起来，主要有如下区分角度：一是表示形式不同，情势变更主要表现为履行合同的社会经济形势和环境发生变化，不可抗力一般表现为影响合同履行的自然灾害。① 二是结果不同，不可抗力已经造成他人人身和财产的损害，或合同的不能履行；而情势变更一般只是造成合同履行的显失公平。② 三是程序不同，出现不可抗力，依法取得了确切证据，履行了如通知义务、防止损害扩大的法定义务，则可免责任；主张适用情势变更原则，必须请求裁判机构作出裁判。③

尽管对于情势变更与不可抗力二者之间的区分问题讨论甚多，但亦很难为二者在概念上划清界限；因为二者之间存在千丝万缕的联系，亦存在互相交叉的灰色地带。从实践情况来看，一方面，不可抗力概念中的不可预见、不可避免、不可克服，情势变更事由亦似乎具备；另一方面，情势变更的事由亦系不可预见的客观情况发生于合同签订后，其结果若为合同不可履行亦与不可抗力存在交叉，其结果若为权利、义务丧失公平，亦与不可抗力免责同理。通过实践观察，在司法实践中对二者区分，最有意义的角度有三：

其一在于区分二者的后果，即二者对合同法律关系的影响程度与方式。情势变更对合同法律关系的影响主要表现在使得合同履行出现一定程度的障碍，双方权利、义务关系出现失衡，需要对权利、义务进行相应变更以达到新的情势下新的平衡，无法达到新的变更的只能解除合同。而不可抗力系导致合同无法履行的事由，在这种情况下，无法按原合同来履行合同义务。对此前行为，得以之作为违约之抗辩；对此后行为，得以之作

---

① 参见孙丹玲：《情势变更原则及其司法实践研究》，载《人民司法》，2009 (21)，85~86 页。

②③ 参见邹艳迁：《不可抗力与情势变更原则在房屋买卖合同纠纷处理中的适用探析》，载《仲裁研究》，2010 (2)。

为免除此后合同义务而解除合同之事由。

特别强调的是,对于二者均可能出现的解除合同的后果,其意义有根本区别。从解除的方式来看,情势变更之解除合同是对权利、义务失衡的一种调整方式,以重新达到公平的状态,因此需要人民法院作为居中裁判者作出裁决;不可抗力之解除合同系对于不履行合同免责的延伸,不仅对过去免责,亦对将来免责。从解除的事由来看,二者皆因履行不能,但性质完全不同。情势变更属于主观履行不能,系因当事人的履行能力无法适应变化的情势;不可抗力系客观履行不能,与当事人的履行能力无关。

其二在于区分二者的语境,即二者存在的不同的法律关系,或曰二者存在的不同的请求权与抗辩权基础。不可抗力主要用于违约责任的抗辩,进而在不履行合同义务之合法抗辩之上要求解除合同。其请求权基础在于因不可抗力而承担违约责任,有失公平,是在公平原则之下请求得以免责的事由;由于对不履行合同的免责,进而得以请求此后亦不再履行,即解除合同。情势变更主要用于对权利、义务失去平衡后申请进行变更或者解除。在司法实践中的表现形式,前者重于消极抗辩,后者重于积极衡平。此外,对于要求解除合同的请求,系基于不可抗力或是情势变更,若该事由处理二者的交叉地带,则应当参照相关学理分析具体判断。

其三在于区分二者的价值取向,即二者在审判实践适用之思维方式。最高人民法院《关于当前形势下审理民商事合同纠纷案件若干问题的指导意见》(法发〔2009〕40号)第4条规定:"在调整尺度的价值取向把握上,人民法院仍应遵循侧重于保护守约方的原则。适用情势变更原则并非简单地豁免债务人的义务而使债权人承受不利后果;而是要充分注意利益均衡,公平合理地调整双方利益关系。"该条规定指明了二者在司法裁判中如何适用的价值取得问题。不可抗力在于豁免债务人的义务而使债权人承受不利后果;而情势变更则是充分注意利益均衡,公平合理地调整双方利益关系。

4. 情势变更之于商业风险

关于情势变更与商业风险之间的区分问题,在理论层面,较为明显,最为关键的区分要件在于是否具备可预见性。情势变更具有不可预见性,如果是签约时可以预见的,则归于商业风险。理论探讨中对二者的区分有诸多角度,皆源自二者在要件分析中的可预见性判断标准。是否可预见这一标准决定了：第一，性质不同，情势变更属于意外风险；商业风险属于商业活动固有风险。第二，可归责性不同，情势变更因其不可预见，双方均无过错，因此不可归责于双方当事人；商业风险因可预见，双方应承受其盈亏损益。

在司法实践中如何正确对待情势变更与商业风险的关系问题？最高人民法院《关于当前形势下审理民商事合同纠纷案件若干问题的指导意见》（法发〔2009〕40号）第3条规定："人民法院要合理区分情势变更与商业风险。商业风险属于从事商业活动的固有风险，诸如尚未达到异常变动程度的供求关系变化、价格涨跌等。情势变更是当事人在缔约时无法预见的非市场系统固有的风险。人民法院在判断某种重大客观变化是否属于情势变更时，应当注意衡量风险类型是否属于社会一般观念上的事先无法预见、风险程度是否远远超出正常人的合理预期、风险是否可以防范和控制、交易性质是否属于通常的'高风险高收益'范围等因素，并结合市场的具体情况，在个案中识别情势变更和商业风险。"由该条规定可见，在司法裁判中对二者进行区分可以考虑如下角度：

一是性质，是否属于商业活动的固有风险，即是否主要由价值规律正常作用产生的市场系统固有的风险。

二是可预见性，风险程度是否远远超出正常人的合理预期，可预见的标准采"社会一般观念"而非"专家观念"。

三是可防控性，风险是否可以防范和控制。

四是风险收益相关性，交易性质是否属于通常的"高风险、高收益"范围等因素。

上述标准仅仅是抽象性、指导性裁判方法，在裁判中应当坚持两个基本原则：一是综合联系原则，联系市场环境，结合市场的具体情况，进行综合认定；二是具体问题具体分析原则，裁判事由属于情势变更还是商业风险，必须在个案中进行识别，不存在适用所有案件的"万能模板"。

三、房屋买卖中"限贷"和"限购"新政对合同履行影响之法律定位

1. 房地产新政对房屋买卖合同履行的影响辨析

房地产新政中对房屋买卖合同履行情况产生重要影响的主要是"限贷"政策、"限购"政策两大类。这两类政策均构成房屋买卖合同履行的

障碍，但是影响的内容、方式、程度不同。

第一，从内容上看，"限贷"政策体系对房屋买卖合同中付款方式相关约定施加影响，影响的是以贷款为付款方式的房屋买卖合同中付款义务的履行；"限购"政策针对的是合同主体，即买方的资格，而非直接针对合同权利、义务的履行产生影响。

第二，从方式上看，"限贷"政策影响的是当事人履行合同的能力；"限购"政策影响的是当事人签订合同的资格，对于房屋买卖合同已经签订的，则影响网签的资格。

第三，从程度上看，"限贷"政策对房屋买卖合同履行造成的障碍大小直接取决于买受人的经济能力，买受人有能力承受更高首付款或者全款的，合同仍可以继续履行，合同的解除只具有或然性；而"限购"政策则造成合同根本不能履行，即不能进行网签，合同的解除具有必然性。

2. "限贷"政策影响之法律定位

"限贷"政策的核心问题是针对房屋买卖的付款方式约定贷款的情况进行调整，主要方式是提高贷款首付款比例或者停止贷款。对于在政策实施前签订的房屋买卖合同，因政策调整，合同履行出现障碍。这种障碍是当事人不可预见的客观情况，对作为买受人一方的履行能力产生了较大影响，使得合同继续履行出现了或然性。如果仍按原合同的约定履行，买受方势必要承受更高的首付款或者全款支付。若买受方不能承担上述变化，则承担履行不能的违约责任，这对于买受方来说是不公平的。这种通过变更合同履行方式或者解除合同以达到双方权利、义务的法律干预，应当适用情势变更制度来解决，而非不可抗力。

另外，在审判实践中，当事人常常以对房产政策不知情为抗辩理由。在"国十条"等房产调控政策引发二手商品房纠纷中，有一类情况值得注意，即合同签订于"国十条"发布之后不久，当事人以签约时对国家政策不知晓为由拒绝履行合同或拒绝承担履行不能的法律后果。根据法律政策面前人人平等的基本原则，当事人不得以对法律政策不知晓为由作为抗辩理由。房产政策一经发布，应当视为当事人均已知晓。即使签约时间与政策发布时间相差很短，也不能因此认为情势变更的成立。

3. "限购"政策影响之法律定位

"限购"政策的核心问题是对房屋购买人的资格作出限制，其限制的不是合同权利、义务的履行方式，而是直接针对房屋买卖法律关系的主体。对于政策实施前签订的房屋买卖合同，如果买受方不符合新政规定的购买人身份条件或者买受人名下房产已经超额，亦会因"限购"政策出现履行障碍。与"限贷"政策类似，这种履行障碍仍然是当事人不可预见的客观情况，但其性质与"限贷"政策根本不同。因"限购"政策产生的履行障碍并非是对合同当事人履行能力的影响，而是合同当事人不具备从事交易的身份而不能进行交易。在这种情况下，合同无法继续履行是一种必然性，而非或然性。"限购"政策使得买受人无法履行房屋买卖合同，其可以作为不履行付款义务的合法抗辩事由，亦可以成为要求解除合同的法定事由，这种事由是典型的不可抗力。

另需明确的是，虽然有人说，政策不同于法律，政策的实施时间不会长久，待政策解除后，合同仍然能够履行，但是应该看到，房屋买卖合同的各项权利、义务均有履行期，在可预见的时间范围内，政策不会在履行期届满前失效。

4. 审判实践中新政影响的法律性质须具体分析、慎重认定

情势变更与不可抗力两项制度是与契约严守即合同完全履行原则相对应而存在的。在传统合同法理论中，合同签订后就当严格恪守。双方当事人依约履行各自的义务为首要，只有发生情势变更和不可抗力的事由，才可以对合同进行变更或者解除。为了确保合同履行的稳定性，维护交易的安全性，应当审慎认定情势变更与不可抗力，禁止滥用合同干预权力。

《合同法司法解释（二）》实施以后，针对其第 26 条情势变更的规定如何适用的问题，最高人民法院作出两个慎重适用的通知。

在实体方面，最高人民法院《关于当前形势下审理民商事合同纠纷案件若干问题的指导意见》要求，以合理调整双方利益关系为中心，在实践中慎重适用情势变更原则。[①] 首先，审查的基本原则是公平原则；其次，严格审查当事人提出的"无法预见"的主张；再次，合理区分情势变更与商业风险；最后，在调整尺度的价值取向把握上，人民法院仍应遵循侧重于保护守约方的原则。

在程序方面，最高人民法院《关于正确适用〈中华人民共和国合同法〉若干问题的解释（二）服务党和国家的工作大局的通知》指出："对于上

---

① 详见最高人民法院《关于当前形势下审理民商事合同纠纷案件若干问题的指导意见》（法发 [2009] 40 号）。

述解释条文，各级人民法院务必正确理解、慎重适用。如果根据案件的特殊情况，确需在个案中适用的，应当由高级人民法院审核。必要时应报请最高人民法院审核。"①

关于"限贷"政策的法律问题，在下面情势变更原则讨论中还将详细展开，现举著者审理过的受"限购"政策影响的相关不动产案件中的一例予以说明。

【案例4.3】② 2011年1月2日，孙某（出卖人）、陆某（共有人）签署《定金协议》，确认收到包某交来购房定金5万元，成交价格为565万元。2011年1月9日，孙某（出卖人）、陆某（共有权人）与冯某（买受人）签订《北京市存量房屋买卖合同》，约定：出卖人及共有权人将其所有的位于北京市朝阳区望京的诉争房屋出售给买受人，建筑面积为164.88平方米。双方约定了付款方式、房屋交付、权属转移、违约责任等问题。同日，冯某通过中国建设银行向孙某打款164.5万元。同日，冯某还向中原房地产公司支付代理费2.5万元。2011年1月26日，国务院办公厅发布"国八条"。2011年2月25日，北京市人民政府发布"京十二条"。

此后，双方因合同履行产生纠纷，冯某起诉至原审法院，要求：1. 解除其与孙某、陆某签订的《北京市存量房屋买卖合同》；2. 孙某、陆某立即退还支付的购房款169.5万元并支付利息；3. 孙某、陆某赔偿因违约给其造成的损失共计42 896元。孙某、陆某反诉要求：1. 解除双方签订的《北京市存量房屋买卖合同》；2. 冯某配合协助解除网签手续；3. 冯某向孙某、陆某支付违约金75 540元。

一审法院经审理认为：冯某与孙某、陆某签订的《北京市存量房屋买卖合同》（经纪成交版），不违反法律、行政法规的强制性规定，是双方真实意思表示，上述合同合法有效。依法订立的合同，双方均应当严格履行

---

① 详见最高人民法院《关于正确适用〈中华人民共和国合同法〉若干问题的解释（二）服务党和国家的工作大局的通知》。
② 案例索引：北京市第二中级人民法院（2012）二中民终字第00079号。参见蒋春燕、李俊晔：《房地产限购政策对房屋买卖合同履行的影响——冯某诉孙某、陆某房屋买卖合同纠纷案》，载朱江主编：《北京市第二中级人民法院经典案例分类精解·房屋买卖合同卷》，331～337页，北京，法律出版社，2013。

合同义务。冯某按照合同约定支付了定金及首付款共计 1 695 000 元，后因北京市政府出台相关限购政策，导致冯某无法继续履行合同，非双方任何一方违约。本案审理过程中，双方均同意解除双方签订的《北京市存量房屋买卖合同》（经纪成交版），本院对此不持异议。双方解除合同后，孙某、陆某应将收取的定金及首付款共计 1 695 000 元退还冯某。当事人对自己的主张应提供证据。冯某虽主张因孙某、陆某违约，要求孙某、陆某赔偿其经济损失，但未能提供确实、充分证据证明孙某、陆某违约以及其存在实际经济损失，故对于冯某要求孙某、陆某支付利息并赔偿经济损失的诉讼请求，于法无据，不予支持。孙某、陆某虽主张冯某违约，但也未能提供确实、充分证据予以证明，故对于其要求冯某支付违约金的反诉请求，不予支持。关于孙某、陆某要求冯某配合协助解除双方网签协议的反诉请求，因北京市朝阳区房屋管理局回函确认903室房屋确实于2011年2月17日完成存量房网上签约，故对于孙某、陆某要求冯某配合协助解除双方网签协议的反诉请求，予以支持。孙某、陆某虽答辩要求三个月期间退还冯某已支付购房款，但未能提供确实、充分证据证明其主张，本院对该项答辩意见不予采纳。据此判决：一、冯某与孙某、陆某于二〇一一年一月九日签订的《北京市存量房屋买卖合同》于二〇一一年十月十九日解除；二、孙某、陆某于判决生效后十日内退还冯某定金及购房首付款共计一百六十九万五千元；三、冯某于判决生效后十日内配合孙某、陆某办理《北京市存量房屋买卖合同》的解除网签手续；四、驳回冯某的其他诉讼请求；五、驳回孙某、陆某的其他反诉请求。

一审判决后，双方均不服，上诉至二审法院。二审中，双方达成调解协议：解除冯某与孙某、陆某签订的《北京市存量房屋买卖合同》，并对解除后的法律问题进行约定。

四、情势变更适用条件的要件识别方法

《合同法司法解释（二）》第 26 条规定："合同成立以后客观情况发生了当事人在订立合同时无法预见的、非不可抗力造成的不属于商业风险的重大变化，继续履行合同对于一方当事人明显不公平或者不能实现合同目的，当事人请求人民法院变更或者解除合同的，人民法院应当根据公平原则，并结合案件的实际情况确定是否变更或者解除。"

在司法实践中，情势变更的类型较为复杂，在具体认定时，应当具体

问题具体分析。与情势变更有关的事实有时扑朔迷离，亦真亦假，亦是亦非，在具体分析时，利用要件分析方法最为准确和高效。要件分析方法的实质在于要件归入，是把案件事实与分析出来的法律规范构成要件进行对应。① 在具体案件中，审查某一事件是否构成情势变更，应当以民法公平原则与诚信原则为依托，结合《合同法解释（二）》，明确审查要件。例如，审查上述案例中所涉及的"国十条"等房改政策是否构成情势变更，可以作出如下要件解析。

1. 要件之一："客观情况"发生"重大变化"

要件审查的首要要件应当是有属于情势的事实发生，"也就是合同赖以存在的客观情况确实发生变化"②。上述案件中，双方当事人签订的房屋买卖合同中支付方式均为"首付款＋贷款"。在双方签约所预计的经济条件中，贷款的审查主要围绕个人资信、还款能力等方面进行。"国十条"、"国八条"等房产调控政策发布后，贷款审查包括买受人及其配偶的房产情况。贷款审批的变化导致了合同中房款支付方式约定的存在基础发生重大变化。

2. 要件之二："合同成立以后"

上述"客观情况"变化的时间应当是在合同关系成立后且尚未消灭前。对这一时间要件，应当从两方面理解：一方面，"客观情况"应当变化于缔约前。如果情势变更出现在合同签订之前，应当视为当事人自甘风险的行为。值得注意的是，政策出现在合同前后时间长短不应影响该要件定性的因素。实践中有可能出现签约时政策并未颁布但关于政策部分内容

---

① 参见邹碧华：《要件审判九步法》，150 页，北京，法律出版社，2010。要件审判方法更多内容请参见该书。另参见"归入法"："归入法是法律适用可选择的一种统一方法，这种方法严格地规定了得出法律结论之前必须遵守的步骤。这些步骤使法律适用者能够用一种系统的方法来审查案件事实，从而确认手头的事实情况是否符合某个法律规范的各个要件。归入法的第一步通常都是，针对某一个案件确定应当选择哪条法律规定来作为合适的抽象规则。然后要把这条抽象规则分解成各个部分和各个要件，并逐一与事实作出比较。对每一个要件的审查最后都应当得出一个结论。一旦对一个规定的所有要件都得出了结论，那么要决定这条规则的所有要件是否得到了满足就不再是难事了。"引自国家法官学院、德国国际合作机构：《法律适用方法合同法案例分析方法（第 2 版）》，18 页，北京，中国法制出版社，2014。

② 沈德咏、奚晓明主编：《最高人民法院关于合同法司法解释（二）理解与适用》，192 页，北京，人民法院出版社，2009。

的小道消息已经为当事人得知的情形,亦有可能出现签约时政策已发布但当事人并不知晓的情形。另一方面,该"客观情况"一定变化于合同消灭之前。若合同已经履行完毕或者解除或者因其他原因消灭,则再无情势变更规则的适用必要。

3. 要件之三:"当事人在订立合同时无法预见"

如果当事人在订立合同时能够预见到双方签订合同的客观基础有可能发生重大变化,则表明其愿意承担签约后因客观情况变化所产生的交易风险。无法预见不能简单混同于客观情况变化于合同签订后。以上述案件为例,审查相关政策发布是否为情势变更的案件中,应当注意这样一个重要问题,即政策正式发布前,当事人是否可以预知。在一些重大的政策发布前,如果事先发布征求政策的意见稿,或者相关部门发言人对政策的制定与研究进展情况在正式媒体中进行披露,则应当结合此前预发布信息的来源与形式、预发布的信息与正式发布的政策内容对应情况等具体因素对当事人是否无法预知进行具体审查。如果政策发布前仅仅存在民间流传的小道消息,或者引发情势变更的相关政策内容在正式发布前发布了征求意见稿,则不应当认定当事人可预知。

4. 要件之四:"继续履行合同对于一方当事人明显不公平或者不能实现合同目的"

合同签订的客观基础的变化须达成导致合同显失公平或者合同目的落空的程度。合同显失公平和合同目的落空两个标准有不同的渊源,前者源于大陆法,后者源于英美法。对于显失公平,有学者认为"是适用情事变更原则的关键所在,即因情事变更使得缔约双方所赖以判断自己权利义务的基础发生动摇或根本损失,使得当事人的权利义务严重失衡"[①]。对于合同目的落空,在情势变更审查中,"如何判断权利义务发生了变更而显失公平?英国学者施米托夫认为,可以把不同的法律制度分为两类。在一些法律制度中……物质上或法律上不能履行时,才能构成合同落空;而另一些法律制度上的合同落空,则由法官行使自由裁量权,确定是否合乎质和量上的标准,即发生了根本不同的情况"[②]。

[①][②] 李永军:《合同法》,498页,北京,法律出版社,2004。

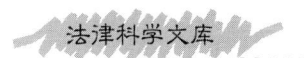

5. 要件之五（否定性要件）："非不可抗力"且"不属于商业风险"

我国台湾地区"民法"第 227 条之二的规定①及王泽鉴先生的论述，对情势变更均采四要件。此要件是在上述四要件之外，经过前四要件审查，即可以对情势变更作出判断，亦可以排除不可抗力与商业风险。"非不可抗力"且"不属于商业风险"属于排除性的消极要件，在学理逻辑上并无成为要件的必要，但是用于指导司法，强调情势变更与不可抗力和商业风险的区分，仍有实践性意义。

下面链接一起著者审理过的在"国十条"和"京十二条"实施后受"限贷"政策影响而发生的买方要求解除房屋买卖合同的案例。

【案例 4.4】② 赵某与常某经链家公司居间介绍，签订《北京市存量房屋买卖合同》，约定：赵某购买常某所有的诉争房屋，建筑面积 140.19 平方米；成交价格 254 万元，赵某采取贷款方式付款。同日，双方与链家公司一同签订了《补充协议》及《买卖定金协议书》。赵某于同日支付常某定金 5 万元。2010 年 4 月 17 日，国务院发布"国十条"。2010 年 4 月 30 日，北京市人民政府发布"京十二条"。常某不同意解除合同，要求继续履行合同。另查，赵某及其配偶付某名下共有两套房屋。赵某以买卖双方在签订合同之时无法预见上述房产调整政策的发布，且上述政策的发布导致了合同无法履行，起诉要求判令双方签订的房屋买卖合同关系与定金合同关系解除；常某返还定金 5 万元。常某表示认可合同无法继续履行，但认为赵某应承担合同履行不能的责任。

一审法院经审理认为：合同成立以后客观情况发生了当事人在订立合同时无法预见的、非不可抗力造成的不属于商业风险的重大变化，继续履行合同对于一方当事人明显不公或者不能实现合同目的，当事人请求人民法院变更或者解除合同的，人民法院应当根据公平原则，并结合案件的实

---

① 我国台湾地区"民法"第 227 条之二规定："契约成立后，情事变更，非当时所得预料，而依其原有效果显失公平者，当事人得声请法院增、减其给付或变更其他原有之效果。前项规定，于非因契约所发生之债，准用之。"引自陈聪富主编：《胆小六法》1~33 页，台北，元照出版社，2006。

② 案例索引：北京市第二中级人民法院（2010）二中民终字第 19724 号。参见杨世军、李俊晔：《房地产限贷政策致房屋买卖合同解除——赵某诉常某房屋买卖合同纠纷案》，载朱江主编：《北京市第二中级人民法院经典案例分类精解·房屋买卖合同卷》，344~350 页，北京，法律出版社，2013。

际情况确定是否变更或解除。本案中,赵某与常某签订房屋买卖合同,约定以贷款方式购买房屋,后北京市颁布购置房屋政策,导致赵某无法通过贷款方式购买房屋。该房地产新政导致赵某无法通过贷款方式购买房屋的事实,属赵某与常某在签订《北京市存量房屋买卖合同》时所无法预见,且该事由不可归责于双方当事人,现该合同已经无法继续履行,赵某要求解除合同,理由正当,证据充分,予以支持。合同解除后,已经履行的,根据履行情况和合同性质,当事人可要求恢复原状、采取其他补救措施,并有权要求赔偿损失。本案中,合同解除后,双方并无实际损失发生,现赵某要求退还定金的诉讼请求理由正当、证据充分,予以支持。对常某仍要求赵某继续履行双方所签合同的抗辩主张,不予支持。据此,于2010年8月判决:一、解除赵某与常某签订的《北京市存量房屋买卖合同》;二、于判决生效后七日内常某返还赵某定金五万元。

一审判决后,常某不服,持原答辩意见上诉至二审法院,请求二审法院依法改判。赵某同意原判。二审法院经审理认为,一审判决认定事实清楚,适用法律正确,维持原判。

在该案中,判决理由虽然没有直接引用《合同法司法解释(二)》第26条的规定,但基本上是按照该条司法解释的规定进行处理。鉴于最高人民法院《关于正确适用〈中华人民共和国合同法〉若干问题的解释(二)服务党和国家的工作大局的通知》规定,个案中适用情势变更原则需要报高级人民法院审核,必要时应报请最高人民法院审核,司法实践中往往依据公平原则予以处理。这种处理方式也与《合同法司法解释(二)》第26条规定并不相悖,因为该条中也规定:"人民法院应当根据公平原则,并结合案件的实际情况确定是否变更或者解除。"

五、情势变更的适用方法与法律效果

1. 依申请之程序要件

适用情势变更原则必须具备依当事人申请之程序要件,即依据司法解释须有"当事人请求人民法院变更或者解除合同"。人民法院不得主动适用情势变更原则对当事人之间的合同进行变更或者解除。

当事人申请应当依何种程序?我国台湾地区学者认为:"声请云者,原则须经起诉,并由法院以裁判行之;惟其于法院和解或以法院调整达成合意者,亦无不可。所谓声请,固指当事人有声请权而言,惟法院于诉讼中依职权适用情事变更原则者，亦毋庸解释为于法不合。"① 借鉴这种观点，可以看出，情势变更之申请，一般以起诉方式作出，但亦不排除以其他方式为之。申请的关键是申请的权利，不仅以诉权的方式表现，亦可以在法院调解中提出，以及可以在法庭陈述与辩论中提出。以下面【案例4.5】为例，葛某并非本诉原告，其在反诉中提出解除合同的请求，而王某认为合同可以变更贷款的付款方式为一次性付款是在针对反诉的答辩中提出，应当均视为申请权的行使。

2. 优先适用与排除适用

人民法院对情势变更的构成要件审查后，是否可以直接适用情势变更原则对合同是否继续履行、如何履行作出调整？应当看是否存在优先或排除情势变更原则的其他因素存在。

首先是合同条款排除情势变更。民法以意思自治为基本原则，当事人的特别约定应当优先于情势变更的法定原则而适用。"在契约中加入附随条款……如以保值条款。除此之外，对于未来不确定的事实，亦可于契约中，附以条件或为解除权的约定来解决。"② 在审查适用中，应当注意两类条款：其一是衡平性合同条款，即双方对合同权利、义务出现失衡的情况下如何调整的条款；其二是解除权条款，如果合同约定了解除权的成立与行使，则可依此条款决定解除与否。

其次是特别法排除情势变更。根据特别法优先适用于一般法原理，"有情事变更时，其他法律有规定时，此规定应优先适用"③。我国台湾地区学者列举了一些特别法的情况，可资借鉴。④ 一为不安抗辩权；二为物之瑕疵担保，只要有担保请求权，即不适用情势变更；三为给付不能，给付事实上不可能，如标的物灭失或者合同目的已达成，则无适用情势变更原则的余地；四为因重要理由而终止契约；五为目的未达成，如婚约无效、撤销、解除时，为订婚而赠与的彩礼；六为和解。

3. 变更与解除的效力顺位

适用情势变更的法律后果，根据司法解释的规定，"人民法院应当根

---

① 邱聪智：《新订民法债编通则（下册）》，260页，北京，中国人民大学出版社，2003。
②③ 黄立：《民法债编总论》，89页，北京，中国政法大学出版社，2002。
④ 参见黄立：《民法债编总论》，89页，北京，中国政法大学出版社，2002。

据公平原则,并结合案件的实际情况确定是否变更或者解除"。合同变更与合同解除两种后果之间是何关系?史尚宽先生提出第一次效力与第二次效力的概念。"情事变更之原则,对于已成立之法律关系以排除其因情事之变更所生不公平结果为目的,故其效力第一步应使维持当初之法律关系而止于变更其内容之程度;如依此方法尚不足以排去不公平之结果,第二步始应采取使其关系终止或消灭之措施。前者可称为第一次效力,后者可称为第二次效力。"①

从司法实践来看,人民法院在对合同变更或解除作出裁判时,应遵循一定的效力顺序。对于房产新政这一情势变更事由,卖方要求法院解除房屋买卖合同,买方要求法院判决在变更付款方式的贷款为一次性付款前提下继续履行合同。按照合同严守的原则,法官在作出裁判时应优先考虑在最大限度范围内维持买卖双方原有合同关系,如果合同相关条款有依公平原则变更后继续履行的可能,应当判决继续履行。如买方已实际一次性支付了剩余房款,应判决双方继续履行合同,对情势变更采变更效力,是正确的。如买方未能一次性支付剩余房款,要求解除合同,判决合同解除,在贷款条款无法变更的情况下采解除之效力,也是正当的。在著者办理过的涉及房地产调控政策的不动产案件中,有几例依据情势变更原则解除合同的案件,现举一例说明。

【案例4.5】② 王某与葛某签订的房屋买卖合同及其补充协议系双方真实意思表示,且内容不违反法律、行政法规的禁止性规定,合法有效。双方当事人均应按照合同约定履行合同义务,不得擅自变更或解除合同。根据合同,葛某应在取得房屋所有权证后的7个工作日内配合王某办理房屋贷款手续。但在合同履行过程中,遇国家政策调整,王某能否以贷款方式支付剩余购房款存在不确定性。此后王某提出变更付款方式,由其一次性支付剩余购房款,但双方就付款期限及何时办理产权证变更手续并未协商一致。在此情况下,葛某要求王某于2010年7月31日前支付剩余购房

---

① 史尚宽:《债法总论》,455~456页,北京,中国政法大学出版社,2000。
② 案例索引:北京市第二中级人民法院(2011)二中民终字第00889号。参见李俊晔:《房地产限贷政策致房屋买卖合同变更——王某诉葛某房屋买卖合同纠纷案》,载朱江主编:《北京市第二中级人民法院经典案例分类精解·房屋买卖合同卷》,338~343页,北京,法律出版社,2013。

款,并以王某未按该期限付款为由主张解除房屋买卖合同不妥。因王某已于 2010 年 8 月 23 日支付葛某剩余购房款,本案不存在葛某不能实现合同目的之情形,故对葛某要求解除房屋买卖合同的反诉请求,不予支持。王某要求葛某办理房屋产权转移手续、美邦公司对此予以协助的诉讼请求,予以支持。葛某要求王某腾退房屋并支付房屋使用费的反诉请求,亦不予支持。美邦公司经传唤无正当理由拒不到庭,依法缺席判决。综上,依照《中华人民共和国合同法》第六十条、第九十四条、《中华人民共和国民事诉讼法》第一百三十条之规定,判决如下:一、葛某、美邦公司于判决生效后十日内协助王某办理诉争房屋的过户手续;二、驳回葛某的反诉请求。

判决后,葛某不服,持原答辩意见上诉至二审法院,请求二审法院依法改判。王某同意原判。二审诉讼中,葛某自愿撤回上诉。二审法院裁定准许。

4. "再交涉义务"促进帕累托效率(双方共赢)

《国际商事合同通则(PICC)》第 6.2.3 条第 1 款规定:"若出现艰难情况,处于不利地位的当事人有权要求重新谈判。但是,提出此要求应毫不延迟,而且应说明提出要求的理由。"《欧洲合同法通则》(PECL)第 6:111 条第 2 款前段亦规定:"如果由于情事的变更使合同履行变得格外困难,当事人应当进行磋商以改订合同或者解除合同。"这些规定中的"再交涉义务"尚未在我国立法中出现,但是在处理情势变更案件时,人民法院可以在"能动司法"理论的指导下,主动引导当事人进行所谓的"再交涉"。最高人民法院《关于当前形势下审理民商事合同纠纷案件若干问题的指导意见》第 4 条规定:"在调整尺度的价值取向把握上,人民法院仍应遵循侧重于保护守约方的原则。适用情势变更原则并非简单地豁免债务人的义务而使债权人承受不利后果,而是要充分注意利益均衡,公平合理地调整双方利益关系。在诉讼过程中,人民法院要积极引导当事人重新协商,改订合同;重新协商不成的,争取调解解决。"此条规定即提到在处理案件时应当积极引导当事人变更合同,并力求调解。这是我国能动司法下的"再交涉义务"立法精神的体现。

上述"再交涉义务"的能动司法理念,也正体现了科斯第一定理的精神,鼓励交易双方通过商谈寻找能够满足双方效益最大化的帕累托改进,至少是找到符合"卡尔多—希克斯"标准的潜在的帕累托改进,最终实现双方共赢。

【经验与逻辑 4.4.3】 在国家房地产调控政策中,"限贷政策"使购房人履行能力产生障碍,构成情势变更,契约履行呈现或然性;"限购政策"使购房人交易资格产生障碍,构成不可抗力,契约终止呈现必然性。

【方法与建议 4.3】 在国家不动产调控政策对不动产交易发生阻碍性影响时,应当首先通过协商寻找符合"帕累托"标准或"卡尔多—希克斯"标准的解决方案,有效率的变更履行优先于终止履行。

第五节 不动产财产权利外源性利用障碍:以征地拆迁为例

一、外源性利用障碍主要形式:不动产利用外部性之反作用

对不动产的利用不仅可能在私法领域产生外部性效用,在公法领域也是同理。例如,著者在审理不动产拆迁案件中发现:近年来,在北京市顺义区因为首都机场周边道路等基础设施修建而进行的拆迁项目有很多;随着城市基础设施建设加快,地铁和高速公路沿线的拆迁项目也逐渐增多。一项不动产的地缘因素本身就对城市建设规划产生一定的外部性影响。而城市建设又需要消除这些外部性影响,这就是征地拆迁的经济根源。

二、拆迁中的"诺斯悖论"

美国著名经济学家诺斯将国家视为"在暴力方面具有比较优势的组织"①,一方面可以降低物权排他性的实施成本,避免自力实施的无效率。另一方面国家并非中立的,国家有两个目的:一是建立一套基本规则使统治者的寻租最大化;二是通过建立规则通过国家暴力降低交易费用,最大化社会财富,进而增加税收。这两个目的之间存在冲突,这就是著名的"诺斯悖论"。

"诺斯悖论"在征地拆迁中常常有所表现。一方面,为了公共利益的拆迁可以最大化社会财富,符合效率标准;另一方面,国家在征地拆迁中又

---

① [美]道格拉斯·诺斯:《经济史中的结构与变迁》,陈郁、罗华平等译,87页,上海,上海三联书店,1994。

是交易相对方，是实际的利益主体，存在利用权力优势侵害被拆迁人利益的可能。著者在审理征地拆迁案件中，听到被拆迁的百姓反映的一些问题：

第一，强迫拆迁。在著者审理的案件中，一些百姓称一些黑社会人士天天对其进行威胁、恐吓和骚扰，直到强迫其在拆迁协议上签字为止；甚至有维吾尔族同胞反映，在拆迁过程中，拆迁人在其家门口堆猪肉以强迫其腾退，严重侵害其民族习惯与民族感情。

第二，欺骗拆迁。一些百姓反映，当时让其在空白的拆迁协议上签字，内容都是后添写的，违反了当时的口头承诺。

第三，先签协议后评估。有些百姓称，在签订协议时根本没有进行评估，评估报告一直都没有见过。虽然在民事案件中，这样的说法很难取得证据支持。但是，著者在案件中听到太多这样的声音，可以猜想，这样的情况也许真的存在。

第四，未取得拆迁许可的拆迁。拆迁许可是进行拆迁工作的前置手续。《北京市集体土地房屋拆迁管理办法》第7条规定："用地单位取得房屋拆迁许可证后，方可实施拆迁。"而现实中未取得拆迁许可进行协议拆迁的情况非常多，著者在审理拆迁案件中遇到这样的情况，拆迁人未取得拆迁许可进行拆迁工作，由于没有许可所以无法强迫"钉子户"签订协议，致使拆迁后的建设工作无法进行，进而导致安置房屋无法建成，已经签订拆迁协议的被拆迁人因房屋被拆迁而流离失所。

第五，协议被篡改。著者曾审理过一起篡改协议案件，经法院委托鉴定机构鉴定以及与其他户协议比对确认，原协议中拆迁补偿补助款数额为1 690 000元，在四个零中间加了一个点，将"1"改成"4"，前面再加上"13"，最终篡改为"1 346 900.00"元。因为签订协议时一式四份，三份空白，只有一份仅仅写了总额，被拆迁人签了空白协议后被拆迁人拿走盖章过程中被篡改。①

上述情况是被拆迁人经常反映的情况，虽大部分情况难以举证证明，但这些问题是值得重视的。其实，通过制度设计，这些问题很容易被解决。但是，有一个问题是很难解决的现实问题。著者遇到过多起被拆迁人以显失公平为由要求撤销拆迁补偿协议的案件，理由就是补偿标准过低。著者认为，补偿标准是征地拆迁中的核心问题，甚至是判断征地拆迁合法

---

① 案例索引：北京市第二中级人民法院（2012）二中民终字第09276号。

性的核心标准。为什么这么说？这就要谈谈《物权法》规定的"公共利益"的经济学意义。

【经验与逻辑 4.5】 征地拆迁中的"诺斯悖论"：国家掌握公权力，在征地拆迁中又成为交易关系一方主体，容易出现侵害被拆迁人利益的情况，法律与政策有必要严格规范拆迁环节，避免征地拆迁中的"诺斯悖论"。

三、兼具效率与公平的"公共利益"——双重帕累托标准

1."公共利益"的效率标准

对于《物权法》规定的"公共利益"标准，众说纷纭。著者认为可以从经济效率角度来定义公共利益。所谓公共利益，最终一定可以惠及百姓。如果仅仅是狭隘国家利益，无法惠及百姓的，不能称为公共利益。从经济效率角度考虑，如果被拆迁人得到的补偿加上拆迁后其可被惠及的公共利益的效用超过其被拆迁房和地的效用，而国家最终也从中受益，则拆迁就是符合效率标准的。用公式来表示，拆迁的"公共利益"判断标准可以表述为：被拆迁人安置补偿利益＋拆迁后未来收益＞被拆迁不动产价值，且国家的收益＞国家的拆迁成本。与其空谈"公共利益"，不如实实在在地通过这一经济标准定义公共利益。当上述两个标准满足以后，于国于民都可以从拆迁中得到实惠，构成了帕累托改进。著者认为，不论拆迁政策如何确定安置补偿标准，都要遵循上述两个经济标准。

【方法与建议 4.4】 征地拆迁中的"公共利益"可以用经济标准来定义：当被拆迁人"安置补偿利益＋拆迁后未来收益＞被拆迁不动产价值"，且国家的"拆迁收益＞拆迁成本"时，利国利民，符合帕累托标准。

2."公共利益"的公平标准

"公共利益"的效率标准针对拆迁的经济伦理，需要在被拆迁人和国家两个层面上符合帕累托标准。拆迁安置在本质上也是一种交易，拆迁人通过支付一定的对价而得到不动产。交易的对价必须合理，拆迁安置的利益必须以不动产财产权利的价值为基础。需要注意的问题是，被拆迁人安置补偿利益包括两个部分，即拆迁利益与安置利益。在实践中，常常出现"拆迁安置补偿合同"，但是拆迁与安置是相互关联的两个问题。拆迁安置中主要包括物和人两个因素。拆迁补偿主要是针对物的因素，是对不动产的对价；安置主要针对人的因素，考虑被安置人的居住利益。在与被拆迁不动产价值对比的过程中，不同的拆迁安置补偿利益对应不同类型的不动

产财产价值。拆迁利益反映出不动产交易的价值，安置利益反映出不动产利用的价值。

另外，实践中还可能出现经营性用房的拆迁安置，主要涉及停产停业补偿的问题。在对比安置补偿利益和被拆迁不动产价值时，就需要考虑居住利益以外的经营利益，经营利益本质上也属于不动产利用的价值。

【经验与逻辑 4.6】拆迁安置利益的构成：拆迁利益以不动产财产权利交易的价值为基础，安置利益（包括居住与经营利益）以不动产财产权利利用的价值为基础。

四、历史遗留问题中"诺斯悖论"之危险

一些有关不动产财产权利的历史遗留问题既是法律问题，又是现行法律制度难以解决的问题。例如【案例1.2】中的标准租私房纠纷。有些人会质疑：标准租私房的国家政策不能凌驾于法律之上，为何不能判决腾房呢？这个质疑并非没有道理，但具体的司法工作不是作案例题，不能单纯从学理出发，需要服务大局、维护稳定，如果判腾房，这些人没有经济能力解决自己的住房困难，造成严重的社会问题。这些标准租私房的所有权人，不能像正常的所有权人一样享有完全的支配权，这显然是一个障碍，属于利用性障碍。论其来源，由于历史原因造成，属于外源性障碍。解铃还须系铃人，诸如标准租私房一样的历史遗留问题是权利人不可承受之重，是法律不可承受之重，需要由国家和政府予以关照并逐渐解决。否则，任由历史遗留问题一直遗留下去，就会形成"诺斯悖论"中国家侵害私权主体利益的情形。

第六节　余按

不动产内生性交易障碍，由于不动产具有财产价值较大、交易环节复杂的特点，从契约达成到物权变动往往需要较长时间。当不动产市场经济形势发生波动，进而导致契约所依据的经济条件发生变化时，交易当事人在契约达成时效用对比发生变化。当剩余效用因经济条件的变化降为负数时，交易当事人产生阻碍契约履行的经济动机。以"收益返还"为标准确定违约损失赔偿数额的前提是"收益＞损失"。以评估的"价值填平"为

标准确定违约损失赔偿数额的前提是"收益＜损失",且能够使受害方获得评估时点后损失扩大部分的赔偿。确定违约造成不动产机会成本损失（不动产差价）的基本原则：权衡违约人收益与受害人损失,取其高者为基准,根据可预见的经济形势发展趋势适当调整机会成本损失赔偿数额。

不动产内生性利用障碍主要是指在不动产利用过程中的成本外部化导致的相邻关系问题。通过协商设定地役权可以作为解决不动产相邻关系外部性妨害内部化问题的有效率的思路。

不动产外源性交易障碍主要来自国家房地产调控政策中的限制性政策,影响交易主体资格与交易履行过程,在一定情形下导致交易的变更与终止。契约所依据的社会物质生活条件有宏观与微观之分,只有宏观物质生活条件发生变化时才可能导致交易基础丧失。在国家房地产调控政策中,"限贷政策"使购房人履行能力产生障碍,构成情势变更,契约履行呈现或然性；"限购政策"使购房人交易资格产生障碍,构成不可抗力,契约终止呈现必然性。在国家不动产调控政策对不动产交易发生阻碍性影响时,应当首先通过协商寻找符合"帕累托"标准或"卡尔多—希克斯"标准的解决方案,有效率的变更履行优先于终止履行。

征地拆迁中的"诺斯悖论"：国家掌握公权力,在征地拆迁中又成为交易关系一方主体,容易出现侵害被拆迁人利益的情况,法律与政策有必要严格规范拆迁环节,避免征地拆迁中的"诺斯悖论"。征地拆迁中的"公共利益"可以用经济标准来定义：当被拆迁人"安置补偿利益＋拆迁后未来收益＞被拆迁不动产价值",且国家的"拆迁收益＞拆迁成本"时,利国利民,符合帕累托标准。

第五章 不动产财产权利价值冲突论

第一节 不动产财产权利价值冲突基本问题

一、不动产财产权利价值冲突之界定

各种纠纷,都可以理解为冲突。本书所称不动产财产权利的冲突,并非广义上的纠纷,而专指同一不动产之上不同权利主体在实现不动产财产权利价值过程中的冲突,即"一山难容二虎"的情形。本书所探讨的不动产财产权利价值冲突问题,是以价值视角研究不动产财产权利冲突问题。对于该问题可以绘图描述(如图5.1所示)。

在看待所谓的不动产财产权利的价值冲突问题上,首先要观察冲突的主客体,其次要观察冲突主客体之间的价值关系。这两个权利冲突法律问题的观察角度正好与经济学的两个基本假设相对应。经济学上的两个前提假设构成观察不动产

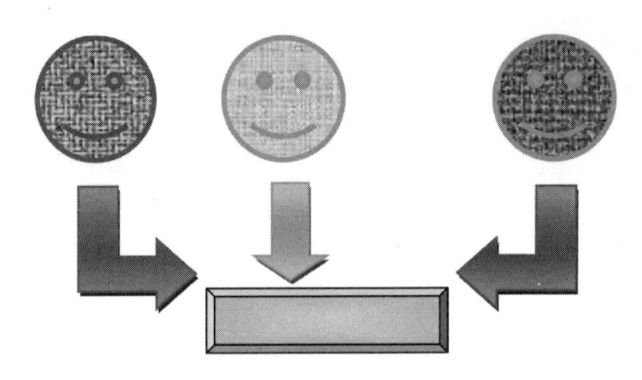

图 5.1

财产权利冲突这一法律问题的经济思维基础。一方面,资源的稀缺性在法律世界中表现为不同的权利主体指向同一权利客体;另一方面,经济理性人假设在权利主体与客体之间的价值关系上的表现,就是多个价值关系互为排斥,多个权利主体均为了满足自己的需要,互不相让,努力实现利益最大化。

就此,可以将不动产财产权利的价值冲突问题分解为四个要素,即主体多元性、客体同一性(或不可替代性)、主观排斥性、客观合法性。下面分别进行详述。

1. 不动产财产权利价值冲突之主客体要素

不动产财产权利价值冲突发生于不同主体与同一客体之间,正如一场足球赛一样。如果只有一个人玩一个足球,可能是街头耍球,不成冲突;而如果给足球场上每人发一个足球玩,也不构成冲突。

客体要素——同一标的,不可替代。资源的稀缺性决定了发生权利冲突的权利客体为不可替代的同一标的。如果权利客体不具备唯一性,则可以通过替代性方案解决,就不会构成冲突。前面提到本书所讲的权利冲突是"一山难容二虎"的问题,如果是山外有山,则将出现替代性方案,两山两虎构不成冲突。就实践观察,不动产较动产而言更容易发生权利冲突的问题,其原因就在于不动产一般具有唯一性和不可替代性,而很多动产特别是种类物具有可替代性。

主体要素——不同主体,多元需求。多个权利主体与同一权利客体建立起多重的需求与被需求的价值关系,表现出复杂的经济利益关系基础上的复杂的法律权利关系。对于动产而言,因多元主体的多元需求而形成的多重价值关系的情况较少。而不动产由于其市场价值较大、价值属性多样，常常会出现由多个主体共享权利的情形，在交易过程中，也常常会因交易关系的复杂性引发多个价值关系发生冲突。

2. 不动产财产权利价值冲突之主客观要素

客观要素——合法正当，多重并列。多元权利主体与作为不动产的唯一权利客体之间形成多重法律关系。多重法律关系的实质是多重的价值关系，即多个需求与被需求的关系连接于同一价值客体上。所谓多重关系，并非虚拟的关系，而是实实在在的真实的法律关系。也就是说，在伦理上，每一重价值关系都是正当的；在法律上，每一重权利关系都是合法的。如果其中的一重关系在伦理上或者以伦理为基础的法律上被否定了，则自然不会再形成多重关系的竞合与冲突。因此，冲突产生的客观基础在于，多重财产权利的价值关系于理有因，于法有据。

主观要素——互相排斥，难以共存。如果多个权利主体需求处于不同层次或者不同方面，权利客体在不同层次或不同方面发挥着不同的效用，满足权利主体不同的需求，则虽然"一山二虎"，仍可相敬如宾，互不干涉。但是，若其中一个权利主体针对权利客体需求的实现必须以其他权利主体的需求无法实现作为代价，则多个需求与被需求的关系互相排斥，无法共存，此时冲突不可避免。由此看来，权利主体的主观需求也是冲突产生的必备要素。

【经验与逻辑 5.1】 不动产财产权利的价值冲突包括四个构成要素，即主体多元性、客体同一性（或不可替代性）、主观排斥性、客观合法性。

二、不动产财产权利价值冲突之表里

1. 不动产财产权利价值冲突之利益根本："理"非"力"

综合上述不动产财产权利的价值冲突的四个构成要素，冲突的实质在于多个需求与被需求的价值关系形成了"狼多肉少"的需求竞合。这种冲突，在哲学语境下，是需求竞合（或价值竞合）；在经济学语境下，是利益矛盾；在法学语境下，是权利冲突。

图 5.2

了解不动产财产权利价值冲突的本质,是寻找合乎理性的冲突解决方式的理论前提。权利冲突是一种法律现象,有一段关于法的本质的经典论述可以解释权利冲突的本质问题:"世界上有两件东西,缺一不可,这两件东西一曰'理',二曰'力'。法恰恰是这两件东西的有机结合。来自社会生活的道理,简称为'理',是法的内容;来自国家权力或国家权力赋予的法律上的效力,简称为'力',是法的形式。"① 对于一种利益冲突现象,如果可以通过"力"的法律判断即可对多个利益关系作出取舍,则不再是一个权利冲突的问题,仅仅是一件普通的纠纷而已。权利冲突发生于多个利益关系均有合法依据的情形,也就是说,多个被法律所确认的利益关系之间发生了排斥。因此,权利冲突在实质上并非法律问题,而是法律问题所根源的经济问题;追根溯源,是"理"的问题,而非"力"的问题。

马克思有一句精辟的话常被人提到,即:"法的利益只有当它是利益的法时才能说话……"② 这句话也犀利地说明了法律关系深刻地根源于经济关系的道理。因此,"在利益面前法律不能随心所欲"③。"理"就是认识与解决权利冲突问题的关键。将解决权益冲突的规则赋予法律之"力",其根据也一定是利益关系衡平之"理",而非立法者和司法者的独裁。

【经验与逻辑5.2.1】 不动产财产权利的价值冲突的根源在于经济利益的矛盾,其本质在于需求关系的竞合。

2. 不动产财产权利价值冲突之权利基础:权利分解与稀释

利益的矛盾如何上升为权利的冲突?利益的矛盾作为经济关系基础,映射到法律的上层建筑,演化为法律上的权利冲突。此二者就是"理"和"力"的关系,在产权经济学语境下就体现于权能与利益二重性理论,前述已经提到,该理论认为,产权由权能和利益组成,产权的可分解性就包含了权能行使的可分工性和利益的可分割性两个方面。特定到不动产问题上,不动产财产权利价值冲突根源于不动产经济关系,这一点毋庸置疑;而观察不动产经济利益的矛盾演化为法律权利的冲突,需要以不动产财产

---

① 孙国华:《再论法是"理"和"力"的结合》,载《河南省政法管理干部学院学报》,2001(1)。

② [德]卡尔·马克思:《第六届莱茵省议会的辩论(第三篇论文)关于林木盗窃法的辩论》,载《马克思恩格斯全集》,第1卷,287页,北京,人民出版社,1956。

③ 孙国华、黄金华:《论法律上的利益选择》,载《法律科学》,1995(6)。

权利权能的可分解性以及由此决定的不动产财产权利价值形态进行解释。

根据前面的论述,从主体角度来看,人的需求具有多层次性和多方面性,用老百姓的话说就是"萝卜白菜各有所爱";从客体角度来看,不动产价值属性的多样性成为经济利益的可分割性的基础。两个角度相结合,不同的利益主体就可以在同一不动产上建立起多层面的价值关系体系。进一步,多层面的价值关系上升到法律问题上,如前所述,不论从产权经济学角度来说,还是从民法学理论来说,都可以得出不动产财产权利可分解性与可稀释性的结论。由此,现实生活中的不动产财产权利并非铁板一块,而通常表现为"权利束",作为"一组权利"来出现。在现实生活中,不动产之上的"一组权利"可能被不同的主体所分享或共享,在不同权利主体之上体现着不动产不同层面的价值。

显而易见,在多元主体情况下,以及权利主体与不动产之间的价值关系发生变动时,就有可能引发不同价值关系之间的冲突;如果权利主体与作为权利客体的不动产仅存在一一对应的关系,则冲突就没有发生和存在的基础。故,需求的多层性和多面性以及由此决定的不动产财产权利的可分解性与可稀释性构成了不动产财产权利价值冲突的价值关系或权利关系的基础。

【经验与逻辑 5.2.2】不动产财产权利的价值冲突发生的价值关系基础在于需求的多层性和多面性,由此决定的法律关系基础在于不动产财产权利的可分解性与可稀释性。

3. 不动产财产权利价值冲突之类型分析:自发式与诱发式

固然,不动产财产权利的价值冲突的发生以需求的多层性和多面性,以及由此决定的不动产财产权利的可分解性与可稀释性为基础,而冲突如何发生?如果多元主体共存的权利状态可以喻为隐藏冲突的"火药桶",则暴发冲突需要一根"导火索"。根据权利共存状态的不同,可以将冲突的引发方式分为两大类:

(1)"自发式"冲突(或"内生性"冲突):权利价值在事实上处于"冲突"状态,权利主体之间相互容忍,相互妥协,即使暂时风平浪静,实则暗流涌动。这就像一座活火山,随时有爆发的可能。在冲突暴发的过程中,内因即内在联系起主要作用。"自发式"冲突内生于权利主体内部之间,往往不涉及交易,大多表现为权利主体之间对同一不动产之上保有或利用的价值冲突。举一个最简单的例子,多个人甚至多个家庭同住在一套房屋内,对房屋的多个利用关系本质上是相互排斥的,一旦相处不好,内在的冲突就会显现出来。

(2)"诱发式"冲突（或"外源性"冲突）：由于交易导致了不动产权利价值关系的变动，形成了互相排斥、相互冲突的多个不动产财产权利价值关系。在这种"诱发式"冲突的形成过程中，外因即外在联系起主要作用。这类冲突与原来的价值关系状态没有直接关系，原来的价值关系可能存在于多元主体之间，亦可能是单一主体。由于交易产生了新的价值关系之间的冲突，或者产生的新的价值关系与原来的价值关系之间形成了冲突。以一房二卖为例，原来的价值关系可能是单一的，即只有一个所有权人，在发生了两个交易之后，两个买受人基于两个合法债权对同一不动产形成了相互排斥的两个新的价值关系。再以共有人之一对不动产进行无权处分为例，原来的价值关系是多元的，由于交易产生了买受人对不动产新的价值关系，如果构成法律上的无权处分，则原共有权人对不动产利用和保有的价值与买受人基于合同产生的对不动产新的价值关系之间就形成了权利冲突。

【经验与逻辑5.2.3】不动产财产权利的价值冲突根据引发方式不同分为两类：一类是"自发式"冲突（或称"内生性"冲突），内因即内在联系起主要作用，往往不涉及交易；另一类是"诱发式"冲突（或称"外源性"冲突），外因即外在联系起主要作用，常常涉及交易。

三、不动产财产权利价值冲突化解基本范式：三步法

冲突识别（前提） → 权利归属（核心） → 衡平救济（关键）

图5.3

【方法与建议5.1.1】不动产财产权利价值冲突化解基本范式：第一步，冲突识别（前提）；第二步，权利归属（核心）；第三步，衡平救济（关键）。

1. 第一步：冲突识别（前提）

化解不动产财产权利价值冲突的前提是对冲突问题准确识别，排除非冲突法律问题。在上面的讨论中已经归纳出不动产财产权利的价值冲突包

括四个构成要素,即主体多元性、客体同一性(或不可替代性)、主观排斥性、客观合法性。缺少其中一个要素,都不属于权利价值冲突问题。首先,如果主体非多元,则只有一个主体,形成的是一个单一的权利价值关系,或者同一权利主体在不同的权利客体之间的价值选择问题。其次,如果客体非同一或可替代,则权利冲突和利益矛盾可以通过替代性的方案予以解决,不再形成冲突。再次,如果主观非排斥,则各权利主体可相安无事,不会爆发冲突,无法形成需求或者价值的竞合。最后,如果客观上利益需求非法,则通过法律上的合法性判断即可排除,不可能形成在多个合法的权利价值关系之间进行取舍的冲突问题。

【方法与建议 5.1.2】不动产财产权利价值冲突的冲突识别是化解冲突的前提,应当根据不动产财产权利的价值冲突的四个构成要素[主体多元性、客体同一性(或不可替代性)、主观排斥性、客观合法性]予以识别,剔除非冲突问题。

2. 第二步:权利归属(核心)

不动产财产权利价值冲突是多个合法利益之间的矛盾,各利益价值关系互相排斥,形成"一山难容二虎"的格局。因此,化解冲突的核心问题就是两只老虎谁为山中之王,也就是在合法利益关系之间进行取舍,最终确定权利的归属。在利益取舍过程中应当遵循什么原则呢?根据前面的论述,不动产财产权利价值冲突问题的实质在于经济利益,作为法律问题所根源的"理",即经济基础,是认识和解决权利冲突问题的关键所在。解决权益冲突的规则须依据一定的利益关系衡平之"理",而不可依据立法者和司法者的独裁意志,否则,即使赋予法律之"力",也是有违规律的。

【方法与建议 5.1.3】不动产财产权利价值冲突的权利归属是化解冲突的核心,本质上是经济问题而非法律问题,应当遵循经济规律对冲突和经济利益的竞合的需求关系予以取舍。

具体来说,在确认权利归属过程中,"自发式"冲突与"诱发式"冲突存在差异。前者不涉及交易关系,没有多个法律关系之间的摩擦,较为简单;而后者涉及交易关系,错综复杂。此问题将在后文分别详述。

3. 第三步:衡平救济(关键)

在进行利益取舍、确认权利归属之后,未被确认的权利价值无法实现,但是这些未被确认的权利具有合法性,故利益衡平与损害救济在所难免。如何进行衡平救济?应当具体问题具体分析。根据引发冲突的原因行为的主观属性不同，对原因行为进行评价，有两种基本情况：一种具有权利侵害性，属于过错行为；另一种不具有权利侵害性，属于无过错行为。

利益衡平与损失救济在法律上具有根本差异，而在经济意义上具有同一性，均体现为一种交易。利益衡平是在意思自治基础上的交易，而损失救济则是在权利被侵害后的被迫交易。二者的差异之处在于：

利益衡平涉及效用与价格的双重价值（参见前文论述的不动产财产权利价值转化二重性定律）。在冲突各方协议补偿这种完全意思自治的情况下，效用与价格的双重价值在讨价还价的过程中得以充分体现；而在冲突中的一方自愿放弃权利但申请法院裁判补偿的情况下，虽然法院在裁判补偿数额时不会过多考虑当事人的主观效用评价，但当事人在作出放弃权利而主张补偿的决定时就已经进行过效用评价，也就是说，选择放弃权利本来就是效用与价格双重价值评价的结果。

损失救济是权利侵害后的救济性补偿，补偿数额的评估标准较少体现当事人意思自治的成分，故这种被迫交易难以体现交易中的主观效用价值。补偿数额主要参照客观性的市场价格标准，难以将不动产财产权利价值转化二重性充分展现。

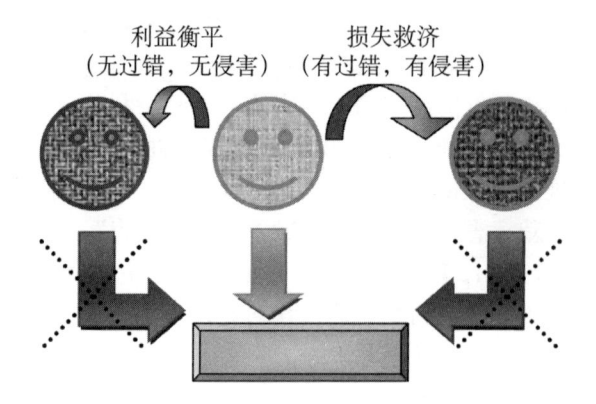

图 5.4

【方法与建议 5.1.4】不动产财产权利价值冲突的衡平救济是化解冲突的关键。无权利侵害的利益衡平与有权利侵害的损失救济本质上均属于交易，区别在于，前者体现交易中效用与价格的双重价值，后者难以体现效用价值（参见【经验与逻辑 3.1.1】【经验与逻辑 3.1.2】不动产财产权利价值转化二重性定律）。

第二节 "自发式"冲突权利归属与衡平救济

一、"自发式"冲突权利归属与衡平救济的基本类型

1. "自发式"冲突权利归属的基本类型

根据实践观察,"自发式"冲突的权利归属方式有两大类:

(1)"自愿归属",系权利冲突当事人以意思自治为基础对归属问题加以明确,具体包括两种情形:一为"协议分割",冲突各方就不动产权利归属问题达成协议;二为"放弃权利",部分权利人放弃权利,使权利归于其他权利人,其他权利人对放弃权利的权利人支付相应对价,从而化解冲突。

(2)"强制归属",系发生冲突的权利人通过违背其他权利人意志的方式强行实现权利的归属,也包括两种情形:一为"强行兼并",以事实上强行占有其他权利人权利的方式实现权利归属,例如将部分居住权利人赶出家门换上锁;二为"交易丧失",部分权利人将不动产全部权利进行交易,从而使得其他权利人事实上丧失对不动产上的权利,部分共有人无权处分是最为常见的情形,再如在房屋存在共同居住人的情形下,所有权人将房屋出售。

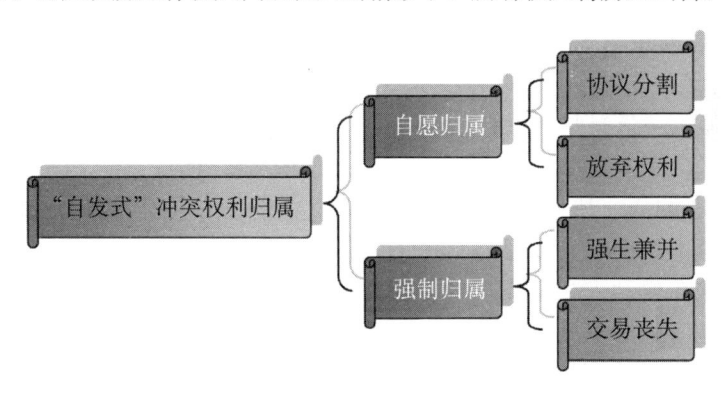

图 5.5

【经验与逻辑 5.3.1】"自发式"冲突的权利归属包括"自愿归属"和"强制归属"两大类型。前者包括"协议分割"和"放弃权利"两种情形,后者包括"强行兼并"和"交易丧失"两种情形。

2. "自发式"冲突衡平救济的基本类型

"自发式"冲突的上述权利归属方式的本质在于,不动产上的部分权

利从部分权利人转移到其他权利人,冲突解决的过程是权利在不动产权利人内部进行交易的过程,具体包括权利人之间进行协议补偿的方式和由法院和仲裁机构进行裁决的方式。

【经验与逻辑5.3.2】"自发式"冲突的衡平救济包括"协议补偿"和"裁判补偿"两大类型。其中,"裁判补偿"根据与权属归属链接方式的不同,分为自愿的"裁判补偿"和被迫的"裁判补偿"两种情形。

二、"自发式"冲突权利归属与衡平救济的组合方式

1. "自发式"冲突权利归属与衡平救济的组合方式概述

根据上述权利归属与衡平救济的基本类型,权利归属与衡平救济形成四种组合方式,具体包括:"自愿归属+协议补偿"、"自愿归属+裁判补偿"、"强制归属+协议补偿"、"强制归属+裁判补偿"。

表5.1　"自发式"冲突权利归属与衡平救济的组合方式

权利归属＼衡平救济	协议补偿	裁判补偿
自愿归属	自愿归属+协议补偿	自愿归属+裁判补偿
强制归属	强制归属+协议补偿	强制归属+裁判补偿

【经验与逻辑5.4.1】"自发式"冲突权利归属与衡平救济包括四种组合方式:"自愿归属+协议补偿"、"自愿归属+裁判补偿"、"强制归属+协议补偿"、"强制归属+裁判补偿"。

2. "自愿归属+协议补偿":效用与价格双重价值

"自愿归属+协议补偿"的组合方式,不论是权利归属还是利益衡平,都是不动产权利人意思自治的结果。权利人协商的过程就是不动产财产权利在权利人之间实现价值转化的过程。关于价值转化的问题,前文已有专门论述,不再赘述。在讨价还价的协商过程中,权利人可以将权利归属与利益衡平两个问题统筹考虑,充分体现不动产财产权利价值转化过程中的效用与价格双重价值,是不动产财产权利价值转化二重性定律(参见【经验与逻辑3.1.1】【经验与逻辑3.1.2】)在权利价值冲突问题上的反映。

上述组合方式在日常生活中最为常见的就是离婚协议和分家析产协议。依实践观察,夫妻双方或者兄弟姐妹在讨价还价过程中的焦点问题常常围绕房屋和宅基地问题展开。权利人在要房屋土地还是要经济补偿的抉

择问题上，寻求利益最大化，充分展现了前文所提到的不动产财产权利价值转化二重性定律。下面著者将该定律映射到"自愿归属＋协议补偿"的冲突化解组合方式，以图5.6加以解读。

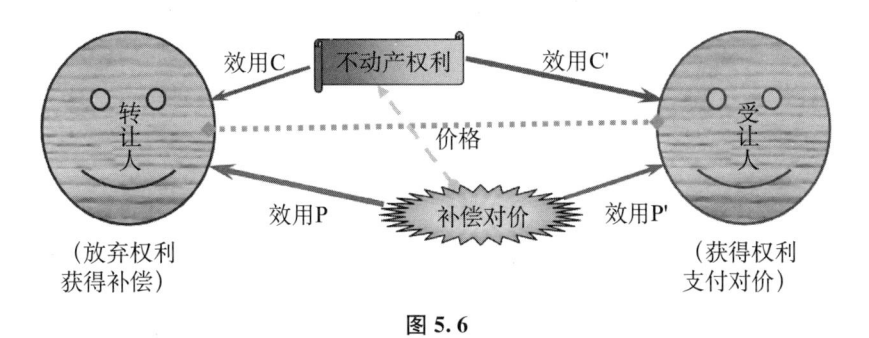

图5.6

将上文中不动产财产权利价值转化二重性定律的图示（即图3.1）中"金钱对价"替换成"补偿对价"就可以对应到权利冲突的语境中。现结合该图分析"自愿归属＋协议补偿"协商过程中价格与效用的双重转化过程。

（1）价格转化过程（主体之间的客观等价过程）：冲突双方之间的价格关系取决于补偿对价对不动产权利的客观表现。发生冲突的不动产财产权利和补偿对价在冲突双方之间进行流转，构成冲突化解的价格关系。具体分析，冲突的一方选择放弃权利获取补偿对价，该补偿对价就是所放弃权利的客观表现。根据马克思主义政治经济学原理，被放弃的权利与补偿对价在无差别商品价值量面前是对等的。打个与前述相同的比喻，被放弃的权利在原来的"主人"这边占了个坑，之所以可以跑到另一个"主人"那边，是因为有一个与其价值对等的补偿对价替它来填补这个坑。被"主人"放弃的权利不用去考虑它自己效用有多大，因为这个问题是"主人"考虑的事情；它只要找到对等的"替身"即合理的补偿来填补所占的坑，就可以跑到另一个"主人"那里。

（2）效用转化过程（客体之间的主观评估过程）：从权利放弃人或者权利获得人的角度来考虑，他们在协商过程中会比较不动产权利与补偿对价的效用大小。只有效用 $P>C$ 的情况下，权利人才愿意放弃权利而获取补偿；只有在效用 $C'>P'$ 的情况下，其他权利人才愿意接受权利付出对价。从权利放弃人角度来看，付出了在其看来效用较小的 C，而获得了效用较大的 P，依据的是其主观需要对两个客体效用进行主观的评估。从权利受让人角度来看，同理。权利受让人为什么大多愿意接受被放弃的权利呢？前文已经分析过权利可稀释原理，相反，当不动产的权利由稀释回归完整后，就可以获得更大的效用。如此，对于权利受让人来说，其边际收益大于边际成本，虽支付对价，却获得额外的效用。

鉴于此，权利人在"自愿归属＋协议补偿"的冲突化解协商过程中不断寻求利益最大化，从而实现了博弈均衡，实现了帕累托最优，符合冲突双方的真实意愿。因此，此种组合方式是四种组合方式中最优的选择。

【经验与逻辑5.4.2】"自发式"冲突"自愿归属＋协议补偿"的组合方式，充分体现不动产财产权利价值转化过程中的主客体之间主观效用与客观价格双重价值，将不动产财产权利价值转化二重性定律（参见【经验与逻辑3.1.1】、【经验与逻辑3.1.2】）充分映射于权利冲突问题上，是化解冲突的最优选择。

如果不动产权利人在博弈过程中无法达到均衡的状态，"自愿归属＋协议补偿"的组合方式就难以实现。此时，权利人常常会诉诸法院。人民法院在处理此类纠纷时，仍应当遵循经济规律，引导当事人实现博弈均衡，找到帕累托最优方案，实现利益最大化。关于此问题，著者将在下文中就不动产财产权利纠纷的科学调解方法进行专门论述。

【方法与建议5.2】法官在处理"自发式"冲突时，应当遵循经济规律，寻找帕累托最优方案，引导当事人实现博弈均衡，实现利益最大化，实现"自愿归属＋协议补偿"式的冲突化解。

3. "自愿归属＋裁判补偿"：以自愿的"居住权货币化"为例

"自愿归属＋裁判补偿"的组合方式中的"自愿归属"主要表现为前述两种情形中部分权利人"放弃权利"的情形。这种组合方式在司法实践中较为常见，较多的情况是房屋所有权人以外的其他居住权利人放弃对房屋的居住使用权利，请求法院依法判令房屋所有权人对其居住权利进行折价补偿。现列举一件著者审理过的典型案件予以说明。

【案例5.1】[①] 刘某甲与刘某乙系兄妹关系，高某系刘某甲之妻。寇某系刘某甲、刘某乙之母。刘某丙系刘某甲之子。2010年4月2日，寇某去世。

2008年2月28日，刘某甲、高某出具字条一份，内容为："现因拆

[①] 案例索引：北京市第二中级人民法院（2012）二中民终字第15311号。

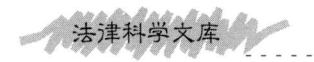

迁刘某乙临时搬走,到搬回弘善家园后可与寇某、刘某甲同住。在刘某乙没有新的住处时任何人不得把她赶走。"

2008年3月3日,原北京市崇文区房屋土地经营管理中心(甲方)与刘某甲(乙方)签订《安置协议书》,主要约定:甲方实施前门地区风貌保护工程,并提供北京市崇文区城市建设开发公司负责建设的弘善家园房屋作为定向安置房,乙方自愿放弃货币补偿方式,选择定向安置到弘善家园小区;乙方在崇文区南深沟11号,有正式住宅房屋4间,建筑面积为68.7平方米,房屋产权性质为私产,自建房屋1间;乙方在搬迁范围内有正式户口6人,分别是户主寇某、之女刘某乙、之孙刘某丙;乙方自愿选择A房屋、B房屋及某号楼610号一居室(建筑面积69.08平方米),以刘某甲名义购买;乙方应交纳安置房款534 615元;甲方支付乙方搬迁奖励和补助费共计156 059元,乙方同意将上述各项奖励及补助费用于冲抵乙方应支付的安置房的差价款,乙方最终应付房款378 556元;双方签订本协议的同时,乙方须与北京市崇文区城市建设开发公司另行签订《购房合同》,并在10日内交纳房款,逾期不交,视为自动放弃定向安置。

2008年3月11日,原北京市崇文区城市建设开发公司(甲方)与刘某甲(乙方)签订《购房合同》,主要约定:乙方自愿选择购买610号房屋,乙方将搬迁奖励及补助费折抵后向甲方交纳应付房款为27 110元;乙方按照合同约定方式获得的安置房屋产权归乙方所有,并按经济适用房产权管理。另,刘某甲就其他安置房屋也签订了《购房合同》。

在上述《安置协议书》、《购房合同》签订后,刘某甲向原北京市崇文区城市建设开发公司交付了上述三套房屋的购房款341 579元。2010年7月,刘某甲取得了610号房屋,房屋正式编号为弘善家园某号楼610号,但刘某甲现尚未取得房屋所有权证。

2012年2月,刘某乙起诉刘某甲、高某至一审法院,请求依法确认其对610号房屋享有使用权,刘某甲、高某将该房屋交付其使用。

一审审理中,刘某甲、高某出示原北京市崇文区人民法院于1998年12月17日作出的民事判决书,证明涉案南深沟11号房屋系刘某甲个人房产。另,刘某甲、高某称2008年2月28日的字条系被迫而写,但对此并未提供充分证据。应刘某甲、高某申请,一审法院至拆迁档案保管单位北京大前门投资经营有限公司调取拆迁档案,其中有刘某甲书写申请,内容包括:"这次拆迁我母亲、妹妹(已离婚)、儿子、我本人都存在问题和困难，望您审核解决一下，一个三居、两个一居"；在《居民方案变更审批表》上"补充调查情况及变更理由"中载明"该户原方案为三居室二套，现因家庭人口多，老少三代，刘某甲之妹离异，大儿子已婚，二儿子大龄，居住较紧张，特此申请三居室一套、一居室两套"。

经一审法院释明，刘某乙称如法院未能支持其对房屋使用权的主张，其要求刘某甲、高某补偿30万元。刘某乙称上述数额根据是在弘善家园小区租住同类房屋6年左右的价格。对此，刘某甲、高某称不同意给付刘某乙补偿。

原审法院经审理认为：涉案房屋拆迁时，刘某乙系在册人口，应该享有相应的拆迁安置利益。同时，刘某甲、高某出具书面承诺，承诺刘某乙在拆迁后可搬到弘善家园住，并且在其没有新的住处前，任何人不得赶走。综合上述情况，刘某乙要求对涉案的610号房屋享有使用权的主张，具有相应的依据。但需要指出的是，因610号房屋为一居室，刘某乙要求使用房屋但并不能排除刘某甲、高某等人也居住使用该房屋。经法院释明，刘某乙称如法院未能支持其对房屋使用权的主张，其要求刘某甲、高某补偿30万元。基于彻底化解矛盾、生活便利等原则考虑，法院将通过判令刘某甲、高某给付刘某乙补偿金的方式保护刘某乙在涉案拆迁中享有的合法权益，具体补偿数额法院将根据本案情况酌情确定。据此，原审法院于2012年8月判决：一、刘某甲、高某于判决生效之日起十五日内给付刘某乙补偿款人民币二十三万元；二、驳回刘某乙的其他诉讼请求。判决后，刘某甲、高某不服，上诉至二审法院称：刘某甲、高某的拆迁利益并未因为刘某乙的户口而增加，刘某乙基于户口主张权利是没有依据的，原审法院判决严重违反了权利和义务相对等的原则，存在认定事实不清和适用法律错误的严重问题，故请求二审法院撤销原审判决，依法改判驳回刘某乙的诉讼请求。刘某乙同意原审判决。二审法院经审理判决：驳回上诉，维持原判。

在此案中，刘某乙与刘某甲、高某对涉案房屋的居住使用形成了冲突。刘某乙作为居住权利人要求房屋购买人刘某甲（即未来的所有权人）及其配偶高某将该房屋交付其使用，后经法院释明，自愿放弃居住权利，主张经济补偿。冲突的权利归属问题通过刘某乙自愿放弃对房屋居住使用的权利而解决，但利益平衡问题无法通过当事人之间协商解决，补偿数额只能通过法院裁判确定。鉴于利益平衡的前提即权利归属是通过权利人自愿放弃实现的，故法院对利益平衡的裁判虽不同于当事人讨价还价式的意思自治，是公权力干预的结果，但公权力干预的前提是当事人的自愿申请。

【经验与逻辑5.4.3】"自发式"冲突"自愿归属＋裁判补偿"的组合方式中"自愿归属"常表现为"放弃权利"的情形，并鉴于此，"裁判补偿"本质是上法院在当事人意思自治基础上的利益衡平。法院进行利益衡平只能依据客观价格，但当事人作出"放弃权利"抉择时已考虑了主观效用。

4．"强制归属＋协议补偿"：为什么"私了"？

"强制归属＋协议补偿"的组合方式就是俗话说的"私了"。权利人在受到侵害后，丧失对不动产的部分权利。其没有通过公力救济的方式解决，而选择自力救济的方式，与侵权人协商补偿方案。

需要特别指出的是，与"自愿归属＋协议补偿"的组合方式相比，同样都是以"协议补偿"的方式进行利益救济，但二者区别显著："自愿归属＋协议补偿"中的补偿更多体现的是利益衡平，是权利人在完全意思自治的前提下对权利归属与利益衡平进行统筹博弈，充分体现了"冲突主体之间客观等价的价格转化过程"和"权利客体之间主观评估的效用转化过程"相统一。而"强制归属＋协议补偿"中的补偿是权利遭到侵害后的无奈之举，补偿是解决冲突的唯一路径，别无选择。因此，不可能存在权利人在不动产权利与补偿对价之间进行效用评估的转化过程。

当事人为什么会在发生权利侵害后选择"私了"而非诉诸公堂，其经济学规律在于此。假设受害人在"私了"的情况下补偿价格是 P'，在诉诸法院的情况下提出的诉讼请求将为 P。对于诉讼请求 P，受害人与侵权人内心中预测可以得到法院支持 A_1 折的概率分别为 Q_1 和 R_1，A_2 折的概率为 Q_2 和 R_2……在双方当事人心中有一杆秤，不论这个"秤"准不准，不论诉讼的最终结果如何，双方会是这样考虑：受害人愿意私了的条件是 $A_nQ_nP<P'$，侵权人愿意私了的条件是 $A_nR_nP>P'$，因此，双方都愿意私了的条件就是 $A_nQ_nP<A_nR_nP$，即 $Q_n<R_n$。

Q_n 与 R_n 的具体数值取决于给定的 P 和给定的 A_n，故在理论上可以绘制 P、A_n 和 Q_n/R_n 的三维坐标系，在坐标系中只要有 $Q_n<R_n$ 的情况出现，就存在"私了"的可能。

如果不要求那么精确的计算，只是将上述数学表现翻译为老百姓的语言，就可以说，设定一个补偿数额，当受害人感觉通过打官司能要到这个数额的可能性不大，而侵权人觉得受害人很可能赢，则双方就可能接受这个补偿数额作为"私了"的结果。所有满足这一条件的数额就构成了双方

"私了"结果的集合。

【经验与逻辑5.4.4】"自发式"冲突"强制归属＋协议补偿"的组合方式中的协商，不可能存在权利人在不动产权利与补偿对价之间进行效用评估的转化过程。达成"协议补偿"的条件为：受害人认为某一补偿数额不会得到法院支持，而侵权人认为该数额会得到法院支持。所有满足上述条件补偿数额构成"协议补偿"可能结果的集合。

5. "强制归属＋裁判补偿"：以被迫的"居住权货币化"为例

"强制归属＋裁判补偿"是在权利人对不动产的权利遭到侵害且无法恢复的情况下请求法院判令侵害人对其进行补偿。与"自愿归属＋裁判补偿"相比，虽然都是通过法院的裁判得到补偿，但不同的是，"自愿归属＋裁判补偿"中的补偿是以自愿放弃权利为前提的。在此情况下，法院对补偿问题进行裁判的依据是当事人的意思自治，即当事人自愿通过让渡手中的权利而获得补偿对价。在"强制归属＋裁判补偿"的冲突化解组合方式中，受害人与侵权人之间无法通过协商达成补偿方案，要求法院裁判补偿成为唯一救济途径。下面列举一个著者办理过的案件予以说明。

【案例5.2】① 陈某甲与陈某乙系姐妹关系，陈某丙系二人之祖父，任某系陈某甲之女。1993年8月28日，中国妇女活动中心（甲方）与陈某甲（乙方）签订《一次性拆迁安置协议书》，约定：甲方为在建内大街北侧地区进行建设，对作为拆迁户的乙方进行拆迁；乙方现家庭共有4口人；甲方安置乙方两居室房屋一套，即北京市朝阳区潘家园某楼1608号房屋。与该协议书相对应的《国家建设用地拆迁分户调查表》中家庭情况一栏载明家庭人口有陈某丙（拆迁时已故）、陈某甲、陈某乙、任某，其中陈某甲、陈某乙人名旁均有"1间"字样标注。同日，中国妇女活动中心（甲方）与陈某丁（乙方，陈某甲与陈某乙之弟）另签有一份《一次性拆迁安置协议书》。该协议书约定的安置地点为807号房屋。1608号房屋和807号房屋均为两居室。经家庭协商，两份《一次性拆迁安置协议书》所对应的被安置人在实际使用1608号房屋和807号房屋的过程中进行了对调。陈某乙原为807号房屋的承租人，2000年4月10日该房屋的承租人变更为陈某甲。

2000年3月22日，原北京市崇文区城市建设开发公司（甲方）与陈某

---

① 案例索引：北京市第二中级人民法院（2012）二中民终字第15200号。

甲（乙方）签订《出售自管公有住宅楼房协议书》，约定陈某甲以44 487.46元的价格购买807号房屋。后陈某甲依约支付全部购房款并取得了该房屋的所有权。

2010年11月25日，陈某乙以陈某甲为被告诉至朝阳法院，要求确认807号房屋为其与陈某甲共有。北京市朝阳区人民法院（以下简称朝阳法院）判决驳回了陈某乙的诉讼请求。该判决发生法律效力后，陈某乙再次以陈某甲为被告诉至朝阳法院，要求确认其对807号房屋享有使用权。朝阳法院判决支持其请求。陈某甲提起上诉。北京市第二中级人民法院（以下简称二中院）经审理认为：807号房屋、1608号房屋均系由陈某甲、陈某乙祖之祖父原承租之房拆迁安置所得，陈某甲、陈某乙二人均作为被拆迁房屋的居住人口被安置于1608号房屋，后经家庭成员之间协商交换为807号房屋，故陈某乙对807号房屋主张使用权益，理由正当，应予支持，陈某甲虽主张其担负了807号房屋租住期间的相关费用及以成本价购得该房，但据此并不排除陈某乙对807号房屋的使用权益；据此判决：驳回上诉，维持原判。

2011年9月6日，陈某甲与王某签订《存量房屋买卖合同》（网签版本），约定陈某甲将807号房屋出售给王某，双方于当日完成过户手续。

2011年11月，陈某乙提起本案诉讼要求陈某甲、王某赔偿70万元，并支付利息。一审中，陈某甲与王某均称双方的实际交易价款为140万元，现款项已结清。一审法院经审理认为：生效判决已确定陈某乙对807号房屋享有使用权。注意到807号房屋的来源，陈某甲、陈某乙、任某在拆迁时原被安置于1608号房屋，该房屋为两居室，《国家建设用地拆迁分户调查表》中家庭情况一栏陈某甲、陈某乙人名旁均有"1间"字样标注，足见陈某甲与陈某乙对1608号房屋享有均等权利，而任某因年幼而未在拆迁安置过程中被单独考虑。由此，经家庭协商，陈某甲、陈某乙、任某被对调至807号房屋后，陈某甲、陈某乙亦应对807号房屋享有均等权利。陈某甲并未举证证明陈某乙于其购买807号房屋时知情并同意，故陈某甲不能以其购买行为否定陈某乙对807号房屋所享有的与其对等的权利。现陈某甲又于未征得陈某乙同意的情况下擅自出售807号房屋，故其应以所得价款对陈某乙进行赔偿。关于赔偿的具体数额，陈某甲在购买807号房屋时支付了44 487.46元购房款，且货币价值变动因素亦应予以考虑。但是，陈某甲在上述居住使用权确认案判决作出前擅自出售807号房屋，逃避判决义务的主观故意极为明显。综合上述因素，法院酌定赔偿的具体数额为 60 万元。陈某乙主张对赔偿款再行支付利息，缺乏法律依据，法院不予支持。王某信任不动产登记而与陈某甲就 807 号房屋达成交易，陈某乙并无证据证明王某与陈某甲存在串通行为，故陈某乙无权要求王某赔偿其损失。据此，原审法院于 2012 年 6 月判决：一、陈某甲于判决生效之日起十日内赔偿陈某乙六十万元；二、驳回陈某乙的其他诉讼请求。判决后，陈某甲上诉。二审法院判决驳回上诉，维持原判。

陈某乙对涉案房屋享有居住使用权，但由于所有权人陈某甲擅自将房屋售予他人，导致陈某乙丧失居住使用权。与【案例 5.1 的】的情形不同的是，本案并非属于在权利人自愿放弃权利基础上的交易，而是权利被侵害后的被迫交易。由此，法院裁判的实质并非利益衡平，而是损失救济。由于冲突权利的归属并非意思自治的结果，缺少主观效用评估，不符合不动产财产权利价值转化二重性定律，所以在法院衡量损害补偿时，主要考虑的因素还是客观的市场价格。在上述案件判决理由中已经体现了这个道理。法院酌定的补偿数额主要的依据是市场交易价格，再根据《国家建设用地拆迁分户调查表》中陈某甲、陈某乙人名旁均有"1 间"字样认定二人权利均等，最终确定补偿数额大约为市场交易价格的一半。

【经验与逻辑 5.4.5】"自发式"冲突"强制归属＋裁判补偿"的组合方式中"强制归属"常表现为"交易丧失"的情形，丧失权利并非自愿，鉴于此，法院"裁判补偿"属于补偿交易，只能依据客观价格，无法考虑建立在意思自治基础上的主观效用。不动产财产权利价值转化二重性定律无法体现。

三、实践论证之一：所有权冲突——登记所有权与实际所有权

如前所述，名义所有是一种独立的权能，属于一种独立的权利价值形态。在实践中，于此发生权利冲突的情形主要是登记所有权与所谓的实际所有权之间的冲突。根据审判实践经验不完全归纳，此类权利冲突主要在以下四类案件中集中发生。

1. 所有权确认

《物权法》规定了更正登记制度，其第 19 条规定，"权利人、利害关系人认为不动产登记簿记载的事项错误的，可以申请更正登记……"更正登记的前提是登记错误，登记错误也就是登记所有权与所谓的实际所有权不一致的情形。在实践中所见到的大部分所谓的登记错误并非登记机构的过错所致，而是在登记之初即存在一个"隐名所有权人"的情况。在此情

况下，登记权利人有合法的权利来源，而"隐名所有权人"根据出资关系等亦对不动产享有权利，二者对同一不动产形成双重价值关系，互为冲突。现以著者办理的一个案件为例进行论述。

【案例 5.3】① 曲某与马某原系男女朋友关系，从 1999 年开始共同居住生活，于 2008 年 1 月结束同居关系。2006 年 4 月 12 日，曲某购买了诉争房屋（位于北京市朝阳区广渠路），实际购房款为 1 523 340 元，付款方式为分期付款，贷款总金额 1 180 000 元，贷款年限为 15 年，还贷时间自 2006 年 5 月 25 日至 2026 年 4 月 25 日。现诉争房屋由马某占有并实际使用。2008 年 6 月，曲某起诉要求马某腾房。马某反诉要求曲某将房屋归还（即过户），或者向其支付同等价值的现金作为补偿。

经查，马某支付诉争房屋首付款 343 340 元。曲某称马某已从银行取走其名下存款 590 580.53 元，并主张其用上述款项中部分金额用于偿还马某为其垫付之购房首付款，马某予以否认。马某称自 2006 年 5 月至 2007 年 8 月期间，诉争房屋贷款由其支付，支付方式为 ATM 机存款及银行柜台存款，支付金额共计 170 500 元。曲某仅认可马某支付过贷款，但对马某所述的支付数额不予认可。根据双方申请，一审法院调取了曲某和马某相关银行卡交易记录，调查结果与马某陈述相符。一审法院委托评估机构对诉争房屋的价值进行评估，评估结果为：该房地产总价 2 373 192 万元。一审法院经审理认为：曲某无法充分证明已偿还马某垫付之购房款。而依据法院调取相关银行卡客户交易记录，与马某陈述相符，故结合本案现有证据及双方当事人之陈述，诉争房屋应为曲某与马某共同出资购买，并依据出资金额，对该房屋按份共有。曲某与马某原系男女朋友关系，共同居住生活。现二人同居关系已解除，双方共同出资购置的财产，应依法进行分割。考虑到方便生活的原则，诉争房屋以归曲某所有为宜，马某应及时腾退房屋，并交还给曲某。曲某依据二人对诉争房屋所占份额，给付马某相应的房屋折价款，具体数额依据房产评估报告酌定判决。关于曲某主张房屋租金及利息损失，依据现有证据，无法证明房屋租赁合同的解除与马某有直接关系。故曲某之主张于法无据，不予支持。据此，原审法院于 2009 年 1 月判决：一、诉争房屋归曲某所有；二、马某将诉争房屋腾空返还给曲某；三、曲某给付马某房产折价款 799 765.7

---

① 案例索引：北京市第二中级人民法院（2009）二中民终字第 13678 号。

元；四、驳回曲某的其他诉讼请求；五、驳回马某的其他诉讼请求。曲某、马某均上诉。二审法院判决驳回上诉，维持原判。

在该案中，法院根据马某的出资情况及其与曲某的特殊关系认定其依据出资享有诉争房屋的按份所有权。但是，诉争房屋的全部所有权登记在曲某名下，从曲某的购房情况来看，手续真实完备，曲某作为登记权利人，亦于法有据。如此，马某与曲某就马某实际享有的不动产权利份额发生了竞合的价值关系。马某在反诉请求中既提出了确认所有权并变更登记的申请，又提出了放弃权利而获得补偿的替代性请求。法院在确认马某"隐名"按份所有权前提下，根据马某的意愿，采纳了其反诉请求中的第二方案来化解双方的权利冲突。

登记所有权人与实际所有权人之间为什么形成了权利价值冲突？秘密在于我国的物权变动模式，《物权法》采纳了债权形式主义的物权变动模式，基于法律行为的物权变动，原则上应当采取"合意（或法律行为）＋公示（登记或交付）"的方式完成。① 可以理解为，物权变动的公示方法以基础法律关系为依托，二者缺一不可。在现实生活中，基础法律关系与公示方法不一致的情况常常出现。从上述案件来看，虽然房屋登记在曲某名下，但法院认定马某与曲某作为共同买受人与出卖人形成买卖关系。因此，曲某的登记权利人有合法的公示方法作为依据，而马某享有的所有权份额有基础法律关系作为合法依据。可见，在债权形式主义的物权变动模式下，当基础法律关系与公示方法出现偏差时，就可能埋下权利价值冲突的导火索。法院所受理的所有权确认相关案件大多由此产生。

【经验与逻辑5.5】所有权确认纠纷的根源在于：在债权形式主义的物权变动模式下，当基础法律关系与公示方法发生偏差时，就可能出现实际权利与登记权利之间的冲突。

2. 借名购房

上述登记所有权与所谓的实际所有权之间的冲突在司法实践中更多地以"借名购房"的形式出现。从诉讼请求提出方式来看，有三种方式：第一种是借名人要求确认房屋归其所有；第二种是借名人要求出名人将房屋转移登记至其名下；第三种是第一、二种方式的结合。对此，法院的审判思

---

① 参见王利明、尹飞、程啸：《中国物权法教程》，74页，北京，人民法院出版社，2007。

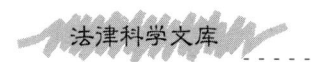

路经历了两个阶段:第一阶段法院审查在出资与借名事实成立的,不论借名人(出资人)以上述三种中的哪一种方式提出诉讼请求,均予以支持;第二阶段是在2010年以后,明确借名人(出资人)与出名人之间为债权关系,仅有权要求出名人根据书面或口头的借名协议进行所有权转移登记,而无法直接要求确认所有权。下面,分别借用著者办理过的两起案件予以说明。

【案例5.4】[①] 陈某甲与陈某乙系兄妹关系。2002年6月1日,陈某甲与银信绿洲公司签订了《商品房买卖合同》,约定陈某甲购买银信绿洲公司开发的诉争房屋(位于北京市朝阳区幸福村中路),合同价款为1 049 912元。陈某甲一次性交纳了购房款后,2002年8月1日,银信绿洲公司向陈某甲出具了发票。2003年3月,银信绿洲公司通知陈某甲接收了该房屋。自接收至今,诉争房屋一直由陈某甲出租或居住,并支付该房屋发生的有关费用。2003年5月16日,陈某乙与银信绿洲公司签订了购买诉争房屋的《商品房买卖合同》。2004年3月29日,房屋登记管理部门填发了诉争房屋的所有权证书,登记的所有权人为陈某乙,但陈某乙和曹乙未曾在该房屋居住,而是居住在北京市朝阳区双桥东路某房屋。

另查,陈某乙和曹乙于1999年2月9日登记结婚,于2002年6月13日生有一子陈一一、一女陈二二。陈一一、陈二二的户口原登记在山东省潍坊市。陈某乙的户口于2004年7月29日转至诉争房屋。2005年9月7日,陈一一、陈二二的户口转至诉争房屋。本案审题中,陈某乙和曹乙正在进行离婚诉讼。

2008年4月,陈某甲起诉称:为了孩子能受到良好的教育,陈某乙与其商量,把孩子的户口登记到诉争房屋,故房屋改到陈某乙名下,但约定该房屋仍归其所有,陈某乙在离婚诉讼中将诉争房屋列为婚后财产,侵犯其合法权益,故要求确认诉争房屋归其所有。

一审法院经审理确认:虽然陈某乙与开发商签订了《商品房买卖合同》,且诉争房屋登记于陈某乙名下,但其与曹乙既未出资购买、亦未实际使用该房屋,无证据证明其具有购买该房屋的真实意思表示。结合陈某乙的儿女出生时间及户口登记现状,陈某乙和陈某甲所述为了符合有关小学就近入学的政策而将诉争房屋的所有权人登记为陈某乙的解释合乎情理。陈某甲出资购买了F10F号房屋,并一直出租或居住在该房

[①] 案例索引:北京市第二中级人民法院(2008)二中民终字第15146号。

屋，该房屋发生的有关费用也全部由其支付，以上事实充分证明陈某甲是诉争房屋的实际所有权人。曹乙关于其与陈某甲之间仅是债权、债务关系的抗辩无事实和法律依据，不予采信。据此，于2008年7月判决诉争房屋归陈某甲所有。判决后，曹乙上诉。二审法院判决驳回上诉，维持原判。

本案属于典型的借名购房，判决思路属于第一阶段的处理方式。在此阶段的审判实践中，对于借名购房的性质存在不同认识：一种观点认为，借名人（出资人）享有实际所有权，可以直接确权；另一种观点认为，借名人（出资人）仅享有可以要求出名人变更登记的债权请求权。其中，前一种观点在判决中体现较多，上述案件即为明确的表现。

北京市高级人民法院对借名购房问题进行了明确的规定，基本上采纳了上述第二种观点。① 从此以后，借名购房案件仅仅对上述第二种方式的

---

① 2010年实施的《北京市高级人民法院关于审理房屋买卖合同纠纷案件适用法律若干问题的指导意见（试行）》（京高法发［2010］458号）第15条规定："当事人约定一方以他人名义购买房屋，并将房屋登记在他人名下，借名人实际享有房屋权益，借名人依据合同约定要求登记人（出名人）办理房屋所有权转移登记的，可予支持。但是，该房屋因登记人的债权人查封或其他原因依法不能办理转移登记，或者涉及善意交易第三人利益的除外。

当事人一方提供证据证明其对房屋的购买确实存在出资关系，但不足以证明双方之间存在借名登记的约定，其主张确认房屋归其所有或要求登记人办理房屋所有权转移登记的，不予支持；其向登记人另行主张出资债权的，应当根据出资的性质按照相关法律规定处理。"

2014年实施的《北京市高级人民法院关于审理房屋买卖合同纠纷案件若干疑难问题的会议纪要》第10条规定："十、借名买房的认定和处理

借名人以出名人（登记人）为被告提起诉讼，要求确认房屋归其所有的，法院应当向其释明，告知可以提起合同之诉，要求出名人为其办理房屋过户登记手续。

《北京市高级人民法院关于审理房屋买卖合同纠纷案件适用法律若干问题的指导意见（试行）》第16条规定中的政策性保障住房包括经济适用住房、两限房等保障中低收入家庭住房困难的房屋。借名人要求办理房屋过户登记手续，经审查借名购买的经济适用住房的原购房合同系2008年4月11日（含）之前签订的，可以参照前述指导意见第6条第2款的规定处理。

房屋腾退纠纷中，被告方以双方之间存在借名买房关系作为抗辩的，法院应当释明其可以提出反诉要求办理房屋过户登记手续，当事人坚持不反诉的，应就其抗辩是否成立进行审理并作出判定。"

诉讼请求即要求变更登记予以支持,对直接要求确权的均予驳回。在这种审判思路中,原来所谓的"实际所有权"或"实际所有权人"就成了"伪概念",被司法实践所否定,与《物权法》的规定相统一。原来认定的所有权形式与实际的权利价值冲突不复存在,转变为所有权与债权两个层次的权利。即在借名购房情况下,所谓的形式所有权成为实实在在的所有权,登记所有权人负有根据借名人要求变更登记的义务;所谓的实际所有权的理解不再被法律认可,被认定为请求变更登记的债权请求权。对此,著者再列举第二阶段的一个案件予以释明。

【案例5.5】① 诉争房屋第一次购买的情况:2000年12月,成某购买诉争房屋并取得所有权证。一审中,张某提交一份其与成某签订的《协议书》,以证明张某系诉争房屋的实际所有权人。《协议书》载明房款由张某支付,实际产权属张某等。张某还提交了成某签名并盖有名章的《证明》,载明诉争房屋产权归张某所有,购房款均由张某付清。经鉴定,《协议书》、《证明》上"成某"的签名为其本人所写。

诉争房屋第二次转让的情况:成某称诉争房屋的所有权证遗失后补办新证并与霍某签订《存量房屋买卖合同》及《二手房房屋买卖合同》(该合同房屋成交价为100万元),将诉争房屋出卖给霍某。同日,成某将剩余贷款141 200.36元一次性还清,并于此后办理了诉争房屋的抵押登记注销手续。2011年3月15日,诉争房屋所有权证办理至霍某名下。霍某陈述其共支付购房款26万元。就房屋交易过程,中介孙某于一、二审到庭陈述。

张某起诉要求:1.确认成某、霍某签订的两份合同均无效;2.判令诉争房屋归其所有;3.成某、霍某协助其将诉争房屋过户至其名下;4.成某、霍某连带负担鉴定费10 000元、财产保全费5 000元。霍某反诉要求张某腾退诉争房屋。一审法院判决:一、涉案两份合同均无效;二、诉争房屋归张某所有;三、霍某、成某配合张某将诉争房屋过户至张某名下;四、张某给付成某已偿还的银行贷款141 200.36元;五、驳回霍某的全部反诉请求。霍某上诉。二审法院于2012年12月判决:维持一审判决第一项、第三项、第四项、第五项;撤销一审判决第二项;驳回张某的其他诉讼请求。

---

① 案例索引:北京市第二中级人民法院(2012)二中民终字第13642号。

二审判决理由主要有：本案争议焦点与诉争房屋第一次购买、第二次转让相对应，主要包括两方面：其一为诉争房屋是否系张某借用成某名义所购；其二为成某、霍某就诉争房屋签订的买卖合同的效力及成某处分诉争房屋的后果。

（一）诉争房屋第一次购买过程中相关问题

《协议书》和《证明》明确了诉争房屋实际系张某购买，房款由张某支付，房屋所有权人为张某。虽然成某对此予以否认，但经鉴定，《协议书》和《证明》上二个"成某"签名和样本上签名是同一人所写，证明上的"成某印"印文和样本印文亦是同一枚印章所盖。据此认定诉争房屋实际系张某借用成某名义所购。

（二）诉争房屋第二次转让过程中相关问题

首先，成某将诉争房屋出售给霍某的过程存在众多疑点，多处违反正常交易习惯，且不合常理。其次，各方当事人及证人对交易过程中若干重要问题的陈述存在自我矛盾和互相矛盾之处，可以认定在庭审中存在部分虚假陈述。兼顾上述交易过程中众多疑点、多处违反正常交易习惯、不合常理之处及各方当事人及证人陈述的矛盾之处，二审法院认为：一方面，成某在明知张某为实际购房人的情况下，擅自补办房屋所有权证，以低于市场交易价值的价格出售诉争房屋，且在收取霍某少部分购房款的情况下即进行过户，而又怠于向霍某追讨购房款，其主观恶意明显。另一方面，霍某自认被告知诉争房屋存在租户，理应尽到更为严格的审查义务，而其并未仔细看房，基本的注意义务亦未尽到。综合上述两方面，再结合双方签约过程、合同内容、付款过户等过于草率、不合常理之处，参考霍某、成某及孙某的陈述中自我矛盾和互相矛盾进行虚假陈述的情况，二审法院认为，成某与霍某的交易存在恶意串通之嫌。

综合上述分析结论，二审法院对当事人的诸项请求作出如下认定：第一，关于张某要求确认两份涉案合同均无效的诉讼请求，虽张某与成某之间借名购房的约定属于二人之间的约定，不得对抗善意第三人，但经审查，难以认定霍某系善意购房人。成某与霍某的交易恶意串通的行为已经损害了张某的合法权益，故两份涉案合同无效。第二，关于张某要求成某、霍某协助其将诉争房屋过户至其名下的诉讼请求，首先，成某、霍某之间的买卖合同应属无效，且霍某在购房中并非善意，亦未支付全部购房款，不构成善意取得，故霍某应当将诉争房屋过户回成某名下。其次，根

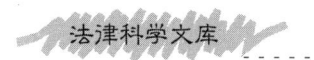

据张某与成某之间借名购房的约定，张某有权主张成某在取得诉争房屋所有权之后将诉争房屋过户至张某名下。第三，关于张某要求判令诉争房屋归其所有的诉讼请求，因张某与成某之间借名购房的约定确定的是双方之间的债权、债务关系，故张某径直主张其享有诉争房屋的所有权，不予支持。第四，关于判令张某要求成某、霍某连带负担鉴定费、财产保全费的诉讼请求，无须以诉讼请求的方式提出，法院将依法作出裁判。第五，关于霍某要求张某腾退诉争房屋的反诉请求，因霍某并非诉争房屋的合法所有权人，故法院不予支持。此外，就成某自行提前偿还的银行贷款141 200.36元，张某同意支付给成某，法院不持异议。

本案二审判决理由对作为登记所有权人成某与所谓的实际所有权人张某之间的借名购房关系引发的权利冲突的处理方式与2010年以前的审判思路相比，发生了变化。本案一、二审结果恰好也由旧认识与新认识形成了对照。成某的所有权人地位被法律确认，其享有的是所谓形式上的所有权；张某直接要求确认所有权的请求被驳回，其享有的是要求变更登记的债权请求权。如此，解决了形式与实质所有权的冲突问题。

需要进一步注意的是，不论以物权确认还是合同之债的方式理解借名购房问题，根据前述不动产财产权利可分解性与可稀释性的理论，一项房屋所有权权能中名义上的所有权被分解出来。如果实际权利人需要维权，主张权能归一，将借名购房问题理解为物权确认或者合同之债，就不仅仅是文字游戏的问题了。如果理解为物权确认问题，那么原来的权属登记就是错误登记，需要更正登记。在更正登记的问题上，实际权利人必须具有登记所有权人取得物权的资格。在实践中，很多借名购房都与房改房、单位福利分房等相关，购房人必须具备特定的购房资格，如必须是公房的承租人，或者必须是某单位的职工而且还要具有一定的工龄。如果是物权确认和更正登记，也就意味着实际权利人作为真正的购房人也应当具备这些条件。如果将借名购房理解为合同之债，就是交易的问题了；实际权利人享有要求登记权利人办理权属转移登记手续的债权，属于转移登记。问题的关键就不是实际权利人是否在原始购房环节具备相应的资格了，而是房屋是否可以交易。只要房屋不属于经济适用住房等限制交易类型，只要不违反限购等国家政策，就应当支持房屋过户的债权。也就是说，在借名购房问题上，物权确认说的审查重点在于人，即是否有资格购买；合同之债说的审查重点在于房屋，即是否可以交易。①

3. 夫妻共同财产登记在一方名下

虽然婚后取得的财产原则上属于夫妻共同财产，但在现实生活中，房屋作为重要的家庭财产大多登记于夫妻一人名下，与实际的权属状态不符。这种实际共有权与登记单独所有的状态隐藏着"自发式"冲突，即存在于以《婚姻法》为依据的隐名共有权人与以《物权法》为依据的登记所有权人之间的冲突。这一"自发式"冲突本身不难解决，通常可以通过申请变更登记或者通过所有权确认诉讼来解决。问题在于在发生交易关系的情况下，隐名共有权人与信赖登记所有权产生的新权利人之间将发生冲突，这一问题在后文中继续讨论。

在此部分仅仅讨论"自发式"冲突的情况，也就是隐名所有权人与

---

① 参见《北京市高级人民法院关于审理房屋买卖合同纠纷案件若干疑难问题的会议纪要》

十、借名买房的认定和处理

借名人以出名人（登记人）为被告提起诉讼，要求确认房归其所有的，法院应当向其释明，告知其可以提起合同之诉，要求出名人为其办理房屋过户登记手续。

《北京市高级人民法院关于审理房屋买卖合同纠纷案件适用法律若干问题的指导意见（试行）》第16条规定中的政策性保障住房包括经济适用住房、两限房等保障中低收入家庭住房困难的房屋。借名人要求办理房屋过户登记手续，经审查借名购买的经济适用住房的原购房合同系2008年4月11日（含）之前签订的，可以参照前述指导意见第6条第2款的规定处理。

房屋腾退纠纷中，被告方以双方之间存在借名买房关系作为抗辩的，法院应当释明其可以提出反诉要求办理房屋过户登记手续，当事人坚持不反诉的，应就其抗辩是否成立进行审理并作出判定。

另参见《北京市高级人民法院关于审理房屋买卖合同纠纷案件适用法律若干问题的指导意见（试行）》

第15条 当事人约定一方以他人名义购买房屋，并将房屋登记在他人名下，借名人实际享有房屋权益，借名人依据合同约定要求登记人（出名人）办理房屋所有权转移登记的，可予支持。但是，该房屋因登记人的债权人查封或其他原因依法不能办理转移登记，或者涉及善意交易第三人利益的除外。

当事人一方提供证据证明其对房屋的购买确实存在出资关系，但不足以证明双方之间存在借名登记的约定，其主张确认房屋归其所有或要求登记人办理房屋所有权转移登记的，不予支持；其向登记人另行主张出资债权的，应当根据出资的性质按照相关法律规定处理。

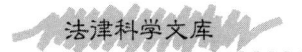

登记所有权人的冲突问题。前文已经论及，不动产财产权利价值冲突的要素之一就是两项互相冲突的权利必须均为合法权利，均具有法律依据。隐名共有权人的依据在于《婚姻法》，登记所有权人的依据在于《物权法》。

在正常的情况下，夫妻作为利益共同体，不论登记权利与实际权属是否一致，均无大碍。但是，登记权利与实际权属不一致的情形仍然埋下冲突的隐患，一旦夫妻关系恶化，就会产生冲突，在司法实践中常见的情形就是登记权利人恶意转移财产，侵害隐名共有权人的利益。

对于隐名共有权人与登记权利人之间的冲突，有部分人理解为其所依据的法律依据即《婚姻法》与《物权法》之间的冲突。著者认为，《婚姻法》与《物权法》并非存在真正的冲突，在权属问题上，两部法律从不同的角度作出规定，正如"横看成岭侧成峰，远近高低各不同"。一方面，《婚姻法》从婚姻家庭财产制度的角度对夫妻共同财产的权属作出规定，至于登记问题，《婚姻法》不可越俎代庖；另一方面，《物权法》将登记作为权属的公示方法，但又针对在登记权利与实际权属不一致的情况下赋予权利人通过变更登记、异议登记制度实现登记权利与实际权属相统一的救济途径。可见，《婚姻法》与《物权法》相互配合，《婚姻法》的夫妻财产制度确认了实际权属，而《物权法》的登记制度作为权利公示方法提供了保护实际权利"铠甲"。根据上述分析，由于登记权利与实际权属长期不一致导致的权利冲突，不可归咎于国家法律，而应当认识到，没有"铠甲"保护的不动产权利成为一种"裸权利"，存在被侵害的可能。

《婚姻法》与《物权法》的衔接问题在日常生活中常常被忽视。著者建议在《婚姻法》或《物权法》的修正案或司法解释中配置倡导性规范①，对登记权利与实际权属不一致的风险予以提示，并倡导通过变更登

---

① "倡导性规范界定是，提倡和诱导当事人采用特定行为模式的法律规范。提倡和诱导当事人采用特定行为模式，在现行民事法律上面，倡导性规范有着不同的存在形态。"王轶：《民法规范论：类型及其配置——"民商法前沿"系列讲座现场实录第 320 期》，见中国民商法律网，http：//www.civillaw.com.cn/article/default.asp?id=39862。

记的方式使其相一致，从而减少因登记权利与实际权属不一致导致的权利冲突和交易风险。

【方法与建议5.3.1】 在未来的《婚姻法》或《物权法》修正案或司法解释中应当就《婚姻法》与《物权法》的衔接问题配置倡导性规范，减少因登记权利与实际权属不一致导致的权利冲突和交易风险。

【方法与建议5.3.2】《物权法》第19条规定（关于变更登记与异议登记的规定）可以增加一款：

权利人、利害关系人认为其实际权利未被不动产登记簿记载的，应当及时依照上述两款规定主张权利。

【方法与建议5.3.3】《婚姻法》可以在修正案或司法解释中规定如下条文：

夫妻共同所有的不动产与夫妻一方的不动产应当与不动产登记簿记载的事项相符。夫妻一方认为其实际权利未被不动产登记簿记载的，可以依照《中华人民共和国物权法》变更登记与异议登记的相关规定主张权利。

4. 共有宅基地使用权登记在一人名下

宅基地使用权一般登记在一人名下，所谓的"红本"也是只向一人发放。但是，这并不意味着由其一人独享宅基地使用权。登记的宅基地使用权人应当被视为家庭成员的代表，登记在其名下的宅基地使用权为全体家庭成员所共享。

登记的宅基地使用权人与其他使用权人之间就宅基地使用权存在价值关系的冲突，符合前述冲突构成四要素。其中最关键就是合法性要素。一方面，其他使用权人对宅基地的使用权毋庸置疑；另一方面，登记的宅基地使用权人不仅享有对宅基地进行使用的权利，还享有处分宅基地使用权时的签约权，另外，在拆迁安置过程中有权作为被拆迁人签订拆迁安置合同。

在实践中，家庭成员在共同生活过程中往往相安无事，由于宅基地使用权名实不符产生冲突的大多出现在兄弟分家、析产继承、拆迁补偿等情况下，或者出现在上述多种情形并存的情况下。例如，兄弟几人通过分家各自取得宅基地上的房屋若干间，宅基地使用权在兄弟一人名下，但仍为兄弟几人共同享有；在此后的拆迁安置过程中，虽然只有宅基地使用权登记人有权签署拆迁安置补偿协议，但拆迁利益应当由兄弟几人分享。兄弟之间由此相互索要拆迁补偿款的案件不胜枚举。

四、实践论证之二：占有和使用的冲突——居住权货币化

1. "居住权货币化"的适用条件

占有和使用是不动产保有和利用价值的核心。著者观察，近些年来，在关于不动产占有和使用的权利价值冲突案件中，涉及居住使用权冲突的纠纷是此类纠纷的主要矛盾。很大一部分就居住使用权利发生冲突的案件以货币化的方式解决。法官们在司法实践中不断摸索"居住权货币化"的审判思路。

关于居住使用权利价值的基本问题可以参见前文的论述，本部分在前文基础上特别就作为不动产占有和使用的冲突重要化解方式的居住权货币化问题进行实践论证。"居住权货币化"的适用应当具备一定条件，即被"货币化"的居住使用权利具有独立的货币价值，相当于准共有权的地位，具体来说，应当满足两个条件：

（1）"货币化"的居住使用权利应当具有相对独立的权利来源。实践中常见的情况是拆迁安置补偿，拆迁安置补偿协议中一般会列明被安置人口或被安置人姓名，被安置的居住使用权人根据该协议取得对房屋居住使用的权利，具有相对独立的权利来源，并非所有权人的施舍。

（2）"货币化"的居住使用权利可以现金方式评估或计算。首先，居住权利所依附的不动产应当具有市场价值，在实践中，也就是可以委托专业的评估机构进行评估，即使由于政策原因暂时不可上市交易的房屋也可以进行现金评估。其次，"货币化"的居住使用权利在房屋总价值中的比例可以确定。是按被安置人口数量等分还是在等分基础上酌情调整，应当具体情况具体分析。

2. "居住权货币化"的存在情形

根据前文所述，不动产财产权利价值冲突权利归属与衡平救济的组合方式不同，居住权货币化的具体解决思路亦会所有不同。

（1）完全意思自治的"居住权货币化"——"自愿归属＋协议补偿"。

如前所述，"自愿归属＋协议补偿"是在当事人完全意思自治基础上的组合方式，不论是权利归属还是衡平救济均充分体现了当事人自愿原

则。当事人选择放弃权利并获得补偿对价,本身就是"居住权货币化"的过程。此过程在完全没有公权力干预的情况下完成,充分体现了不动产财产权利价值转化中主观效用的转化过程与客观价值的转化过程,符合不动产财产权利价值转化二重性定律(参见【经验与逻辑3.1.1】、【经验与逻辑3.1.2】)。

(2)不完全意思自治的"居住权货币化"——"强制归属+协议补偿"。

此类"居住权货币化"之所以被称为不完全意思自治,是因为货币化的过程虽然是意思自治的结果,但系权利人在受到侵害后无奈的"私了"。意思自治体现的是其没有寻求公力救济,但没有体现整个货币化的过程。

(3)不完全公权干预的"居住权货币化"——"自愿归属(放弃权利)+裁判补偿"。

前述【案例5.1】就是这一情形下的"居住权货币化"。被法院所确认的居住权利人与房屋所有权人就居住使用形成了冲突。居住权利人自愿放弃居住权利,向法院主张就经济补偿进行裁判。法院裁判的过程是公权力对私权冲突的介入,但介入系依据当事人意思自治的申请为前提的,可以说是意思自治基础上的公权干预。

这类案件主要出现在拆迁安置补偿过程中。在程序上有两大类情形:一类是放弃居住权利而直接要求货币分割拆迁安置补偿利益;另一类是要求确认居住使用权益,经法官释明或者调解后变更为要求货币补偿。

(4)完全公权干预的"居住权货币化"——"强制归属(交易丧失)+裁判补偿"。

这种类型的"居住权货币化"完全体现了公权力的干预过程,以【案例5.2】为例,因所有权人将房屋出售,居住使用权利人无法再取回对房屋的居住使用的权利,又无法通过"私了"的方式就补偿问题达成协议,诉诸法院是无奈的选择。在此情形下,法院裁判"货币化"的补偿过程体现为完全的公权力干预的过程,是在法院主导下进行的被迫交易。

3."居住权货币化"的核定方法

在司法实践中,对居住权益进行货币化补偿,主要有如下计算方法:

（1）作价补偿法：各居住权利人之间可以对居住权益的价值进行协商作价补偿。在司法实践中，此类方法主要适用于民事调解，在法官的主持下体现当事人的意思自治。

（2）委托评估法：对于拆迁后直接安置房屋的，法院可以委托评估机构对该房屋的市场交易价值进行评估，再根据被安置人口数并参照评估意见计算出居住权益的相应对价。

（3）询价酌定法：在上述情况中，也可参考中介机构、互联网交易平台对同地段房屋的报价，对房屋价值进行酌定，计算出居住权利的对价。

（4）优惠面积补差法：有些拆迁安置补偿中，对被安置人分配优惠购房面积指标。被安置人放弃居住权益的，其他被安置人实际上占有了其优惠购房面积指标的优惠利益，应当根据房屋交易价格与优惠购房价之间的差额对其进行补偿。

居住权益货币化在司法实践中的问题较多，其司法操作方法尚无统一的指导性意见，有待进一步调研后形成科学、统一的操作方法。著者建议：对居住权利发生冲突且不可调和的情况，应当制定相关司法解释；对司法实践中大量存在的"居住权货币化"问题加以规范；在制定具体办法时，应当对居住权利的归属和补偿数额作出详细规定。

【方法与建议 5.4】"居住权货币化"问题在司法实践中大量存在却无统一规范，应当制定相关司法解释，建议条文如下：

第一条 权利人放弃居住使用权利而主张货币补偿的，人民法院应当受理。权利人要求确认居住使用权利的案件，在诉讼过程中放弃居住使用权利而变更诉讼请求为主张货币补偿的，人民法院应当准许。

第二条 权利人放弃居住使用权利而主张货币补偿的，人民法院可以根据居住使用权利的来源和房屋市场价值等因素予以支持，货币补偿的具体数额可以通过作价补偿、委托评估、询价酌定、优惠面积补差等方法予以确定。

五、实践论证之三：收益的"冲突"——假冲突

考虑权利可分解性问题，一项不动产之上的"权利束"可能被多个权利主体所分享。需要面临的问题就是：在权能分离的情况下，哪些权利主

体享有收益的权利?是登记所有权人还是有权占有人?

在不动产财产权利保有和利用价值的诸项权能中,收益权能与所有、占有、使用均有不同。收益的结果是获取孳息,所谓的"冲突"也就是对孳息的分割问题,难以成立符合上述四要素的冲突。对孳息的分割可以通过一定的法律规则予以解决,故对收益问题进行冲突识别,不存在权利价值的冲突。

著者曾经审理过一起二手房买卖合同纠纷,该案争议较多,其中有一个问题就是对承租人的租金收取问题。在该案中,买卖双方约定先过户后交房。如此,在办理完毕权属转移登记手续至房屋交付期间的租金归属就成为争议,出卖人认为房屋尚未交付,其作为房屋实际占有人,有权继续收取租金;买受人则认为房屋权属转移登记手续办理完毕后,其取得了所有权人的地位,有权以新的出租人的身份收取租金。一审法院支持了出卖方的意见,二审法院予以改判,支持了买受人的意见。[①] 该案改判结果是有道理的,收取租金的依据在于租赁合同,只有出租人才有权利收取租金;进一步说,出租人应当是房屋的所有权人,而非实际占有人;物权变动应当以权属转移登记手续办理为标志,房屋交付仅仅是买卖合同的履行方式,与权属无关;买受人在取得所有权登记以后,原租赁合同更新,买受人成为新的出租人。

通过上述案件的分析可以看到,收益的"冲突"实质上是孳息的归属与分割问题,可以依据法律逻辑予以确定,不属于权利价值冲突。

六、"自发式"冲突衡平救济问题要论

1. "自发式"冲突衡平救济的基本特点

(1) 冲突交易流转于权利主体内部。"自发式"冲突发生于权利主体之间,不涉及交易,衡平救济的实质是权利主体之间在不动产财产权利可分解性基础上就权利进行交易。

(2) 利益衡平与损失救济并存。引发冲突的原因行为既包括不具有权利侵害性无过错行为,也包括具有权利侵害性的过错行为。与此相应,作

---

① 案例索引:北京市第二中级人民法院 (2012) 二中民终字第 04417 号。

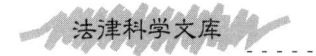

为自愿交易的利益衡平与作为强制交易的损失救济并存。

(3) 损益互补，基本相应。损失有两种基本情形：一为利益转移，此为"假损失"；二为利益消灭，此为"真损失"。"自发式"冲突中涉及的损失主要是"假损失"，不论如何引发冲突，其本质是权利主体之间一方受益，一方受损。因为不存在交易，基本上不存在由于交易风险导致的利益丧失，故损益之间基本相抵。

2. "自发式"冲突衡平救济的补偿数额：借鉴财产权利二维价值体系

"自发式"冲突的衡平救济本质上属于交易，补偿数额即为权利归属的对价，属于不动产财产权利价值转化的特殊形式。如前文所述，不动产财产权利价值转化一般遵循不动产财产权利价值转化二重性定律（参见【经验与逻辑 3.1.1】、【经验与逻辑 3.1.2】），但在此较为特殊，根据前述分析，除了"自愿归属＋协议补偿"的冲突化解组合方式符合该定律外，其他组合方式很难体现当事人意思自治基础上的主观效用评估。因此在大多情况下，"自发式"冲突衡平救济补偿数额的确定以市场交易价值作为基础，难以考虑效用问题。

在参照市场交易价值确定"自发式"冲突衡平救济补偿数额时，应当借鉴前文中构建的财产权利二维价值体系（参见【方法与建议 1.1】、【方法与建议 1.2】、【方法与建议 1.3】）。

(1) 在权利属性方面（横轴），应当根据权利的性质、来源、行使方式与限制以及与不动产整体权利之间的关系等方面对冲突指向的权利属性进行准确定位。例如【案例 5.2】，根据《国家建设用地拆迁分户调查表》中家庭情况一栏，陈某甲、陈某乙人名旁均有"1 间"字样标注等证据材料，陈某乙被侵害的权利基本上与陈某甲对等，但所有权登记在陈某甲名下，故陈某乙的居住使用权利在属性上应当确认为在整体权利价值份额一半的基础上略有减少。

(2) 在价值水平方面（纵轴），可以参照市场交易价格，如上述分析，大部分的情况下较少效用问题。以【案例 5.2】为例，价值水平基本上参照了陈某甲出售房屋的交易价格。

下面将【案例 5.2】的情况按财产权利二维价值体系的分析方法列图 5.7 如下：

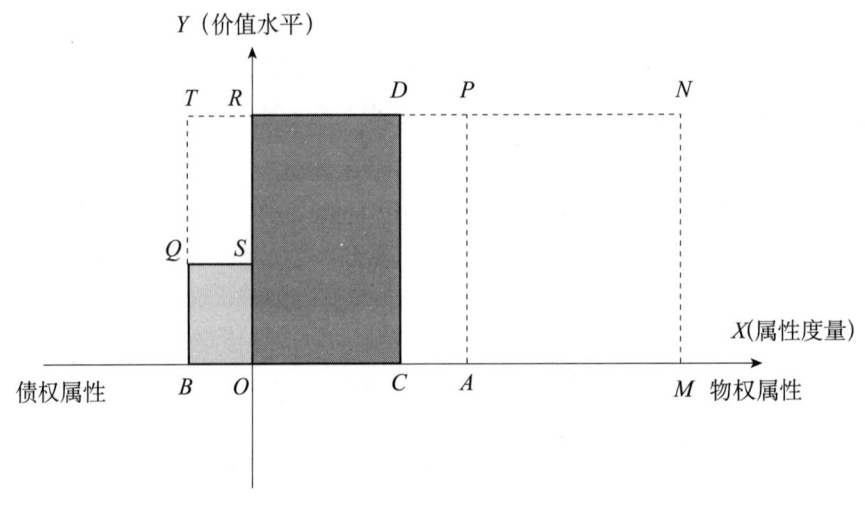

图 5.7

第一步：将诉争房屋的完全所有权界定为 OM。

第二步：因陈某甲、陈某乙权利均等，故假设在陈某乙分得全部权利一半价值的情况下，其权利属性为 OA，(OA＝AM)。

第三步：因陈某乙享有的诸项权利中不包括名义所有的权能，而此项权能与交易相关，其交易权利受到限制，对权利的处分只能请求所有权人配合，故将此项权能从物权属性中的 CA 移至债权属性的 OB。

第四步：进行价值水平评估，在本案中，无法考虑效用问题，以市场价格作为价格水平的依据，即 OR＝140（万元）。

第五步，属性度量与价值水平综合计算。由于债权属于一端的 OB 代表的权利，即请求所有权人配合处分的权利具有的价值较弱，将其价值水平调整于 OS。最终，陈某乙被侵害权利的价值应为矩形 OCDR 加上矩形 OBQS 的面积。综合酌定，陈某乙应当得到 60 万元的损失赔偿。

第三节　"诱发式"冲突权利归属与衡平救济

一、"诱发式"冲突之结构性关系

1. "诱发式"冲突基本构造

"诱发式"冲突又称"外源性"冲突，交易作为外因对冲突的发生起主要作用,是在交易过程中引发不动产权利价值关系的变动,从而形成了互相排斥、相互冲突的多个不动产财产权利价值关系。这类冲突与原来固有的内在权利价值关系状态没有直接关系,但可能存在间接关系。原权利价值关系可能存在于多元主体之间,也可能是单一主体,对于"诱发式"冲突的发生作用不同。下面通过绘图的方式说明交易关系可能引发的"诱发式"冲突。

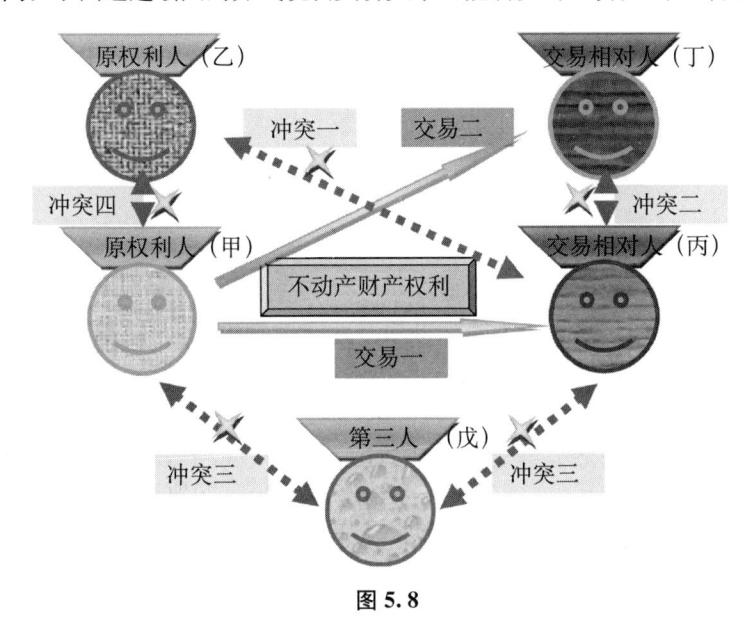

图 5.8

在图 5.8 中,原权利人甲、乙,交易相对人丙、丁,第三人戊之间因交易一、交易二两个交易关系可能引发四重财产权利价值冲突。这一模型展示了全部冲突情形,现实生活中可能简化,例如只有一个原权利人,或者只有一个交易相对人,或者没有第三人参与。

需要说明两个问题:第一,直接交易关系当事人,即原权利人甲与交易相对人之间可能发生纠纷,但一般不会发生冲突,原因在于权利在交易过程中处于非此即彼的状态,难以形成两个合法权利的竞合。第二,原权利人和交易相对人作为一个共同体与第三人存在冲突,最为常见的就是承租人优先购买权。

2. "诱发式"冲突结构性关系类型分析

从图 5.8 可见,由于交易产生了新的价值关系之间的冲突,或者产生的新的价值关系与原来的价值关系之间形成了冲突。依据实践经验总结,通过逻辑关系分析，可以将"诱发式"冲突概括为三种基本类型：

（1）交易关系外原权利人与交易相对人之间的冲突（冲突一）

交易相对人丙通过与原权利人甲进行交易，获得了不动产财产权利。如果该不动产财产权利之上原来存在多个权利价值关系，其他原权利人乙的权利不会因交易而被否定，因此与交易相对人丙之间形成冲突。最为常见的是例子就是共有人之一对不动产进行无权处分导致的冲突。在共有状态下，原来的权利价值关系是多元的，由于交易产生了买受人对不动产新的价值关系，如果构成法律上的无权处分，则原共有权人对不动产利用和保有的价值与买受人基于合同产生的对不动产新的价值关系之间就形成了权利冲突。

（2）交易相对人之间的冲突（冲突二）

如果原权利人甲就同一不动产财产权利与交易相对人丙、丁等同时建立多个交易关系，则丙、丁等交易相对人通过合法的交易均享有对不动产的"潜产权"①，各个"潜产权"之间为"转正"而形成冲突。以一房二卖为例，原来的价值关系可能是单一的，即只有一个所有权人，在发生了两个交易之后，两个买受人基于两个合法债权对同一不动产形成了相互排斥的两个新的价值关系。

（3）第三人与交易当事人之间的冲突（冲突三）

原权利人甲与交易相对人丙进行交易，有时会涉及交易外第三人的利益，从而引发第三人与交易双方的冲突。这种情况较多发生在承租人优先购买权的案件中。

【经验与逻辑 5.6】"诱发式"冲突包括三个基本类型：一是交易关系外原权利人与交易相对人之间的冲突，二是交易相对人之间的冲突，三是第三人与交易当事人之间的冲突。

二、"诱发式"冲突权利归属与衡平救济的基本类型与组合方式

1. "诱发式"冲突权利归属的基本类型

"诱发式"冲突权利归属主要包括如下情形：

---

① 潜产权，是产权经济学上的概念，是指还没有被认可但实际上存在的权利。参见黄少安：《产权理论与制度经济学》，50 页，湘潭，湘潭大学出版社，2010。

(1) 协议归属。冲突当事人之间根据意思自治原则对权利的归属达成协议。

(2) 强制归属。发生冲突的权利人之一通过强行占有冲突指向的不动产财产权利且不可回复，财产权利价值冲突无法通过意思自治加以解决。这种情形大多为将冲突权利进行转让且难以追及。

(3) 裁判归属。当事人对冲突的权利向法院提出诉求。诉讼请求有两种基本方式。一是积极式诉求，即积极主张权利，常见的情形包括：要求确认权利（例如所有权确认），要求履行契约将"潜权利"转化为权利（例如要求继续履行合同、交房过户），等等。二是消极式诉求，即对他人的权利加以否定，常见的情形包括：根据无权处分要求返还原物，要求确认他人合同无效，等等。

需要指出的是，"自发式"冲突没有法院裁判归属这一权利归属类型，是因为法院无权擅自干预权利人内部对不动产财产权利的具体利用方式，正是"清官难断家务事"。"自发式"冲突发生于权利人内部，属于意思自治的范畴，法院不可擅自越界入侵私权自治领域。例如，多名共同居住权利人之间发生冲突，难以调和，其中一方主张其他居住权利人腾退，法院对此无权干预，没有依据否定其中任何权利人的合法权利。在司法实践中，一些当事人对于法院对此类纠纷态度具有抵触情结，认为法院不作为、踢皮球，然而，"自发式"冲突的归属问题实属法院不可承受之重。

2. "诱发式"冲突衡平救济的基本类型

"诱发式"冲突衡平救济包括意思自治基础上的协议补偿与法院主导的裁判补偿，与"自发式"冲突类似，不再赘述。

3. "诱发式"权利归属与衡平救济的组合方式

根据上述权利归属与衡平救济的基本类型，权利归属与衡平救济在理论上形成六种组合方式，具体包括："协议归属＋协议补偿"，"协议归属＋裁判补偿"，"强制归属＋协议补偿"，"强制归属＋裁判补偿"，"裁判归属＋协议补偿"，"裁判归属＋裁判补偿"。不论是哪种组合方式，权利归属中的"裁判归属"与衡平救济中的"裁判补偿"是最有讨论价值的法律问题。

表5.2 "诱发式"冲突权利归属与衡平救济的组合方式

权利归属＼衡平救济	协议补偿	裁判补偿
协议归属	协议归属＋协议补偿	协议归属＋裁判补偿
强制归属	强制归属＋协议补偿	强制归属＋裁判补偿
裁判归属	裁判归属＋协议补偿	裁判归属＋裁判补偿

【经验与逻辑5.7】"诱发式"冲突权利归属与衡平救济包括六种组合方式:"协议归属＋协议补偿","协议归属＋裁判补偿","强制归属＋协议补偿","强制归属＋裁判补偿","裁判归属＋协议补偿","裁判归属＋裁判补偿"。权利归属中的"裁判归属"与衡平救济中的"裁判补偿"是最有讨论价值的法律问题。

三、"诱发式"冲突权利归属与衡平救济之统一标准要论

1. 允诺与信赖,契约与侵权——契约与侵权贯通的思维方式

在传统的民法理论中,契约与侵权是两种性质完全不同的债的关系。在损害赔偿责任负担问题上,老百姓感受到的就是权利受到侵害,而不关心也分不清是契约责任还是侵权责任。有时候,连法律人也分不清二者的区别,最为典型的就是缔约过失责任,虽然发生于契约关系范畴,但有人认为契约关系尚未建立,缔约过失责任属于侵权责任。契约与侵权并非井水不犯河水的两个语境。有学者将契约责任置于侵权责任的语境中予以考查,颇有深意,在讨论和比较信赖和允诺问题时,该学者谈到:"由于信赖而受损的赔偿,是一种侵权责任……如果我们把契约责任看作基于允诺、看作契约方自行设定的责任,研究的要点就是契约方的意思。如果将契约责任放到侵权法里,要点就转移到研究原告的损害和让被告全部或部分地承担责任是否公平的问题上了。所以,假如没有因信赖允诺造成的明显损害,也就没有赔偿的必要了;而在其他情形下,统一的赔偿标准会促使我们不去理会双方曾经达成的任何协议。"[①] 根据该学者的思路,允诺责任不以损害为前提,而信赖责任以损害为前提,同时该学者提供了一个

---

① [美]查尔斯·弗里德:《契约即允诺》,郭锐译,龙卫球校,4~5页,北京,北京大学出版社,2006。参见[美]Charles Fried,*Contract as Promise*,Harvard University Press,1982,p.4。

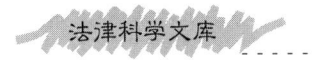

契约与侵权贯通的思维方式。那么，在存在损害的情况下，契约责任与侵权责任就具备贯通性、统一性思维的基础。

"诱发式"冲突中包括了契约关系，冲突化解过程中权利归属的确认对于丧失权利者来说是一种实实在在的损害，而衡平救济又是对损害的补偿。因此，"诱发式"冲突为统一契约与侵权的思维提供了基础。着眼权利归属与衡平救济是解决"诱发式"冲突的关键，而不在于适用契约规则还是侵权规则。从老百姓的感受来看，其不在乎权利与补偿的性质，更为关心的是其处于冲突中的权利的价值能否实现，以及权利的价值无法实现时能否得到补偿。

2. "诱发式"冲突中契约与侵权归责标准统一性论证

由上述分析展开，著者斗胆认为，在归责问题上，契约与侵权具备同一性。为此，可以从如下三个方面进行论证。

首先，从过错上看，过错是侵权责任构成的一般要件之一，而契约中的违约责任虽然不以过错为要件，是因为违反约定本来就可以视为过错。不论是违约还是侵权，本质上都是违反了应有的注意义务。

其次，从损害上看，违约责任不要求有损害结果的发生，而损害结果是侵权责任必要的构成要件。在著者看来，在侵权法中，损害仅仅是构成要件，并非归责要件。也就是说，不论行为人具备多么严重的过错，只要没有造成损害结果，根本不存在讨论侵权问题的基础。例如一个醉酒驾车的人撞向一个行人，但行人灵巧地躲开了，这就不能构成侵权，没有讨论侵权的必要。损害结果之于侵权就像契约达成之于违约一样，仅仅是问题存在的构成条件，对于归责毫无影响。

最后，从因果关系上看，在归责问题上，因果关系这一要件的意义在于其属于"导致责任成立的因果关系。因果关系标准的作用只在于排除那些其行为对损害的产生没有影响的人的责任"[①]。因此，在判断责任成立

---

① [德]汉斯-贝恩德·舍费尔、克劳斯·奥特：《民法的经济分析》，江清云、杜涛译，142页，北京，法律出版社，2009。另参见[德]Hans-Bernd Schäfer und Claus Ott, Lehrbuch der ökonomischen Analyse des Zivilrechts, 4. Alflage, Springer-Verlag Berlin Heidelberg, 2005, pp.147。原文："Haftungsbegründende ausalität. Das Kriterium der Kausalität hat nur die Funktion, eine Haftung derjenigen von vorneherein auszuschließen, deren Verhalten den Schadenseintritt nicht beeinflusst hat."

问题上，因果关系标准的作用相当于一个筛子，排除对损害无因果关系的行为。在契约责任问题上，可预见性规则与因果关系标准异曲同工，只有符合可预见性规定的损失才与违约行为具有因果关系，才可归责。

综上，在归责即责任成立问题上，契约责任与侵权责任殊途同归，均以过错为核心标准，以因果关系（或可预见规则）为排除性标准。

【方法与建议 5.5.1】在责任成立即归责问题上，不必强调契约责任与侵权责任的区分，而采纳正反两个标准：一是以过错（或谨慎注意义务）为核心判断标准，二是以因果关系（或可预见规则）为排除性标准。

3. 以责任归属作为"诱发式"冲突权利归属与衡平救济的统一规则

在"诱发式"冲突权利归属与衡平救济组合方式中，权利归属中的"裁判归属"与衡平救济中的"裁判补偿"是最有讨论价值的法律问题。法院对权利归属和衡平救济进行裁判的标准是什么？"诱发式"冲突权以交易关系为背景，作为冲突当事人的权利人均与交易存在直接或间接的关系，不论其自己进行交易还是共同权利人进行交易，均有引发冲突并丧失不动产财产权利的风险。一旦发生这样的风险，就要面临权利归属与衡平救济两个问题。

具体而言，关于法院裁判中的权利归属问题，权利归属的反面就是责任的归属，也就是说丧失权利的风险应当由冲突中的哪一方来负担。将权利归属问题转换为责任归属问题，就与过错、谨慎标准、注意义务等问题相联系了。关于法院裁判中的衡平救济问题，其本质就是确定责任，不再赘述。因此，责任归属在"诱发式"冲突问题上，不仅是权利归属的标准，也是衡平救济的本质，可以作为二者的统一规则。

【方法与建议 5.5.2】以责任成立即归责问题的判断标准可以作为"诱发式"冲突权利归属与衡平救济的统一裁判规则。

四、"诱发式"冲突权利归属与衡平救济之归责标准：汉德公式

1. 过错（过失）、谨慎标准、注意义务

过错包括故意与过失两种形态。故意作为过错的形态之一，比较容易判断。争议较大且具有讨论价值的是过失。过失与谨慎是一对反义词，不论是盲目自信还是疏忽大意，均属于不谨慎的行为。因此，过失就意味着不谨慎，谨慎就意味着无过失，谨慎标准可以作为判断是否构成过失的衡量标准。

谨慎标准赋予了行为人与之相应的注意义务。是否尽到注意义务，也就是是否谨慎行事，亦应当以谨慎标准加以衡量。由谨慎标准决定的注意义务又成为判断过错的定性标准。

再回过头来谈谈故意，故意是较过失更为严重的过错，故举轻明重，故意一定符合谨慎标准。因此，结合上述分析，谨慎标准、注意义务可以作为判断过错成立的标准。

【方法与建议 5.5.3】 过错作为归责之核心，在实践中以注意义务作为质的标准，以谨慎标准作为量的标准。

2."汉德公式"确定谨慎标准

关于谨慎标准，波斯纳提出了著名的汉德公式，其基本内容为：界定损失几率（P）金额（L），并用 B 表示预防成本，那么，如果（而且只有当）$B<PL$ 时，加害人才构成过失，这就是最佳风险避免公式，即汉德公式。[①] 最佳风险防范公式也就是谨慎的标准。

汉德公式的意义并不在于如何进行精确计算，而是提供了一个过错判断的谨慎标准。预防成本（B）代表着一种谨慎标准，该标准受到损失几率（P）和损失金额（L）两项指标的制约。

3. 谨慎标准参数之一："诱发式"冲突的权利价值水平

预防成本（B）所代表的谨慎标准的制约指标之一为损失金额（L）。在"诱发式"冲突中，作为冲突当事人的权利人均有失去冲突指向不动产权利的风险。因此，一方面，权利人在自己进行交易时具有一定谨慎注意义务，以防交易风险；另一方面，出于防止其他共同权利人交易中的风险，对其他共同权利人从事的交易亦有一定的谨慎注意义务，或者通过消除"自发式"冲突的方法，从根本上消除由"内生性"冲突外部化引发的交易冲突造成的失去权利的风险。根据汉德公式，谨慎标准与指标之一即损失金额相关，因此，交易的权利标的额越大，谨慎标准就越高，需要承

---

① 参见［美］理查德・A・波斯纳：《法律的经济分析（上）》，蒋兆康译，林毅夫校，212页，北京，中国大百科全书出版社，1997；［美］柏士纳：《法律之经济分析》，唐豫民译，107页，台北，"商务印书馆"1987；［美］Richard A. Posner, *Economic Analysis of Law*，中信出版社与 Aspen Publishers, Inc. 合作出版，2003, p. 168。原文："Hand wrote that a potential injurer is negligent if but only if $B<PL$, which is what our example implied would be the formula for optimal accident avoidance."

担的注意义务就越大。所以老百姓常说，买房子不同于买白菜。一般情况下，老百姓都会把买房子当成一件大事，在各个环节都尽自己所能进行充分注意。在二手房买卖司法实践中，常常以是否实际看房作为认定买受人善意的重要标准之一，原因就在于此。前述【案例5.5】中房屋买受人霍某与隐名所有权人张某发生"诱发式"冲突，霍某没有仔细看房以及草率签约等缺乏谨慎的行为，明显与数额较大的争议标的不符，明显有违常理，这是二审法院最终认定其不具有善意的重要原因之一。

4. 谨慎标准参数之二："诱发式"冲突的权利交易风险

预防成本（B）所代表的谨慎标准的制约指标之二为损失几率（P）。该指标不在于一定估算出交易引发的发生冲突并丧失权利的风险概率，事实上也无法计算，其实际意义在于对权利属性进行风险分析。俗话说，便宜没好货，好货不便宜。生活实践可以证明，上网或者到中介机构察看一下房产信息，如果发现同地段、同房龄、同户型的房屋价格差异较大，则价格便宜的房屋往往存在交易风险，常见的情况有：房屋限制交易（如经济适用住房、央产房等）、房屋未取得所有权证、房屋设有抵押权、存在其他权利人而恶意转让等。通过对不动产登记状况（如看房产证、查询登记）和物理状况（如实地看房）的审查，如果发现存在较多风险点，则谨慎标准和注意义务应当随之提高。

5. 借鉴财产权利二维价值体系核算谨慎标准

根据汉德公式的原则，谨慎标准作为"诱发式"冲突的权利归属与衡平救济的标准，受权利价值水平和权利交易风险两方面的制约。其中，权利价值水平决定于市场交易价格，权利交易风险决定于权利属性，此二者与此前讨论过的不动产财产权利二维价值体系不谋而合。（参见【方法与建议1.1】、【方法与建议1.2】、【方法与建议1.3】）在核算谨慎标准过程中，可以借鉴财产权利二维价值体系作为思维范式。

【方法与建议5.5.4】根据汉德公式基本原则，"谨慎标准"作为"诱发式"冲突的权利归属与衡平救济的标准，受"权利价值水平"和"权利交易风险"两方面的制约，价值越大，风险越强，谨慎标准与注意义务就越高。在核算谨慎标准过程中，可以借鉴财产权利二维价值体系作为思维范式，"权利价值水平"决定于市场价格，"权利交易风险"决定于权利属性。

6. "最低成本以避免冲突标准"

如果根据汉德公式，不动产财产权利冲突各方均符合谨慎标准，那么丧失权利的风险由谁来负担？丧失权利的一方是否应当得到赔偿？从福利经济学角度考虑，应当将责任归于可以以最低成本避免风险的一方。这一点非常容易理解，通俗来讲，冲突的产生就是一种风险，将责任归于可以以最低成本避免冲突发生的一方，可以督促其付出最低成本以避免风险，从而使社会总成本最低。

【方法与建议 5.5.5】最低成本以避免冲突标准：不动产财产权利冲突各方均符合谨慎标准丧失权利与承担赔偿的风险应当由可以以最低成本避免冲突的一方负担，从而降低社会总交易成本。

【方法与建议 5.5.6】"诱发式"冲突的权利归属与衡平救济统一于归责标准，具体包括两步：第一步是根据汉德公式的"谨慎标准"，第二步是根据成本收益分析的"最低成本避免冲突标准"。

五、实践论证之一：交易关系外原权利人与交易相对人之冲突——无权处分与善意取得制度之改造与对接

1. 冲突与无权处分、善意取得制度的适用

上述【案例 5.5】是此类"诱发式"冲突的典型例证，在司法实践中，最为常见的情况是不动产为多人共有，共有人之一对不动产进行无权处分导致"诱发式"冲突。在共有状态下，原来的财产权利价值关系是多元的，由于交易产生了买受人对不动产新的价值关系，此价值关系与原共有权人对不动产利用和保有的价值之间就形成了权利冲突。下面列举著者审理过的涉及无权处分的案件，借此讨论无权处分与善意取得的问题。

【案例 5.6】[1] 曾某与陈某系夫妻关系，于 2004 年 6 月 15 日登记结婚。2005 年 4 月 7 日，陈某与中国民生银行签订借款合同，贷款 71 万元。2005 年 4 月 9 日，陈某与崇开嘉信公司签订《商品房买卖合同》，以 899 640 元价格购买诉争房屋（位于北京市东城区（原崇文区）左安漪园小区）。2005 年 10 月 12 日，陈某取得诉争房屋所有权证书。2010 年 3 月 22 日，陈某与王某签订《存量房屋买卖合同》。当日，诉争房屋过户至王某名下。

2012 年 3 月，曾某起诉要求确认陈某、王某签订的《存量房屋买卖

---

[1] 案例索引：北京市第二中级人民法院（2012）二中民终字第 16664 号。

合同》无效。一审法院驳回曾某的诉讼请求。曾某上诉。二审中，经询问，曾某明确其主张《存量房屋买卖合同》无效的理由为：首先，诉争房屋系曾其与陈某的夫妻共同财产，陈某擅自处分夫妻共同财产，属于无权处分；其次，《存量房屋买卖合同》成交价格过低，显失公平。二审法院经审理认为：《最高人民法院关于审理买卖合同纠纷案件适用法律问题的解释》第3条规定①，当事人一方以出卖人在缔约时对标的物没有所有权或者处分权为由主张合同无效的，人民法院不予支持。因此，曾某以诉争房屋系曾某与陈某的夫妻共同财产，陈某擅自处分夫妻共同财产，属于无权处分为由，主张《存量房屋买卖合同》无效，于法相悖，该理由不成立。另，曾某以成交价格过低、显失公平为由主张《存量房屋买卖合同》无效，而显失公平并非法律规定的合同无效事由，故该理由亦不成立。据此，二审法院驳回上诉，维持原判。

自《最高人民法院关于审理买卖合同纠纷案件适用法律问题的解释》于2012年7月1日起施行后，以无权处分为由要求确认合同无效的不再得到法院支持，但不影响无权处分的法律后果。如果构成无权处分且不构成善意取得的，权利人可以以返还原物之物权请求权主张对不动产予以返还并进行权属登记。上述案件审结后，曾某可以起诉要求王某返还房屋并变更登记回原所有权人名下，能否成立需要审查王某是否构成善意取得。

在司法实践中，该条规定主要针对的情形是在未征得配偶同意的情况下擅自将夫妻共有的房屋出售。《买卖合同司法解释》颁布后，审判思路发生较大变化。原来的审理思路可以概括为"合同无效＋缔约过失责任"。也就是说，售房人的配偶以其不知情为由要求确认买卖合同无效，如果法院支持其请求，后续的问题就是合同无效的后果问题。现在的审理思路可以概括为"合同有效＋违约责任"，如果主张合同无效，不予支持，但即

---

① 《最高人民法院关于审理买卖合同纠纷案件适用法律问题的解释》（法释[2012] 8号，自2012年7月1日起施行）第3条规定："当事人一方以出卖人在缔约时对标的物没有所有权或者处分权为由主张合同无效的，人民法院不予支持。（第1款）出卖人因未取得所有权或者处分权致使标的物所有权不能转移，买受人要求出卖人承担违约责任或者要求解除合同并主张损害赔偿的，人民法院应予支持。（第2款）"

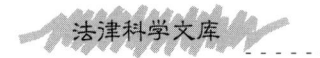

使合同有效也无法履行。

2.《买卖合同司法解释》第 3 条的实践解析——"物权变动二层次"

有些学者将《买卖合同司法解释》第 3 条理解为区分"负担行为"与"处分行为",即将签订买卖合同的行为理解为"负担行为",将办理过户登记的行为理解为"处分行为"。如此,与无权处分相关的是"处分行为"的效力,而不会涉及"负担行为"的效力。甚至有学者用物权行为的理论来解释该条司法解释,而在我国的物权变动体系下,不存在真正的物权行为无因性与独立性。

上述解释方法与我国不动产物权变动模式并不兼容,也与司法实践情况不相符合。最与实践"接地气"的理解方法应当尊重我国现行的不动产物权变动模式,即"基础法律关系+物权变动登记"。用老百姓的通俗理解方式解释就是"先签合同后过户"。在这中间,其实存在两个前后递进的层次,即签合同在先,办过户在后。如何理解这两个层次之间的关系?

其一,两个层次相互区分,依次递进。第一层次是基础法律关系,即买卖合同的效力等问题;在此基础上才有第二层次的问题,即物权变动的结果。两个层次呈递进关系,不可随意混同。《买卖合同司法解释》第 3 条将无权处分定义为第二层次的问题,即影响物权变动的结果,故不可能反射回第一层次影响合同效力问题。因此,该条规定是对我国不动产物权变动模式的深入解读,以"物权变动二层次"为模型,法律关系就可以梳理清晰了。对于为什么实践中会存在合同有效而不能过户的情况这个疑问也就迎刃而解了。合同效力是第一层次的问题,合同有效是进行第二层次问题分析的前提。因为两个层次相互区分,依次递进,故第二层次的物权变动结果问题是在第一层次之上又独立于第一层次的问题,有效合同不一定必然导致物权变动的结果。因此,无权处分作为第二层次的问题,独立于合同效力问题,制约合同有效基础上是否发生物权变动的结果。

其二,两个层次相互关联,因果相依。在中国的语境下,物权行为的无因性与独立性是无法兼容的。一方面,不存在独立性问题,基础法律关系与物权变动登记相互关联,签订合同与过户登记不是相互独立的两个行为，过户登记一般被理解为履行合同的具体行为。另一方面，亦不存在无因性问题，签订合同是过户登记的原因行为，合同的效力问题也制约过户登记的结果，合同无效直接导致无法办理过户登记，事实上不存在买卖合同无效而过户登记有效的情况。

3. 打破"无权处分＋善意取得"制度的新思维——"谨慎标准＋最低成本避免冲突标准"

"无权处分＋善意取得"制度处于"物权变动二层次"的第二个层次，是在合同有效的前提下研究物权变动的结果。著者尝试打破"无权处分＋善意取得"的传统审查方式，适用"诱发式"冲突的权利归属与衡平救济统一归责标准（参见【方法与建议5.5.6】）对交易关系外原权利人与交易相对人之间的冲突进行分析。

第一步：根据汉德公式的"谨慎标准"。

一方面，交易相对人是通过"权利价值水平"和"权利交易风险"达到"谨慎标准"的，可以认定尽到注意义务，也就符合了善意取得制度中的"善意"要件。如果未达"谨慎标准"，自然不构成"善意"，难以通过善意取得制度保护其权利，而应当承担丧失权利的风险。

另一方面，交易关系外原权利人"谨慎标准"以其对交易知道或应当知道为前提。在实践中，交易关系外原权利人常常提出其对交易情况不知晓，但如果有证据证明其知道或应当知道，则应当使其承担一定的注意义务。例如，如果有证据证明交易关系外原权利人见到了交易双方在磋商协议却不置可否，虽然不能认定其默示同意，但足以证明其未尽到"谨慎标准"之注意义务。

第二步：根据成本收益分析的"最低成本避免冲突标准"。

如果交易关系外原权利人与交易相对人均符合"谨慎标准"，尽到了注意义务，何者为可以以最低成本避免冲突的一方？

一方面，交易关系外原权利人避免冲突的方法是可以通过申请变更登记使登记的权属状态与实际相符。

另一方面，交易相对人为避免冲突，则除了对房屋登记权属、实际使用等基本情况进行了解后，还要求对出卖人的婚姻状况、继承状况等进行调查，甚至需要对调查到的其他利益相关人一一征求意见。如果出卖人隐瞒真实情况，则调查成本将进一步提高。

从信息经济学角度来看，交易关系外原权利人付出的是"信息公布成本",交易相对人付出的是"信息收集成本"。二者相比,显然,"信息的公布成本小于信息"①,交易关系外原权利人避免冲突的成本更低,应当承担丧失权利的风险,符合谨慎标准、尽到注意义务的善意交易相对人更应得到优先保护。

4. 现行"无权处分＋善意取得"制度之弊

目前《物权法》第 106 条规定的善意取得制度体现了对善意交易相对人的保护,但必须满足不动产已经实际转移登记至其名下的条件。从实践观察来看,以二手房买卖为例,整个交易需求经过签约、网签、交接首付款、原银行抵押贷款解押、买受人申请银行贷款面签、等待贷款审批、交付房屋、过户交税等复杂的程序,从签约到过户有时需要很长的时间,买受人在取得登记所有权之前可能已经进行一系列的专用性投资②,例如装修、买家具,甚至在购房的房屋注册公司并开始经营。

因此,不论从信息经济学角度,还是从一般人理解的公平正义角度出发,善意买受人均应当受到优先保护。根据《物权法》第 106 条的规定,在办理完毕过户之前,善意的交易相对人随时面临被交易关系外原权利人剥夺权利的风险。虽然《买卖合同司法解释》第 3 条明确不得以无权处分的事由主张合同无效,但是一份有效的合同仍然因无权处分的事由无法履行。

著者所见,房屋的共有权人常常以无权处分作为工具,恶意侵害善意买受人的权利,尤其在房价上涨较快的阶段,签订买卖合同后房价继续上

---

① 周林彬:《物权法新论——一种法律经济分析的观点》,246 页,北京,北京大学出版社,2002。

② 专用性投资,即涉及特定使用目的的投资,在取消某合同关系之外就没有或者只有很小的价值。参见［德］汉斯-贝恩德·舍费尔、克劳斯·奥特:《民法的经济分析》,江清云、杜涛译,107 页,北京,法律出版社,2009;另参见［德］Hans-Bernd Schäfer und Claus Ott, Lehrbuch der ökonomischen Analyse des Zivilrechts, 4. Alflage, Springer-Verlag Berlin Heidelberg, 2005, p. 109。原文:"Spezifische Investitionen Eine wichtige Quelle für opportunistisches Verhalten nach Vertragsabschluss sind spezifische Investitionen69. Es handelt sich dabei um Kapitalgüter, die außerhalb bestimmter Verwendungszwecke, etwa bei Aufkündigung einer Vertragsbeziehung, keinen oder nur einen geringen Wert haben."

涨，出卖人反悔，以配偶出面主张无权处分的情况不胜枚举。虽然善意买受人可以主张返还购房款并赔偿损失，在法律逻辑上似乎完美；但事实上，出卖人与其配偶恶意转移财产的事例不胜枚举，如此，一份胜诉判决书的作用只能是为善意买受人擦眼泪！

5. 改造现行"无权处分＋善意取得"制度

著者在日常审判工作中见过大量以无权处分维权之名，行侵害他人权利之实，不仅破坏了社会诚信，而且在这些善意买受人中有的因此生病住院，有的因此离婚或恋爱分手，还有的家中老人因此遭受折磨……著者甚感痛心！如果无权处分制度沦为违反诚信的人的有力武器，使无辜善意的人蒙受冤屈和损失，甚至遭受灾难性的打击，那么这一制度有必要进行改造。

如果有人提出善意买受人可以寻求救济，著者将说这只是美妙的法学逻辑，在现实生活中呢？承载美妙逻辑的胜诉判决有时会变成空头支票。即使善意买受人得到经济上的补偿，其家庭遭受的感情上、身体上的灾难由谁承受？

是改造无权处分制度，还是改造善意取得制度呢？

有人主张将善意取得制度的节点由过户提前，著者认为万万不可，这将与现行《物权法》确立的登记生效原则相悖。善意取得制度必须不可忽视"取得"二字，否则改造后的制度就不是善意取得制度了，除非将该制度废除，另行建立新的制度。著者认为，可以在保留现有善意取得制度的前提下对无权处分制度加以改良。所谓改良，不必大动干戈，仅仅是针对物权登记信赖保护原则制度对接的规范。

著者建议在民法总则性规范中规定："不动产登记簿记载的权利人未经其他共有人同意擅自处分不动产，相对人为善意的，该处分行为有效，善意相对人可以主张相关权利。"另规定："不动产登记簿未予记载的权利人以不动产登记簿记载的权利人对标的物没有处分权为由主张处分无效的，人民法院不予支持。不动产登记簿未予记载的权利人因该处分行为造成损失的，可以要求处分人予以赔偿。"

或者，在《合同法》中规定："不动产登记簿记载的权利人未经其他共有人同意擅自出售不动产，买受人为善意的，买卖合同有效，善意买受人可以依据买卖合同的约定要求出卖人履行合同义务。"另规定："不动产登记簿未予记载的权利人以不动产登记簿记载的权利人在缔约时对标的物没有所有权或者处分权为由主张合同无效的,人民法院不予支持。不动产登记簿未予记载的权利人可以因该处分行为造成的损失,要求处分人予以赔偿。"

会不会有人担心上述建议对不动产登记簿未予记载的权利人不利,著者认为不必担心。

隐名共有权人完全可以通过变更登记制度主张权利。但可能有人会说,这种变更登记的要求可能碍于情面,不宜提出,提出了会伤及夫妻感情。在参加婚礼时,常常会听到这样的誓词:"无论顺境或逆境、富裕或贫穷、健康或疾病、快乐或忧愁,我将永远爱着您、珍惜您,对您忠实,直到永永远远。"想到这里,设想两种情况:

第一,如果夫妻如誓言忠诚和睦,包括卖房在内,凡事平等协商,不论登记在谁名下,有何妨碍?即使要求变更登记,也应当相互理解,予以支持。

第二,如果夫妻关系出现问题,隐名共有权人即使不考虑"内生性"冲突外部化问题,只是出于保护其自身利益,也应当申请变更登记,或者进行异议登记后起诉确定权属。

这两种情况在司法实践中均有反映,以无权处分为由主张权利的,若是名为维权、实为侵权,多为第一种情形;若是真的纠纷,多为第二种情形。对于第一种情形,夫唱妇随,恶意毁约,不应得到支持;对于第二种情形,前文已经谈到,《物权法》和《婚姻法》应当配置倡导性规范,减少因登记权利与实际权属不一致导致的权利冲突和交易风险,防止"内生性"冲突外部化;而且一旦发生"内生性"冲突外部化,比较变更登记之信息公开成本与深入调查之信息收集成本,隐名共有权人怠于维权的,应当自行承担风险。

【方法与建议 5.6】为避免现行无权处分制度造成善意相对人难以维权的弊端,建议在民法总则性规范或者合同法规范中作出特别规定。

民法总则性规范可以特别规定:

第一条 不动产登记簿记载的权利人未经其他共有人同意擅自处分不动产,相对人为善意的,该处分行为有效,善意相对人可以主张相关权利。

第二条 不动产登记簿未予记载的权利人以不动产登记簿记载的权利人对标的物没有处分权为由主张处分无效的,人民法院不予支持。

不动产登记簿未予记载的权利人因该处分行为造成损失的，可以要求处分人予以赔偿。

合同法规范可以特别规定：

第一条　不动产登记簿记载的权利人未经其他共有人同意擅自出售不动产，买受人为善意的，买卖合同有效，善意买受人可以依据买卖合同的约定要求出卖人履行合同义务。

第二条　不动产登记簿未予记载的权利人以不动产登记簿记载的权利人在缔约时对标的物没有所有权或者处分权为由主张合同无效的，人民法院不予支持。

不动产登记簿未予记载的权利人因该处分行为造成损失的，可以要求处分人予以赔偿。

六、实践论证之二：交易相对人之间的冲突——一房数卖，何者安居

1. 交易相对人之间的冲突之审判实践

在司法实践中，交易相对人之间的冲突主要发生在一房二卖甚至一房数卖的纠纷中。原权利人分别与两个相对人建立了两个交易之后，两个买受人基于两个合法债权对同一不动产形成了两个新的价值关系，两个权利价值关系相互排斥，只有一个权利价值关系得以最终实现。在司法实践中如何取舍呢？下面列举一起著者审理过的一房二卖经典案例，在该案中既有第一买受人的起诉，又有出卖人的反诉，还有第二买受人以独立请求权第三人身份的起诉。面对两个买受人在一案中均要求出卖人继续履行合同，结果何去何从？该案耐人寻味，现将事实加以概括，但有必要将判决理由全文奉献，以资评判。

【案例5.7】① 2010年5月13日，在链家公司居间服务下，赵某（出卖人）与刘某（买受人）就诉争房屋（位于北京市朝阳区定福庄西街）签订了《北京市存量房屋买卖合同》，房屋成交价格为130万元。同日，赵某（甲方）、刘某（乙方）、链家公司（丙方）签订了《补充协议》，还签订了《居间成交确认书》、《过户、按揭代理合同》。

---

① 案例索引：北京市第二中级人民法院（2011）二中民终字第17982号。

2010年5月23日,链家公司为刘某、赵某办理了诉争房屋的网签手续。2010年6月22日,赵某向刘某、链家公司出具了署名为"李某"的《同意出售证明》。2010年6月29日、2010年6月30日,刘某分两次向赵某支付购房定金10万元,赵某于2010年6月30日向刘某出具收据。

2010年9月11日,在格林旭日公司居间服务下,赵某(出卖人)与王某(买受人)就诉争房屋另行签订了《北京市存量房屋买卖合同》及《补充协议》,约定王某以152万元的价格购买诉争房屋。协议签订当日,王某向赵某支付了定金2.5万元。2010年9月15日,王某与诉争房屋的物业管理部门中国水利水电第二工程局有限公司签订了《物业管理合同》及《供暖协议书》,并交纳了2010年9月至2011年9月的物业费627元及2010至2011年度供暖费2 850.6元。2010年9月17日,赵某办理了诉争房屋的上市出售登记手续,取得《中央在京单位已购公房上市出售登记表》。2010年9月21日,王某向赵某支付了首付款54.5万元。2010年10月25日,格林旭日公司为赵某、王某办理了诉争房屋的网签手续。当天,王某缴纳了诉争房屋的交易契税6 990元。2010年11月4日,赵某在与王某签订了《补充协议(二)》后,向王某交付了房屋,王某开始对房屋进行装修。

2011年1月,刘某起诉至一审法院,要求赵某履行房屋买卖合同,协助办理诉争房屋的过户手续,并交付诉争房屋。赵某提出反诉,要求解除双方就诉争房屋所签订的房屋买卖合同及补充协议,并要求刘某支付违约金26万元。王某以独立请求权第三人身份提出诉讼,请求法院:1.判令赵某协助办理诉争房屋的产权过户手续;2.判令赵某按照已付房款日万分之一的标准支付自2010年10月20日起至过户之日止的违约金;3.判令赵某支付贷款损失205 479元。

一审诉讼中,一审法院向房屋权属登记部门询问诉争房屋存在的两份网签合同的效力问题,工作人员答复称如出现同一房屋存在两份网签合同情况时,房屋管理部门均不予认可,办理权属转移登记手续需以法院最终确认有效的合同为依据。

刘某及王某均表示愿意且有能力一次性向赵某支付剩余购房款,并向原审法院提交了相应存款的凭证。原审法院考虑诉争房屋存在"一房二卖"情形，经释明后，刘某表示如其与赵某的房屋买卖合同不能继续履行，其另行要求违约赔偿问题。王某则表示如其与赵某的房屋买卖合同不能继续履行，将在本案中要求赵某按照法律规定承担违约责任，即：第一，相互返还；第二，按照已付房款的数额支付违约金；第三，要求赔偿装修损失。

一审法院于2011年8月判决：一、刘某与赵某签订的《北京市存量房屋买卖合同》、《补充协议》于判决生效之日解除；二、赵某与王某签订的《北京市存量房屋买卖合同》、《补充协议》继续履行，王某于判决生效之日起七日内一次性给付赵某剩余购房款95万元；三、赵某收到上述第二项判决所确定的款项后七日内协助王某办理权属转移登记手续，将房屋所有权人变更为王某；四、驳回刘某的诉讼请求；五、驳回赵某的其他反诉请求；六、驳回王某的其他诉讼请求。

判决后，刘某不服，提出上诉。二审法院于2011年10判决：驳回上诉，维持原判。判决理由为：

[判决理由1—1] 关于赵某与刘某之间的房屋买卖问题，刘某与赵某之间签订的《北京市存量房屋买卖合同》及《补充协议》系双方真实意思表示，不违反法律、行政法规的强制性规定，合法有效。双方虽约定刘某应于2010年5月20日向赵某支付定金20万元，但根据链家公司工作人员证言陈述及刘某与赵某的录音证据，刘某在当天已准备支付相应定金，但当天联系不到赵某，造成双方无法交接定金，故不宜认定刘某构成迟延给付定金。刘某称其与赵某达成口头协议先行给付定金10万元，待房屋评估完毕时再行给付剩余10万元定金，链家公司工作人员的证言对此予以证实，且赵某确于2010年6月30日收取了刘某给付的10万元定金。原审法院综合上述事实认定，刘某与赵某已就定金给付问题进行了重新约定，而此后赵某未能配合进行房屋评估，造成后续事宜无法履行，故刘某未再给付10万元定金并不构成迟延履行，并无不当，本院予以维持。

[判决理由1—2] 关于赵某与王某之间的房屋买卖问题，根据查明的事实，王某与赵某之间的房屋交易系通过格林旭日公司居间介绍完成的，签订房屋买卖合同当日，王某即向赵某支付了定金2.5万元，赵某亦在此后办理了诉争房屋的上市出售登记手续，并协助王某办理了物业交割手

续，而后王某将首付款 54.5 万元支付给赵某。后王某于 2010 年 10 月 25 日交纳了房屋交易契税，格林旭日公司为双方办理了网签手续。在向房屋管理部门申请办理权属转移登记时，因存在两份网签合同，无法过户，王某此时理应知悉赵某"一房二卖"的事实，又于 2010 年 11 月 4 日与赵某签订了《补充协议（二）》，约定无法办理过户的相关违约赔偿责任。在签订《补充协议（二）》后，王某开始了诉争房屋的装修事宜。原审法院综合考虑上述事实发生的先后顺序，认为王某在与赵某订立合同之时并未知悉赵某已将房屋出售他人，在过户未果情况下，王某为防止自己利益受损，而与赵某签订《补充协议（二）》，并在此前提下对诉争房屋进行装修，王某的行为符合普通购房人的心理，现有证据不足以认定王某与赵某存在恶意串通的情形，认定王某与赵某之间的房屋买卖合同亦属合法有效，并无不当，本院予以维持。

[判决理由 2] 关于诉争房屋的两份买卖的最终履行问题，基于上述认定，在两份房屋买卖合同均属有效的前提下，刘某、王某又均主张继续履行合同。综合来看，刘某虽先于王某与赵某签订买卖合同，但刘某仅支付了定金 10 万元，王某则已支付 57 万元，且已合法占有诉争房屋，并支出较多费用对房屋进行了装修，故原审法院综合上述事实，认定由王某与赵某继续履行合同更符合客观及经济原则，亦无不当，本院予以维持。

[判决理由 3] 关于刘某与赵某之间的房屋买卖合同最终处理问题，鉴于王某与赵某之间的房屋买卖合同应当继续履行，刘某与赵某之间的房屋买卖合同已无法实际履行，故应予解除。赵某"一房二卖"的行为已构成违约，应承担相应的民事责任，因刘某不在本案中主张违约赔偿问题，其可通过其他诉讼另行解决。

[判决理由 4] 关于王某要求赵某支付迟延办理过户违约金及赔偿贷款损失的请求，在王某与赵某办理过户未果后，双方签订的《补充协议（二）》实际上对过户问题重新进行了约定，赵某已提前交付房屋，并允许王某进行装修，故原审法院认为王某以房屋买卖合同中有关房屋过户的约定来主张违约金及贷款损失缺乏事实及法律依据，未予支持，并无不当，本院予以维持。

综上所述，刘某的上诉请求不成立，本院不予支持。原判正确，应予维持。

对于一房数卖的问题,《北京市高级人民法院关于审理房屋买卖合同纠纷案件适用法律若干问题的指导意见（试行）》（京高法发［2010］458号）第13条作出如下专门规定：

"出卖人就同一房屋分别签订数份买卖合同，在合同均为有效的前提下，买受人均要求继续履行合同的，原则上应按照以下顺序确定履行合同的买受人：

（1）已经办理房屋所有权转移登记的；

（2）均未办理房屋所有权转移登记，已经实际合法占有房屋的；

（3）均未办理房屋所有权转移登记，又未合法占有房屋，应综合考虑各买受人实际付款数额的多少及先后、是否办理了网签、合同成立的先后等因素，公平合理的予以确定。

买受人中之一人起诉要求出卖人继续履行买卖合同，出卖人以房屋已转让给他人为由提出抗辩的，法院可以根据案件具体情况决定是否追加其他买受人作为第三人参加诉讼；其他买受人另行提起诉讼要求继续履行合同的，应当依据前款原则协调处理。"

该指导意见对于多个买受人要求继续履行合同的取舍顺序可以概括为：(1) 已经办理房屋所有权转移登记的→(2) 已经实际合法占有房屋的→(3) 公平原则：实际付款数额的多少及先后、是否办理了网签、合同成立的先后。

在【案例5.7】的判决理由中载明"王某则已支付57万元，且已合法占有诉争房屋，并支出较多费用对房屋进行了装修，故原审法院综合上述事实，认定由王某与赵某继续履行合同更符合客观及经济原则"，法院通过第二步标准得到取舍结果。

上述取舍顺序的核心是减少交易成本，即优先保护专门性投资更多、履行进度更高的买受人。从福利经济学角度来看，上述原则有利于降低社会总成本，最大限度地减少交易中的摩擦力。然而，"谨慎标准"和"最低成本避免冲突标准"是否应当有所体现？

2. 以"成本最小化标准"衡平"诱发式"冲突权利归属

《北京市高级人民法院关于审理房屋买卖合同纠纷案件适用法律若干问题的指导意见（试行）》第13条确定的一房数卖案件买受人履行顺序取舍原则基本上符合降低社会总成本福利经济学原则，丰富了"诱发式"冲突权利归属的原则。即在归属原则无法确认责任归属的情况下，可以着眼社会总成本,适用"成本最小化标准"对冲突的权利进行衡平性取舍。

需要注意的是,"成本最小化标准"以社会总成本为视角进行利益衡平,与过错无关。

3. 交易相对人之间的冲突取舍原则之理性论证

不可忽视的是,以社会总成本视角适用"成本最小化标准"时,仍然应当以"诱发式"冲突的权利归属与衡平救济统一适用的归责标准中根据汉德公式的"谨慎标准"和根据成本收益分析的"最低成本避免冲突标准"为前提。只有在难以以归责标准确定权利归属时才可适用。

因此,再来看一下上述指导意见确定的继续履行合同的取舍顺序,应当将其中涉及"谨慎标准"和"最低成本避免冲突标准"的问题摘出,变更成为前置性标准。在第三步公平原则的考虑因素中,"是否办理了网签"涉及"谨慎标准"。这是因为,在办理网签后,房屋买卖合同在网络上被公示。与物权法中的公示公信原则类似,一方面,信赖此公示的第三人的信赖利益应当得到保护;另一方面,相反而言,第三人明知存在公示的合同仍然进行再交易的,理应承担风险。因此,从正面看,公示具有对第三人信赖保护的作用;从反面看,公示具有对第三人风险提示的作用。

房屋买卖合同在网签后被公示后具备了公信力。此公信力表现为两个方面:一是对第三人的风险提示,二是对交易双方的履行保护。既然如此,查询网签就成为审查"谨慎标准"的重要内容,进行网签就成为"最低成本避免冲突标准"的考虑因素。另外,上述指导意见中公平原则中的实际付款数额的多少及先后、合同成立的先后,不具备可公示性,与"谨慎标准"和"最低成本避免冲突标准"无关。

从【案例5.7】的案情来看,2010年5月23日,链家公司为刘某、赵某办理了诉争房屋的网签手续。2010年9月11日,在格林旭日公司居间服务下,赵某与王某签订了房屋买卖合同。2010年10月25日,格林旭日公司为赵某、王某办理了诉争房屋的网签手续。可见,王某在与赵某签订合同时理应知晓其欲购买的房屋已存在网签合同、已被他人购买的事实。不论王某未予审查还是明确有网签仍然签署合同,均未尽到注意义务,不符合"谨慎标准"。而按照上述指导意见的处理方式,与"谨慎标准"相关的网签在第三步审查中才予以考虑,在【案例 5.7】中,冲突通过第二步审查就可作出结论,网签问题无法再予以审查,与确定责任相关的"谨慎标准"无用武之地。

综上,《北京市高级人民法院关于审理房屋买卖合同纠纷案件适用法律若干问题的指导意见(试行)》关于一房数卖案件中多个买受人继续履行合同的取舍顺序的规定存在重大缺陷,应当予以更正,并规定"出卖人在房屋买卖合同办理网签手续后向他人另行出售,已办理网签手续的买受人与后买受人均要求继续履行合同的,已办理网签手续的买受人优先履行。"

【方法与建议 5.7】"诱发式"冲突的权利归属特别规则:首先适用统一归责标准,即"谨慎标准"(第一步)和"最低成本避免冲突标准"(第二步)。依照上述标准无法确定权利归属的,可以适用"失权者成本最小化标准"对冲突的权利价值关系予以衡平取舍,实现社会总成本最小化。

【方法与建议 5.8】《北京市高级人民法院关于审理房屋买卖合同纠纷案件适用法律若干问题的指导意见(试行)》(京高法发〔2010〕458号)第13条的内容应当更正为:

出卖人就同一房屋分别签订数份买卖合同,在合同均为有效的前提下,买受人均要求继续履行合同的,原则上应按照以下顺序确定履行合同的买受人:

(1)已经办理房屋所有权转移登记的;

(2)均未办理房屋所有权转移登记,已经实际合法占有房屋的;

(3)均未办理房屋所有权转移登记,又未合法占有房屋,应综合考虑各买受人实际付款数额的多少及先后、是否办理了网签、合同成立的先后等因素,公平合理地予以确定。

出卖人在房屋买卖合同办理网签手续后向他人另行出售,办理网签手续的买受人与后买受人均要求继续履行合同的,办理网签手续的买受人优先履行。(此款为建议增加条款)

买受人中之一人起诉要求出卖人继续履行买卖合同,出卖人以房屋已转让给他人为由提出抗辩的,法院可以根据案件具体情况决定是否追加其他买受人作为第三人参加诉讼;其他买受人另行提起诉讼要求继续履行合同的,应当依据前款原则协调处理。

七、实践论证之三：第三人与交易当事人之间的冲突——承租人优先购买权

1. 第三人与交易当事人之冲突的审判实践思路变化

原权利人与交易相对人进行交易，有时交易会产生外部性，涉及交易外第三人的利益，从而引发第三人与交易双方的冲突。这种情况较多发生在承租人优先购买权的案件中。下面首先列举一则著者办理过的承租人优先购买权案件，再结合相关司法解释解读此类案件审理思路的变化。

【案例 5.8】[①] 2007 年 4 月 30 日，特能公司（甲方）与航天长峰公司（乙方）就特能公司所有的位于丰台区航丰路某号的工业厂房 1 层 1—1（建筑面积 711.59 平方米）、1—2（建筑面积 61.59 平方米），2 层 1—3（建筑面积 123.76 平方米），1—4（建筑面积 43.80 平方米）共计 940.74 平方米房产的买卖事宜签订《房产转让协议》，转让总价款为 373.5 万元。双方对付款方式及房产交付亦作出约定。

2007 年 6 月 5 日，航天长峰公司致函特能公司，催促其尽快派人领取定金。特能公司认可收到该函，但称因李某提出优先购买权，定金一直未予收取。

2004 年 8 月 31 日，李某与特能公司签订房屋租赁协议。约定李某租用特能公司一层西侧厂房即 1—1（建筑面积 711.59 平方米），从 2004 年 10 月 1 日起至 2007 年 9 月 30 日止。2007 年 7 月 20 日和 8 月 29 日，李某两次致函特能公司，主张优先购买权，请求特能公司通知其房屋转让条件等，若不购买，才可将房屋出售给他人。2007 年 8 月 30 日，特能公司致函航天长峰公司，称因承租人要求行使优先购买权，通知其原房产转让协议解除。2007 年 10 月 1 日，特能公司与李某续签租赁协议，将房屋租赁期限延长至 2008 年 3 月 31 日。后双方未再续签合同，但李某继续使用一层西侧厂房即 1—1，另占用 1—2 场地至今。2008 年 3 月 2 日，李某再次致函特能公司要求行使优先购买权。

---

① 案例索引：北京市第二中级人民法院（2009）二中民终字第 6861 号。

航天长峰公司起诉要求特能公司继续履行原房产转让协议，交付全部房产，不同意特能公司的解除通知。特能公司认为，航天长峰公司一直未交付定金，协议至始未履行；租户现要求行使优先购买权，其公司也通知了航天长峰公司，继续履行合同已不可能。李某认为，特能公司与航天长峰公司之间签订房屋买卖协议侵犯了其优先购买权，要求确认特能公司与航天长峰公司之间签订的《房产转让协议》无效。

一审法院经审理认为：李某在特能公司向航天长峰公司提出解除合同后长达一年多的时间里仍未就购买的事宜提出具体方案，显然已超过合理期限，且无法证明其真实购买的意思表示。判决继续履行房产转让协议，交付全部房产；特能公司单方解除房产转让协议的行为无效；驳回第三人李某的诉讼请求。

一审法院判决后，李某（乙方）和特能公司（甲方）于2008年12月1日签订了《房产转让协议》，李某购买特能公司的诉争全部房产，转让价款为451.5552万元。李某于2008年12月3日给付特能公司定金40万元。

李某不服一审判决，提出上诉，称其转让协议价款高于航天长峰公司的购买价款，并已给付定金40万元，因此对诉争房屋享有优先购买权。

二审法院经审理认为：对于承租部分房屋的承租人在出租人出卖全部房屋时是否享有优先购买权的问题，虽目前法律、司法解释没有明确规定，但应综合考虑该承租人所承租的部分房屋占全部出售房屋的比例大小及实际使用情况等因素予以确认。本案中，李某承租房屋的建筑面积占特能公司所出售房屋建筑面积的比例约为76％，且李某自2004年8月一直在此经营，故李某对特能公司出售的房产应享有优先购买权。改判确认李某对特能公司出售的房产应享有优先购买权。

按已被废止的《最高人民法院关于贯彻执行〈中华人民共和国民法通则〉若干问题的意见（试行）》第118条的规定，承租人的优先购买权限制了房屋出卖人对房屋的处分权，产生处分行为无效的法律后果。《最高人民法院关于审理城镇房屋租赁合同纠纷案件具体应用法律若干问题的解释》将承租优先购买权的法律性质明确为强制缔约请求权，以提出强制缔约的请求来限制房屋出卖人对缔约相对人的选择，而不是要求宣告出卖人与第三人的买卖合同无效。其本质上属于债权而非物权。对此，著者将承租人优先购买权的性质概括为一个公式,即"强制缔约权+优先履行权"①。

本案中,二审法院依法改判,支持了李某的优先购买权,但并未宣告特能公司与航天长峰公司之间的买卖合同无效,虽然新的司法解释在裁判之时尚未颁布,但裁判结果与新的司法解释不谋而合。

2. "诱发式"冲突的权利归属规则的适用前提

关于第三人与交易当事人之间的冲突的权利归属问题,根据前述"诱发式"冲突的权利归属的类型分析,包括"协议归属"、"强制归属"、"裁判归属"三种情形。

(1)"协议归属",属于当事人意思自治,不在讨论之列。

---

① 承租人优先购买权相关法律及司法解释:

《中华人民共和国合同法》

第二百三十条 出租人出卖租赁房屋的,应当在出卖之前的合理期限内通知承租人,承租人享有以同等条件优先购买的权利。

《最高人民法院关于贯彻执行中华人民共和国民法通则若干问题的意见》

118. 出租人出卖出租房屋,应提前三个月通知承租人,承租人在同等条件下,享有优先购买权;出租人未按此规定出卖房屋的,承租人可以请求人民法院宣告该房屋买卖无效(该条已废止)。

《最高人民法院关于审理城镇房屋租赁合同纠纷案件具体应用法律若干问题的解释》

第二十一条 出租人出卖租赁房屋未在合理期限内通知承租人或者存在其他侵害承租人优先购买权情形,承租人请求出租人承担赔偿责任的,人民法院应予支持。但请求确认出租人与第三人签订的房屋买卖合同无效的,人民法院不予支持。

第二十二条 出租人与抵押权人协议折价、变卖租赁房屋偿还债务,应当在合理期限内通知承租人。承租人请求以同等条件优先购买房屋的,人民法院应予支持。

第二十三条 出租人委托拍卖人拍卖租赁房屋,应当在拍卖5日前通知承租人。承租人未参加拍卖的,人民法院应当认定承租人放弃优先购买权。

第二十四条 具有下列情形之一,承租人主张优先购买房屋的,人民法院不予支持:

(一)房屋共有人行使优先购买权的;

(二)出租人将房屋出卖给近亲属,包括配偶、父母、子女、兄弟姐妹、祖父母、外祖父母、孙子女、外孙子女的;

(三)出租人履行通知义务后,承租人在十五日内未明确表示购买的;

(四)第三人善意购买租赁房屋并已经办理登记手续的。

（2）"强制归属"，该情形导致的是损害赔偿。因此根据上述《租赁合同司法解释》第 21 条的规定，承租人请求出租人承担赔偿责任的，人民法院应予支持。当出卖人（出租人）与买受人之间的买卖合同已经实际履行完毕后，承租人优先购买权被强行剥夺，只能寻求赔偿，而不能再主张优先购买权。

（3）"裁判归属"，其适用前提是交易双方尚未完成交易过程，有利害关系的第三人可以主张权利，就此形成的权利冲突由法院裁判。在出卖人（出租人）与买受人之间的买卖合同尚未履行完毕前，承租人可以主张优先购买权。

于此，需要重点讨论的是"裁判归属"问题。首先要明确的是裁判规则，关于"诱发式"冲突的权利归属问题，应当首先适用统一归责标准，即第一步根据汉德公式适用"谨慎标准"，第二步根据成本收益分析适用"最低成本避免冲突标准"。依上述原则难以归责的，可以适用"失权者成本最小化标准"。对应第三人与交易当事人之间的冲突，下面以优先购买权为例进行分析。

3. 第三人与交易当事人之间冲突归责之"谨慎标准"

关于"谨慎标准"，司法解释明确规定了出卖人（出租人）对承租人的通知义务，以及三个"合理期限"。出卖人（出租人）是否依法履行了通知义务是承租人优先购买权纠纷中首先要审查的问题。司法裁判中审查通知义务的履行，应当注意以下几个重要问题。

首先，承租人优先购买权中的通知义务在司法裁判中实际上是一个证明责任的问题。通知义务的履行应当由出租人举证。《合同法》并未要求通知一定要采取书面形式，但口头通知在举证中存有困难。实践中在很多情况下出卖方主张其以口头方式通知过承租人，但如果承租人予以否认，一般来说，很难有其他证据佐证。在此情况下，很难认定出卖人已经履行了通知义务。判定出卖人是否已履行通知义务，需要结合庭审中三方陈述与其他证据来综合判断。

其次，关于提前通知的合理期限的起算时间，著者认为，应当以房屋出租人与第三人的买卖合同中确定的履行期届满之日为基点提前一定天数通知承租人。这是因为：一方面，只有出租人与第三人之间的买卖合同实际履行了，才会真正侵害承租人的优先购买权；另一方面，如果以买卖合同签订日为基点，则提前若干天数之日，交易条件尚未确定，优先购买权中的同等条件亦无法认定。

再次，关于通知的合理期限，按原来《民法通则适用意见》第118条的规定，应提前3个月通知承租人。该条解释已经被废止，提前通知的合理期限如何确定？此问题一直是实际案件中常常需要认真研究的，因为二手房交易中涉及很多具体的复杂问题，且个案情况各不相同。

根据《最高人民法院关于审理城镇房屋租赁合同纠纷案件具体应用法律若干问题的解释》第24条第3项的规定，出租人履行通知义务后，承租人应当在15日内明确表示购买。著者认为，该15日不仅是出租人履行通知义务后承租人作出是否购买意思表示的最长期限，同时是承租人履行通知义务的最短期限。这一结论可以通过简单逻辑推理得出。若赋予承租人15日的时间考虑是否购买，否则出租人与第三人的买卖合同可以履行，则出租人至少要在履行期届满前15日通知承租人。由此可见，该司法解释实际上确定了履行通知义务的合理期限为15日。这一合理期限也成为"谨慎标准"在承租人优先购买权问题上的具体标准。

"谨慎标准"的核心是合理期限。著者提示，应当注意甄别承租人优先购买权问题中的三个"合理期限"。第一个是出卖人履行通知义务的合理期限，根据新的司法解释，应当为15日。第二个是承租人在出卖人履行通知义务后作出购买意思表示的合理期限，司法解释确定为15日。第三个是合理履行期限，有两种情况：一为意定期限，即在承租人表达了购买承租房屋的意思表示后发生强制缔约中的履行期限；二为强制期限，即法院支持承租人的优先购买权后判决承租人实际履行合理期限。对于前者，约定的履行期限不得长于出租人与第三人之间买卖合同中的履行期限，否则其支付条件就会劣于既有买卖合同的支付条件而导致不符合同等条件购买的前提条件；对于后者，由法院根据实际情况判定，从实践上看，一般确定1至3个月为宜，不实际履行者原买卖合同可继续履行。

根据上述分析，现将第三人与交易当事人之间冲突中的三方权利冲突主体的根据"谨慎标准"的注意义务予以分别概括。

（1）出卖人（出租人），负有对承租人的通知义务，至少要在履行期届满前15日通知承租人。

（2）承租人，负有在接到出卖人（出租人）通知后在合理期限内作出回复的义务，期限亦为15日。在优先购买权得到支持后，负有在合理期限内履行合同义务之义务。

（3）买受人，负有一般买受人的注意义务，在此问题上特别强调实地看房的义务。买受人没有看房或者在看房后发现有承租人，在未征得承租人意见的情况下仍然购买房屋，应当承担因承租人主张优先购买权而陷入权利冲突并失去购买资格的风险。

4. 第三人与交易当事人之间冲突归责之"最低成本避免冲突标准"和"失权者成本最小化标准"

第三人与交易当事人之间冲突中的主要矛盾是第三人与交易相对人之间两项"潜产权"之间的冲突。如果二者均满足"谨慎标准"，尽到了注意义务，则需要适用"最低成本避免冲突标准"。

对于承租人来说，在无人告知的情况下难以了解到出租人是否将房屋出卖，除非对出租人进行监视，不仅成本高昂，而且有侵害出租人隐私权之嫌。

对于买受人来说，如果已经尽到注意义务，例如通过实地看房未发现承租人，则其难以收集到出卖人是否与他人签订承租合同的信息。

综上，"最低成本避免冲突标准"难以解决责任归属问题，在进行"谨慎标准"判决后，应当进行"失权者成本最小化标准"对冲突的权利价值关系予以衡平取舍。因承租人具有在同等条件下与出租人"强制缔约"的权利，故问题转化为一房二卖的情形。在此情况下，根据前文对于此问题适用"失权者成本最小化标准"的方法，显而易见，承租人占有使用房屋，具有履行合同的优先权。

5. 第三人与交易当事人之间冲突权利归属结果之特殊性——顺位归属

财产权利价值冲突的归属结果的一般情形是进行取舍，以承租人优先购买权为例，可以看到，第三人与交易当事人之间冲突权利归属结果不是非此即彼，而是亦此亦彼。

《民法通则意见》第 118 条中原来的处理思路是直接确认出租人与买受人之间的买卖合同无效，属于非此即彼的情况。但在现实生活中，不诚信者的智慧也是无穷的，著者在审判实践中见过几起承租人与出租人恶意串通或者伪造承租合同①，假借承租人优先购买权恶意毁约的案件，法院

---

① 著者的同事曾审理过一起承租人优先购买权案件，买受人的智慧令人佩服。买受人将租赁合同中载明的手机号码向通信公司查询，发现该号码的号段启用时间在买卖合同签订时间之后，从而巧妙戳穿了出租人与承租人恶意伪造租赁合同的阴谋。

宣告买卖合同无效后，承租人与出租人弹冠相庆，根本没有实际租赁发生。魔高一尺，道高一丈。新的《租赁合同司法解释》将出租人（即出卖人）与买受人之间的买卖合同由"死刑"改为"死缓"，解决了这一问题。承租人在同等条件"强制缔约"后，仅仅取得"优先履行"的权利，在合理期限内不履行的，先合同可以继续履行。

上述"合理期限"就是承租人优先购买问题的第三个"合理期限"。第一与第二个"合理期限"在上文中已论及，且根据司法解释，二者在逻辑上互为因果，同为15日。至于第三个"合理期限"内，出卖人与第三人的买卖合同效力究竟处于怎样一个法律状态？此前关于该问题的讨论都是建立在《民法通则意见》第118条规定的基础上。因新的司法解释的颁布，该问题有必要重新定义。出卖人与第三人的买卖合同未归于无效，但实际上处于"轮后履行"的状态。上述第三个"合理期限"结束后，不论合同是否能够履行，出租人（即出卖人）都应对履行迟延和不能履行负担相应的赔偿责任。

第四节 别论："内生性"冲突外部化与"外源性"冲突内部化

一、"内生性"冲突外部化问题

在图5.8中的两原权利人之间的冲突（冲突四）在性质上属于"自发式"冲突或称"内生性"冲突。如果将其放在交易关系中，观察这一冲突与各个"诱发式"冲突或称"外源性"冲突之间的关系，可以发现，原权利人甲、乙之间的"内生性"冲突可能影响到甲的行为，促使甲与丙进行交易，从而引发乙与丙之间的"外源性"冲突。

在审判实践中，这样的例子不胜枚举，最为常见的情形就是在二手房买卖合同案件中，房屋共有权人以无权处分为由要求确认买卖合同无效，在《最高人民法院关于审理买卖合同纠纷案件适用法律问题的解释》于2012年颁布后，房屋共有权人又以无权处分为由要求买受人返还房屋。房屋共有权人之间的冲突由此衍生为交易以外的房屋共有人与房屋买受人之间的冲突。这种情况可以称为"内生性"冲突外部化。

二、"外源性"冲突内部化问题

与"内生性"冲突外部化问题相对应,亦存在"外源性"冲突内部化的问题。这种情况是指"外源性"冲突又可能引发"内生性"冲突,以前述【案例5.5】为例,由于登记所有权人成某将诉争房屋出售给霍某,该房屋的隐名所有权人张某与房屋买受人霍某之间形成权利冲突,根据法院裁判结果,权利最终回归到原所有权人手中。由此便引发出登记所有权人成某与隐名所有权人张某之间的内部冲突。

【经验与逻辑5.8.1】不动产财产权利价值冲突转化原理:"自发式"冲突("内生性"冲突)与"诱发式"冲突("外源性"冲突)在一定条件下相互影响,相互转化,表现为"内生性"冲突外部化与"外源性"冲突内部化两个过程。

三、"内生性"冲突外部化与"外源性"冲突内部化相互转换

在很多情况下,"内生性"冲突外部化与"外源性"冲突内部化两个过程又前后关联,相互转化。前述【案例5.5】就是一个典型的例证。首先是"内生性"冲突外部化,登记所有权人成某与隐名所有权人张某之间的内部冲突。成某在这一内部冲突的作用下,将诉争房屋出售给霍某,促成了隐名所有权人张某与交易相对人霍某之间的冲突。其次是"外源性"冲突内部化,当隐名所有权人张某与交易相对人霍某之间的冲突解决后,伴随着权利的回归,冲突亦回归于登记所有权人成某与隐名所有权人张某之间。

图5.9

【经验与逻辑 5.8.2】 不动产财产权利价值冲突转换原理："内生性"冲突外部化与"外源性"冲突内部化两个过程在一定条件下前后相继，相互转换。

第五节　余按

不动产财产权利价值冲突的识别包括四个构成要素，即主体多元性、客体同一性（或不可替代性）、主观排斥性、客观合法性。权利价值冲突的根源在于经济利益的矛盾，其本质在于需求关系的竞合。冲突发生的价值关系基础在于需求的多层性和多面性，由此决定的法律关系基础在于不动产财产权利的可分解性与可稀释性。不动产财产权利的价值冲突根据引发方式不同，分为两类：一类是"自发式"冲突（或称"内生性"冲突），内因即内在联系起主要作用，往往不涉及交易；另一类是"诱发式"冲突（或称"外源性"冲突），外因即外在联系起主要作用，常常涉及交易。化解不动产财产权利价值冲突的基本范式可以概括为三步走：第一步，冲突识别（前提）；第二步，权利归属（核心）；第三步，衡平救济（关键）。权利归属是化解冲突的核心，本质上是经济问题而非法律问题，应当遵循经济规律对冲突的经济利益和竞合的需求关系予以取舍。衡平救济是化解冲突的关键。无权利侵害的利益衡平与有权利侵害的损失救济本质上均属于交易，区别在于前者体现交易中效用与价格的双重价值，后者难以体现效用价值。

"自发式"冲突的权利归属包括"自愿归属"和"强制归属"两大类型。前者包括"协议分割"和"放弃权利"两种情形，后者包括"强行兼并"和"交易丧失"两种情形。衡平救济包括"协议补偿"和"裁判补偿"两大类型。其中，"裁判补偿"根据与权属归属链接方式的不同，分为自愿的"裁判补偿"和被迫的"裁判补偿"两种情形。权利归属与衡平救济包括四种组合方式："自愿归属＋协议补偿"，"自愿归属＋裁判补偿"，"强制归属＋协议补偿"，"强制归属＋裁判补偿"。其中，"自发式"冲突"自愿归属＋协议补偿"的组合方式充分体现不动产财产权利价值转化过程中的主客体之间主观效用与客观价格的双重价值，将不动产财产权利价值转化二重性定律充分映射于权利冲突问题上，是化解冲突的最优选择。法官在处理"自发式"冲突时，应当遵循经济规律，寻找帕累托最优方案，引导当事人实现博弈均衡，实现利益最大化，实现"自愿归属＋协议补偿"式的冲突化解。所有权确认纠纷的根源在于：在债权形式主义的物权变动模式下，当基础法律关系与公示方法发生偏差时，就可能出现实际权利与登记权利之间的冲突。在未来的《婚姻法》或《物权法》修正案或司法解释中应当就《婚姻法》与《物权法》的衔接问题配置倡导性规范，减少因登记权利与实际权属不一致导致的权利冲突和交易风险。

"诱发式"冲突包括三个基本类型：一是交易关系外原权利人与交易相对人为之间的冲突，二是交易相对人之间的冲突，三是第三人与交易当事人之间的冲突。权利归属之"协议归属"、"强制归属"、"裁判归属"与衡平救济之"协议补偿"、"裁判补偿"形成六种组合方式。在责任成立即归责问题上，不必强调契约责任与侵权责任的区分，而应采纳正反两个标准：一是以过错（或谨慎注意义务）为核心判断标准，二是以因果关系（或可预见规则）为排除性标准。责任成立即归责问题的判断标准可以作为"诱发式"冲突权利归属与衡平救济的统一裁判规则。过错作为归责之核心，在实践中以注意义务作为质的标准，以谨慎标准作为量的标准。根据汉德公式基本原则，"谨慎标准"作为"诱发式"冲突的权利归属与衡平救济的标准，受"权利价值水平"和"权利交易风险"两方面的制约，价值越大，风险越强，谨慎标准与注意义务就越高。在核算谨慎标准过程中，可以借鉴财产权利二维价值体系作为思维范式，"权利价值水平"决定于市场价格，"权利交易风险"决定于权利属性。关于"诱发式"冲突的权利归属与衡平救济问题，应当适用统一归责标准，即"谨慎标准"（第一步）和"最低成本避免冲突标准"（第二步）。尤其是，如果归属问题依照上述标准无法确定的，可以适用"失权者成本最小化标准"对冲突的权利价值关系予以衡平取舍，实现社会总成本最小化。著者特别提出立法建议，"居住权货币化"问题在司法实践中大量存在却无统一规范，权利人放弃居住使用权利而主张货币补偿的，人民法院可以根据居住使用权利的来源和房屋市场价值等因素予以支持，货币补偿的具体数额可以通过作价补偿、委托评估、询价酌定、优惠面积补差等方法予以确定。

"自发式"冲突（"内生性"冲突）与"诱发式"冲突（"外源性"冲突）在一定条件下相互影响，相互转化，表现为"内生性"冲突外部化与"外源性"冲突内部化两个过程。"内生性"冲突外部化与"外源性"冲突内部化两个过程在一定条件下前后相继，相互转换。

第六章 不动产财产权利矛盾调和论

第一节 不动产财产权利调解之经济分析基础

一、拜师科斯谈调解

在不动产财产权利问题上，不论是谈价值形态、谈价值转化、谈价值实现与障碍，还是谈权利冲突与化解，都回避不了广义上的权利与价值冲突问题（区别于上文中的权利冲突）。纠纷根源于经济学上的资源稀缺性假设，根源于人的需要与客观物质生活条件之间的矛盾。财产权利一旦发生冲突，往往要诉诸法院，最终的结果，或者是裁判，或者是调解。前面多次提到，经济学家科斯倡导有效率的调解比裁判更能够降低交易成本、提高交易效率。因此，法院工作一直坚持"调解优先，当判则判"的指导思想。但是应当明确的是，在调解与裁判的关系问题上，科斯并非机械地认为调解就一定比裁判有效率，而是强调科学调解。只有符合科学规律的，实现各方利益最大化的调解结果，才是比裁判更有效率的纠纷解决方式。

这一符合效率原则的经济效果包含着法律效果与社会效果两个方面：一方面，调解是在合法的基础上达成的；另一方面，科斯所主张的调解结果着眼于降低社会总成本，而单纯依靠裁判是难以实现的。

二、符合科斯经济效率的能动司法

中国式审判思维，就是一门寻求法律效果与社会效果相统一的裁判艺术，而并非机械往返于法律与事实之间。这一裁判艺术，以案结事了为己任，以能动司法为路径，最终实现降低成本、提高效率的目标。这与著者前述提到的调解结果使双方剩余效用最大化的道理也是一样的。法官在促进纠纷有效率地解决问题上大可作为。

前最高人民法院院长王胜俊指出："我们所讲的能动司法，简而言之，就是发挥司法的主观能动性，积极主动地为大局服务，为经济社会发展服务"[1]，"服务性、主动性、高效性，是能动司法的三个显著特征"[2]。在审判实践中，实现能动司法，调解工作是不可缺少的一个环节。能动司法下的调解工作应当具备三个特征：

一为调解动机之服务性。能动调解之主动性毋庸置疑，而问题在于进行调解工作之动机不能局限于追求调解率之功利主义，而应当以为民之心，科学、高效地为群众化解纠纷。

二为调解方法之科学性。为真正实现为经济社会发展服务之目标，能动调解的方法必须符合司法规律与经济规律，坚决反对两边吓唬的压迫式调解和不分青红皂白的和稀泥式调解。

三为调解结果之公信性。当事人是否信服调解结果、是否能够完满执行调解方案，以实现调解之社会公信力，是检验能动调解效果之试金石。法律效果与社会效果之统一最终当以结果之于当事人与社会的双重公信力为最终追求。

---

[1][2] 王胜俊：《什么是能动司法？为什么要能动司法？》载《光明日报》，2010-05-13。

三、科学、能动调解应当遵循经济规律

市场经济条件下，民事案件中大部分争议的焦点都是围绕经济利益展开的。从审判实践来看，由两造关系视之，有两种冲突类型：其一是陌生人之间的冲突，此类案件争议基本上可以归结为纯经济利益冲突；其二是熟人之间冲突，除了经济利益之争，仍存亲朋父子之情，然一旦对簿公堂，则往往"匹夫亲朋道义因财失，父子情怀为利休"[1]，化解经济利益冲突仍为弥合亲朋父子之情的核心问题。以此观之，能动调解须正视并重视当事人之经济利益期待与冲突。

利益冲突化解结果之于当事人与社会的双重公信力是能动调解的最终追求。上述能动调解的三个特征互为关联，公信以科学为路径，科学以服务为前提。科学性系能动调解之核心关注，科学性即符合规律、方法得当，正如易经之讼卦，上卦为天，下卦为水，天为天道之规律，水为调解之方法。规律即道，"道者，万物之奥，善人之宝，不善人之所保"[2]。符合规律的调解，使得两造不论善与不善，有理与无理，均得其所。"上善若水，水善利万物而不争。"[3] 对于经济冲突之调和，亦须因势利导。

如何遵循规律而因势利导？通过实践总结大量案件之经济利益冲突，可见其突出表现为经济理论两个最重要的假设，即资源稀缺与理性行为。首先，资源稀缺在案件审判中表现甚为典型。两造诉争，直指一物，常非此即彼，非你即我。其次，经济学中"理性人"的"基本特征就是：每一个从事经济活动的人都是利己的"[4]，当事人在诉讼活动中常常表现出较正常的经济活动更为利己、更为谨慎的理性行为。

据此言之，能动调解不仅是明察事实、辨法析理之居中调和，更应视之为符合经济学规律的能动博弈。尤其不存在情感等非经济因素或该因素无关调解的纯经济纠纷中，能动司法下的调解，更须发挥主动性。能动调

---

[1] 王胜俊：《什么是能动司法？为什么要能动司法？》载《光明日报》，2010 - 05 - 13。
[2] （春秋）老聃：《道德经》第六十二章。
[3] （春秋）老聃：《道德经》第八章。
[4] 高鸿业主编：《西方经济学（微观部分）》，4 版，18 页，北京，中国人民大学出版社，2007。

解须自觉运用经济规律与方法对当事人的利益诉求因势利导，以期调解工作从自发到自觉、从经验到科学的升华。

利益分歧如何产生？依审判经验判断，主要有事实扑朔迷离、两造各有所需两大原由，以下将研讨对症下药之策。

其一系因事实查明扑朔迷离而致。"任何过去发生的'事件'都无法百分之百地加以复现，相关信息的流失不可避免。"① 由于诉讼还原客观真实具有局限性，故将出现利用此局限性获得侥幸利益之可能。本章第二部分将以深入质证与多轮博弈之方法尽可能消除当事人事实认识偏差，从而能动引导当事人变更诉讼策略，达到均衡状态下的共识。

其二系因事实清楚之上双方意见分歧或各有所需所致。本章第三、四部分将以帕累托最优寻找及潜在帕累托改进之方法能动获得最佳冲突化解方案。

【经验与逻辑 6.1】不动产财产权利案件更多表现为经济利益的冲突，突出呈现经济理论两个最重要的假设，即资源稀缺与理性行为。

【方法与建议 6.1】能动调解须自觉运用经济规律与方法对当事人的利益诉求因势利导，以期调解工作从自发到自觉、从经验到科学的升华。

【方法与建议 6.2】为提升调解方法科学化水平，建议最高人民法院和各高院在筛选、公布审判指导案例为基础的审判案例指导制度的同时，建立调解案例指导制度，将科学的调解方法以指导案例的方式进行公布，以资交流借鉴。此外，依托调解案例指导，开展科学调解方法的培训工作。

第二节 依托事实查明的多轮博弈促调解水到渠成

一、以客观真实为依托实现调解结果水到渠成

1. 能动调解之公信力以客观真实为依托

从审判实践发现，庭审查明事实的过程也是两造博弈的过程。当事人均希望对己方有利的事实被查清，而且希望对己方不利的事实不被查清，

---

① 张志铭：《裁判中的事实认知（三则）之解读'以事实为根据'》，见中国民商法律网，http://www.civillaw.com.cn/article/default.asp？id=29689。

甚至采取各种办法干扰法官查清事实。固然，诉讼过程不可能像电影回放一样能完全再现案件事实，但是，"在对案件事实认定的真实性的评价标准上，如果我们提出'法律真实'的目的不是要用以实现'客观真实'，而是要取代'客观真实'，那么'法律真实'就会像是一只迷途或走失的'羔羊'。'羔羊'必须'回家'，这个'家'就是一般形态的客观真实标准所要求的'符合事物的真实情况'"①。即使在调解中，也不应放弃对"客观真实"的追求，否则法官将从"裁判的艺术家"沦为"和稀泥的工匠"。

法官之能动调解，须以"客观真实"为依托。调解结果公信力之基础在于案件事实之清晰。只有在事实清楚的基础上进行调解，当事人才会信服，而非被迫妥协。

2. 能动引导质证与论证促进调解结果水到渠成

法官在审判活动中认知"客观真实"，以证据为重要媒介，以质证认定为重要方法。"'以事实为根据'中的'事实'，首先是指证据或证据事实。"② 在具体办案中，须高度重视证据举证、质证、认证的环节。王胜俊同志指出，应当"建立当事人举证、质证和人民法院查证、认证互为补充、相互制约的证据制度体系，最大限度地弥合法律真实与客观真实之间的差距"③。

做好举证、质证、认证工作，对于促进当事人调整诉讼策略，以自然形成调解方案具有积极意义。某中级法院提出科学、切实的工作要求："要善于作出适当认证，对证据效力已确定的，要敢于当庭认证，加强释法说理，使案件的法律适用、责任承担、裁判结果达到'呼之欲出、水到渠成'的境界。"④ 能动巧妙的当庭认证、释法说理能够促使当事人放弃基于还原事实之认知局限性而生的侥幸获利期待或者不合理获利期待，从而水到渠成地促成调解。

---

①② 张志铭：《裁判中的事实认知（三则）之解读"以事实为根据"》，见中国民商法律网，http://www.civillaw.com.cn/article/default.asp?id=29689。

③ 王胜俊：《统一法律适用标准 公开审理裁判信息》，见中国政府法制信息网，http://www.chinalaw.gov.cn/article/xwzx/fzxw/200908/20090800137821.shtml。

④ 北京市第二中级人民法院：《关于印发院党组书记、院长朱江在2012年度全院工作会议上所作工作报告及相关会议材料的通知》（京二中法发[2012]7号）。

【方法与建议 6.3.1】 能动调解须以"客观真实"为依托。调解结果公平正义的基础在于案件事实的清晰。

【方法与建议 6.3.2】 能动巧妙的当庭认证、释法说理可促使当事人放弃基于还原事实认知局限而生的侥幸或不合理期待,从而水到渠成促成调解。

下面链接一则著者运用科斯谈判理论及博弈论方法调解成功的案例,并结合该案例解说法院调解中能动引导质证、论证的重要性、科学性,进而总结相应实践方法。

【案例 6.1】[①] 陈某于 2004 年与案外人签订房屋买卖协议,以 108 万元价格购买诉争房屋,定金 3.5 万元,首付款 50 万元,余款以贷款方式支付。2004 年,诉争房屋登记至陈某名下。瑞麟公司称当时其公司尚未成立,故股东周某、陈某、王某协商一致,以陈某的名义购买诉争房屋用于公司办公。陈某对此不予认可,称诉争房屋系其自行购买。为此,瑞麟公司诉至法院,要求确认诉争房屋归其公司所有。

一审中,瑞麟公司提交的《合伙人协议书》(落款日期为 2004 年 12 月 15 日)约定:甲方周某、乙方陈某、丙方王某自愿合伙成立瑞麟公司,注册资金 100 万元,周某出资 51 万元,陈某出资 33 万元,王某出资 16 万元,利润按股权比例分配;以上 100 万元均由陈某实际出资三方达成共识,陈某名下的诉争房屋,是包括在公司 100 万元以内的投资金额内的,产权为公司所有。该协议书有周某、陈某、王某签字。陈某不认可协议书上"陈某"、"王某"签字的真实性。经鉴定,签字系本人书写。陈某不认可鉴定结果。另,双方认可定金 3.5 万元和首付款 50 万元均系陈某支付,对于 50 万元贷款还款情况有争议。

一审法院经审理,于 2012 年 1 月判决支持瑞麟公司的诉讼请求。陈某上诉。经二审法院调解,双方达成案外和解协议:1. 陈某撤回上诉;2. 瑞麟公司于 2012 年 4 月 5 日给付陈某补偿款 140 万元;3. 陈某于 2012 年 4 月 18 日前配合瑞麟公司将诉争房屋转移登记至瑞麟公司法定代表人周某或瑞麟公司指定的第三人名下,过户税费由瑞麟公司负担;4. 陈某于 2012 年 4 月 18 日前将其持有的瑞麟公司 33% 的股权转移给周某。后陈某依约撤回上诉。

[①] 案例索引:北京市第二中级人民法院(2012)二中民终字第 05204 号。

二、当事人博弈策略与法官认证释法的互动模型

当事人参与诉讼活动是典型的博弈。"博弈的标准式表述包括：（1）博弈的参与者，（2）每一参与者可供选择的战略集，（3）针对所有参与者可能选择的战略组合，每一个参与者获得的收益。"① 在审判实践中极少出现一次博弈即达均衡的情况，大部分情况是通过多轮博弈才有可能达到均衡状态，或者根本无法达到均衡状态而只能判决。在实践中，在完整多轮博弈中，法官当庭认证、释法说理与当事人诉讼策略调整相互影响，如图 6.1 所示：

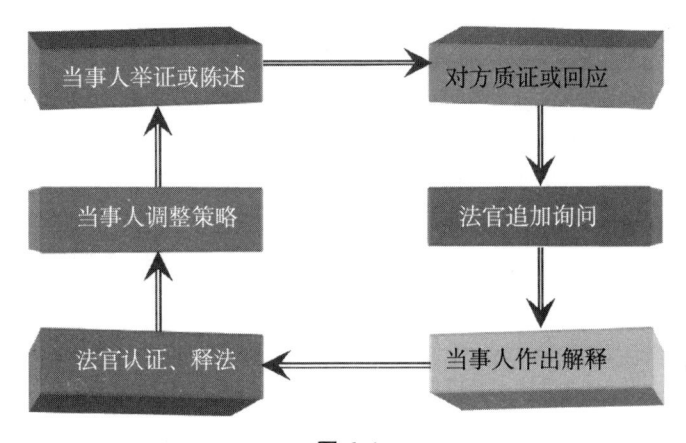

图 6.1

一名优秀的法官，应当善于能动地引导博弈的走向，促使当事人调整策略后达成均衡。如图 6.1 所示，经当事人举证、质证后，或者经当事人对事实提出质疑或对方回应后，法官可就证据相关问题追加询问，要求当事人作出合理解释。经过上述环节后，法官进行心内内证，对于明确的问题，应敢于进行能动性的心证开示并加以相关的释法说理。经过心证开示及释法说理，当事人结合对其自身言辞的合理性评价，会作出诉讼策略的调整。进而，当事人由此提出新证据或者陈述新意见，引发新一轮的博弈。

---

① ［美］罗伯特·吉本斯：《博弈论基础》，高峰译，魏玉根校，3 页，北京，中国社会科学出版社，1999。

三、以多轮博弈互动模型塑事实、促调解之实践应用

著者在对上述案件进行审理的过程中，通过三轮博弈，不断引导当事人在博弈模型中进行协商，最终达成调解。现将该过程如实解析如下：

1. 第一轮博弈（诉辩开始，未深入举证、质证）

瑞麟公司起诉要求确认诉争房屋归其公司所有，该房屋建筑面积183余平方米，根据网上同一小区的二手房报价，同等面积房屋单价为2.2万元左右。① 据此，其诉讼请求的价值估算为408万元。

需特别说明的是，购房时价格108万元，双方已付款由谁支付之争议以及未来谁来还款之不确定性非本案审理范围，可予排除。由此，升值部分300万元之归属是本案确权纠纷真实争议所在。

瑞麟公司提出调解方案是在房产确归其公司所有前提下可给陈某60万元补偿；陈某亦提出房产确归其所有则可给对方120万元补偿。

将双方预期己方胜诉的概率设为R（原告瑞麟公司）、r（被告），列博弈矩阵如下。

对应博弈的标准式表述："参与者"瑞麟公司之"战略集"为｛坚持诉求，同意调解｝，"参与者"陈某之"战略集"则为｛坚持抗辩，同意调解｝；双方选择一种战略后的收益列入图6.2中，为（陈某收益，瑞麟公司收益）。

举例说明，若瑞麟公司策略为"提出调解"，陈某的策略为"同意调解"，则陈某收益为60万元，瑞麟公司收益为240万元，在对应的单元格位置上标明（60，240）。

（单元：万元）		瑞麟公司		
		坚持诉求	提出调解	同意调解
陈某	坚持抗辩	300r,300R	300r,300R	300r,300R
	提出调解	300r,300R	300r,300R	180,120
	同意调解	300r,300R	60,240	—

图 6.2

---

① 此数据系从赶集网获取。

（Ⅰ）首先看一下在陈某各策略选择下瑞麟公司的策略选择情况：

①若陈某坚持抗辩（见矩阵第一行），瑞麟公司不论坚持诉求、提出调解方案，还是同意陈某的调解方案，其策略选择无差异；

②若陈某提出调解方案（见矩阵第二行），瑞麟公司不同意调解，认为不同意其方案（即继续坚持诉求或者坚持其提出的调解方案）更划算，说明瑞麟公司认为 $300R>120$，故 $R>0.4=40\%$；

③若陈某对瑞麟公司提出的调解方案表示同意（见矩阵第三行），则瑞麟公司认为放弃诉求并选择其提出的调解意见更为划算，至少不会吃亏，说明瑞麟公司认为 $300R\leqslant 240$，故 $R\leqslant 0.8=80\%$。

综上，$40\%<R\leqslant 80\%$，瑞麟公司预测其胜诉的概率接近 80%，但最差的情况也绝不会低于 40%。

（Ⅱ）同理，再看一下在瑞麟公司各个策略选择之下陈某所作出的策略选择情况：

①若瑞麟公司坚持抗辩（见矩阵第一列），则陈某不论坚持抗辩、提出调解方案，还是同意瑞麟公司的调解方案，其策略选择均无差异；

②若瑞麟公司提出调解方案（见矩阵第二列），陈某不同意调解，认为不同意其方案（即继续坚持抗辩或者坚持其提出的调解方案）更划算，说明陈某认为 $300r>60$，故 $r>0.2=20\%$；

③若瑞麟公司对陈某提出的调解方案表示同意（见矩阵第三列），则陈某认为放弃抗辩并选择其提出的调解意见更为划算，至少不会吃亏，说明陈某认为 $300r\leqslant 180$，故 $r\leqslant 0.6=60\%$。

综上，$20\%<r\leqslant 60\%$，陈某认为其胜诉概率接近 60%，但最差的情况下也绝不会低于 20%。

此轮博弈后，双方未能达成均衡，也就是说不存在一种方案让双方都觉得划算。所谓均衡，其实也是一种帕累托最优的状态。再进一步观察，可以发现，双方均认为自己的胜率较高，反映出总有一方存在过高的不合理期待利益，这是双方当事人无法达成均衡的根本心理根源。为此，当事人调整策略，进入第二轮博弈。

2. 第二轮博弈（《合伙人协议书》之质疑）

当著者再次组织双方到庭询问时，陈某对《合伙人协议书》中的签字再次提出质疑，同时质疑一审中笔迹鉴定程序，强烈要求重新鉴定，并提出该协议书日期系打印，并非手写的实际签署日期。此外，陈某提出，其

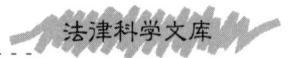

给公司的出资不包括房产,且对方无法证明其以房产出资,故诉争房屋并非公司资产。

瑞麟公司可能由于担心一旦法院重新鉴定存在风险,且除《合伙人协议书》外一时未找到证明出资包括房产的其他证据和理由,故提高调解方案中的补偿数额到 200 万元(包括认可返还陈某已付房款 50 万元和陈某 33 万元股权),实际折算,本案中调解方案补偿数额由 60 万元提高至 117 万元,为计算方便,估为 120 万元。博弈矩阵变为:

(单元:万元)		瑞麟公司		
		坚持诉求	提出调解	同意调解
陈某	坚持抗辩	300r,300R	300r,300R	300r,300R
	提出调解	300r,300R	300r,300R	180,120
	同意调解	300r,300R	120,180	

图 6.3

如前所述之推算方法,可推算出双方认为自己的胜诉概率均为接近 60%,但最差也绝不会低于 40%。瑞麟公司因胜诉期待有所下降,妥协后陈某仍不同意调解。著者作为承办法官未放弃调解工作,诉讼仍在继续,为此,期待双方进一步调整策略。

3. 第三轮博弈(计算草纸之辩解)

著者经过仔细研究卷宗材料发现,两份财务手续移交清单后附有一张不引人注意的计算草纸,有陈某和瑞麟公司法定代表人签字,草纸上有诸多算式,其中有两个算式引起著者的注意,即

"642 773.71＋3 556 608.03＝999 381.74"(算式一)

"1 000 000－999 381.74＝618.26"(算式二)

在继续审理中,著者要求双方对上述两个算式作出合理解释。

瑞麟公司解释称:陈某与公司商量退出经营时签署了两份财务手续移交清单,第一份共计 642 773.71 元,清单项目包括首付款以及与房屋买卖相关的其他费用;第二份是与房屋无关的其他支出共计 3 556 608.03 元;两份清单合计 999 381.74 元,与 1 000 000 做减法,是为了计算与陈某在《合伙人协议书》中承诺的实际出资 100 万元的差额,差额仅为

618.26元，基本认可其完成出资义务；因此，既然算式是为了算出资的，且642 773.71元主要指向房产出资，那么说明房屋出资已计为陈某向公司的出资，故房屋已属于公司资产。

著者特别要求陈某解释为什么要计算两清单总额与100万元差额，陈某当庭明确称无法解释。由此，陈某放弃其提出的调解方案，并表示可以考虑对方的调解方案，但此时瑞麟公司提出只能补偿150万元（包括认可返还陈某已付房款50万元和陈某33万元股权），实际折算本案调解方案补偿数额应为67万元。变更博弈矩阵为：

(单元：万元)	瑞麟公司	
	坚持诉求	提出和解
陈某 坚持抗辩	300r,300R	300r,300R
陈某 同意调解	300r,300R	67,233

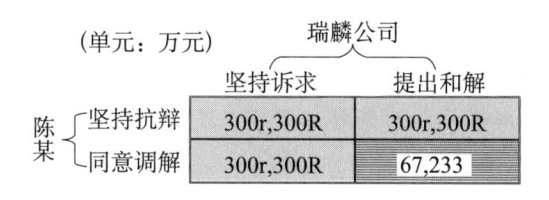

图6.4

著者对于计算草纸的询问结果，起到对《合伙人协议书》中诉争房屋归公司所有佐证之效果。因此，陈某一方不再要求重新鉴定，在瑞麟公司减少和解方案补偿款的情况下仍同意和解，足以说明法官对双方博弈之能动引导已见成效。从结果来看，在瑞麟公司提出调解策略的情形下，陈某仍认为选择同意调解更为划算，即认为$300r<67$，其自认的胜诉概率r已小于22.33%，基本认可其胜诉可能性不大，拿到一些补偿更加划算。在陈某同意和解之策略下，瑞麟公司仍选择和解方式，(67，233)即为纳什均衡。法官以深入质证和释法明理为手段，对互动博弈的能动引导已见功效。

四、小结：多轮博弈能动调解操作关键与实践启示

1. 估算预期胜诉率，引导排除不合理利益期待

估算预期胜诉率是法官引导调解的实用心理量化方法。从上述分析中可见，当事人预期胜诉率与调解方案互为因果表里。预期胜诉率影响调解策略，而调解方案可直观计算得出预期胜诉率。此法具有实践操作性。

当双方预期胜诉率均过高（相加大于100%）时，调解无法达成。法官须以能动科学之观察，不断通过心证开示与释法工作诱使当事人改变策

略选择取向，通过新一轮博弈降低当事人预期胜诉率之不合理部分，直至把调解方案调整到双方可以达成合意。

另需说明，心证开示与释法未必以说教方式为之，以巧妙询问方式对难以作出合理解释者内心触动更为强烈、更具科学性。

2. 端正调解率功利主义，以引导深入质证，敢于认证为能动调解的基础

在目前一些法官的观念中，仅仅把调解率当成政绩指标。著者呼吁在起草调解相关指导意见和进行培训时，强调调解的科学性，强调调解应当符合当事人的意愿并顺从经济规律，强调深入质证、敢于认证的基础作用，强调以法官引导反复质证、认证、询问为手段促进调解水到渠成。于此才可解决事实不清、压迫调解造成调解难执行、公正难实现的顽疾。

【经验与逻辑 6.2】当事人预期胜诉率与调解方案互为因果表里。预期胜诉率影响调解策略，而调解方案可直观计算得出预期胜诉率。

【方法与建议 6.3.3】当双方预期胜诉率均过高（相加大于 100%）时，调解无法达成。法官须以能动科学之观察，不断通过心证开示与释法工作诱使当事人改变策略选择取向，通过新一轮博弈降低当事人预期胜诉率之不合理部分，直至把调解方案调整到双方可以达成合意。

【方法与建议 6.3.4】在起草调解相关指导意见和进行培训时，强调调解的规律性与科学性，强调深入质证、敢于认证的基础作用，强调以法官引导反复质证、认证、询问为手段促进调解水到渠成，以此可解决事实不清、压迫调解造成调解难执行、公正难实现的顽疾。

第三节　寻找符合帕累托标准的共赢方案

一、信息不对称等缺陷需法官居中调和

上节论述解决的是事实层面的问题，通过多轮博弈使法律事实接近于客观真实，进而影响当事人利益诉求之变更。然而，在事实清楚的情况下一些纠纷未能迎刃而解，由于两造利益诉求路径相异，仍然存在复杂经济利益冲突，将如何面对？如在房屋买卖案件中，一方要求履行合同，另一方要求解除合同，互不相让。

在审判实践中，常常会发现，当事人与法官由于诉讼地位的差异，会

产生不同的思维方式。法官力求居中衡平,当事人和律师则有时表现出片面偏激,此非法官比当事人和律师高明,实由诉讼地位所致。

首先,两造信息不对称。法官由于居中地位的优越性,不论是案内信息(如证据采信、心证结果等),还是案外信息(如与案件无关联的事实、当事人心态、社会经济状况等)均比当事人享有更加完全的信息。当事人由于其诉讼地位所限,则有时一叶障目,不见泰山。

其次,参与目标有分歧。诉讼双方以经济利益最大化为诉讼参与目标。而法官则以公正适法、利益衡平为己任。在调解工作中,法官的任务即缩小两造非合理诉求,力求消除利益冲突,实现利益界限的重新厘定。

再次,诉讼心态有差异。发生纠纷的双方互相丧失信任,且有对抗情绪。而法官则无关利害,可平和处之。

由此而生,当事人与律师有时很难自发地找到冲突的最佳解决路径,法官则更具优势为两造寻找最佳的冲突化解方案。跳出诉讼请求是否成立这一思维,从经济利益冲突本身审视之,可能发现多种冲突调和路径。法官须尽可能掌握全面的案内信息与案外信息,为当事人能动地设计多条路径,寻求最佳方案。

【方法与建议6.4.1】法官须尽可能掌握全面的案内信息与案外信息,为当事人能动地设计多条路径,寻求最佳方案。

下面引一真实案件解说著者在审理房屋买卖案件中如何尝试统筹当事人提供的案内、案外信息,从而帮助当事人找到帕累托最优状态下的解决方案,实现优于裁判的效率。

【案例6.2】[①] 原告、上诉人:宋某、郭某;被告、被上诉人:孙某;第三人:北京链家房地产经纪有限公司。

2010年12月20日,宋某、郭某(买受人)通过链家公司居间服务,与孙某(出卖人)签订房屋买卖合同,约定:出卖人所售房屋建筑面积74.33平方米,总价333万元,拟贷款金额为130万元,双方在2011年2月22日前且出卖人收到贷款银行发放的购房尾款后自行办理物业交割手续。合同签订后,孙某收取宋某、郭某购房定金5万元,并配合宋某、郭某进行了商业贷款评估。后宋某、郭某欲将商业贷款改为公积金贷款,双方未重新进行贷款评估。2011年8月,宋某、郭某起诉至法院,认为孙

---

① 案例索引:北京市第二中级人民法院(2012)二中民终字第01249号。

某通知其不再履行房屋买卖合同属于违约行为,侵害其合法权益,故要求:孙某支付自 2011 年 3 月 21 日起至房屋实际交付之日止按日房屋价款 63 万元的万分之五的违约金;孙某继续履行合同,配合办理房屋评估、到商业银行或其他部门贷款。法院经审理后,于 2011 年 11 月判决驳回宋某、郭某的诉讼请求。宋某、郭某上诉。二审中,经法院主持调解,双方达成如下协议:1. 解除双方签订的房屋买卖合同;2. 孙某于 2012 年 1 月 13 日返还宋某、郭某购房定金 3 万元(已执行);3. 链家公司已收取的居间服务费不予返还,另为宋某、郭某提供一次居间服务,不收取居间服务费(免费居间服务期间为自本调解书生效之日起至 2013 年 2 月 15 日止)。

二、整合信息,以当事人视角寻找冲突解决路径

上述案件体现的是一起典型的纯经济利益冲突。法官在选择解决冲突之路径时不宜采主观视角,而应坚持受领者情境,"必须把自己置入表示受领者的情境中,了解所有表示的受领者在表示到达时认识,或可得认识的情境"①。

在上述案件的调解过程中,通过与双方当事人充分沟通及经济背景分析,法官了解到以下信息:(1) 出卖方更希望不再履行合同,倾向享有房产,若继续履行合同,则需要买受人给予补偿;(2) 买受方没有特别倾向,履行合同或解除合同均可,若解除合同则要求出卖方支付中介费;(3) 签订合同时到二审诉讼中房屋市场价格基本持平,且房地产市场变化趋缓。对上述信息进行综合处理,可以归纳为履行合同与解除合同两种路径。

三、帕累托标准能动引导当事人选择解决路径

对于履行合同与解除合同两种路径何者更优,须在法官发挥居中协调能动性基础上寻求帕累托最优。所谓"帕累托标准",可描述为:"如果任何一个社会成员较之社会状况 y 更偏好 x,或者对两个都没有偏好,但至少有一个社会成员更偏好 x,则社会状况 x 较之 y 更受偏好。满足这些条

---

① [德] 卡尔·拉伦茨:《法学方法论》,陈爱娥译,179 页,北京,商务印书馆,2003。

件的社会福利决策称为帕累托最优决策或者帕累托改进。"① 在上述案例中，法官就履行合同与解除合同两大路径同当事人沟通，进一步了解其心态。下面根据两造之意愿等因素对履行合同与解除合同两大路径解析出若干分支路径加以分析。（以＞、＜、＝表示优劣意愿）

表6.1

路径	支路径	出卖人意愿	买受人意愿
履行合同	继续履行合同	拒绝	履行＞解除
	继续履行合同＋买受人支付补偿	履行＝解除	拒绝
解除合同	解除合同＋返还房款	履行＜解除	拒绝
	解除合同＋返还房款＋出卖人支付中介费	拒绝	履行＝解除

在履行合同之路径选择中，出卖人的态度是拒绝，只有在买受人支付补偿款的情况下才认为可以接受，但仍不认为比解除合同更好；买受人坚决不同意支付补偿款，愿意继续履行合同。故两造意愿难以弥合。

在解除合同之路径选择中，出卖人愿意解除合同，但不同意支付中介费；买受人只有在得到中介费补偿的情况下才认为可以接受，但仍不认为比履行合同更好。

对于中介费问题，双方不得调和，但通过著者的进一步调解工作，作为居间方的链家公司同意为买受方继续提供房源。由此，买受方放弃中介费补偿要求。在此情况下，出卖人认为：履行＜解除，买受人认为：履行＝解除。解除合同较履行合同而言，符合帕累托标准，双方由此达成调解。

四、帕累托最优思维（共赢思维）下能动调解操作方法启示与建议

经济学上的帕累托最优的思维在法律世界中也就是共赢的思维。当事人由于其自身局限性，难以自发地找到共赢的纠纷解决路径。上述调解过程充分体现了法官利用其诉讼中相对优越地位，能动地居中沟通、协调，最终帮助当事人实现帕累托最优的调解方案。法官运用帕累托最优思维进

---

① ［德］汉斯-贝恩德·舍费尔、克劳斯·奥特：《民法的经济分析》，22页，北京，法律出版社，2009。

行能动调解，归结而言，可以三步走方式为之。

1. 第一步：全面、深入了解案内信息与案外信息

在案件事实准确认定之基础上，法官须对当事人的真实意愿、经济状况、性格心态等因素以及与案件相关的经济社会因素全面、深入地了解。在此基础上才可归纳出可行性路径。

2. 第二步：归纳可行性冲突解决路径

归纳不必拘泥于诉讼请求本身，可结合以下两因素考虑：一是各方之间现有法律关系各种变动方式及后果，二是上步工作了解到的全面信息。

3. 第三步：寻求帕累托最优方案

在归纳若干路径后，须与当事人进一步沟通，了解其选择偏好。若发生意愿难以调和的情况，通过对路径的协调与修正，力促当事人达成共识，筛选出帕累托最优。

【方法与建议 6.4.2】帕累托最优思维下能动调解操作方法：第一步：全面、深入了解案内信息与案外信息；第二步：归纳可行性冲突解决路径；第三步：寻求帕累托最优方案。

【方法与建议 6.4.3】在新的调解相关指导意见与业务培训中运用帕累托最优思维提出指导意见，指导法官充分关注当事人利益诉求，充分掌握案内、外信息，发挥能动性与创造力，努力使当事人的合法利益在平衡中实现最大化。

第四节　通过损益补偿实现利益最大化

一、关注案内、外信息变化对利益冲突的影响

对上节案件进行能动调解，通过三步走即可寻找到帕累托最优方案。在上述案件中，双方以简单的解除合同、退还房款的方式达成调解协议。然而，在审判实践中，有些案件较为复杂，判决结果不论谁胜谁负均不会收到良好的社会效果，由于诸多复杂因素的介入，调解难度较大。

著者根据经验分析，将影响调解工作的复杂信息因素分门别类，进行类型化分析如下：

表 6.2

	案内信息	案外信息
主观信息	当事人主观意愿、诉讼能力、对诉争经济利益的心理预期等	当事人特别需求、特殊困难、经济能力、情绪态度、文化水平、教育背景等
客观信息	案件事实、证据采信等	市场变化、国家政策、舆论导向、社会风气等

若以判决方式裁判纠纷，一些信息因素虽可予考虑，但与裁判结果之推理并无直接关系。而在调解过程中，诸多案内外信息直接作用，不得不予以考虑。在案件从起因到诉讼的时间段内，诸多案内外信息发生变化，对经济利益冲突发生重要的直接影响。在此情况下，可能无法直接找到帕累托最优方案，而需要借助"卡尔多—希克斯标准"帮助当事人达到"潜在的帕累托改进"。"潜在的帕累托改进允许存在受益者与受损者，但要求受益者的收益要大于受损者的损失。如果这种情况出现，理论上讲，受益者可以弥补受损者的损失同时自己还有剩余。"[①] 下面一则真实案例是著者运用帕累托改进的成功典型。著者也就此案做客北京广播电台，向听众讲述这段调解故事，以期待宣传这种利用经济学思维解决法律问题的科学方法。

【案例 6.3】[②] 原告、上诉人：卡洛斯·乔尔迪·米兰达；被告、被上诉人：许某；被告、被上诉人：白某。

卡洛斯与许某于 2004 年 3 月 2 日在北京市民政局登记结婚。诉争房屋系许某于 2002 年从开发商处购得，现登记在许某名下。许某于 2008 年 8 月 20 日取得诉争房屋的所有权证。2009 年 3 月 27 日，许某与白某签订《房屋买卖协议》，约定：许某将诉争房屋出售给白某，建筑面积 93.18 平方米，成交价 106 万元；合同签订次日支付首次房款 50 万元，过户当日支付余款 56 万元。上述合同签订后，白某支付了首付款 50 万元并入住诉争房屋。

2011 年 9 月，卡洛斯以其与许某系夫妻关系、共同享有诉争房屋的所有权、许某无权在其不知情的情况下与白某签订《房屋买卖协议》为由，要求确认该协议无效。一审法院经审理于 2011 年 12 月判决驳回卡洛斯的诉讼请求。卡洛斯上诉。二审中，经法院主持调解，双方达成如下协议：1. 解除《房屋买卖协议》；2. 卡洛斯、许某于 2012 年 3 月 19 日返还

---

① [美] 罗伯特·考特、托马斯·尤伦：《法和经济学（第五版）》，39 页，上海，格致出版社、上海三联书店、上海人民出版社，2010。

② 案例索引：北京市第二中级人民法院（2012）二中民终字第 02920 号。

白某购房款 50 万元（已执行）；3. 卡洛斯、许某于 2012 年 3 月 19 日给付白某补偿款 114 万元（已执行）；4. 白某于调解书送达之日起二个月内将诉争房屋腾空并交付卡洛斯、许某；若白某未能在上述期限内腾房，在每月支付房屋使用费 4 500 元的情况下，可继续使用诉争房屋六个月。

二、综合案内、外信息寻找利益衡平补偿方案

在上述案件的调解工作中，卡洛斯、许某一方坚决不同意继续履行合同，对于他们来说，解除合同的状态优于继续履行，即履行＜解除。白某一方依据合同履行，入住了诉争房屋，且已经对房屋进行了装修，因此对其来说，选择继续履行合同更好，即履行＞解除。根据双方的意见，似乎不存在帕累托最优方案。但是通过进一步沟通，著者了解到一些双方与案件并无直接关系的信息。

卡洛斯、许某一方：（1）签订买卖合同后，国家出台房地产调控政策，夫妻二人一个是外国人，一个没有北京户口或者完税、社保证明，均不具备在京购房资格，如果继续履行合同，则其二人名下没有房屋，且不能再继续购房，必须保住诉争之唯一住房；（2）卡洛斯系西班牙一家高档酒店的厨师，许某在京经营贸易公司，夫妻二人经济状况较好。

白某一方：（1）由于房价在签订合同后大幅上涨，但二审诉讼中房地产市场基本趋缓，可以考虑在获得补偿的情况下解除合同；（2）由于房价在未来阶段不会上涨，可以用退回房款加上补偿款另购住房。

直接来看，解除合同的状态未见得优于履行合同的状态，但根据进一步沟通获得的信息，对双方在两种状态下的经济利益状态进行比较，也许可以找到"潜在的帕累托改进"。"潜在的帕累托改进允许存在受益者与受损者，但要求受益者的收益要大于受损者的损失。如果这种情况出现，理论上讲，受益者可以在弥补受损者的损失同时自己还有剩余。"①

（Ⅰ）履行合同之状态

A. 卡洛斯、许某：获得购房款 130 万元，减去其付出的成本即签约时的房屋价值，收益为零。

---

① ［美］罗伯特·考特、托马斯·尤伦：《法和经济学（第五版）》，39 页，上海，格致出版社、上海三联书店、上海人民出版社，2010。

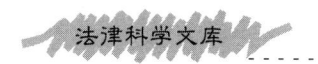

B. 白某：获得房屋价值，因房价上涨且其已装修，故白某在履行合同后保有的价值＝签约时房屋价格＋房屋升值＋装修价值。根据双方的调解协议确定的"房屋升值＋装修价值"114万元，白某在合同履行状态下房屋总价值为244万元。该244万元价值减去付出价款130万元及装修款（折旧后酌定为4万元），收益为110万元，即房屋升值。

（Ⅱ）解除合同之状态

A. 卡洛斯、许某：获得房屋总价值为244万元，其收益须减去应返还的购房款50万元及应放弃的未付房款之债权80万元。最终收益为114万元。需要注意的是，卡洛斯、许某称因国家实施房地产新政致其不能另购房屋，故诉争房屋的边际效用大大提升，也就是说，由于新政实施使得购得该唯一住房之效用比新政实施前更大。考虑额外增加的边际效用X，其最终收益应为$(114+X)$万元。

B. 白某：收回购房款50万元和豁免80万元未付款债务，减应支付成本即房款130万元及装修价值4万元，收益为－4万元。

将双方收益列表如下：

表6.3

（单位：万元）	卡某、许某	白某
Ⅰ履行合同	0	110
Ⅱ解除合同	$114+X$	－4
解除后损益	$114+X$	－114

著者通过进一步沟通了解到，双方均认可一审判决结果即继续履行合同的正确性。因此只有调解方案对双方来说优于一审判决结果，当事人才可能接受。依据上表，由履行合同之状态过渡到解除合同之状态，卡洛斯、许某获益$(114+X)$万元，足以弥补白某的损失114万元，且有剩余。因此，"潜在的帕累托改进"得以发现，调解方案得以达成。

三、小结："卡尔多-希克斯标准"（补偿衡平）调解实践操作启示与建议

1. "卡尔多-希克斯标准"以寻找"帕累托最优"三步走为前提

"卡尔多-希克斯标准"之操作须以前述寻找"帕累托最优"三步走为前提。当"帕累托最优"无当直接找到时，则考虑是否可以受益者补偿受

损者之方式实现"潜在的帕累托改进"。

2. 重视"边际效用"与"边际效用递减规律"

特别提示,在考量补偿问题时,须考虑"边际效用"①与"边际效用递减规律"②。这一问题在生活中并不陌生。以上述案件为例,增加一套房产的效用对于政策实施前后,对于是否有购房资格,能给当事人带来的效用是可感而知的,参数 X 即表达了边际效用之增量。房屋对价亦如此,卡洛斯、许某经济条件较好,那么其每增加 1 万元现金给他们带来的收益就远不如给经济条件一般的白某带来的收益为高。因此,在上述调解结果中,房屋调整给没有购房资格的卡洛斯、许某效用更大,金钱补给经济条件较差的白某效用更大。其实,"边际效用"问题并非玄妙,但法官需有所察觉;效用量如何计算亦不必机械为之,初步估算后在与当事人沟通中一试便知,可在沟通中不断修正估算。

【方法与建议 6.5.1】"卡尔多-希克斯标准"须以寻找"帕累托最优"三步走为前提。当"帕累托最优"无当直接找到时,则考虑是否可以受益者补偿受损者之方式实现"潜在的帕累托改进"。

【方法与建议 6.5.2】在寻找"潜在的帕累托改进"的过程中,应当充分重视"边际效用"与"边际效用递减规律",并依此平衡双方效用。

【方法与建议 6.5.3】在未来的调解相关指导意见和业务培训中应引导法官在调解中做到"四个关注",并在此基础上进行科学调解,通过"共赢思维"和"补偿衡平"能动引导当事人实现利益最大化。

一要关注社会经济发展与市场变化形势。

二要关注当事人利益冲突产生与演化的背景。

三要关注诉争法律关系所涉诸标的物价值变化及对于各方当事人的不同效用。

四要关注当事人利益需求在纠纷演化过程中的变化发展趋势。

---

① "边际效用是指消费者在一定时间内增加一单位商品的消费所得到的效用量的增量。"高鸿业主编:《西方经济学(微观部分)》,4 版,72 页,北京,中国人民大学出版社,2007。

② "边际效用递减规律的内容是:在一定时间内,在其他商品的消费数量保持不变的条件下,随着消费者对某种商品消费量的增加,消费者从该商品连续增加的每一消费单位中得到的效用增加量即边际效用是递减的。"高鸿业主编:《西方经济学(微观部分)》,4 版,74 页,北京,中国人民大学出版社,2007。

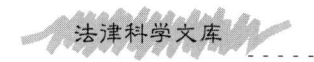

第五节　余按

　　民事案件中大部分的争议焦点围绕经济利益展开，利益冲突化解须尊重规律，因势利导。实践中的经济利益冲突往往突出表现为经济理论两个重要的假设，即资源稀缺与理性行为。本章对著者亲身化解纠纷的案例进行实证分析，研究如何借助经济学思维切实有效地进行能动调解，解决以事实审查为依托、在事实查明基础上纠纷解决路径选择及路径改进三个层次的量化调解问题，以实现能动调解科学化、可操作化。同时，期待借此研究为制定调解相关指导意见或相关培训提供若干科学化操作建议，以解决因调解动机功利性、调解方法盲目性造成追求调解率与调解政绩、压迫调解、损害当事人合法利益以及调解难以自动履行等顽疾。

　　首先，庭审事实查明也是两造博弈的过程。优秀的法官，当以"客观真实"为依归，善于能动引导当事人调整策略后达成均衡。经当事人举证或陈述、对方质证或回应、法官追加询问、当事人解释、法官认证与释法、当事人调整策略完成一轮完整的博弈过程。其中，预期胜诉率与调解方案互为因果表里，系操作性之关键。著者建议：在进行调解工作的指导与培训时，强调深入质证、敢于认证的基础作用，强调以法官着眼于排除当事人不合理利益期待，引导以反复质证、认证、询问为手段促进调解水到渠成；不能为追求调解结果、调解率而侵害当事人合法应得利益。

　　其次，能动调解中的帕累托最优方案，是指所有当事人均认可该方案优于或至少不劣于其他方案。具体操作可分三步：一是全面、深入了解案内信息与案外信息；二是归纳可行性冲突解决路径；三是寻求帕累托最优方案。著者建议，制定调解相关指导意见或进行调解业务培训应提示法官充分关注当事人利益诉求，充分掌握案内、外信息，发挥能动性与创造力，努力使当事人的合法利益在平衡中实现最大化。

　　再次，能动调解中的"卡尔多-希克斯标准"，即如果某一方案中获利者补偿受损者后仍有剩余，则该方案更优。法官考虑补偿问题，需特别注意边际效用规律。建议"四个关注"：关注社会经济发展与市场变化形势，关注利益冲突产生与演化的背景，关注诉争法律关系所涉诸标的物价值变化及对于各方当事人的不同效用，关注当事人利益需求在纠纷演化过程中的变化。

　　此外，建议在审判案例指导制度基础上建立调解案例指导制度，将科学的调解方法以指导案例进行公布，以资交流借鉴。同时，在此基础上，开展科学能动调解的培训工作，废弃"压迫式"、"和稀泥"的错误调解思维，通过"共赢思维"和"补偿衡平"能动引导当事人实现利益最大化。

结 论

权利价值论：依实践观察，在一项具体权利中，物权属性与债权属性有两种基本的兼容模式，以或共生或排斥的方式混合或物权或债权的双重特征，可以结合权利属性与价值水平两个方面，拟制一个二维坐标体系。在研究现实生活中的法律问题时，绝不可忽视利益、需要与价值这些社会物质生活条件与关系问题。不动产的需求与价值问题是沟通法律世界与生活世界的桥梁。在研究财产权问题上，可以借鉴产权经济学方法，将所有权的处分权能视为财产权利的行使方式，而将民法理论中物权的占有、使用、收益三项权能统归为对财产的直接利用，将处分权能与直接利用权能相并列。利用主要针对财产的固有属性或使用价值，而处分则针对财产的社会属性或交换价值。不动产财产权利具有可分解性和可稀释性。与此相关，不动产财产权利的可分解性与财产价值的丰富性互为因果，并呈现互动状态。

价值形态论：当今的不动产财产权利价值有其深刻的历史渊源、心理动机、伦理基础和哲学根本。不动产财产权利的价值形态受一定的经济基础制约。经济理性人与资源稀缺性假设构成不动产财产权利价值的经济分析理论与实践问题的两大前提。马克思劳动经济学原理中的劳动的二重性决定了商品的二因素，进一步决定了不动产的二因素，最终决定了不动产财产权利价值形态的二层次即利用的价值与处分的价值。关于不动产保有与享有的价值，效用是物权之立法宗旨与伦理基础，是不动产财产权利保有与利用价值的核心。名义所有权、占有其各自的价值，因不动产毗邻关系亦产生附加性使用价值。因丧失不动产用益价值而产生的损失是一种机会损失，"用"、"益"机会损失虽不同质，但在价值量上表现出同一性。关于不动产处分与交易的价值，主要指的是法律上的处分，不动产财产权利处分的基本效用体现在无差别的货币化。特别提出，在未来的《物权法》修订工作中，应当在充分调研的基础上，将居住权纳入合法的用益物权法律体系。

价值转化论：不动产财产权利价值转化二重性定律："一项不动产财产权利或一组权利组合的价值转化过程，表现出价格与效用双重特性。价格转化过程是不同主体之间的客观等价联系；效用转化过程是不同客体之间的主观效用选择。价格的转化过程与效用的转化过程又存在相互制约的关系。"法律制度的价值体现在减少成本、提高效率。有限理论造成信息不完全、不对称。法律与政策应当减少获取和传播生产性信息的成本，并减少非生产性信息的收益率。在信息成本不对称的情况下，立法、政策及司法应强化信息优势者的披露义务，切实保护信息劣势者的信赖利益，从而降低信息成本。在信息优势者信息成本不为零的情况下，其对信息劣势方的适当性披露义务应当具备合理的对价。信息优势者与信息劣势者信息成本的差额就是交易所节省的社会成本，同时也是信息优势者与信息劣势者讨价还价的空间。提高合同的完备度，可以降低交易成本与交易风险，措施包括：指导性合同范本，物权法与合同法任意性规范配置，信息市场。民间习惯有善恶之分，符合帕累托标准的习惯是善的习惯。在民间民商事的担保与融资习惯中可发现传统民法中让与担保制度的影子，《物权法》在修订时应当对不动产让与担保作出规定。

价值实现障碍论：第一，不动产内生性交易障碍，由于从契约达成到物权变动往往需要较长时间，若交易当事人在契约达成时效用对比发生变化，致剩余效用降为负数时，交易当事人产生阻碍契约履行的经济动机。不动产差价赔偿的基本原则：权衡违约人收益与受害人损失，取其高者为

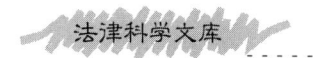

基准,根据可预见的经济形势发展趋势适当调整机会成本损失赔偿数额。第二,不动产内生性利用障碍主要指相邻关系问题,通过协商设定地役权可以使外部性妨害内部化。第三,不动产外源性交易障碍主要来自国家房地产调控政策中的限制性政策。契约所依据的社会物质生活条件有宏观与微观之分,只有宏观物质生活条件发生变化时才可能导致交易基础丧失。"限贷政策"使购房人履行能力产生障碍,构成情势变更;"限购政策"使购房人交易资格产生障碍,构成不可抗力。应当首先通过协商寻找符合"帕累托标准"或"卡尔多-希克斯标准"的解决方案,有效率的变更履行优先于终止履行。第四,征地拆迁中的"公共利益"可以用经济标准来定义:当被拆迁人"安置补偿利益+拆迁后未来收益>被拆迁不动产价值",且国家的"拆迁收益>拆迁成本"时,利国利民,符合帕累托标准。

权利价值冲突论:不动产财产权利价值冲突的识别包括四个构成要素,即主体多元性、客体同一性(或不可替代性)、主观排斥性、客观合法性。权利价值冲突的根源在于经济利益的矛盾,其本质在于需求关系的竞合。化解冲突的基本范式可以概括为三步走:第一步,冲突识别(前提);第二步,权利归属(核心);第三步,衡平救济(关键)。不动产财产权利的价值冲突根据引发方式不同分为两类:一类是"自发式"冲突(或称"内生性"冲突),内因即内在联系起主要作用,往往不涉及交易;另一类是"诱发式"冲突(或称"外源性"冲突),外因即外在联系起主要作用,常常涉及交易。两类冲突在一定条件下相互影响,相互转化,表现为"内生性"冲突外部化与"外源性"冲突内部化两个过程。两个过程在一定条件下前后相继,相互转换。法官在处理"自发式"冲突时,应当遵循经济规律,寻找帕累托最优方案,引导当事人实现博弈均衡,实现利益最大化,实现"自愿归属+协议补偿"式的冲突化解。著者特别提出立法建议,"居住权货币化"问题在司法实践中大量存在却无统一规范,应明确规定。对于"诱发式"冲突,过错、谨慎标准和注意义务可以作为权利归属与衡平救济的统一标准,根据汉德公式基本原则,谨慎标准受"权利价值水平"和"权利交易风险"两方面的制约;在确定谨慎标准的过程中,可以借鉴财产权利二维价值体系作为思维范式,"权利价值水平"决定于市场价格,"权利交易风险"决定于权利属性。

权利矛盾调和论:民事案件中大部分的争议焦点围绕经济利益展开,利益冲突化解须尊重规律,因势利导。首先,优秀的法官,当以"客观真实"为依归，善于能动引导当事人调整策略后达成均衡。经当事人举证或陈述、对方质证或回应、法官追加询问、当事人解释、法官认证与释法、当事人调整策略完成一轮完整的博弈过程。其中，预期胜诉率与调解方案互为因果表里，系操作性之关键。其次，能动调解中寻找帕累托最优方案可三步走：一是全面、深入了解案内信息与案外信息；二是归纳可行性冲突解决路径；三是寻求帕累托最优方案。再次，能动调解中的"卡尔多-希克斯标准"以寻找帕累托最优方案为前提；法官考虑补偿问题，须特别注意边际效用规律。建议"四个关注"：关注社会经济发展与市场变化形势，关注利益冲突产生与演化的背景，关注诉争法律关系所涉诸标的物价值变化及对于各方当事人的不同效用，关注当事人利益需求在纠纷演化过程中的变化。此外，建议在审判案例指导制度基础上建立调解案例指导制度，将科学的调解方法以指导案例进行公布，以资交流借鉴。

参考文献

一、马克思主义经典文献

[1] 中共中央马克思恩格斯列宁斯大林著作编译局．马克思恩格斯全集．北京：人民出版社，2008

[2] 中共中央马克思恩格斯列宁斯大林著作编译局．马克思恩格斯选集．北京：人民出版社，1995

[3]［德］卡尔·马克思．评阿·瓦格纳的"政治经济学教科书"．载马克思恩格斯全集．第19卷．北京：人民出版社，1963

[4]［德］卡尔·马克思．《政治经济学批判》序言．载马克思恩格斯全集．第13卷．北京：人民出版社，1962

[5]［德］卡尔·马克思．第六届莱茵省议会的辩论（第三篇论文）关于林木盗窃法的辩论．载马克思恩格斯全集．第1卷．北京：人民出版社，1956

［6］［德］卡尔·马克思．资本论．中共中央马克思恩格斯列宁斯大林著作编译局译．北京：人民出版社，1975

［7］［德］卡尔·马克思．价值形态．刘静译．北京：人民出版社，1957

［8］［德］马克思，恩格斯．德意志意识形态．北京：人民出版社，1982

二、中文著作

［1］谢在全．民法物权论．北京：中国政法大学出版社，2011

［2］史尚宽．物权法论．北京：中国政法大学出版社，2000

［3］史尚宽．债法总论．北京：中国政法大学出版社，2000

［4］胡长清．中国民法总论．北京：中国政法大学出版社，1997

［5］胡长清编著．民法总则．上海：商务印书馆，1937

［6］王伯琦编著．民法总则．台北："国立"编译馆出版，正中书局印行

［7］芮沐．民法法律行为理论之全部（民总债合编）．北京：中国政法大学出版社，2003

［8］王泽鉴．民法概要．北京：中国政法大学出版社，2003

［9］邱聪智．新订民法债编通则（下册）．北京：中国人民大学出版社，2003

［10］王文宇．民商法理论与经济分析．北京：中国政法大学出版社，2002

［11］黄立．民法债编总论．北京：中国政法大学出版社，2002

［12］董安生．民事法律行为．北京：中国人民大学出版社，2002

［13］王利明．物权法研究．修订版．上册．北京：中国人民大学出版社，2007

［14］王利明．物权法论（修订二版）．北京：中国政法大学出版社，2008

［15］王利明主编．中国民法典学者建议稿及立法理由·债法总则编·合同编．北京：法律出版社，2005

［16］王家福主编．中国民法学·民法债权．北京：法律出版社，1991

［17］李永军．合同法．北京：法律出版社，2004

[18] 孙宪忠．中国物权法总论．北京：法律出版社，2004

[19] 罗结珍译．《法国民法典（上册）》．北京：法律出版社，2005

[20] 李浩培，吴传颐，孙鸣岗．拿破仑民法典．北京：商务印书馆，1997

[21] 杜景林，卢谌．德国民法典评注 总则·债法·物权．北京：法律出版社，2011

[22] 陈卫佐译述．德国民法典（第2版）．北京：法律出版社，2006

[23] 孙国华，朱景文主编．法理学．北京：中国人民大学出版社，1999

[24] 张文显主编．法理学．北京：法律出版社，2004

[25] 徐国栋．民法哲学．北京：中国法制出版社，2009

[26] 郭建．中国财产法史稿．北京：中国政法大学出版社，2005

[27] 罗卫东主编．经济学基础文献选读．杭州：浙江大学出版社，2007

[28] 黄少安．产权经济学导论．北京：经济科学出版社，2004

[29] 黄少安．产权理论与制度经济学．湘潭：湘潭大学出版社，2010

[30] 周林彬．物权法新论——一种法律经济分析的观点．北京：北京大学出版社，2002

[31] 贾敬华．不完备合同的经济分析．北京：人民出版社，2006

[32] 陈龙高，但承龙主编．不动产经济学．南京：东南大学出版社，2011

[33] 高鸿业主编．西方经济学（微观部分）．4版．南京：中国人民大学出版社，2007

[34] 冯玉军．法经济学范式．北京：清华大学出版社，2009

[35] 瞿同祖．中国法律与中国社会．北京：中华书局，1981

[36] 沈德咏，奚晓明主编．最高人民法院关于合同法司法解释（二）理解与适用．北京：人民法院出版社，2009

[37] 朱江主编．北京市第二中级人民法院经典案例分类精解·房屋买卖合同卷．北京：法律出版社，2013

[38] 邹碧华．要件审判九步法．北京：法律出版社，2010

[39] [清] 胡德仓辑. 解人颐. 长沙：岳麓书社，2005

[40] 周振想主编. 法学大辞典. 北京：团结出版社，1994

[41] 法学辞典编辑委员会编. 法学辞典. 上海：上海辞书出版社，1984

[42] 国家法官学院，德国国际合作机构. 法律适用方法合同法案例分析方法（第2版）. 北京：中国法制出版社，2014

三、期刊论文

[1] 冉昊. 论"中间型权利"与财产法二元架构——兼论分类的方法论意义. 中国法学，2005（6）

[2] 王轶.《物权法》的任意性规范及其适用. 法律适用，2007（5）

[3] 王轶. 民法典的规范配置——以对我国《合同法》规范配置的反思为中心. 烟台大学学报（哲学社会科学版），2005（3）

[4] 魏振瀛. 合同法是民事立法中的一部佳作. 中国法学，1999（3）

[5] 尹田. 物权与债权的区分价值：批判与思考. 人大法律评论，2001

[6] 孙国华. 再论法是"理"和"力"的结合. 河南省政法管理干部学院学报，2001（1）

[7] 孙国华，黄金华. 法是"理"和"力"的结合. 法学，1996（1）

[8] 孙国华，黄金华. 论法律上的利益选择. 法律科学，1995（6）

[9] 徐炳. 英美财产法与大陆物权法比较研究——兼评《物权法（草案）》. 环球法律评论，2006（1）

[10] 李新家. 需要层次论. 南方日报，2003-01-14

[11] 冯玉军. 法经济学范式的知识基础研究. 中国人民大学学报，2005（4）

[12] 孙丹玲. 情势变更原则及其司法实践研究. 人民司法，2009（21）

[13] 邹艳迁. 不可抗力与情势变更原则在房屋买卖合同纠纷处理中的适用探析. 仲裁研究，2010（2）

[14] 什么是能动司法？为什么要能动司法？光明日报，2010-05-13

[15] 张志铭. 裁判中的事实认知（三则）之解读"以事实为根据". 中国民商法律网，http://www.civillaw.com.cn/article/default.asp? id

＝29689

[16] 统一法律适用标准公开审理裁判信息．中国政府法制信息网，http://www.chinalaw.gov.cn/article/xwzx/fzxw/200908/20090800137821.shtml

[17] 李俊晔．二手房交易中房屋差价损害赔偿——刘某诉杨某房屋买卖合同纠纷案．载朱江主编．北京市第二中级人民法院经典案例分类精解·房屋买卖合同卷．北京：法律出版社，2013

[18] 蒋春燕，李俊晔．房地产限购政策对房屋买卖合同履行的影响——冯某诉孙某、陆某房屋买卖合同纠纷案．载朱江主编．北京市第二中级人民法院经典案例分类精解·房屋买卖合同卷．北京：法律出版社，2013．

[19] 杨世军，李俊晔．房地产限贷政策致房屋买卖合同解除——赵某诉常某房屋买卖合同纠纷案．载朱江主编．北京市第二中级人民法院经典案例分类精解·房屋买卖合同卷．北京：法律出版社，2013

[20] 李俊晔．房地产限贷政策致房屋买卖合同变更——王某诉葛某房屋买卖合同纠纷案．载朱江主编．北京市第二中级人民法院经典案例分类精解·房屋买卖合同卷．北京：法律出版社，2013

[21] 李俊晔．二手商品房交易违约方应当赔偿房屋差价损失．人民法院报，2011－11－03

四、中文译著

[1] ［意］彼德罗·彭梵得．罗马法教科书．黄风译．北京：中国政法出版社，1992

[2] ［德］卡尔·拉伦茨．德国民法通论（上册）．王晓晔，邵建东，和建英，徐国建，谢怀栻译．北京：法律出版社，2003

[3] ［德］卡尔·拉伦茨．法学方法论．陈爱娥译．北京：商务印书馆，2003

[4] ［德］罗伯特·霍恩，海因·科茨，汉斯·G·莱塞．德国民商法导论．北京：中国大百科全书出版社，1996

[5] ［德］鲁道夫·冯·耶林．为权利而斗争．胡宝海译．北京：中国法制出版社，2004

[6] ［德］汉斯-贝恩德·舍费尔，克劳斯·奥特著．民法的经济分析．江清云，杜涛译．北京：法律出版社，2009

［7］［日］我妻荣著，［日］有泉亨补订．新订物权法．罗丽译．北京：中国法制出版社，2008

［8］［日］我妻荣．新订民法总则．于敏译．北京：中国法制出版社，2008

［9］［日］我妻荣．日本物权法．台北：五南图书出版有限公司，2000

［10］［日］我妻荣．新订担保物权法．申政武，封涛，郑芙蓉译．北京：中国法制出版社，2008

［11］［美］查尔斯·弗里德．契约即允诺．郭锐译，龙卫球校．北京：北京大学出版社，2006

［12］［美］理查德·A·波斯纳．法律的经济分析（上）．蒋兆康译，林毅夫校．北京：中国大百科全书出版社，1997

［13］［美］柏士纳．法律之经济分析．唐豫民译．台北：台湾"商务印书馆"，1987

［14］［美］阿门·阿尔钦．产权．载罗卫东主编．经济学基础文献选读．杭州：浙江大学出版社，2007

［15］［美］罗伯特·D.考特，托马斯·S.尤伦．法和经济学（第三版）．施少华，姜建强等译，张军审校．上海：上海财经大学出版社，2002

［16］［美］罗伯特·D.考特，托马斯·S.尤伦．法和经济学（第五版）．史晋川，董雪兵等译，史晋川审校．上海：格致出版社，上海三联书店，上海人民出版社，2010

［17］［美］唐纳德·A·威特曼编．法律经济学文献精选．苏力等译．北京：法律出版社，2006

［18］［美］A.H.马斯洛．动机与人格．许金声，程朝翔译．北京：华夏出版社，1987

［19］［美］保罗·A·萨缪尔森，威廉·D·诺德豪斯．经济学．第12版．高鸿业等译．北京：中国发展出版社，1992

［20］［美］保罗·A·萨缪尔森，威廉·D·诺德豪斯．经济学．英文版·第16版．北京：机械工业出版社，1998

［21］［美］保罗·海恩，彼德·勃特克，大卫·普雷契特科．经济学的思维方式．第11版．北京：世界图书出版公司，2008

［22］［美］曼昆．经济学原理：微观经济学分册．第5版．梁小民，

梁砾译. 北京：北京大学出版社，2009

[23]［美］曼昆. 经济学原理：微观经济学分册. 第 6 版. 梁小民，梁砾译. 北京：北京大学出版社，2012

[24]［美］道格拉斯·W·艾伦. 再论产权、交易成本和科斯. 载［美］斯蒂文·G·米德玛编. 科斯经济学 法和新制度经济学. 罗君丽，李井奎，茹玉骢译，张旭昆校. 上海：格致出版社，上海三联书店，上海人民出版社，2010

[25]［美］Y. 巴泽尔. 产权的经济分析. 费方域，段毅才译. 上海：上海三联书店，上海人民出版社，1997

[26]［美］罗伯特·库特. 科斯的费用. 苏力译. 载［美］唐纳德·A·威特曼编. 法律经济学文献精选. 苏力等译. 北京：法律出版社，2006

[27]［美］斯蒂文·G·米德玛编. 科斯经济学 法和新制度经济学. 罗君丽，李井奎，茹玉骢译. 张旭昆校. 上海：格致出版社，上海三联书店，上海人民出版社，2010

[28]［美］科斯. 社会成本问题. 载罗卫东主编. 经济学基础文献选读. 杭州：浙江大学出版社，2007

[29]［美］罗伯特·吉本斯. 博弈论基础. 高峰译，魏玉根校. 北京：中国社会科学出版社，1999

[30]［美］道格拉斯·诺斯. 经济史中的结构与变迁. 陈郁，罗华平等译. 上海：上海三联书店，1994

[31]［英］罗素. 西方哲学史. 马元德译. 北京：商务印书馆，1976

[32]［美］约翰·E·克里贝特等. 财产法：案例与材料. 齐东祥，陈刚译. 北京：中国政法大学出版社，2003

五、外文原著及文献

[1]［德］Hans-Bernd Schäfer und Claus Ott, Lehrbuch der ökonomischen Analyse des Zivilrechts, 4. Alflage, Springer-Verlag Berlin Heidelberg, 2005

[2]［德］Diese Unterscheidung geht zurück auf Kegel, Gutachten, Verhandlungen des 40. DJT (1953) I, S. 135 ff

[3]［法］J. Goubeaux et G. Ghestin, Traité de droit civil: intro-

duction générale, 4e éd., LGDJ, 1994

[4]〔法〕Philippe Malaurie, Laurent Aynès, Droit Civil, Les biens. Defrénois, 2003

[5]〔英〕A. S. Hornby, Oxford Advanced Learner's English-Chinese Dictionary, Seventh edition, Oxford University Press, 2009

[6]〔美〕Charles Fried, Contract as Promise, Harvard University Press, 1982

[7]〔美〕Abraham H. Maslow, Motivation and Personality, 1954 by Harper & Row, Publishers, Inc., Reprinted from the English Edition by Harper & Row Publishers, 1954

[8]〔美〕N. Gregory Mankiw, Principles of Microeconomics, 5 edition, South-Western Cengage Learning, 2009

[9]〔美〕N. Gregory Mankiw, Principles of Economics, 6 edition, South-Western Cengage Learning, 2012

[10]〔美〕Paul Heyne, Peter J. Boettke, David L. Prychitko, Economic Way of Thinking, The (11th Edition), Prentice Hall, 2005

[11]〔美〕A. Mitchell Polinsky, "Economic Analysis as a Potentially Defective Product: A buyer's Guide to Posner's Economic Analysis of Law", 87 Harvard Law Review 1164 (1974)

[12]〔美〕Bryan A. Garner Editor in Chief, Black's Law Dictionary, 8th ed., West, a Thomson business, 2004

[13]〔美〕Richard A. Posner, Economic Analysis of Law. 北京：中信出版社，2003

六、其他主要文献

[1] 人大法律评论，2001

[2] 牛津高阶英汉双解词典（第七版）．北京：商务印书馆，2009

[3] 我国台湾地区．"民法典"

[4] 国务院办公厅关于促进房地产市场平稳健康发展的通知．（国办发〔2010〕4号）

[5] 关于贯彻国办发〔2010〕4号文件精神促进本市房地产市场平稳健康发展的实施意见．（京建发〔2010〕72号）

[6] 国务院关于坚决遏制部分城市房价过快上涨的通知．（国发［2010］10号）

[7] 北京市人民政府贯彻落实国务院关于坚决遏制部分城市房价过快上涨文件的通知．（京政发［2010］13号）

[8] 关于规范商业性个人住房贷款中第二套住房认定标准的通知．（建房［2010］83号）

[9] 国务院办公厅关于进一步做好房地产市场调控工作有关问题的通知．（国办发［2011］1号）

[10] 北京市人民政府办公厅关于贯彻落实国务院办公厅文件精神——进一步加强本市房地产市场调控工作的通知．（京政办发［2011］8号）

[11] 北京市住房和城乡建设委员会关于落实本市住房限购政策有关问题的通知．（京建发［2011］65号）

[12] 最高人民法院．关于当前形势下审理民商事合同纠纷案件若干问题的指导意见．（法发［2009］40号）

[13] 最高人民法院．关于正确适用〈中华人民共和国合同法〉若干问题的解释（二）服务党和国家的工作大局的通知．（法［2009］165号）

[14] 北京市高级人民法院关于审理房屋买卖合同纠纷案件适用法律若干问题的指导意见（试行）．（京高法发［2010］458号）

[15] 北京市第二中级人民法院．关于印发院党组书记、院长朱江在2012年度全院工作会议上所作工作报告及相关会议材料的通知．（京二中法发［2012］7号）

[16] ［春秋］老聃．道德经

[17] ［春秋］孟轲．孟子·告子下

[18] ［战国］韩非．韩非子·备内

[19] ［西汉］司马迁．史记·货殖列传

[20] 王铁．民法规范论：类型及其配置——"民商法前沿"系列讲座现场实录第320期．见中国民商法律网，http：//www.civillaw.com.cn/article/default.asp？id＝39862

附录1 经验与逻辑

第一章

【经验与逻辑1.1】现实中复杂的不动产财产权利以或共生或排斥的方式混合或物权或债权的双重特征。

【经验与逻辑1.2】不动产财产权利的属性表现权利之"力",不动产财产权利的价值表现权利之"利"。

【经验与逻辑1.3.1】当不动产财产权利受到限制时,财产权利的价值减少。

【经验与逻辑1.3.2】当不动产财产权利受到稀释时,财产权利的价值减少。

【经验与逻辑1.4】不动产的需求与价值问题是沟通法律世界与生活世界的桥梁。

【经验与逻辑1.5】不动产财产权利具有可分解性,其权能可以分解为狭义的所有权、占有权、支配权、使用权、收益权等。上述权能包括利用与处分两种基本行使方式。前者主要针对财产的固有属性或使用价值,而后者则针对财产的社会属性或交换价值。

【经验与逻辑1.6】不动产财产权利具有可稀释性。可稀释性是可分解性的必然结果,具体包括权能分离与权力干预两种基本形式。

【经验与逻辑1.7】根据权能与利益二重性原理,不动产财产权利的可分解性包括权能行使的可分工性和利益的可分割性两个方面。

【经验与逻辑1.8】不动产财产权利的可分解性与财产价值的丰富性互为因果。财产价值丰富性构成财产权利可分解性的物质生活基础,财产权利可分解性表现财产价值丰富性的不同取向,二者呈现互动状态。

第二章

【经验与逻辑2.1】"买房置地"的传统历史情结作为社会物质生活基础的一部分,对当今的不动产财产法律生活产生影响。

【经验与逻辑2.2】一定社会物质条件决定人的不同层次的心理需要,一项不动产因权利主体不同层次的心理需要折射出不同层次的权利价值。

【经验与逻辑2.3】在不动产财产纠纷中,由于不动产相对于动产有更大的财产价值,人性中表现出更多的以人性恶为伦理基础的趋利避害性。

【经验与逻辑2.4】不动产财产权利价值具有主客观统一性和实践性。

【经验与逻辑2.5.1】不动产财产权利价值形态有其深刻的经济基础。马克思劳动经济学原理中的劳动的二重性决定了商品的二因素,进一步决定了不动产的二因素,最终决定了不动产财产权利价值形态的二层次。

【经验与逻辑2.5.2】具体劳动创造商品的使用价值,商品的使用价值决定不动产的效用,不动产的效用映射不动产财产权利价值形态中保有的价值(利用的价值)。

【经验与逻辑2.5.3】抽象劳动创造商品的价值,商品的价值决定不动产的价格,不动产的价格映射不动产财产权利价值形态中交易的价值(处分的价值)。

【经验与逻辑2.6】效用是物权之立法宗旨与伦理基础,是不动产财产权利保有与利用价值的核心。

【经验与逻辑2.7】不动产财产权利保有与享有的价值具有丰富性,其丰富性存在于静态与动态中,表现于物质与精神层面,有积极与消极之分。

【经验与逻辑2.8】名义所有权(可引申为公房承租权等准所有权)的保有价值在于其"弹力性"和"归一力",是其他一切权能据以回归的核心。

【经验与逻辑 2.9】占有具有权能基础、权利公示、"民间担保"、取得时效等法律制度效用以及收益转化、价格垄断等纯经济效用。

【经验与逻辑 2.10】对于因不动产毗邻关系产生的附加性使用价值，客观性附加价值决定于人的普遍需要，主观性附加价值决定于人的个体需要。

【经验与逻辑 2.11】因丧失不动产用益价值而产生的损失是一种机会损失。在物权用益赔偿问题上，"用"、"益"机会损失虽不同质，但在价值量上表现出同一性。

第三章

【经验与逻辑 3.1.1】不动产财产权利价值转化二重性定律之一：一项不动产财产权利或一组权利组合的价值转化过程，表现出价格与效用双重特性。价格转让过程是不同主体之间的客观等价联系；效用转化过程是不同客体之间的主观效用选择。

【经验与逻辑 3.1.2】不动产财产权利价值转化二重性定律之二：价格的转化过程与效用的转化过程又存在相互制约的关系：一方面，价格作为不动产财产权利的金钱对价，是效用比较的一个因素；另一方面，效用比较中的剩余效用又构成双方讨价还价的空间。

【经验与逻辑 3.2】信息不完全、不对称规律：由于客观情势的复杂性与主观身心的局限性，现实中的经济理性人假设表现出人的有限理性。有限理性造成信息不完全、不对称。由于不动产交易信息的复杂性，信息不完全、不对称更容易造成交易风险。

【经验与逻辑 3.3.1】信息不完全、不对称的一个必然结果是，获取信息的高成本产生信息劣势方对信息优势方的信赖，进而产生信息优势方对信息劣势方的适当性披露义务。

【经验与逻辑 3.3.2】在信息优势者信息成本不为零的情况下，其对信息劣势方的适当性披露义务应当具备合理的对价。信息劣势者可以在双方各自的信息成本之间与信息优势者讨价还价。

【经验与逻辑 3.4.1】信息市场的经济基础：由于不同主体之间信息成本存在差异，因此信息劣势者可以委托信息优势者代为获取、审查信息，并将信息应用于特定交易中。信息优势者与信息劣势者信息成本的差额就是交易所节省的社会成本，同时也是信息优势者与信息劣势者讨价还价的空间。

【经验与逻辑 3.4.2】信息市场的形成条件：不动产信息的相对复杂性，为信息优势者提供了相对较大的利润空间，当信息优势者利用信息成本优势以信息的获取、审查和应用为商品从事特定商行为时，信息市场就形成了。

【经验与逻辑 3.5】提高合同的完备度，可以降低交易成本与交易风险。完备合同的特点包括：一是风险可述可预警；二是争端应对可衡平；三是利益互惠最大化；四是内容清楚可执行。

【经验与逻辑 3.6】民间习惯有善恶之分，符合帕累托标准的习惯是善的习惯。善的习惯被法律认可就成为习惯法，而习惯法成文化就成了法律。

第四章

【经验与逻辑 4.1.1】现实中的不动产需求价格弹性表现为两大特点：一是总体呈刚性需求；二是地域性差异，经济发达地区更为刚性，经济欠发达地区更为弹性。

【经验与逻辑 4.1.2】在经济发达地区，不动产需求的价格弹性在于不动产供给的价格弹性，价格变动呈现"发散式"的剧烈变动趋势。此为不动产法律问题发生与政策制定的经济根源。

【经验与逻辑 4.2】不动产内生性交易障碍诱发定律：由于不动产具有财产价值较大、交易环节复杂的特点，从契约达成到物权变动往往需要较长时间。当不动产市场经济形势发生波动，进而导致契约所依据的经济条件发生变化时，交易当事人在契约达成时效用对比发生变化。当剩余效用因经济条件的变化降为负数时，交易当事人产生阻碍契约履行的经济动机。

【经验与逻辑 4.3】不动产内生性利用障碍主要是指在不动产利用过程中的成本外部化导致的相邻关系问题。

【经验与逻辑 4.4.1】不动产外源性交易障碍主要来自国家房地产调控政策中的限制性政策，影响交易主体资格与交易履行过程，在一定情形下导致交易的变更与终止。

【经验与逻辑 4.4.2】契约所依据的社会物质生活条件有宏观与微观

之分，只有在宏观物质生活条件发生变化时才可能导致交易基础丧失。

【经验与逻辑 4.4.3】在国家房地产调控政策中，"限贷政策"使购房人履行能力产生障碍，构成情势变更，契约履行呈现或然性；"限购政策"使购房人交易资格产生障碍，构成不可抗力，契约终止呈现必然性。

【经验与逻辑 4.5】征地拆迁中的"诺斯悖论"：国家掌握公权力，在征地拆迁中又成为交易关系一方主体，容易出现侵害被拆迁人利益的情况，法律与政策有必要严格规范拆迁环节，避免征地拆迁中的"诺斯悖论"。

【经验与逻辑 4.6】拆迁安置利益的构成：拆迁利益以不动产财产权利交易的价值为基础，安置利益（包括居住与经营利益）以不动产财产权利利用的价值为基础。

第五章

【经验与逻辑 5.1】不动产财产权利的价值冲突包括四个构成要素，即主体多元性、客体同一性（或不可替代性）、主观排斥性、客观合法性。

【经验与逻辑 5.2.1】不动产财产权利的价值冲突的根源在于经济利益的矛盾，其本质在于需求关系的竞合。

【经验与逻辑 5.2.2】不动产财产权利的价值冲突发生的价值关系基础在于需求的多层性和多面性，由此决定的法律关系基础在于不动产财产权利的可分解性与可稀释性。

【经验与逻辑 5.2.3】不动产财产权利的价值冲突根据引发方式不同分为两类：一类是"自发式"冲突（或称"内生性"冲突），内因即内在联系起主要作用，往往不涉及交易；另一类是"诱发式"冲突（或称"外源性"冲突），外因即外在联系起主要作用，常常涉及交易。

【经验与逻辑 5.3.1】"自发式"冲突的权利归属包括"自愿归属"和"强制归属"两大类型。前者包括"协议分割"和"放弃权利"两种情形，后者包括"强行兼并"和"交易丧失"两种情形。

【经验与逻辑 5.3.2】"自发式"冲突的衡平救济包括"协议补偿"和"裁判补偿"两大类型。其中，"裁判补偿"根据与权属归属链接方式的不同，分为自愿的"裁判补偿"和被迫的"裁判补偿"两种情形。

【经验与逻辑 5.4.1】"自发式"冲突权利归属与衡平救济包括四种组合方式："自愿归属＋协议补偿"，"自愿归属＋裁判补偿"，"强制归属＋

协议补偿","强制归属＋裁判补偿"。

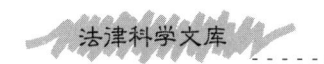

【经验与逻辑5.4.2】"自发式"冲突"自愿归属＋协议补偿"的组合方式，充分体现不动产财产权利价值转化过程中的主客体之间主观效用与客观价格双重价值，将不动产财产权利价值转化二重性定律（参见【经验与逻辑3.1.1】、【经验与逻辑3.1.2】）充分映射于权利冲突问题上，是化解冲突的最优选择。

【经验与逻辑5.4.3】"自发式"冲突"自愿归属＋裁判补偿"的组合方式中"自愿归属"常表现为"放弃权利"的情形，并鉴于此，"裁判补偿"本质是上法院在当事人意思自治基础上的利益衡平。法院进行利益衡平只能依据客观价格，但当事人作出"放弃权利"抉择时已考虑了主观效用。

【经验与逻辑5.4.4】"自发式"冲突"强制归属＋协议补偿"的组合方式中的协商，不可能存在权利人在不动产权利与补偿对价之间进行效用评估的转化过程。达成"协议补偿"的条件为：受害人认为某一补偿数额不会得到法院支持，而侵权人认为该数额会得到法院支持。所有满足上述条件补偿数额构成"协议补偿"可能结果的集合。

【经验与逻辑5.4.5】"自发式"冲突"强制归属＋裁判补偿"的组合方式中"强制归属"常表现为"交易丧失"的情形，丧失权利并非自愿，鉴于此，法院"裁判补偿"属于补偿交易，只能依据客观价格，无法考虑建立在意思自治基础上的主观效用。不动产财产权利价值转化二重性定律无法体现。

【经验与逻辑5.5】所有权确认纠纷的根源在于：在债权形式主义的物权变动模式下，当基础法律关系与公示方法发生偏差时，就可能出现实际权利与登记权利之间的冲突。

【经验与逻辑5.6】"诱发式"冲突包括三个基本类型：一是交易关系外原权利人与交易相对人之间的冲突，二是交易相对人之间的冲突，三是第三人与交易当事人之间的冲突。

【经验与逻辑5.7】"诱发式"冲突权利归属与衡平救济包括六种组合方式："协议归属＋协议补偿"，"协议归属＋裁判补偿"，"强制归属＋协议补偿"，"强制归属＋裁判补偿"，"裁判归属＋协议补偿"，"裁判归属＋裁判补偿"。权利归属中的"裁判归属"与衡平救济中的"裁判补偿"是最有讨论价值的法律问题。

【经验与逻辑 5.8.1】不动产财产权利价值冲突转化原理："自发式"冲突（"内生性"冲突）与"诱发式"冲突（"外源性"冲突）在一定条件下相互影响，相互转化，表现为"内生性"冲突外部化与"外源性"冲突内部化两个过程。

【经验与逻辑 5.8.2】不动产财产权利价值冲突转换原理："内生性"冲突外部化与"外源性"冲突内部化两个过程在一定条件下前后相继，相互转换。

第六章

【经验与逻辑 6.1】不动产财产权利案件更多表现为经济利益的冲突，突出呈现经济理论两个最重要的假设，即资源稀缺与理性行为。

【经验与逻辑 6.2】当事人预期胜诉率与调解方案互为因果表里。预期胜诉率影响调解策略，而调解方案可直观计算得出预期胜诉率。

附录2 方法与建议

第一章

【方法与建议 1.1】对具体的不动产财产权利属性进行分析,可根据其物权与债权的属性进行分析与定位。其中,物权属性参考关键词包括:支配、直接、对世、排他、绝对、优先;债权属性参考关键词包括:请求、间接、对人、包容、相对、平等。

【方法与建议 1.2】在分析不动产财产权利时,应当充分考虑权利的价值计量。在分析具体的财产权利时,以具体的情境确定具体的价值计量标准。

【方法与建议 1.3】观察一项具体的不动产财产权利的实际状态,可以结合权利属性与价值水平两个方面,拟制一个二维坐标体系。

【方法与建议 1.4】在研究财产权问题上,可以借鉴产权经济学方法,将所有权的处分权能视为财产权利的行使方式,从而在逻辑关系上与可以直接行使的所有权其他权能相并列。

【方法与建议 1.5】在研究财产权问题上，应当充分重视权利名实分离问题，可以借鉴产权经济学方法，将现实生活中存在的狭义所有作为一项独立的权能进行研究。

第二章

【方法与建议 2.1】在中国的国情下研究不动产价值问题，难以割舍亦难以回避"买房置地"的传统历史情结。

【方法与建议 2.2】研究不动产财产权利问题，适用不动产财产法律，制定房地产调控政策，须考虑一定社会物质条件下人的不同层次的心理需要及与之相关的不动产不同层次的权利价值。

【方法与建议 2.3】在不动产财产权利理论研究与司法实践中，都不可忽视权利主体趋利避害的伦理基础，应当更多地关注价值衡量与利害取舍。

【方法与建议 2.4】观察、研究和解决不动产财产权利价值问题，应当坚持主客观统一的哲学价值观，将不动产的客观属性与人的主观需要相结合；同时，亦应当坚持历史唯物主义，充分关注实践的历史性与现实性，兼顾不动产财产关系的历史传统与现实问题。

【方法与建议 2.5】经济理性人与资源稀缺性假设构成不动产财产权利价值的经济分析理论与实践问题的两大前提。

【方法与建议 2.6.1】在未来的《物权法》修订工作中，应当在充分调研的基础上，将居住权纳入合法的用益物权法律体系。

【方法与建议 2.6.2】《物权法》可以在修订时规定如下居住权相关条文：

第一条　对他人所有或承租的房屋享有居住权的人包括：（一）依据法律、行政法规、国家政策及合同约定的被安置人；（二）与所有权人、承租人形成共同居住事实且不具备腾退条件的近亲属；（三）与上述居住权人具有扶养关系的近亲属。

第二条　居住权终止于权利人死亡之时。居住权不得转让与继承。

第三条　居住权的行使以满足居住需要为限，不得擅自出租、出借或从事经营活动等超出居住需要的行为。

第四条　居住权人可以与房屋权利人共同使用并共同维护居住生活必

需的共同设备、设施。

第五条 居住权人与房屋权利人之间应和睦相处,不得干涉对方的正常生活。

第三章

【方法与建议 3.1】不动产财产权利价值转化过程中价格转化与效用转化的双重性及相互制约关系提供了一个观察和解决不动产财产权利价值转化问题的全新视角,对修订法律法规、制定司法解释、作出司法裁判调解都具有重要的理论与现实意义。

【方法与建议 3.2】鉴于法律制度作为上层建筑的一部分对经济基础产生重要的反作用,在不动产财产权利价值转化过程中,法律制度的价值体现在减少成本、提高效率。

【方法与建议 3.3】根据能否形成帕累托改进,信息分为生产性信息与非生产性信息。法律与政策应当减少获取和传播生产性信息的成本,并减少非生产性信息的收益率。

【方法与建议 3.4.1】在信息成本不对称的情况下,立法、政策及司法应强化信息优势者的披露义务,切实保护信息劣势者的信赖利益,从而降低信息成本。

【方法与建议 3.4.2】在信息优势者信息成本不为零的情况下,法律可以要求信息劣势者对其所获取的信息支付合理对价。

【方法与建议 3.4.3】在信息成本不对称的情况下,立法、政策及司法特别需要注意避免信息优势者对生产性信息的不实披露和对非生产性信息的故意隐瞒。

【方法与建议 3.5】信息市场的价格调控:信息市场形成以后,当信息优势者形成信息垄断时,法律和政策有必要对信息价格进行干预,将其控制在成本差额区间内。

【方法与建议 3.6】提高合同的完备度的措施包括:指导性合同范本,《物权法》与《合同法》任意性与倡导规范配置;信息市场。

【方法与建议 3.7】《物权法》可以在修订时规定如下不动产让与担保相关条文:

第一条 为担保债务的履行,或为满足融资的需要,房屋所有权人可以将房屋的所有权让与受让人,同时设定回赎期限与回赎对价。

让与人在回赎期限届满前支付回赎对价的，受让人应当将房屋所有权转移登记回让与人名下；让与人一并让与房屋使用权的，受让人应当在合理期限内将房屋腾空并交还让与人。

让与人在回赎期限届满时未支付回赎对价的，不得要求受让人归还所有权；让与人未一并让与房屋使用权的，应当将房屋腾空并交付受让人；若让与人认为回赎对价与房屋现值差额较大，可以在回赎期满后一年内要求受让人对该差额予以补偿。

第二条　为担保债务的履行，或为满足融资的需要，房屋所有权人可以将房屋的使用权让与受让人，同时设定回赎期限与回赎对价。

让与人在回赎期限届满前支付回赎对价的，受让人应当在合理期限内将房屋腾空并交还让与人。

让与人在回赎期限届满时未支付回赎对价的，不得要求受让人腾空房屋并交还，受让人取得无固定期居住权。

让与人在回赎期限届满后支付回赎对价及利息的，可以要求受让人腾退并交还房屋，但应当给予受让人合理的腾退时间。

第三条　设立让与担保，当事人应当采取书面形式订立让与担保合同。

让与担保合同一般包括下列条款：

（一）被担保债权种类和数额，或者让与担保让与金数额；

（二）让与担保的回赎期限与回赎对价；

（三）让与财产的坐落、面积、状况、所有权归属或者使用权归属；

（四）让与担保财产的让与时间。

第四条　受让人在让与担保期间，未经让与人同意，不得擅自处分受让财产，否则应当承担赔偿责任。

第五条　受让人仅受让房屋使用权的，未经受让人同意，让与人不得在回赎前处分让与财产，否则应当承担赔偿责任。

第六条　受让人受让房屋使用权的，负有妥善使用受让财产的义务；因使用不善致使受让财产毁损、灭失的，应当承担赔偿责任。

受让人的行为可能使受让财产毁损、灭失的，让与人可以要求受让人停止侵害，或者要求提前清偿债务或支付回赎对价，由受让人一并返还财产。

受让人负有妥善使用受让财产的义务；因使用不善致使受让财产毁

损、灭失的，应当承担赔偿责任。

第七条　房屋存在抵押权的，未经抵押权人同意，不得对房屋所有权设定让与担保。房屋存在其他使用权人的，未经其他使用权人同意，不得对房屋使用权设定让与担保。

第八条　为担保债务的履行，或为满足融资的需要，汽车所有权人可以设定让与担保，并依照房屋让与担保相关规定执行。

第四章

【方法与建议 4.1.1】以"收益返还"为标准确定违约损失赔偿数额的前提是"收益＞损失"。

【方法与建议 4.1.2】以评估的"价值填平"为标准确定违约损失赔偿数额的前提是"收益＜损失"，且能够使受害方获得评估时点后的损失扩大部分的赔偿。

【方法与建议 4.1.3】确定违约造成不动产机会成本损失（不动产差价）的基本原则：权衡违约人收益与受害人损失，取其高者为基准，根据可预见的经济形势发展趋势适当调整机会成本损失赔偿数额。

【方法与建议 4.2】通过协商设定地役权可以作为解决不动产相邻关系外部性妨害内部化问题的有效率的思路。

【方法与建议 4.3】在国家不动产调控政策对不动产交易发生阻碍性影响时，应当首先通过协商寻找符合"帕累托"标准或"卡尔多—希克斯"标准的解决方案，有效率的变更履行优先于终止履行。

【方法与建议 4.4】征地拆迁中的"公共利益"可以用经济标准来定义：当被拆迁人"安置补偿利益＋拆迁后未来收益＞被拆迁不动产价值"，且国家的"拆迁收益＞拆迁成本"时，利国利民，符合帕累托标准。

第五章

【方法与建议 5.1.1】不动产财产权利价值冲突化解基本范式：第一步，冲突识别（前提）；第二步，权利归属（核心）；第三步，衡平救济（关键）。

【方法与建议 5.1.2】不动产财产权利价值冲突的冲突识别是化解冲突的前提，应当根据不动产财产权利的价值冲突的四个构成要素［主体多元性、客体同一性（或不可替代性）、主观排斥性、客观合法性〕予以识别，剔除非冲突问题。

【方法与建议 5.1.3】不动产财产权利价值冲突的权利归属是化解冲突的核心，本质上是经济问题而非法律问题，应当遵循经济规律对冲突和经济利益的竞合的需求关系予以取舍。

【方法与建议 5.1.4】不动产财产权利价值冲突的衡平救济是化解冲突的关键。无权利侵害的利益衡平与有权利侵害的损失救济本质上均属于交易，区别在于，前者体现交易中效用与价格的双重价值，后者难以体现效用价值。（参见【经验与逻辑 3.1.1】【经验与逻辑 3.1.2】不动产财产权利价值转化二重性定律）。

【方法与建议 5.2】法官在处理"自发式"冲突时，应当遵循经济规律，寻找帕累托最优方案，引导当事人实现博弈均衡，实现利益最大化，实现"自愿归属＋协议补偿"式的冲突化解。

【方法与建议 5.3.1】在未来的《婚姻法》或《物权法》修正案或司法解释中应当就《婚姻法》与《物权法》的衔接问题配置倡导性规范，减少因登记权利与实际权属不一致导致的权利冲突和交易风险。

【方法与建议 5.3.2】《物权法》第 19 条规定（关于变更登记与异议登记的规定）可以增加一款：

权利人、利害关系人认为其实际权利未被不动产登记簿记载的，应当及时依照上述两款规定主张权利。

【方法与建议 5.3.3】《婚姻法》可以在修正案或司法解释中规定如下条文：

夫妻共同所有的不动产与夫妻一方的不动产应当与不动产登记簿记载的事项相符。夫妻一方认为其实际权利未被不动产登记簿记载的，可以依照《中华人民共和国物权法》变更登记与异议登记的相关规定主张权利。

【方法与建议 5.4】"居住权货币化"问题在司法实践中大量存在却无统一规范，应当制定相关司法解释，建议条文如下：

第一条　权利人放弃居住使用权利而主张货币补偿的，人民法院应当受理。权利人要求确认居住使用权利的案件，在诉讼过程中放弃居住使用权利而变更诉讼请求为主张货币补偿的，人民法院应当准许。

第二条　权利人放弃居住使用权利而主张货币补偿的，人民法院可以根据居住使用权利的来源和房屋市场价值等因素予以支持，货币补偿的具

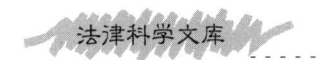

体数额可以通过作价补偿、委托评估、询价酌定、优惠面积补差等方法予以确定。

【方法与建议 5.5.1】在责任成立即归责问题上，不必强调契约责任与侵权责任的区分，而采纳正反两个标准：一是以过错（或谨慎注意义务）为核心判断标准，二是以因果关系（或可预见规则）为排除性标准。

【方法与建议 5.5.2】以责任成立即归责问题的判断标准可以作为"诱发式"冲突权利归属与衡平救济的统一裁判规则。

【方法与建议 5.5.3】过错作为归责之核心，在实践中以注意义务作为质的标准，以谨慎标准作为量的标准。

【方法与建议 5.5.4】根据汉德公式基本原则，"谨慎标准"作为"诱发式"冲突的权利归属与衡平救济的标准，受"权利价值水平"和"权利交易风险"两方面的制约，价值越大，风险越强，谨慎标准与注意义务就越高。在核算谨慎标准过程中，可以借鉴财产权利二维价值体系作为思维范式，"权利价值水平"决定于市场价格，"权利交易风险"决定于权利属性。

【方法与建议 5.5.5】最低成本以避免冲突标准：不动产财产权利冲突各方均符合谨慎标准丧失权利与承担赔偿的风险应当由可以以最低成本避免冲突的一方负担，从而降低社会总交易成本。

【方法与建议 5.5.6】"诱发式"冲突的权利归属与衡平救济统一于归责标准，具体包括两步：第一步是根据汉德公式的"谨慎标准"，第二步是根据成本收益分析的"最低成本避免冲突标准"。

【方法与建议 5.6】为避免现行无权处分制度造成善意相对人难以维权的弊端，建议在民法总则性规范或者合同法规范中作出特别规定。

民法总则性规范可以特别规定：

第一条　不动产登记簿记载的权利人未经其他共有人同意擅自处分不动产，相对人为善意的，该处分行为有效，善意相对人可以主张相关权利。

第二条　不动产登记簿未予记载的权利人以不动产登记簿记载的权利人对标的物没有处分权为由主张处分无效的，人民法院不予支持。

不动产登记簿未予记载的权利人因该处分行为造成损失的，可以要求处分人予以赔偿。

合同法规范可以特别规定：

第一条　不动产登记簿记载的权利人未经其他共有人同意擅自出售不动产，买受人为善意的，买卖合同有效，善意买受人可以依据买卖合同的约定要求出卖人履行合同义务。

第二条　不动产登记簿未予记载的权利人以不动产登记簿记载的权利人在缔约时对标的物没有所有权或者处分权为由主张合同无效的，人民法院不予支持。

不动产登记簿未予记载的权利人因该处分行为造成损失的，可以要求处分人予以赔偿。

【方法与建议 5.7】"诱发式"冲突的权利归属特别规则：首先适用统一归责标准，即"谨慎标准"（第一步）和"最低成本避免冲突标准"（第二步）。依照上述标准无法确定权利归属的，可以适用"失权者成本最小化标准"对冲突的权利价值关系予以衡平取舍，实现社会总成本最小化。

【方法与建议 5.8】《北京市高级人民法院关于审理房屋买卖合同纠纷案件适用法律若干问题的指导意见（试行）》（京高法发［2010］458 号）第 13 条的内容应当更正为：

出卖人就同一房屋分别签订数份买卖合同，在合同均为有效的前提下，买受人均要求继续履行合同的，原则上应按照以下顺序确定履行合同的买受人：

（1）已经办理房屋所有权转移登记的；

（2）均未办理房屋所有权转移登记，已经实际合法占有房屋的；

（3）均未办理房屋所有权转移登记，又未合法占有房屋，应综合考虑各买受人实际付款数额的多少及先后、是否办理了网签、合同成立的先后等因素，公平合理地予以确定。

出卖人在房屋买卖合同办理网签手续后向他人另行出售，办理网签手续的买受人与后买受人均要求继续履行合同的，办理网签手续的买受人优先履行。（此款为建议增加条款）

买受人中之一人起诉要求出卖人继续履行买卖合同，出卖人以房屋已转让给他人为由提出抗辩的，法院可以根据案件具体情况决定是否追加其他买受人作为第三人参加诉讼；其他买受人另行提起诉讼要求继续履行合同的，应当依据前款原则协调处理。

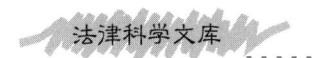

第六章

【方法与建议 6.1】能动调解须自觉运用经济规律与方法对当事人的利益诉求因势利导，以期调解工作从自发到自觉、从经验到科学的升华。

【方法与建议 6.2】为提升调解方法科学化水平，建议最高人民法院和各高院在筛选、公布审判指导案例为基础的审判案例指导制度的同时，建立调解案例指导制度，将科学的调解方法以指导案例的方式进行公布，以资交流借鉴。此外，依托调解案例指导，开展科学调解方法的培训工作。

【方法与建议 6.3.1】能动调解须以"客观真实"为依托。调解结果公平正义的基础在于案件事实的清晰。

【方法与建议 6.3.2】能动巧妙的当庭认证、释法说理可促使当事人放弃基于还原事实认知局限而生的侥幸或不合理期待，从而水到渠成促成调解。

【方法与建议 6.3.3】当双方预期胜诉率均过高（相加大于100%）时，调解无法达成。法官须以能动科学之观察，不断通过心证开示与释法工作诱使当事人改变策略选择取向，通过新一轮博弈降低当事人预期胜诉率之不合理部分，直至把调解方案调整到双方可以达成合意。

【方法与建议 6.3.4】在起草调解相关指导意见和进行培训时，强调调解的规律性与科学性，强调深入质证、敢于认证的基础作用，强调以法官引导反复质证、认证、询问为手段促进调解水到渠成，以此可解决事实不清、压迫调解造成调解难执行、公正难实现的顽疾。

【方法与建议 6.4.1】法官须尽可能掌握全面的案内信息与案外信息，为当事人能动地设计多条路径，寻求最佳方案。

【方法与建议 6.4.2】帕累托最优思维下能动调解操作方法：第一步：全面、深入了解案内信息与案外信息；第二步：归纳可行性冲突解决路径；第三步：寻求帕累托最优方案。

【方法与建议 6.4.3】在新的调解相关指导意见与业务培训中运用帕累托最优思维提出指导意见，指导法官充分关注当事人利益诉求，充分掌握案内、外信息，发挥能动性与创造力，努力使当事人的合法利益在平衡中实现最大化。

【方法与建议 6.5.1】"卡尔多-希克斯标准"须以寻找"帕累托最优"

三步走为前提。当"帕累托最优"无当直接找到时，则考虑是否可以受益者补偿受损者之方式实现"潜在的帕累托改进"。

【方法与建议 6.5.2】在寻找"潜在的帕累托改进"的过程中，应当充分重视"边际效用"与"边际效用递减规律"，并依此平衡双方效用。

【方法与建议 6.5.3】在未来的调解相关指导意见和业务培训中应引导法官在调解中做到"四个关注"，并在此基础上进行科学调解，通过"共赢思维"和"补偿衡平"能动引导当事人实现利益最大化。

一要关注社会经济发展与市场变化形势。

二要关注当事人利益冲突产生与演化的背景。

三要关注诉争法律关系所涉诸标的物价值变化及对于各方当事人的不同效用。

四要关注当事人利益需求在纠纷演化过程中的变化发展趋势。

附录3 案例汇总

第一章

【案例1.1】诉争房屋位于北京市朝阳区酒仙桥二街坊,原为北京华信医院所属中央在京单位职工住房,现所有权人登记为苗某。2008年8月4日,苗某办理了《中央在京单位已购公房上市出售登记表》,获得了公有住房上市出售管理的批准。2009年3月21日,吴某(买受人)与苗某(出卖人)签订《存量房屋买卖合同》,约定苗某向吴某出售诉争房屋,成交价格为54万元。同日,吴某与苗某签署《补充协议》,约定:苗某出售的房屋价格为54万元,房屋的配套设施折价为30万元,苗某出售诉争房屋的交易净得总价款为84万元,装修折价款30万元由吴某在产权登记前自动支付给苗某。2009年4月9日,吴某、苗某共同在《二手房首付款交付确认函》上签字确认吴某向苗某支付购房首付款45万元。2009年4月27日,北京住房公积金管理中心住房公积金贷款中心向吴某发出《北京住房公积金管理中心住房公积金贷款审核确认书》，批准吴某申请的借款，金额为 39 万元。后苗某向吴某提出，因华信医院不同意诉争房屋上市买卖，要求退还收取的 45 万元购房款并解除《存量房屋买卖合同》。

2009 年 7 月，吴某起诉至北京市朝阳区人民法院，要求判令苗某协助其办理诉争房屋的过户手续，并向其支付违约金 1 万元。一审诉讼中，苗某提交北京华信医院房产科出具的《说明函》一份，表示华信医院不同意对外出售诉争房屋。经法院向在京中央和国家机关住房交易办公室查询，该办公室于 2009 年 9 月出具的《中央在京单位职工住房档案》证实诉争房屋"此房符合房屋上市条件"。北京市朝阳区人民法院于 2010 年 1 月判决：一、苗某于判决书生效后十五日内协助吴某办理诉争房屋的权属转移登记手续；二、苗某于判决生效后十日内给付吴某违约金一万元整。判决后，苗某不服，提出上诉，并称诉争房屋现已不能再上市出售，故双方买卖合同已不能继续履行，请求二审法院依法改判，驳回吴某的诉讼请求。吴某同意原判。二审诉讼期间，经法院向在京中央和国家机关住房交易办公室查询，诉争房屋所办理的《中央在京单位已购公房上市出售登记表》有效期现虽已届满，但只要重新补办手续仍可继续上市进行交易。据此，二审法院判决驳回上诉，维持原判。

【案例 1.2】1946 年 8 月 7 日，杜维善（又名杜颢）之养母孟小冬以杜颢名义购置了北京市东城区贡院西大街×号及车门房产一所（现房号为北京市东城区顶银胡同×号）。后因孟小冬与杜月笙结婚，原北京市人民法院认定上述房屋系杜月笙所有，故于 1952 年 7 月 21 日作出（52）年度刑清二字第 3743 号判决。此后，房管部门根据该判决接管了顶银胡同×号院房屋。20 世纪 60 年代末，因王某等人原住房所在地区由政府进行地铁施工建设，王某等人由房管部门安置到顶银胡同×号院居住，并由王某等人与原北京市东城区建国门房管所签订《房屋租赁契约》。1984 年 12 月 27 日，原北京市中级人民法院经审理作出（1984）中刑申字第 1395 号刑事再审判决书，认定顶银胡同×号院房屋应属杜颢所有，撤销（52）年度刑清二字第 3743 号判决，并判决将顶银胡同×号院房屋发还杜颢。北京市政府落实私房政策后，房管部门将顶银胡同×号院 25 间房屋发还给杜维善。1987 年 4 月 27 日，吕某代杜维善与王某等人就诉争房屋签订《私房租赁契约》，由王某等人承租该房屋。2011 年 4 月，杜维善因年岁较大，欲回国居住，故起诉王某等人腾退房屋。法院认为：王某等人系由政府安置入住诉争房屋至今，根据其目前居住情况，其暂不具备腾退条件，且依据北京市的相关政策，标准租私房承租人的腾退和安置工作需由相关部门与单位配合，私房所有权人不宜强行要求承租人腾退，因此法院驳回杜维善要求王某等人腾退房屋的诉讼请求。

【案例1.3】诉争房屋系北京市朝阳区黑庄户乡东旭新村四区别墅，属于在农民集体所有土地上建造的房屋。2001年7月28日，正某子与高碑店市科峰扶贫有限公司签订《购房协议》，约定：正某子以88万元的价格购买诉争房屋。2001年8月4日，正某子全额给付了购房款。当日，黑庄户乡人民政府及北京市东旭新村农工商公司向正某子颁发了房产证。2006年8月18日，正某子出具《委托书》，委托其兄郑某甲代卖诉争房屋。后郑某甲代表正某子与张某签订一份《过户协议》，将诉争房屋以70万元的价格出售给了张某。2006年8月22日，郑某甲又代表正某子与张某签订《转让申请》，对相关权利、义务进一步作了约定。此后，正某子向张某交付了诉争房屋。张某与北京东旭新村劳务服务中心签订了《居民入住合同》，并交纳了过户手续费17 500元及2002年至2006年期间的物业管理费10 200元，北京东旭新村劳务服务中心和黑庄户乡幺铺村村民委员会共同向其发放了"房产证"。张某入住该房屋后进行了装修，并在院内栽种了多株花木。2008年，石某曾将张某诉至北京市朝阳区人民法院（以下简称朝阳法院），以正某子未经其同意处分夫妻共同财产，且该房屋为在集体土地上建房未经批准不得转让为由，要求确认《过户协议》及《转让申请》无效。朝阳法院于2008年8月29日作出判决，确认上述《过户协议》及《转让申请》无效，该判决现已生效。目前诉争房屋仍由张某居住使用。另查，正某子原名郑某某，出生于辽宁省沈阳市，后加入日本国国籍，改名正某子。郑某杰和彭某茹为正某子父母。2001年7月9日，正某子与石某在日本登记结婚。2007年1月9日，正某子因病在沈阳去世；2011年10月6日郑某杰因病去世。2008年12月，石某起诉至朝阳法院，要求张某返还诉争房屋。张某反诉要求石某返还100万元购房款及垫付的10 200元物业管理费，并赔偿装修损失442 948元，过户费损失17 500元、购房利息损失25万元，栽种的树木自行移植到他处。法院最终判决结果基本上支持了双方诉求，对相关损失数额依法酌定。

【案例1.4】董某和唐某甲系养母女关系。董某及其丈夫唐某乙（已于 1998 年 4 月死亡）原居住的北京市原宣武区自新路×号房屋于 2000 年 5 月被拆迁。拆迁人经济日报下属北京经济函授大学与被拆迁人董某、唐某甲于 2000 年 2 月 15 日签订了《北京市城市住宅房屋拆迁安置补助协议》，协议中载明：应安置人口 4 人（并载明 4 人系户主 68、夫 74、户主 40、女 14），直接安置北京市丰台区翠林小区的两居室（以下简称涉案房屋）和北京市丰台区马家堡小区的一居室共两套房屋。董某现居住在涉案房屋。2006 年 8 月，董某诉至北京市丰台区人民法院（以下简称丰台法院），要求确认涉案房屋的居住权人仅有董某一人。丰台法院于 2006 年 9 月判决：一、董某对诉争房屋享有居住权；二、驳回董某的其他诉讼请求。判决后，董某不服，提出上诉。北京市第二中级人民法院驳回上诉，维持原判。

【案例 1.5】2007 年 9 月 21 日，刘某甲因不便，委托儿子庞某甲全权代为办理自己新批宅基地拆迁的全部事宜。同日，北京空港物流基地开发中心与庞某甲签订《北京市集体土地房屋拆迁货币补偿协议书》（以下简称《补偿协议书》），北京市顺义区后沙峪镇枯柳树村某宅基地及其上房屋和附属物拆迁，拆迁补偿补助款共计 412 466 元，被拆迁人为刘某甲。后庞某甲以其名义与北京市裕鑫房地产开发有限公司（以下简称裕鑫公司）签订《清岚小区优惠价商品房购房确认单》（以下简称《确认单》），购买北京市顺义区清岚花园某房屋（即涉案房屋），购买时使用了刘某甲的优惠价购房面积。该房屋现登记在北京民益投资管理中心（以下简称民益中心）名下。庞某甲领取了涉诉宅基地拆迁补偿款并用该款购买涉案房屋。涉案房屋现由庞某甲之妻刘某乙、之子庞某乙占有、使用。刘某甲曾以刘某乙、庞某乙为被告，裕鑫公司、民益中心为第三人，就确定其为涉案房屋所有权人提起诉讼。一审法院裁定驳回刘某甲的起诉。刘某甲不服，提起上诉。二审法院维持原裁定。后刘某甲以刘某乙、庞某乙、裕鑫公司、民益中心为共同被告，要求裕鑫公司、民益中心更正刘某甲为涉案房屋优惠价商品房购房确认单购买人，法院裁定驳回刘某甲的起诉。

现刘某甲起诉刘某乙、庞某乙、裕鑫公司、民益中心，要求：确认涉案房屋归刘某甲居住使用，刘某乙、庞某乙立腾退涉案房屋；四被告赔偿其因不能在涉案的回迁安置房屋居住的经济损失人民币 1 万元。法院经审理认为：刘某甲作为被拆迁人，属于被回迁安置对象；虽刘某甲与刘某乙、庞某乙就涉案房屋的所有权及购买人的确定均存纠纷，但考虑到刘某甲及刘某乙、庞某乙的现居住情况,就刘某甲请求居住、使用涉案房屋予以支持;刘某乙、庞某乙现未被确定为涉案房屋的所有权人或购买人,应腾退房屋;刘某甲要求四被告赔偿经济损失,未提交证据证明,不予支持。据此,于2012年12月判决:涉案房屋由刘某甲居住使用,刘某乙、庞某乙腾退该房屋;驳回刘某甲的其他诉讼请求。

【案例1.6】2002年3月26日,中邦公司(合同甲方)与潘某(合同乙方)签订《协议书》,约定:甲方以乙方名义购买诉争房屋,购买及使用过程中的一切费用由甲方承担,甲方为该房屋实际出资人和所有人,乙方对该房屋没有任何权利。《协议书》第5条约定:"在甲方认为必要时有权随时通知乙方办理该房产过户事宜,乙方应无条件配合甲方办理过户手续。"《协议书》第8条约定:"此合同系乙方在甲方工作期间以个人名义配合甲方购房订立,离职时应该另签协议,或执行本协议第五条。"《协议书》第10条约定:"若今后乙方需要自行购房,发生贷款冲突,甲方应配合解决或按本协议第五条执行。"

潘某与北辰公司签订《北京市内销商品房买卖契约》,购买了诉争房屋,成交价1 744 358元,该合同未载明签订日期。2002年1月23日,北辰公司出具了收到潘某购房款354 358元的发票。2002年1月15日,刘某在《建设银行同意抵押承诺书》上签字,声明因其配偶潘某购买诉争房屋与建设银行签订《个人住房贷款借款合同》,现刘某同意将诉争房屋抵押给建设银行。2002年3月26日,潘某与建设银行签订《个人住房贷款借款合同(抵押加阶段性保证借款)》,向建设银行贷款139万元用于购买诉争房屋,并以该房屋做抵押担保还款。此后,建设银行发放该笔贷款,2002年3月28日,北辰公司出具收到潘某购房款1 390 000元的发票。北辰公司交付诉争房屋后,该房屋由中邦公司使用至今,潘某向建设银行申请的贷款一直由中邦公司代为偿还。2012年3月,中邦公司提起诉讼,要求潘某、刘某协助将诉争房屋过户至中邦公司名下。一审法院支持了中邦公司的诉讼请求。潘某、刘某不服,提出上诉。二审审理中,北辰公司出具《证明》,该《证明》载明:诉争房屋至今尚未办理所有权转移登记,该房屋全部建设手续齐全,不存在任何办理产权障碍,如果潘某提出办理产权转移登记要求,该公司可随时予以配合。二审法院驳回上诉,维持原判。

第二章

【案例 2.1】徐某与高某丙系夫妻关系，高某甲及高某乙系二人子女。高某丙现已去世。北京市朝阳区农光里某房屋即涉案房屋原登记在高某丙名下，高某丙去世后，该房屋登记在徐某名下。该房屋自 2004 年至今由李某居住使用。2011 年 1 月，李某起诉至一审法院称："我与高某甲原系朋友关系，高某甲因做生意向我借款 30 万元。2004 年 5 月 15 日，高某甲与其父亲高某丙同意将涉案房屋以 30 万元抵押给我，抵押期限至 2004 年 12 月 31 日。后因高某甲无力还款，经其父亲高某丙同意，我搬入涉案房屋，同时我与高某丙签订《房屋转让协议》。现诉至法院要求确认该《房屋转让协议》有效。"徐某、高某甲、高某乙不认可，并反诉要求确认《房屋转让协议》无效。一审庭审中，李某提交 2004 年 5 月 15 日的《证明》，内容为："经双方协商，高某甲因欠李某钱，目前无能力偿还。经与高某甲父亲高某丙协商，经父亲同意，愿将涉案房屋作为抵押（抵押金 30 万元整），抵押期至 2004 年 12 月 31 日，抵押期满后如无能力还款，由高某甲出面负责过户李某。在抵押期间如高某甲将房产转移或变卖，将承担法律责任与后果。"高某甲称：该《证明》为复印件，但未申请进行鉴定；因李某与高某甲在俄罗斯合伙做生意，高某甲与"庄某公司"之间存在债权、债务关系，高某甲实际欠"庄某公司"30 万元。李某另提交《房屋转让协议》一份，内容为："甲方高某丙，乙方李某，因甲方之子高某甲欠乙方 30 万元，2004 年 5 月 15 日高某甲与甲方同意用甲方 1003 室房屋以 30 万元抵押给乙方。现由于高某甲实在无力还款，特定本协议：自签订本协议之日起，甲方所有的 1003 室房屋所有权转让给乙方，该房屋所有权归乙方后抵押高某甲所欠 30 万元人民币。"徐某、高某乙、高某甲不认可该协议的真实性。经法院释明，徐某、高某乙、高某甲与李某均不申请对该协议上"高某丙"签字的真实性进行鉴定。一审法院在确认《证明》、《房屋转让协议》真实性基础上判决：（1）确认《房屋转让协议》有效；（2）驳回徐某、高某甲、高某乙之反诉请求。二审法院主持调解，双方当事人自愿达成如下协议：（1）徐某、高某甲、高某乙于 2012 年 12 月 31 日前给付李某 60 万元；（2）李某于收到上述 60 万元后 15 日内将涉案房屋腾空并交付徐某、高某甲、高某乙；若李某未能在上述期限内腾房，则应支付徐某、高某甲、高某乙违约金 10 万元，每逾期 1 日，另支付补偿款 500 元；(3) 双方不再履行《房屋转让协议》。

【案例 2.2】董某、高某甲原系夫妻关系，后于 2011 年 7 月 20 日经法院调解离婚，双方确认：双方所生之女高某乙由高某甲抚养，董某每月给付抚养费 700 元；位于北京市朝阳区安华西里的诉争房屋由董某继续承租，董某支付高某甲折价款 10 万元。

2011 年 8 月，董某以高某甲收到折价款未搬出诉争房屋为由，起诉要求高某甲、高某乙腾房。在该案审理中，高某甲、高某乙均称：高某甲已经从诉争房屋搬出；高某乙是未成年人，高某甲没有其他地方安排高某乙居住，所以高某乙只能居住在诉争房屋。一审中，董某提供了其与案外人签订的租赁合同，用以证明租金数额。一审法院判决高某甲、高某乙腾房。高某甲、高某乙不服，提出上诉。二审法院驳回上诉，维持原判。现诉争房屋已于 2012 年 7 月 23 日经法院强制执行交还给了董某。

现董某起诉要求高某甲赔偿其支出的租房损失 2.4 万元。起诉理由是：其已将调解书约定的 10 万元折价款给了高某甲，高某甲却未按照调解书约定腾房，经法院强制执行前，其无处居住，只能另行租房，房租费用是由于高某甲未能及时腾房造成的。一审法院于 2012 年 9 月判决高某甲赔偿董某租房损失 2.3 万元。高某甲不服，提出上诉。二审法院驳回上诉，维持原判。

第三章

【案例 3.1】业主与 JG 集团公司签订《北京市商品房预售合同》，约定业主购买北京市丰台区顺八条的诉争房屋。合同第五条"计价方式与价款"约定"本条所称建筑面积，是指房屋外墙（柱）勒脚以上各层的外围水平投影面积，包括阳台、挑廊、地下室、室外楼梯等，且具备有上盖，结构牢固，层高 2.20 米以上（含 2.20 米）的永久性建筑"。签订合同后，业主履行了付款义务，JG 集团公司履行了交付房屋的义务。2008 年 2 月 28 日，北京市建筑设计研究院针对诉争房屋出具了《北京市建筑工程施工图设计文件审查报告》及《北京市建筑工程施工图设计文件审查合格书》。2010 年 8 月 3 日，诉争房屋竣工验收合格。

业主在接收房屋时发现房屋内紧贴天花板及墙壁的位置铺设了公共管道，起诉到一审法院，要求 JG 集团公司赔偿因屋内管道造成房屋使用面积减少、室内美观度降低的贬值损失。业主认为：JG 集团公司作为房屋的出卖人，对房屋的情况应有全面了解，但在 JG 集团公司签订合同过程中以及提供的合同文本中均没有关于该公共管道的设计和施工条款，没有告知房屋内存在公共管线，属于故意隐瞒与订立合同有关的重要事实，剥夺了业主的知情权与选择权。

JG 集团公司主张：目前没有法律法规规定合同中应载明管线的位置，且诉争房屋设计符合规范，已经竣工验收合格；同时，依据《北京市商品房预售合同》第五条，诉争房屋建筑面积并未减少；另外，诉争管线并非给水总立管，并不适用业主所述的规范，因此不同意业主的诉讼请求。

一审法院没有支持业主的请求，理由有三点：第一，管线设计经相关部门审批，诉争房屋亦经竣工验收合格；第二，诉争管线并不属于给水总立管，不适用《住宅设计规范》及《住宅建筑规范》中关于给水总立管的规定；第三，双方签订的《北京市商品房预售合同》系相关部门制订的范本合同，现行法律法规及上述合同中均未要求 JG 集团公司需要对本案争议的管道情况予以告知，JG 集团公司不存在故意隐瞒的情况。

二审审理中，JG 集团公司认可在售房时未就管道情况向业主告知，亦未因管道问题减少价款。2012 年 11 月，二审法院作出判决，酌情改判 JG 集团公司给予业主一定数额的赔偿。

【案例 3.2】诉争房屋位于北京市丰台区，所有权人登记为甲。2005 年 9 月 28 日，甲与乙签订一张《借款协议》，载明："因拍摄电视剧《乡村爱情》需要，甲向乙借人民币捌拾伍万元，借期 7 个月；自 2005-9-26 至 2006-4-25 止；甲以个人房产一套抵押，地址（略），如甲逾期不能偿还乙借款，乙有权拍卖该房产抵债；甲于 2006 年 4 月 22 日之前偿还乙借款，乙即将抵押《房产证》退还甲，此协议即作废……"

2007 年 9 月 18 日，甲与乙又签署一份《房屋抵债字据》，该字据载明："甲欠乙 120 万元，暂时不能偿还，愿以房屋一套抵债；2007 年 9 月 18 日办理过户手续；过户后，甲继续居住一年（从过户次日起计算）……2008 年 9 月 18 日之前，如甲支付乙 120 万元，乙立即退还甲该房屋；2008 年 9 月 18 日之前，如甲不能支付乙 120 万元，则搬出该房屋。"

【案例 3.3】摩根公司与郑某签订三份《北京市商品房预售合同》（以下简称《预售合同》），约定："郑某购买位于北京市朝阳区北四环中路公寓、酒店、商业房屋共三套，每套房屋均系预测建筑面积为 522.6 平方米,每平方米19 135.1元,总价1 000万元,付款方式为一次性付款,签合同当日支付首付款150万元,余款于合同签订15日内付清;交房日期为2008年5月7日。"

2007年8月28日,摩根公司(甲方)与郑某(乙方)签订《购房回购协议》,载明:"双方于2007年8月28日共同签署了《预售合同》,乙方向甲方购买3套公寓,合同约定建筑面积共计1 567.8平方米,购房款总计3 000万元;经双方友好协商,现对《预售合同》中乙方付款之相关约定作以下更正:乙方于2007年8月28日向甲方支付总房款3 000万元,乙方向甲方支付的房款到达甲方指定账户时,甲方向乙方开具收据。双方同意在满足下列条件的情况下,乙方同意解除上述《预售合同》及《补充协议》:1. 甲方于2007年11月28日前向乙方退还其已支付的全部购房款人民币3 000万元,同时甲方向乙方支付全部房款的7.5%,即225万元,作为对乙方退房的费用补偿。上述《预售合同》中关于乙方退房补偿的约定以本款约定为准。2. 若甲方于2007年11月28日前未能向乙方支付全部购房款,乙方将按照《北京市商品房买卖合同》拥有房屋的产权。甲方承担除所得税外的所有税费。"

2007年12月4日,双方签订《补充协议》,约定:"1.《购房回购协议》中约定的还款日期由2007年11月28日变更至2008年1月4日,即甲方于2008年1月4日前向乙方退还其已支付的全部购房款人民币3 000万元。同时甲方向乙方支付补偿金,补偿金额比例按总房款每年30%的比率计算(按资金实际使用期限计算)。2.《购房回购协议》第三条修改为:若甲方于2008年1月4日前未能向乙方支付全部购房款,乙方将按照《北京市商品房买卖合同》拥有房屋的产权。"协议签订后,郑某支付了3 000万元,后摩根公司又退还郑某1 800万元。

【案例3.4】杨某与张某系夫妻关系,于1979年3月13日结婚。2007年8月20日,张某作为买受人与案外人大都公司签订《北京市商品房现房买卖合同》,约定:张某购买大都公司开发的涉案房屋,总价款6 323 150元,买受人可以首期支付购房总价款的40%,其余价款可以向东亚银行或住房公积金管理机构借款支付。合同签订后,张某交纳了购房款。2008年4月,涉案房屋登记于张某名下。

2008年12月8日,张某、杨某为邢某办理了公证委托,委托书内容如下:委托人张某是涉案房屋的所有权人,杨某是法定共有权人,二人系夫妻关系，我们同意出售上述房产，房产证号（略），因为我们工作繁忙，不能亲自办理该房产的买卖手续及前往房管部门办理此房产产权转移的相关手续，故委托给我们的代理人，全权代表我们前往房地产管理部门协助购房人查询上述房产是否发生司法机关和行政机关依法裁定，决定查封或以其他形式限制房地产权利等情形；在符合依法出售的前提下，办理此房产的提前还款、解除抵押手续、领取还款证明、办理与解除抵押登记及与之有关的一切手续及代领房屋所有权证，然后办理该房产的买卖交易手续、签订房屋买卖合同、到房地产交易管理部门办理此房产产权转移、过户的一切有关事宜、代为办理与出售此房产相关的税务手续、协助买方以买方名义办理贷款、抵押的相关手续、代收相关售房款到受托人指定账户，代为在《售房人银行开户情况说明》及划款协议上签字；代理人在其权限范围内所签署的一切文件，我们均予以承认；委托期限：办完委托事项为止；代理人有转委托权。

2009年6月1日，邢某作为张某、杨某的代理人与ZC公司签订《存量房屋买卖合同》，约定：ZC公司购买涉案房屋，房屋成交价格为392万元。该合同未对交付时间、权属转移登记等事项作出约定，显示网签日期为2009年5月31日。当日，双方共同申请过户登记，涉案房屋转移登记至ZC公司名下。

张某、杨某提起诉讼，要求确认ZC公司与邢某于2009年6月1日签订的《存量房屋买卖合同》无效。一审法院支持了张某、杨某的诉讼请求。邢某、ZC公司均不服，提出上诉。二审法院驳回上诉，维持原判。

第四章

【案例4.1】2009年12月5日，杨某与刘某通过北京市博友园房地产经纪中心（以下简称博友园中心）居间介绍签订房屋买卖合同，约定刘某购买杨某所有位于北京市通州区玉桥西里的诉争房屋，建筑面积46.58平方米，房价款47万元。因未确定贷款数额和申请时间，买卖双方对于房屋交付及办理所有权转移登记的时间未进行约定，但约定了于2010年2月5日前履行完毕，否则合同终止。刘某于签约当日支付杨某定金5万元。签约后，三方定于2009年12月7日由刘某支付剩余首付款11.5万元，用于偿还杨某对诉争房屋的剩余银行贷款，但杨某届时未到场，在电话中称其在外地。后刘某与中介公司多次联系杨某要求办理诉争房屋的解押及过户手续，杨某均不予配合。后刘某起诉杨某要求解除房屋买卖合同，退还定金5万元，并赔偿因房价上涨造成的损失27万元。经一审法院委托某房地产评估公司对诉争房屋进行评估，诉争房屋在诉讼时的价值为74万元。

一审法院经审理认为：因合同在约定的期限内未履行完毕，故合同已于2010年2月5日终止；杨某在合同约定的有效期内未协助刘某办理产权转移登记手续，致使合同超过有效期无法继续履行，故杨某构成违约，应返还刘某定金5万元并赔偿刘某损失费用；现刘某要求杨某赔偿损失27万元的诉讼请求证据充分，理由正当；对于杨某有关其与刘某口头约定刘某在2009年12月10日前给付房款，刘某未依约给付，故其未协助刘某办理产权转移登记手续的答辩意见，因其未提供证据，法院不予采信；即使双方曾有此约定，杨某未提供证据证明向刘某催要过此款，且2009年12月31日杨某表示2010年2月5日后办理产权转移登记的税费由其负担，应视为杨某在2009年12月31日同意继续履行合同，后期未履行，应由杨某承担违约责任。一审宣判后，杨某不服，提起上诉。二审法院经审理认为：一审法院判决认定事实清楚，适用法律正确；关于赔偿数额，一审法院参考评估机构评估的房屋现值与合同价格，判决杨某向刘某赔偿损失27万元，依据充分。据此，二审法院判决驳回上诉，维持原判。

【案例4.2】2006年，王某购买了位于北京市丰台区方庄的涉案房屋。CJ饭店的注册及经营地址为涉案房屋所在楼房的裙楼，该饭店注册成立日期为2003年，主要经营中餐餐饮服务。王某购买涉案房屋时，裙楼上即安装了烟道、风机、水泵、冷却塔等设施，上述设施均在王某房屋的窗外。其中，烟道距离王某的房屋较近。王某购买涉案房屋后，CJ饭店又在裙楼的北侧、西侧安装了霓虹灯，而且霓虹灯高于裙楼。CJ饭店还在裙楼上加装了油烟净化器两台及静电除尘设备。

王某以上述设备设施对其构成妨害为由起诉，要求CJ饭店拆除在其窗外的所有烟道，降低抽风机噪声、冷却塔噪声，拆除全部霓虹灯，使大卧室窗外的出风口距离窗户5米。一审法院经审理于2008年12月判决：CJ饭店将安装在裙楼上的高于裙楼的霓虹灯拆除，驳回王某的其他诉讼请求。经二审法院调解，双方当事人自愿达成如下协议：一、双方自愿履行2009年9月4日签订的《协议书》；二、双方其他无争议。《协议书》

的内容因当事人要求保密不便公开,其主要内容为王某不再要求 CJ 饭店拆除上述设备、设施,CJ 饭店按月向王某支付一定费用,并保证夜间关闭霓虹灯。

【案例 4.3】2011 年 1 月 2 日,孙某(出卖人)、陆某(共有人)签署《定金协议》,确认收到包某交来购房定金 5 万元,成交价格为 565 万元。2011 年 1 月 9 日,孙某(出卖人)、陆某(共有权人)与冯某(买受人)签订《北京市存量房屋买卖合同》,约定:出卖人及共有权人将其所有的位于北京市朝阳区望京的诉争房屋出售给买受人,建筑面积为 164.88 平方米。双方约定了付款方式、房屋交付、权属转移、违约责任等问题。同日,冯某通过中国建设银行向孙某打款 164.5 万元。同日,冯某还向中原房地产公司支付代理费 2.5 万元。2011 年 1 月 26 日,国务院办公厅发布"国八条"。2011 年 2 月 25 日,北京市人民政府发布"京十二条"。

此后,双方因合同履行产生纠纷,冯某起诉至原审法院,要求:1. 解除其与孙某、陆某签订的《北京市存量房屋买卖合同》;2. 孙某、陆某立即退还支付的购房款 169.5 万元并支付利息;3. 孙某、陆某赔偿因违约给其造成的损失共计 42 896 元。孙某、陆某反诉要求:1. 解除双方签订的《北京市存量房屋买卖合同》;2. 冯某配合协助解除网签手续;3. 冯某向孙某、陆某支付违约金 75 540 元。

一审法院经审理认为:冯某与孙某、陆某签订的《北京市存量房屋买卖合同》(经纪成交版),不违反法律、行政法规的强制性规定,是双方真实意思表示,上述合同合法有效。依法订立的合同,双方均应当严格履行合同义务。冯某按照合同约定支付了定金及首付款共计 1 695 000 元,后因北京市政府出台相关限购政策,导致冯某无法继续履行合同,非双方任何一方违约。本案审理过程中,双方均同意解除双方签订的《北京市存量房屋买卖合同》(经纪成交版),本院对此不持异议。双方解除合同后,孙某、陆某应将收取的定金及首付款共计 1 695 000 元退还冯某。当事人对自己的主张应提供证据。冯某虽主张因孙某、陆某违约,要求孙某、陆某赔偿其经济损失,但未能提供确实、充分证据证明孙某、陆某违约以及其存在实际经济损失,故对于冯某要求孙某、陆某支付利息并赔偿经济损失的诉讼请求,于法无据,不予支持。孙某、陆某虽主张冯某违约,但也未能提供确实、充分证据予以证明,故对于其要求冯某支付违约金的反诉请求,不予支持。关于孙某、陆某要求冯某配合协助解除双方网签协议的反诉请求，因北京市朝阳区房屋管理局回函确认 903 室房屋确实于 2011 年 2 月 17 日完成存量房网上签约，故对于孙某、陆某要求冯某配合协助解除双方网签协议的反诉请求，予以支持。孙某、陆某虽答辩要求三个月期间退还冯某已支付购房款，但未能提供确实、充分证据证明其主张，本院对该项答辩意见不予采纳。据此判决：一、冯某与孙某、陆某于二〇一一年一月九日签订的《北京市存量房屋买卖合同》于二〇一一年十月十九日解除；二、孙某、陆某于判决生效后十日内退还冯某定金及购房首付款共计一百六十九万五千元；三、冯某于判决生效后十日内配合孙某、陆某办理《北京市存量房屋买卖合同》的解除网签手续；四、驳回冯某的其他诉讼请求；五、驳回孙某、陆某的其他反诉请求。

一审判决后，双方均不服，上诉至二审法院。二审中，双方达成调解协议：解除冯某与孙某、陆某签订的《北京市存量房屋买卖合同》，并对解除后的法律问题进行约定。

【案例 4.4】赵某与常某经链家公司居间介绍，签订《北京市存量房屋买卖合同》，约定：赵某购买常某所有的诉争房屋，建筑面积 140.19 平方米；成交价格 254 万元，赵某采取贷款方式付款。同日，双方与链家公司一同签订了《补充协议》及《买卖定金协议书》。赵某于同日支付常某定金 5 万元。2010 年 4 月 17 日，国务院发布"国十条"。2010 年 4 月 30 日，北京市人民政府发布"京十二条"。常某不同意解除合同，要求继续履行合同。另查，赵某及其配偶付某名下共有两套房屋。赵某以买卖双方在签订合同之时无法预见上述房产调整政策的发布，且上述政策的发布导致了合同无法履行，起诉要求判令双方签订的房屋买卖合同关系与定金合同关系解除；常某返还定金 5 万元。常某表示认可合同无法继续履行，但认为赵某应承担合同履行不能的责任。

一审法院经审理认为：合同成立以后客观情况发生了当事人在订立合同时无法预见的、非不可抗力造成的不属于商业风险的重大变化，继续履行合同对于一方当事人明显不公或者不能实现合同目的，当事人请求人民法院变更或者解除合同的，人民法院应当根据公平原则，并结合案件的实际情况确定是否变更或解除。本案中，赵某与常某签订房屋买卖合同，约定以贷款方式购买房屋，后北京市颁布购置房屋政策，导致赵某无法通过贷款方式购买房屋。该房地产新政导致赵某无法通过贷款方式购买房屋的事实，属赵某与常某在签订《北京市存量房屋买卖合同》时所无法预见，且该事由不可归责于双方当事人,现该合同已经无法继续履行,赵某要求解除合同,理由正当,证据充分,予以支持。合同解除后,已经履行的,根据履行情况和合同性质,当事人可要求恢复原状、采取其他补救措施,并有权要求赔偿损失。本案中,合同解除后,双方并无实际损失发生,现赵某要求退还定金的诉讼请求理由正当、证据充分,予以支持。对常某仍要求赵某继续履行双方所签合同的抗辩主张,不予支持。据此,于2010年8月判决:一、解除赵某与常某签订的《北京市存量房屋买卖合同》;二、于判决生效后七日内常某返还赵某定金五万元。

一审判决后,常某不服,持原答辩意见上诉至二审法院,请求二审法院依法改判。赵某同意原判。二审法院经审理认为,一审判决认定事实清楚,适用法律正确,维持原判。

在该案中,判决理由虽然没有直接引用《合同法司法解释(二)》第26条的规定,但基本上是按照该条司法解释的规定进行处理。鉴于最高人民法院《关于正确适用〈中华人民共和国合同法〉若干问题的解释(二)服务党和国家的工作大局的通知》规定,个案中适用情势变更原则需要报高级人民法院审核,必要时应报请最高人民法院审核,司法实践中往往依据公平原则予以处理。这种处理方式也与《合同法司法解释(二)》第26条规定并不相悖,因为该条中也规定:"人民法院应当根据公平原则,并结合案件的实际情况确定是否变更或者解除。"

【案例4.5】王某与葛某签订的房屋买卖合同及其补充协议系双方真实意思表示,且内容不违反法律、行政法规的禁止性规定,合法有效。双方当事人均应按照合同约定履行合同义务,不得擅自变更或解除合同。根据合同,葛某应在取得房屋所有权证后的7个工作日内配合王某办理房屋贷款手续。但在合同履行过程中,遇国家政策调整,王某能否以贷款方式支付剩余购房款存在不确定性。此后王某提出变更付款方式,由其一次性支付剩余购房款,但双方就付款期限及何时办理产权证变更手续并未协商一致。在此情况下,葛某要求王某于2010年7月31日前支付剩余购房款,并以王某未按该期限付款为由主张解除房屋买卖合同不妥。因王某已于2010年8月23日支付葛某剩余购房款,本案不存在葛某不能实现合同目的之情形,故对葛某要求解除房屋买卖合同的反诉请求,不予支持。王某要求葛某办理房屋产权转移手续、美邦公司对此予以协助的诉讼请求,予以支持。葛某要求王某腾退房屋并支付房屋使用费的反诉请求,亦不予支持。美邦公司经传唤无正当理由拒不到庭，依法缺席判决。综上，依照《中华人民共和国合同法》第六十条、第九十四条、《中华人民共和国民事诉讼法》第一百三十条之规定，判决如下：一、葛某、美邦公司于判决生效后十日内协助王某办理诉争房屋的过户手续；二、驳回葛某的反诉请求。

判决后，葛某不服，持原答辩意见上诉至二审法院，请求二审法院依法改判。王某同意原判。二审诉讼中，葛某自愿撤回上诉。二审法院裁定准许。

第五章

【案例5.1】刘某甲与刘某乙系兄妹关系，高某系刘某甲之妻。寇某系刘某甲、刘某乙之母。刘某丙系刘某甲之子。2010年4月2日，寇某去世。

2008年2月28日，刘某甲、高某出具字条一份，内容为："现因拆迁刘某乙临时搬走，到搬回弘善家园后可与寇某、刘某甲同住。在刘某乙没有新的住处时任何人不得把她赶走。"

2008年3月3日，原北京市崇文区房屋土地经营管理中心（甲方）与刘某甲（乙方）签订《安置协议书》，主要约定：甲方实施前门地区风貌保护工程，并提供北京市崇文区城市建设开发公司负责建设的弘善家园房屋作为定向安置房，乙方自愿放弃货币补偿方式，选择定向安置到弘善家园小区；乙方在崇文区南深沟11号，有正式住宅房屋4间，建筑面积为68.7平方米，房屋产权性质为私产，自建房屋1间；乙方在搬迁范围内有正式户口6人，分别是户主寇某、之女刘某乙、之孙刘某丙；乙方自愿选择A房屋、B房屋及某号楼610号一居室（建筑面积69.08平方米），以刘某甲名义购买；乙方应交纳安置房款534 615元；甲方支付乙方搬迁奖励和补助费共计156 059元，乙方同意将上述各项奖励及补助费用于冲抵乙方应支付的安置房的差价款，乙方最终应付房款378 556元；双方签订本协议的同时，乙方须与北京市崇文区城市建设开发公司另行签订《购房合同》，并在10日内交纳房款，逾期不交，视为自动放弃定向安置。

2008年3月11日，原北京市崇文区城市建设开发公司（甲方）与刘某甲（乙方）签订《购房合同》，主要约定：乙方自愿选择购买610号房屋，乙方将搬迁奖励及补助费折抵后向甲方交纳应付房款为27 110元；

乙方按照合同约定方式获得的安置房屋产权归乙方所有，并按经济适用房产权管理。另，刘某甲就其他安置房屋也签订了《购房合同》。

在上述《安置协议书》、《购房合同》签订后，刘某甲向原北京市崇文区城市建设开发公司交付了上述三套房屋的购房款341 579元。2010年7月，刘某甲取得了610号房屋，房屋正式编号为弘善家园某号楼610号，但刘某甲现尚未取得房屋所有权证。

2012年2月，刘某乙起诉刘某甲、高某至一审法院，请求依法确认其对610号房屋享有使用权，刘某甲、高某将该房屋交付其使用。

一审审理中，刘某甲、高某出示原北京市崇文区人民法院于1998年12月17日作出的民事判决书，证明涉案南深沟11号房屋系刘某甲个人房产。另，刘某甲、高某称2008年2月28日的字条系被迫而写，但对此并未提供充分证据。应刘某甲、高某申请，一审法院至拆迁档案保管单位北京大前门投资经营有限公司调取拆迁档案，其中有刘某甲书写申请，内容包括："这次拆迁我母亲、妹妹（已离婚）、儿子、我本人都存在问题和困难，望您审核解决一下，一个三居、两个一居"；在《居民方案变更审批表》上"补充调查情况及变更理由"中载明"该户原方案为三居室二套，现因家庭人口多，老少三代，刘某甲之妹离异，大儿子已婚，二儿子大龄，居住较紧张，特此申请三居室一套、一居室两套"。

经一审法院释明，刘某乙称如法院未能支持其对房屋使用权的主张，其要求刘某甲、高某补偿30万元。刘某乙称上述数额根据是在弘善家园小区租住同类房屋6年左右的价格。对此，刘某甲、高某称不同意给付刘某乙补偿。

原审法院经审理认为：涉案房屋拆迁时，刘某乙系在册人口，应该享有相应的拆迁安置利益。同时，刘某甲、高某出具书面承诺，承诺刘某乙在拆迁后可搬到弘善家园住，并且在其没有新的住处前，任何人不得赶走。综合上述情况，刘某乙要求对涉案的610号房屋享有使用权的主张，具有相应的依据。但需要指出的是，因610号房屋为一居室，刘某乙要求使用房屋但并不能排除刘某甲、高某等人也居住使用该房屋。经法院释明，刘某乙称如法院未能支持其对房屋使用权的主张，其要求刘某甲、高某补偿30万元。基于彻底化解矛盾、生活便利等原则考虑，法院将通过判令刘某甲、高某给付刘某乙补偿金的方式保护刘某乙在涉案拆迁中享有的合法权益，具体补偿数额法院将根据本案情况酌情确定。据此，原审法院于 2012 年 8 月判决：一、刘某甲、高某于判决生效之日起十五日内给付刘某乙补偿款人民币二十三万元；二、驳回刘某乙的其他诉讼请求。判决后，刘某甲、高某不服，上诉至二审法院称：刘某甲、高某的拆迁利益并未因为刘某乙的户口而增加，刘某乙基于户口主张权利是没有依据的，原审法院判决严重违反了权利和义务相对等的原则，存在认定事实不清和适用法律错误的严重问题，故请求二审法院撤销原审判决，依法改判驳回刘某乙的诉讼请求。刘某乙同意原审判决。二审法院经审理判决：驳回上诉，维持原判。

【案例 5.2】陈某甲与陈某乙系姐妹关系，陈某丙系二人之祖父，任某系陈某甲之女。1993 年 8 月 28 日，中国妇女活动中心（甲方）与陈某甲（乙方）签订《一次性拆迁安置协议书》，约定：甲方为在建内大街北侧地区进行建设，对作为拆迁户的乙方进行拆迁；乙方现家庭共有 4 口人；甲方安置乙方两居室房屋一套，即北京市朝阳区潘家园某楼 1608 号房屋。与该协议书相对应的《国家建设用地拆迁分户调查表》中家庭情况一栏载明家庭人口有陈某丙（拆迁时已故）、陈某甲、陈某乙、任某，其中陈某甲、陈某乙人名旁均有"1 间"字样标注。同日，中国妇女活动中心（甲方）与陈某丁（乙方，陈某甲与陈某乙之弟）另签有一份《一次性拆迁安置协议书》。该协议书约定的安置地点为 807 号房屋。1608 号房屋和 807 号房屋均为两居室。经家庭协商，两份《一次性拆迁安置协议书》所对应的被安置人在实际使用 1608 号房屋和 807 号房屋的过程中进行了对调。陈某乙原为 807 号房屋的承租人，2000 年 4 月 10 日该房屋的承租人变更为陈某甲。

2000 年 3 月 22 日，原北京市崇文区城市建设开发公司（甲方）与陈某甲（乙方）签订《出售自管公有住宅楼房协议书》，约定陈某甲以 44 487.46 元的价格购买 807 号房屋。后陈某甲依约支付全部购房款并取得了该房屋的所有权。

2010 年 11 月 25 日，陈某乙以陈某甲为被告诉至朝阳法院，要求确认 807 号房屋为其与陈某甲共有。北京市朝阳区人民法院（以下简称朝阳法院）判决驳回了陈某乙的诉讼请求。该判决发生法律效力后，陈某乙再次以陈某甲为被告诉至朝阳法院，要求确认其对 807 号房屋享有使用权。朝阳法院判决支持其请求。陈某甲提起上诉。北京市第二中级人民法院（以下简称二中院）经审理认为：807 号房屋、1608 号房屋均系由陈某甲、陈某乙祖之祖父原承租之房拆迁安置所得，陈某甲、陈某乙二人均作为被拆迁房屋的居住人口被安置于 1608 号房屋，后经家庭成员之间协商交换为 807 号房屋，故陈某乙对 807 号房屋主张使用权益，理由正当，应予支持，陈某甲虽主张其担负了 807 号房屋租住期间的相关费用及以成本价购得该房，但据此并不排除陈某乙对 807 号房屋的使用权益；据此判决：驳回上诉，维持原判。

2011 年 9 月 6 日，陈某甲与王某签订《存量房屋买卖合同》（网签版本），约定陈某甲将 807 号房屋出售给王某，双方于当日完成过户手续。

2011 年 11 月，陈某乙提起本案诉讼要求陈某甲、王某赔偿 70 万元，并支付利息。一审中，陈某甲与王某均称双方的实际交易价款为 140 万元，现款项已结清。一审法院经审理认为：生效判决已确定陈某乙对 807 号房屋享有使用权。注意到 807 号房屋的来源，陈某甲、陈某乙、任某在拆迁时原被安置于 1608 号房屋，该房屋为两居室，《国家建设用地拆迁分户调查表》中家庭情况一栏陈某甲、陈某乙人名旁均有"1 间"字样标注，足见陈某甲与陈某乙对 1608 号房屋享有均等权利，而任某因年幼而未在拆迁安置过程中被单独考虑。由此，经家庭协商，陈某甲、陈某乙、任某被对调至 807 号房屋后，陈某甲、陈某乙亦应对 807 号房屋享有均等权利。陈某甲并未举证证明陈某乙于其购买 807 号房屋时知情并同意，故陈某甲不能以其购买行为否定陈某乙对 807 号房屋所享有的与其对等的权利。现陈某甲又于未征得陈某乙同意的情况下擅自出售 807 号房屋，故其应以所得价款对陈某乙进行赔偿。关于赔偿的具体数额，陈某甲在购买 807 号房屋时支付了 44 487.46 元购房款，且货币价值变动因素亦应予以考虑。但是，陈某甲在上述居住使用权确认案判决作出前擅自出售 807 号房屋，逃避判决义务的主观故意极为明显。综合上述因素，法院酌定赔偿的具体数额为 60 万元。陈某乙主张对赔偿款再行支付利息，缺乏法律依据，法院不予支持。王某信任不动产登记而与陈某甲就 807 号房屋达成交易，陈某乙并无证据证明王某与陈某甲存在串通行为，故陈某乙无权要求王某赔偿其损失。据此，原审法院于 2012 年 6 月判决：一、陈某甲于判决生效之日起十日内赔偿陈某乙六十万元；二、驳回陈某乙的其他诉讼请求。判决后，陈某甲上诉。二审法院判决驳回上诉，维持原判。

【案例 5.3】曲某与马某原系男女朋友关系，从 1999 年开始共同居住生活，于 2008 年 1 月结束同居关系。2006 年 4 月 12 日，曲某购买了诉争房屋（位于北京市朝阳区广渠路），实际购房款为1 523 340元，付款方式为分期付款，贷款总金额1 180 000元，贷款年限为15年，还贷时间自2006年5月25日至2026年4月25日。现诉争房屋由马某占有并实际使用。2008年6月，曲某起诉要求马某腾房。马某反诉要求曲某将房屋归还（即过户），或者向其支付同等价值的现金作为补偿。

经查，马某支付诉争房屋首付款343 340元。曲某称马某已从银行取走其名下存款590 580.53元，并主张其用上述款项中部分金额用于偿还马某为其垫付之购房首付款，马某予以否认。马某称自2006年5月至2007年8月期间，诉争房屋贷款由其支付，支付方式为ATM机存款及银行柜台存款，支付金额共计170 500元。曲某仅认可马某支付过贷款，但对马某所述的支付数额不予认可。根据双方申请，一审法院调取了曲某和马某相关银行卡交易记录，调查结果与马某陈述相符。一审法院委托评估机构对诉争房屋的价值进行评估，评估结果为：该房地产总价2 373 192万元。一审法院经审理认为：曲某无法充分证明已偿还马某垫付之购房款。而依据法院调取相关银行卡客户交易记录，与马某陈述相符，故结合本案现有证据及双方当事人之陈述，诉争房屋应为曲某与马某共同出资购买，并依据出资金额，对该房屋按份共有。曲某与马某原系男女朋友关系，共同居住生活。现二人同居关系已解除，双方共同出资购置的财产，应依法进行分割。考虑到方便生活的原则，诉争房屋以归曲某所有为宜，马某应及时腾退房屋，并交还给曲某。曲某依据二人对诉争房屋所占份额，给付马某相应的房屋折价款，具体数额依据房产评估报告酌定判决。关于曲某主张房屋租金及利息损失，依据现有证据，无法证明房屋租赁合同的解除与马某有直接关系。故曲某之主张于法无据，不予支持。据此，原审法院于2009年1月判决：一、诉争房屋归曲某所有；二、马某将诉争房屋腾空返还给曲某；三、曲某给付马某房产折价款799 765.7元；四、驳回曲某的其他诉讼请求；五、驳回马某的其他诉讼请求。曲某、马某均上诉。二审法院判决驳回上诉，维持原判。

【案例5.4】陈某甲与陈某乙系兄妹关系。2002年6月1日，陈某甲与银信绿洲公司签订了《商品房买卖合同》，约定陈某甲购买银信绿洲公司开发的诉争房屋（位于北京市朝阳区幸福村中路），合同价款为1 049 912元。陈某甲一次性交纳了购房款后，2002年8月1日，银信绿洲公司向陈某甲出具了发票。2003年3月，银信绿洲公司通知陈某甲接收了该房屋。自接收至今，诉争房屋一直由陈某甲出租或居住，并支付该房屋发生的有关费用。2003年5月16日，陈某乙与银信绿洲公司签订了购买诉争房屋的《商品房买卖合同》。2004年3月29日，房屋登记管理部门填发了诉争房屋的所有权证书，登记的所有权人为陈某乙，但陈某乙和曹乙未曾在该房屋居住，而是居住在北京市朝阳区双桥东路某房屋。

另查，陈某乙和曹乙于1999年2月9日登记结婚，于2002年6月13日生有一子陈一一、一女陈二二。陈一一、陈二二的户口原登记在山东省潍坊市。陈某乙的户口于2004年7月29日转至诉争房屋。2005年9月7日，陈一一、陈二二的户口转至诉争房屋。本案审题中，陈某乙和曹乙正在进行离婚诉讼。

2008年4月，陈某甲起诉称：为了孩子能受到良好的教育，陈某乙与其商量，把孩子的户口登记到诉争房屋，故房屋改到陈某乙名下，但约定该房屋仍归其所有，陈某乙在离婚诉讼中将诉争房屋列为婚后财产，侵犯其合法权益，故要求确认诉争房屋归其所有。

一审法院经审理确认：虽然陈某乙与开发商签订了《商品房买卖合同》，且诉争房屋登记于陈某乙名下，但其与曹乙既未出资购买、亦未实际使用该房屋，无证据证明其具有购买该房屋的真实意思表示。结合陈某乙的儿女出生时间及户口登记现状，陈某乙和陈某甲所述为了符合有关小学就近入学的政策而将诉争房屋的所有权人登记为陈某乙的解释合乎情理。陈某甲出资购买了F10F号房屋，并一直出租或居住在该房屋，该房屋发生的有关费用也全部由其支付，以上事实充分证明陈某甲是诉争房屋的实际所有权人。曹乙关于其与陈某甲之间仅是债权、债务关系的抗辩无事实和法律依据，不予采信。据此，于2008年7月判决诉争房屋归陈某甲所有。判决后，曹乙上诉。二审法院判决驳回上诉，维持原判。

【案例5.5】诉争房屋第一次购买的情况：2000年12月，成某购买诉争房屋并取得所有权证。一审中，张某提交一份其与成某签订的《协议书》，以证明张某系诉争房屋的实际所有权人。《协议书》载明房款由张某支付，实际产权属张某等。张某还提交了成某签名并盖有名章的《证明》，载明诉争房屋产权归张某所有，购房款均由张某付清。经鉴定，《协议书》、《证明》上"成某"的签名为其本人所写。

诉争房屋第二次转让的情况：成某称诉争房屋的所有权证遗失后补办新证并与霍某签订《存量房屋买卖合同》及《二手房房屋买卖合同》（该

合同房屋成交价为100万元），将诉争房屋出卖给霍某。同日，成某将剩余贷款141 200.36元一次性还清，并于此后办理了诉争房屋的抵押登记注销手续。2011年3月15日，诉争房屋所有权证办理至霍某名下。霍某陈述其共支付购房款26万元。就房屋交易过程，中介孙某于一、二审到庭陈述。

张某起诉要求：1.确认成某、霍某签订的两份合同均无效；2.判令诉争房屋归其所有；3.成某、霍某协助其将诉争房屋过户至其名下；4.成某、霍某连带负担鉴定费10 000元、财产保全费5 000元。霍某反诉要求张某腾退诉争房屋。一审法院判决：一、涉案两份合同均无效；二、诉争房屋归张某所有；三、霍某、成某配合张某将诉争房屋过户至张某名下；四、张某给付成某已偿还的银行贷款141 200.36元；五、驳回霍某的全部反诉请求。霍某上诉。二审法院于2012年12月判决：维持一审判决第一项、第三项、第四项、第五项；撤销一审判决第二项；驳回张某的其他诉讼请求。

二审判决理由主要有：本案争议焦点与诉争房屋第一次购买、第二次转让相对应，主要包括两方面：其一为诉争房屋是否系张某借用成某名义所购；其二为成某、霍某就诉争房屋签订的买卖合同的效力及成某处分诉争房屋的后果。

（一）诉争房屋第一次购买过程中相关问题

《协议书》和《证明》明确了诉争房屋实际系张某购买，房款由张某支付，房屋所有权人为张某。虽然成某对此予以否认，但经鉴定，《协议书》和《证明》上二个"成某"签名和样本上签名是同一人所写，证明上的"成某印"印文和样本印文亦是同一枚印章所盖。据此认定诉争房屋实际系张某借用成某名义所购。

（二）诉争房屋第二次转让过程中相关问题

首先，成某将诉争房屋出售给霍某的过程存在众多疑点，多处违反正常交易习惯，且不合常理。其次，各方当事人及证人对交易过程中若干重要问题的陈述存在自我矛盾和互相矛盾之处，可以认定在庭审中存在部分虚假陈述。兼顾上述交易过程中众多疑点、多处违反正常交易习惯、不合常理之处及各方当事人及证人陈述的矛盾之处，二审法院认为：一方面，成某在明知张某为实际购房人的情况下，擅自补办房屋所有权证，以低于市场交易价值的价格出售诉争房屋，且在收取霍某少部分购房款的情况下即进行过户,而又怠于向霍某追讨购房款,其主观恶意明显。另一方面,霍某自认被告知诉争房屋存在租户,理应尽到更为严格的审查义务,而其并未仔细看房,基本的注意义务亦未尽到。综合上述两方面,再结合双方签约过程、合同内容、付款过户等过于草率、不合常理之处,参考霍某、成某及孙某的陈述中自我矛盾和互相矛盾进行虚假陈述的情况,二审法院认为,成某与霍某的交易存在恶意串通之嫌。

综合上述分析结论,二审法院对当事人的诸项请求作出如下认定:第一,关于张某要求确认两份涉案合同均无效的诉讼请求,虽张某与成某之间借名购房的约定属于二人之间的约定,不得对抗善意第三人,但经审查,难以认定霍某系善意购房人。成某与霍某的交易恶意串通的行为已经损害了张某的合法权益,故两份涉案合同无效。第二,关于张某要求成某、霍某协助其将诉争房屋过户至其名下的诉讼请求,首先,成某、霍某之间的买卖合同应属无效,且霍某在购房中并非善意,亦未支付全部购房款,不构成善意取得,故霍某应当将诉争房屋过户回成某名下。其次,根据张某与成某之间借名购房的约定,张某有权主张成某在取得诉争房屋所有权之后将诉争房屋过户至张某名下。第三,关于张某要求判令诉争房屋归其所有的诉讼请求,因张某与成某之间借名购房的约定确定的是双方之间的债权、债务关系,故张某径直主张其享有诉争房屋的所有权,不予支持。第四,关于判令张某要求成某、霍某连带负担鉴定费、财产保全费的诉讼请求,无须以诉讼请求的方式提出,法院将依法作出裁判。第五,关于霍某要求张某腾退诉争房屋的反诉请求,因霍某并非诉争房屋的合法所有权人,故法院不予支持。此外,就成某自行提前偿还的银行贷款141 200.36元,张某同意支付给成某,法院不持异议。

【案例5.6】曾某与陈某系夫妻关系,于2004年6月15日登记结婚。2005年4月7日,陈某与中国民生银行签订借款合同,贷款71万元。2005年4月9日,陈某与崇开嘉信公司签订《商品房买卖合同》,以899 640元价格购买诉争房屋(位于北京市东城区(原崇文区)左安漪园小区)。2005年10月12日,陈某取得诉争房屋所有权证书。2010年3月22日,陈某与王某签订《存量房屋买卖合同》。当日,诉争房屋过户至王某名下。

2012年3月,曾某起诉要求确认陈某、王某签订的《存量房屋买卖合同》无效。一审法院驳回曾某的诉讼请求。曾某上诉。二审中,经询问，曾某明确其主张《存量房屋买卖合同》无效的理由为：首先，诉争房屋系曾其与陈某的夫妻共同财产，陈某擅自处分夫妻共同财产，属于无权处分；其次，《存量房屋买卖合同》成交价格过低，显失公平。二审法院经审理认为：《最高人民法院关于审理买卖合同纠纷案件适用法律问题的解释》第3条规定，当事人一方以出卖人在缔约时对标的物没有所有权或者处分权为由主张合同无效的，人民法院不予支持。因此，曾某以诉争房屋系曾某与陈某的夫妻共同财产，陈某擅自处分夫妻共同财产，属于无权处分为由，主张《存量房屋买卖合同》无效，于法相悖，该理由不成立。另，曾某以成交价格过低、显失公平为由主张《存量房屋买卖合同》无效，而显失公平并非法律规定的合同无效事由，故该理由亦不成立。据此，二审法院驳回上诉，维持原判。

【案例5.7】2010年5月13日，在链家公司居间服务下，赵某（出卖人）与刘某（买受人）就诉争房屋（位于北京市朝阳区定福庄西街）签订了《北京市存量房屋买卖合同》，房屋成交价格为130万元。同日，赵某（甲方）、刘某（乙方）、链家公司（丙方）签订了《补充协议》，还签订了《居间成交确认书》、《过户、按揭代理合同》。2010年5月23日，链家公司为刘某、赵某办理了诉争房屋的网签手续。2010年6月22日，赵某向刘某、链家公司出具了署名为"李某"的《同意出售证明》。2010年6月29日、2010年6月30日，刘某分两次向赵某支付购房定金10万元，赵某于2010年6月30日向刘某出具收据。

2010年9月11日，在格林旭日公司居间服务下，赵某（出卖人）与王某（买受人）就诉争房屋另行签订了《北京市存量房屋买卖合同》及《补充协议》，约定王某以152万元的价格购买诉争房屋。协议签订当日，王某向赵某支付了定金2.5万元。2010年9月15日，王某与诉争房屋的物业管理部门中国水利水电第二工程局有限公司签订了《物业管理合同》及《供暖协议书》，并交纳了2010年9月至2011年9月的物业费627元及2010至2011年度供暖费2 850.6元。2010年9月17日，赵某办理了诉争房屋的上市出售登记手续，取得《中央在京单位已购公房上市出售登记表》。2010年9月21日，王某向赵某支付了首付款54.5万元。2010年10月25日，格林旭日公司为赵某、王某办理了诉争房屋的网签手续。当天，王某缴纳了诉争房屋的交易契税6 990元。2010年11月4日，赵某在与王某签订了《补充协议（二）》后，向王某交付了房屋，王某开始对房屋进行装修。

2011年1月，刘某起诉至一审法院，要求赵某履行房屋买卖合同，协助办理诉争房屋的过户手续，并交付诉争房屋。赵某提出反诉，要求解除双方就诉争房屋所签订的房屋买卖合同及补充协议，并要求刘某支付违约金26万元。王某以独立请求权第三人身份提出诉讼，请求法院：1. 判令赵某协助办理诉争房屋的产权过户手续；2. 判令赵某按照已付房款日万分之一的标准支付自2010年10月20日起至过户之日止的违约金；3. 判令赵某支付贷款损失205 479元。

一审诉讼中，一审法院向房屋权属登记部门询问诉争房屋存在的两份网签合同的效力问题，工作人员答复称如出现同一房屋存在两份网签合同情况时，房屋管理部门均不予认可，办理权属转移登记手续需以法院最终确认有效的合同为依据。

刘某及王某均表示愿意且有能力一次性向赵某支付剩余购房款，并向原审法院提交了相应存款的凭证。原审法院考虑诉争房屋存在"一房二卖"情形，经释明后，刘某表示如其与赵某的房屋买卖合同不能继续履行，其另行要求违约赔偿问题。王某则表示如其与赵某的房屋买卖合同不能继续履行，将在本案中要求赵某按照法律规定承担违约责任，即：第一，相互返还；第二，按照已付房款的数额支付违约金；第三，要求赔偿装修损失。

一审法院于2011年8月判决：一、刘某与赵某签订的《北京市存量房屋买卖合同》、《补充协议》于判决生效之日解除；二、赵某与王某签订的《北京市存量房屋买卖合同》、《补充协议》继续履行，王某于判决生效之日起七日内一次性给付赵某剩余购房款95万元；三、赵某收到上述第二项判决所确定的款项后七日内协助王某办理权属转移登记手续，将房屋所有权人变更为王某；四、驳回刘某的诉讼请求；五、驳回赵某的其他反诉请求；六、驳回王某的其他诉讼请求。

判决后，刘某不服，提出上诉。二审法院于2011年10判决：驳回上诉，维持原判。判决理由为：

[判决理由1—1] 关于赵某与刘某之间的房屋买卖问题，刘某与赵某之间签订的《北京市存量房屋买卖合同》及《补充协议》系双方真实意思表示，不违反法律、行政法规的强制性规定，合法有效。双方虽约定刘某应于2010年5月20日向赵某支付定金20万元，但根据链家公司工作人

员证言陈述及刘某与赵某的录音证据，刘某在当天已准备支付相应定金，但当天联系不到赵某，造成双方无法交接定金，故不宜认定刘某构成迟延给付定金。刘某称其与赵某达成口头协议先行给付定金10万元，待房屋评估完毕时再行给付剩余10万元定金，链家公司工作人员的证言对此予以证实，且赵某确于2010年6月30日收取了刘某给付的10万元定金。原审法院综合上述事实认定，刘某与赵某已就定金给付问题进行了重新约定，而此后赵某未能配合进行房屋评估，造成后续事宜无法履行，故刘某未再给付10万元定金并不构成迟延履行，并无不当，本院予以维持。

［判决理由1—2］关于赵某与王某之间的房屋买卖问题，根据查明的事实，王某与赵某之间的房屋交易系通过格林旭日公司居间介绍完成的，签订房屋买卖合同当日，王某即向赵某支付了定金2.5万元，赵某亦在此后办理了诉争房屋的上市出售登记手续，并协助王某办理了物业交割手续，而后王某将首付款54.5万元支付给赵某。后王某于2010年10月25日交纳了房屋交易契税，格林旭日公司为双方办理了网签手续。在向房屋管理部门申请办理权属转移登记时，因存在两份网签合同，无法过户，王某此时理应知悉赵某"一房二卖"的事实，又于2010年11月4日与赵某签订了《补充协议（二）》，约定无法办理过户的相关违约赔偿责任。在签订《补充协议（二）》后，王某开始了诉争房屋的装修事宜。原审法院综合考虑上述事实发生的先后顺序，认为王某在与赵某订立合同之时并未知悉赵某已将房屋出售他人，在过户未果情况下，王某为防止自己利益受损，而与赵某签订《补充协议（二）》，并在此前提下对诉争房屋进行装修，王某的行为符合普通购房人的心理，现有证据不足以认定王某与赵某存在恶意串通的情形，认定王某与赵某之间的房屋买卖合同亦属合法有效，并无不当，本院予以维持。

［判决理由2］关于诉争房屋的两份买卖的最终履行问题，基于上述认定，在两份房屋买卖合同均属有效的前提下，刘某、王某又均主张继续履行合同。综合来看，刘某虽先于王某与赵某签订买卖合同，但刘某仅支付了定金10万元，王某则已支付57万元，且已合法占有诉争房屋，并支出较多费用对房屋进行了装修，故原审法院综合上述事实，认定由王某与赵某继续履行合同更符合客观及经济原则，亦无不当，本院予以维持。

［判决理由3］关于刘某与赵某之间的房屋买卖合同最终处理问题，鉴于王某与赵某之间的房屋买卖合同应当继续履行，刘某与赵某之间的房

屋买卖合同已无法实际履行，故应予解除。赵某"一房二卖"的行为已构成违约，应承担相应的民事责任，因刘某不在本案中主张违约赔偿问题，其可通过其他诉讼另行解决。

［判决理由4］关于王某要求赵某支付迟延办理过户违约金及赔偿贷款损失的请求，在王某与赵某办理过户未果后，双方签订的《补充协议（二）》实际上对过户问题重新进行了约定，赵某已提前交付房屋，并允许王某进行装修，故原审法院认为王某以房屋买卖合同中有关房屋过户的约定来主张违约金及贷款损失缺乏事实及法律依据，未予支持，并无不当，本院予以维持。

综上所述，刘某的上诉请求不成立，本院不予支持。原判正确，应予维持。

【案例5.8】2007年4月30日，特能公司（甲方）与航天长峰公司（乙方）就特能公司所有的位于丰台区航丰路某号的工业厂房1层1—1（建筑面积711.59平方米）、1—2（建筑面积61.59平方米），2层1—3（建筑面积123.76平方米），1—4（建筑面积43.80平方米）共计940.74平方米房产的买卖事宜签订《房产转让协议》，转让总价款为373.5万元。双方对付款方式及房产交付亦作出约定。

2007年6月5日，航天长峰公司致函特能公司，催促其尽快派人领取定金。特能公司认可收到该函，但称因李某提出优先购买权，定金一直未予收取。

2004年8月31日，李某与特能公司签订房屋租赁协议。约定李某租用特能公司一层西侧厂房即1—1（建筑面积711.59平方米），从2004年10月1日起至2007年9月30日止。2007年7月20日和8月29日，李某两次致函特能公司，主张优先购买权，请求特能公司通知其房屋转让条件等，若不购买，才可将房屋出售给他人。2007年8月30日，特能公司致函航天长峰公司，称因承租人要求行使优先购买权，通知其原房产转让协议解除。2007年10月1日，特能公司与李某续签租赁协议，将房屋租赁期限延长至2008年3月31日。后双方未再续签合同，但李某继续使用一层西侧厂房即1—1，另占用1—2场地至今。2008年3月2日，李某再次致函特能公司要求行使优先购买权。

航天长峰公司起诉要求特能公司继续履行原房产转让协议，交付全部房产，不同意特能公司的解除通知。特能公司认为，航天长峰公司一直未交付定金，协议至始未履行；租户现要求行使优先购买权，其公司也通知了航天长峰公司，继续履行合同已不可能。李某认为，特能公司与航天长峰公司之间签订房屋买卖协议侵犯了其优先购买权，要求确认特能公司与航天长峰公司之间签订的《房产转让协议》无效。

一审法院经审理认为：李某在特能公司向航天长峰公司提出解除合同后长达一年多的时间里仍未就购买的事宜提出具体方案，显然已超过合理期限，且无法证明其真实购买的意思表示。判决继续履行房产转让协议，交付全部房产；特能公司单方解除房产转让协议的行为无效；驳回第三人李某的诉讼请求。

一审法院判决后，李某（乙方）和特能公司（甲方）于 2008 年 12 月 1 日签订了《房产转让协议》，李某购买特能公司的诉争全部房产，转让价款为 451.555 2 万元。李某于 2008 年 12 月 3 日给付特能公司定金 40 万元。

李某不服一审判决，提出上诉，称其转让协议价款高于航天长峰公司的购买价款，并已给付定金 40 万元，因此对诉争房屋享有优先购买权。

二审法院经审理认为：对于承租部分房屋的承租人在出租人出卖全部房屋时是否享有优先购买权的问题，虽目前法律、司法解释没有明确规定，但应综合考虑该承租人所承租的部分房屋占全部出售房屋的比例大小及实际使用情况等因素予以确认。本案中，李某承租房屋的建筑面积占特能公司所出售房屋建筑面积的比例约为 76%，且李某自 2004 年 8 月一直在此经营，故李某对特能公司出售的房产应享有优先购买权。改判确认李某对特能公司出售的房产应享有优先购买权。

第六章

【案例 6.1】陈某于 2004 年与案外人签订房屋买卖协议，以 108 万元价格购买诉争房屋，定金 3.5 万元，首付款 50 万元，余款以贷款方式支付。2004 年，诉争房屋登记至陈某名下。瑞麟公司称当时其公司尚未成立，故股东周某、陈某、王某协商一致，以陈某的名义购买诉争房屋用于公司办公。陈某对此不予认可，称诉争房屋系其自行购买。为此，瑞麟公司诉至法院，要求确认诉争房屋归其公司所有。

一审中，瑞麟公司提交的《合伙人协议书》（落款日期为 2004 年 12 月 15 日）约定：甲方周某、乙方陈某、丙方王某自愿合伙成立瑞麟公司，注册资金 100 万元，周某出资 51 万元，陈某出资 33 万元，王某出资 16 万元，利润按股权比例分配；以上 100 万元均由陈某实际出资三方达成共识，陈某名下的诉争房屋，是包括在公司 100 万元以内的投资金额内的，产权为公司所有。该协议书有周某、陈某、王某签字。陈某不认可协议书上"陈某"、"王某"签字的真实性。经鉴定，签字系本人书写。陈某不认可鉴定结果。另，双方认可定金 3.5 万元和首付款 50 万元均系陈某支付，对于 50 万元贷款还款情况有争议。

一审法院经审理，于 2012 年 1 月判决支持瑞麟公司的诉讼请求。陈某上诉。经二审法院调解，双方达成案外和解协议：1. 陈某撤回上诉；2. 瑞麟公司于 2012 年 4 月 5 日给付陈某补偿款 140 万元；3. 陈某于 2012 年 4 月 18 日前配合瑞麟公司将诉争房屋转移登记至瑞麟公司法定代表人周某或瑞麟公司指定的第三人名下，过户税费由瑞麟公司负担；4. 陈某于 2012 年 4 月 18 日前将其持有的瑞麟公司 33% 的股权转移给周某。后陈某依约撤回上诉。

【案例 6.2】 原告、上诉人：宋某、郭某；被告、被上诉人：孙某；第三人：北京链家房地产经纪有限公司。

2010 年 12 月 20 日，宋某、郭某（买受人）通过链家公司居间服务，与孙某（出卖人）签订房屋买卖合同，约定：出卖人所售房屋建筑面积 74.33 平方米，总价 333 万元，拟贷款金额为 130 万元，双方在 2011 年 2 月 22 日前且出卖人收到贷款银行发放的购房尾款后自行办理物业交割手续。合同签订后，孙某收取宋某、郭某购房定金 5 万元，并配合宋某、郭某进行了商业贷款评估。后宋某、郭某欲将商业贷款改为公积金贷款，双方未重新进行贷款评估。2011 年 8 月，宋某、郭某起诉至法院，认为孙某通知其不再履行房屋买卖合同属于违约行为，侵害其合法权益，故要求：孙某支付自 2011 年 3 月 21 日起至房屋实际交付之日止按日房屋价款 63 万元的万分之五的违约金；孙某继续履行合同，配合办理房屋评估、到商业银行或其他部门贷款。法院经审理后，于 2011 年 11 月判决驳回宋某、郭某的诉讼请求。宋某、郭某上诉。二审中，经法院主持调解，双方达成如下协议：1. 解除双方签订的房屋买卖合同；2. 孙某于 2012 年 1 月 13 日返还宋某、郭某购房定金 3 万元（已执行）；3. 链家公司已收取的居间服务费不予返还，另为宋某、郭某提供一次居间服务，不收取居间服务费（免费居间服务期间为自本调解书生效之日起至 2013 年 2 月 15 日止）。

【案例 6.3】原告、上诉人:卡洛斯·乔尔迪·米兰达;被告、被上诉人:许某;被告、被上诉人:白某。

卡洛斯与许某于 2004 年 3 月 2 日在北京市民政局登记结婚。诉争房屋系许某于 2002 年从开发商处购得,现登记在许某名下。许某于 2008 年 8 月 20 日取得诉争房屋的所有权证。2009 年 3 月 27 日,许某与白某签订《房屋买卖协议》,约定:许某将诉争房屋出售给白某,建筑面积 93.18 平方米,成交价 106 万元;合同签订次日支付首次房款 50 万元,过户当日支付余款 56 万元。上述合同签订后,白某支付了首付款 50 万元并入住诉争房屋。

2011 年 9 月,卡洛斯以其与许某系夫妻关系、共同享有诉争房屋的所有权、许某无权在其不知情的情况下与白某签订《房屋买卖协议》为由,要求确认该协议无效。一审法院经审理于 2011 年 12 月判决驳回卡洛斯的诉讼请求。卡洛斯上诉。二审中,经法院主持调解,双方达成如下协议:1. 解除《房屋买卖协议》;2. 卡洛斯、许某于 2012 年 3 月 19 日返还白某购房款 50 万元(已执行);3. 卡洛斯、许某于 2012 年 3 月 19 日给付白某补偿款 114 万元(已执行);4. 白某于调解书送达之日起二个月内将诉争房屋腾空并交付卡洛斯、许某;若白某未能在上述期限内腾房,在每月支付房屋使用费 4 500 元的情况下,可继续使用诉争房屋六个月。

图书在版编目(CIP)数据

不动产财产权利价值论/李俊晔著. —北京：中国人民大学出版社，2016.11
ISBN 978-7-300-23576-9

Ⅰ.①不… Ⅱ.①李… Ⅲ.①不动产-所有权-研究-中国 Ⅳ.①D923.24

中国版本图书馆 CIP 数据核字(2016)第 270376 号

"十三五"国家重点出版物出版规划项目
法律科学文库
总主编 曾宪义
北京市社会科学理论著作出版基金资助
不动产财产权利价值论
李俊晔 著
Budongchan Caichan Quanli Jiazhilun

出版发行	中国人民大学出版社				
社　　址	北京中关村大街 31 号		邮政编码	100080	
电　　话	010-62511242（总编室）		010-62511770（质管部）		
	010-82501766（邮购部）		010-62514148（门市部）		
	010-62515195（发行公司）		010-62515275（盗版举报）		
网　　址	http://www.crup.com.cn				
	http://www.ttrnet.com（人大教研网）				
经　　销	新华书店				
印　　刷	北京易丰印捷科技股份有限公司				
规　　格	170 mm×228 mm　16 开本		版　次	2016 年 11 月第 1 版	
印　　张	21.5 插页 2		印　次	2016 年 11 月第 1 次印刷	
字　　数	341 000		定　价	59.80 元	

版权所有　侵权必究　　印装差错　负责调换